평신도를 위한
쉬운 창세기 1

평신도를 위한 쉬운 창세기 1

저자 양형주

초판 1쇄 발행 2018. 9. 6.
개정판 1쇄 발행 2025. 1. 7.

발행처 도서출판 브니엘
발행인 권혁선

책임교정 조은경
책임영업 기태훈
책임편집 브니엘 디자인실

등록번호 서울 제2006-50호
등록일자 2006. 9. 11.

서울특별시 송파구 백제고분로28길 25 B101호 (05590)
마케팅부 02)421-3436
편 집 부 02)421-3487
팩시밀리 02)421-3438

ISBN 979-11-93092-32-3 03230

독자의견 02)421-3487
이 메 일 editorkhs@empal.com

북카페주소 cafe.naver.com/penielpub.cafe
인스타그램 @peniel_books

도서출판 브니엘은 독자들의 원고를 설레는 마음으로 기다리고 있습니다.
위의 이메일로 간단한 기획 내용 및 원고, 연락처 등을 보내주십시오.

도서출판 브니엘은 갓구운 빵처럼 항상 신선한 책만을 고집합니다.

[평신도 눈높이에 딱 맞춘 정곡을 꿰뚫는 쉽고 바른 해설서]

평신도를 위한

태초에 하나님이 천지를 창조하시니라.
땅이 혼돈하고 공허하며 흑암이 깊음 위에 있고
하나님의 영은 수면 위에 운행하시니라.
하나님이 이르시되 빛이 있으라 하시니 빛이 있었고
빛이 하나님이 보시기에 좋았더라.
여호와 하나님이 그 사람에게 명하여 이르시되
동산 각종 나무의 열매는 네가 임의로 먹되 선악을 알게 하는
나무의 열매는 먹지 말라. 네가 먹는 날에는 반드시 죽으리라.
여자가 그 나무를 본즉 먹음직도 하고 보암직도 하고
지혜롭게 할 만큼 탐스럽기도 한 나무인지라.
여자가 그 열매를 따먹고 자기와 함께 있는 남편에게도 주매
하나님이 노아에게 이르시되
모든 혈육 있는 자의 포악함이 땅에 가득하므로
그 끝날이 내 앞에 이르렀으니 내가 그들을 땅과 함께 멸하리라.
여호와께서 아브람에게 이르시되 너는 너의 고향과
친척과 아버지의 집을 떠나 내가 네게 보여줄 땅으로 가라.
내가 너로 큰 민족을 이루고 네게 복을 주어
네 이름을 창대하게 하리니 너는 복이 될지라.

쉬운
창세기 1권

양형주 | 지음

브니엘

창세기는 재미있다. 흥미진진한 이야기가 많이 들어 있기 때문이다. 또한 성경 제일 처음에 자리 잡고 있는데다 쉽게 읽혀 사랑을 많이 받는 책이다. 하지만 심오하다. 쉽게 읽히지만 그 의미는 여전히 안개와 같을 때가 많다. 전에 브니엘 출판사에서 책을 출간하기 앞서 〈평신도를 위한 쉬운 성경시리즈〉 중에서 가장 관심이 많이 가고 먼저 출간을 희망하는 성경을 설문으로 조사했다. 1위가 바로 창세기였다. 이는 창세기가 많이 읽히지만 여전히 궁금한 책으로 남아 있음을 시사한다.

창세기에는 인류의 기원과 타락, 도시문명의 출발과 바벨탑, 노아의 홍수와 심판, 약속의 땅을 향한 족장 아브라함, 이삭, 야곱의 여정, 그리고 요셉의 모험에 이르기까지 인류의 기원을 비롯하여 신구약 성경 전체의 기초가 되는 다양한 이야기가 들어 있다. 고대 근동과 현대 사이의 문화적 간격에도 인간 내면을 향한 예리한 통찰의 말씀 앞에 우리는 거리감을 느낄 새도 없이 많은 내용에 공감하고 몰입

할 수 있다.

하지만 창세기를 읽어가다 보면 아리송하게 느껴지는 부분들도 있다. 창세기 곳곳에 펼쳐지는 여러 족보(2:4, 5:1, 6:9, 10:1, 11:27, 25:12, 25:18, 36:1, 37:2)가 그것이다. 어찌 보면 친숙하지 않은 이름들을 지루하게 나열한 것 같다. 거추장스럽게 느껴지는 이런 족보들이 창세기를 이해하는 데 어떤 역할을 할까? 고대 근동지역의 지명과 지리도 생소하다. 믿음의 선조들이 어떻게 열방으로 흩어졌고, 또 어떻게 지리적인 이동을 했는지가 우리 머릿속에 생생하게 그려지지 않는다. 구성에서도 생소하다. 창세기라고 해서 세상의 창조에 관한 것인 줄 알았는데 1장부터 흥미롭게 출발하던 인류기원의 역사가 갑자기 11장에서 멈추고, 12장부터는 한 사람 아브라함과 그의 아들 이삭, 그리고 손자 야곱에게로 이어지는 족장들의 이야기가 자세히 펼쳐진다.

본서는 창세기 전체의 흐름 가운데 이러한 궁금점을 해소하며 창세기의 내용을 더 생생하게 이해하고 이 안에 담긴 풍성한 의미를 깊이 있게 전달하기 위하여 집필되었다. 특히 창세기의 내용을 한 곳도 건너뛰지 않고 모든 단락을 꼼꼼히 다루려고 했다. 시중에 창세기에 관한 강해서 및 주석서가 여럿 나와 있지만 주요한 부분만 다루고 족보와 같은 애매한 부분을 건너뛰는 경우가 종종 있다. 본서는 창세기에 나온 모든 내용을 진지하게 다루며, 이 안에 담긴 하나님의 뜻을 발견하고자 애썼다.

오늘날 이 시대를 향한 성도들의 자신감이 점점 줄어들고 있다. 젊은이들은 모든 것을 포기한 N포세대라 자처하며 삶의 의지를 잃어가고 있다. 좀처럼 의욕적으로 하고 싶은 것도 없다. 게다가 세상에 빛을 발해야 할 교회는 자꾸만 세상 속에서 지탄의 대상이 되어가고 있다. 점점 자신을 그리스도인이라 당당하게 밝히기를 두려워하는 이들이 늘어간다. 우리가 이렇게 의기소침한 것은 이런 현상적인 것들 때문만이 아니다. 보다 근본적으로는 세상의 거짓 프레임에 맞서 대응할 거대 담론(Macro Narrative), 즉 성도가 가져야 할 자신감의 근원이 되는 이야기가 없기 때문이다. 성도는 누구이며, 이 세상은 무엇이고, 우리는 무엇으로 부름을 받았는지에 대한 명확한 확신이 없기 때문이다. 확신이 없으면 공중의 권세를 잡은 자들이 퍼뜨리는 부정적이고 자조적인 이야기에 설득당하기 쉽다. 그래서 성도들에게는 붙들어야 할 명확한 이야기가 있어야 한다.

창세기는 바로 그런 이야기를 제공한다. 이 세상은 우연이 아니라 하나님의 전능하신 능력으로 창조되었고 이런 세상은 인간이 하나님의 영광을 위하여 활동할 인생의 무대가 된다. 그렇다. 세상 무대의 주인공이 바로 인간이다. 또한 인간에게는 하나님의 형상이 담겨 있다. 생육하고 번성하라는 하나님의 축복 선언과 부르심이 있다. 그리고 세상 끝날까지 변치 않고 우리를 붙드실 하나님의 언약이 있다. 이것의 기원과 실체가 무엇인지를 보여주는 책이 바로 창세기다.

기원을 알아야 목표가 명확해진다. 그래서 오스트리아의 언론인이자 풍자가인 칼 크라우스는 일찍이 "기원은 목표다"라고 말한 바 있다. 우리는 창세기를 통해 세상의 기원, 인간의 기원, 죄의 기원, 의의 기원, 이스라엘의 기원 등 다양한 기원을 발견하게 될 것이다. 이러한 이해는 창세기를 깊이 있게 이해할수록 우리가 어디로 가야 하는지를 보다 선명하게 보여줄 것이다. 부디 본서를 통하여 인생 무대 위에 당당하게 우뚝 서서 하나님을 나의 자신감으로 삼는 역사가 일어나길 바란다.

본서는 크게 3권 12부 99장으로 구성되어 있다. 1권 〈인생 무대 위에 우뚝 서라!〉는 창세기 1~16장까지의 내용을 다룬다. 이는 창세기의 원역사로 알려진 1~11장까지와 아브라함의 부르심의 일부 내용인 12~16장을 포함한다. 1~11장은 세상의 기원, 인류의 기원과 타락, 노아 때의 홍수 심판과 바벨탑 사건 등을 다룬다. 이는 창세기와 구약성경의 기초가 되는 거대 내러티브를 형성한다. 12~16장까지는 바벨탑에서의 심판 이후 하나님이 한 사람 아브라함을 택하셔서 새로운 언약의 민족을 형성하는 과정을 다룬다. 아브라함을 부르신 사건은 가슴 벅찼지만 그 부르심을 지키기 버거운 상황들이 연속으로 아브라함 앞에 펼쳐진다. 약속의 땅에 찾아온 기근, 그리고 아브라함과 사라에게 찾아온 육체적 기근, 즉 불임으로 인하여 아브라함은 힘겨운 시기를 지내며 하갈을 통해 이스마엘을 낳기에 이른다.

2권 〈보이지 않는 부르심, 믿음으로 인내하다〉는 17~33장까지의 내용을 중심으로 믿음의 조상 아브라함, 이삭, 야곱이 하나님의 약속을 믿음으로 바라며 보이지 않는 부르심을 묵묵히 인내하며 나아가는 여정을 다룬다. 3권 〈마침내 성취되는 하나님의 꿈〉은 34~50장까지를 중심으로 야곱이 온갖 어려움을 무릅쓰고 이스라엘의 기초가 되는 열두 아들과 함께 약속의 땅에 정착함과 동시에, 여기서부터 새롭게 시작하는 하나님의 구원역사를 다룬다. 이 역사는 야곱이 가장 애지중지하던 아들 요셉을 잃어버리면서 시작된다. 요셉은 어느 날 불쑥 찾아온 하나님의 꿈 이야기에 사로잡혀 형제들에게 이 꿈 이야기를 나누었다가 '꿈쟁이'라는 조롱 섞인 말과 함께 애굽의 노예로 팔려간다. 이때부터 하나님의 꿈은 요셉을 인도하여 마침내 요셉에게 보여주셨던 꿈을 성취하는 동시에, 아브라함에게 주셨던 꿈, 즉 하나님의 언약을 성취하기에 이른다.

필자는 창세기를 다룰 기회가 여러 차례 있었다. 새벽기도 강해 때, 주일 대예배를 통하여, 그리고 2015년 4월부터 9월까지 넉 달에 걸쳐 〈큐티진〉에 창세기를 기고하는 특권을 가질 수 있었다. 또한 대전도안교회를 개척하고 약 2년에 걸쳐 본격적으로 선포한 말씀이 창세기였다. 이 말씀을 선포하는 기간 동안 교회는 큰 부흥을 맛보았다. 성도들이 창세기 말씀 안에서 성도의 정체성을 회복하고 당당하게 세상으로 나아가는 모습도 봤다.

본서는 많은 신학자와 설교자들의 연구물을 기초로 하였다. 주요한 신학적인 통찰을 일일이 각주로 표시하는 것이 도리겠지만 너무 세세하게 인용하는 게 오히려 독자들의 자연스러운 읽기에 방해가 될 수 있을 것 같아 특별한 몇몇 부분을 제외하고는 각주를 생략하였다. 대신 참고도서를 궁금해하는 이들을 위해 3권 끝부분에 참고했던 창세기 관련 도서목록을 올려두었다. 그리고 시사성 있는 일반도서나 기사는 가능한 출처를 밝혀두었다.

이 책이 나오기까지 인내하며 배려해준 사랑하는 아내에게 감사드린다. 또한 하나님의 말씀으로 씨름하는 부족한 종을 격려하고 중보해준 대전도안교회의 몸 된 성도들에게도 깊이 감사드린다. 또한 필자가 집필했던 〈큐티진〉의 내용을 기꺼이 사용하도록 허락하신 서

재석 대표에게도 감사드린다. 비록 창세기 안에 담긴 풍성한 의미를 담기에는 너무나도 부족하지만 말씀에 목마른 이들에게 조금이나마 도움이 되길 바라는 마음으로 본서를 내놓는다. 끝으로 이 책이 나올 수 있도록 인도하고 붙들어주신 하나님께 감사드린다. 이 책이 오직 하나님의 나라에 기여하고, 그분의 영광을 위하여 쓰임 받는다면 더는 바랄 게 없다. 모든 영광을 나의 반석이자 전부이신 하나님께 올려드린다.

글쓴이 양형주

Part 1.
하나님, 세상을 창조하시다

Part 2.
인류를 뒤흔드는 유혹과 타락

Part 3.
인류를 찾아온 홍수 심판과 그 이후

창세기는 흔히 모세오경으로 알려진 책들(창세기, 출애굽기, 레위기, 민수기, 신명기)의 첫 번째 책으로 모세가 쓴 것으로 알려져 있다(민 33:2, 신 31:24, 요 5:46 참조). 창세기(Genesis)라는 책의 이름은 히브리어를 헬라어로 번역한 70인역 성경에서 왔다. 이는 '기원'을 의미하는 것으로, 제목처럼 창세기는 세상 모든 것의 기원과 시작에 대해 기록하고 있다. 그러나 창세기를 읽다 보면 창조에 관한 부분은 그다지 많지 않음을 알 수 있다. 세상의 창조를 다루는 1~3장, 노아의 홍수로 인한 세상의 멸망과 회복과정을 다루는 6~9장을 제외하고는 창조에 대한 구체적인 내용이 등장하지 않는다. 나머지는 사람들의 이야기, 특별히 믿음의 선조들의 이야기가 대부분을 차지한다.

그렇다면 분량에 있어서 믿음의 선조들이 차지하는 압도적인 비중은 무엇을 말하는 것일까? 이는 창세기의 관심, 더 근본적으로는 하나님의 지대한 관심이 믿음의 선조들에게 쏠려 있음을 보여준다.

하나님은 이 세상을 창조하셨지만 세상을 창조하신 것보다 한 사람, 더 나아가 한 민족을 하나님의 거룩한 언약 백성으로 세우고 언약 백성답게 빚어가시는 것에 훨씬 더 큰 관심을 두고 계신다. 이런 면에서 창세기는 단순히 세상의 창조만이 아니라 하나님이 기뻐하시는 약속의 백성을 창조하는 데까지 이르는 것을 목표로 한다.

창세기는 크게 두 부분으로 나눈다. 먼저는 '원역사'로 알려진 부분으로 1~11장까지다. 두 번째는 아브라함으로부터 시작하는 '족장역사' 부분으로 12~50장까지다.

먼저, 원역사는 크게 네 부분, 즉 창조(1-2장), 타락(3-5장), 홍수 심판(6-9장), 바벨탑 사건과 심판(10-11장)으로 구성되어 있다. 이 부분은 단순 세상의 시작뿐만 아니라 악과 타락의 시작, 도시문명의 시작, 더 나아가 열방이 어떻게 시작되는가를 구체적으로 보여주며 이후에 일어날 족장역사의 배경을 제공한다.

그런데 여기서 원역사를 이해할 때 우리가 고려해야 할 몇 가지가 있다.

첫째, 창세기의 언어와 과학적 언어와의 관계이다. 그동안 창세기를 과학적으로 이해하려는 많은 시도가 있었다. 물론 이런 설명이 창세기를 과학적이고 합리적으로 이해하는 데 많은 도움이 되는 게 사실이다. 그러나 온전한 설명으로 받아들이기에는 이런저런 한계들이 있다. 우리가 창세기를 과학적으로 이해하려 할 때 전제해야 할 것은 창세기의 언어와 과학의 언어는 다르다는 사실이다. "눈물을 흘린다"라는 표현과 "H2O에 나트륨이 섞여 나온다"라는 진술은 확연한 차이가 있다. 인간의 내면과 정서를 표현하는 언어와 현상을 과학적으로 표현하는 언어는 다가오는 의미에 있어 커다란 차이가 난다. 또 "주전자에 열에너지가 가해져 물분자가 움직여 물이 끓는다"라는 진술과 "커피를 마시려고 물을 끓인다"라는 진술을 생각해보자. 하나는 현상적, 도구적인 설명이고 다른 하나는 행위자의 의도를 담은 목적론적 설명이다. 이 두 언어는 표현하는 영역이 다르기에 어느 정도는 서로를 상호보충적으로 이해하도록 도와주지만 한 언어로 다른 언어로 대체하는 것은 무리가 있다.

창세기의 원역사는 인류의 기원을 설명하기에 과학적으로 설명하려는 많은 시도가 있었다. 우리는 이러한 설명으로 창세기를 합리적으로 이해하는 데 큰 도움을 받는다. 이러한 시도들은 창세기를 단순히 신화로 치부하려는 현대인들의 무신론에 창세기는 우리의 생에 건강하고 합리적이며 의미 있는 세계관을 제공하는 데 많은 이바지한다. 그러나 창세기는 과학책이 아니다. 그러기에 단순한 기원을 밝히는 것에서 그치지 않는다. 이것을 기초로 인생의 의미와 목적에 대하여 더 큰 목소리를 전달하고 있다. 따라서 우리는 창세기에 대한 과학적, 변증적인 설명과 신학적인 설명 사이에 건강한 균형을 유지해야 한다. 본서에서는 이 두 설명 간의 건강한 균형을 시도하였다. 따라서 본서에서는 과학적, 변증적인 설명이 자주 등장한다. 동시에 이에 관한 신학적인 설명도 함께 등장한다. 부디 본서를 통해 이 둘 사이의 건강한 균형점을 찾을 수 있기 바란다.

둘째, 족보의 등장이다. 창세기에는 모두 10개의 족보(히. 톨레도트)가 등장한다(2:4, 5:1, 6:9, 10:1, 11:10, 11:27, 25:12, 25:19, 36:1, 37:2). 족보들은 어찌 보면 지루한 이름들의 반복적인 나열 같은 느낌이 있지만 족보들은 주요한 이야기 단원들을 서로 연결하는 뼈대와 같은 역할을 한다. 하지만 많은 창세기 주석서나 강해 설교집들은 이 부분들을 대충 다루거나 건너뛰는 경향들이 있다. 본서에서는 족보의 중요성을 인지하고, 창세기에 등장하는 족보들이 어떻게 전체 흐름을 서로 긴밀하게 연결해주고며 이것이 하나님의 구원역사에 어떤 의미가 있는지를 밝히려고 노력했다. 족보들에 나오는 이름과 이들 사이의 관계를 차분하게 정리하다 보면 창세기의 주요한 흐름을 이해하는 데 큰 도움을 받을 수 있다.

셋째, 예수 그리스도로 이어지는 구속사의 흐름이다. 창세기는 예수 그리스도의 구속사역을 이해하는 데 근원적인 실마리를 제공한다. 에덴동산의 창설, 인류의 타락과 범죄, 동산으로부터 추방과 더불어 이들을 구원할 여인 후손의 등장에 대한 하나님의 약속(3:15)과 구원계획, 계속된 인류의 타락 등은 이후의 구약성경뿐 아니라 신약의 예수 그리스도 사역의 결정적인 기초를 제공한다. 창세기는 원역사를 통해 점점 하나님의 형상을 잃어버리고 타락해가는 인류의 모습을 보여준다. 결국은 모든 인류가 하나가 되어 하나님을 대적하는 데까지 이른다. 그 절정이 바로 바벨탑에서 이루어진다. 바벨탑에서 하나 된 인류는 하나님을 대적하여 하나님보다 높아지고자 탑을 쌓기 시작하고 하나님은 이런 인류의 언어를 갈라놓아 뿔뿔이 흩어놓으신다(11:9). 그러고는 한 사람 아브라함을 통하여 다시 새로운 하나님의 구원역사를 시작하신다. 구속사의 흐름은 원역사뿐만 아니라 족장사에도 주요한 흐름으로 자리 잡는다. 창세기는 하나님의 구원역사가 어떻게 시작하여 예수 그리스도를 통하여 오늘날 우리에게까지 이어지는가를 보여주는 매우 중요한 책이다.

족장사(12-50장)는 창세기 전체 분량의 약 75%를 차지한다. 이는 창세기의 주요 관심이 원역사(1-11장)보다 족장사에 있음을 보여준다. 하나님은 한 사람 아브라함을 택하여 부르셔서 장차 온 인류를 구원하고 복주실 계획을 선언하신다(12:1-3). 그러나 이런 부르심을 따라 순종한 아브라함의 가정은 계속되는 불임으로 고통받는다. 게다가 부름받은 약속의 땅은 기근이 수시로 찾아들었다. 이때 아브라함은 애굽으로 피신했다가 큰 어려움을 겪는다. 이런 애굽으로의 잦은 피신은 장차 이스라엘의 가족이 애굽으로 피할 전조가 된다.

이런 가운데 계속되는 아브라함의 불임은 생명을 낳을 수 있는 능력이 아브라함에게 전적으로 빠져 있음을 보여준다. 그러나 아브라함은 인간적인 가능성이 제로인 상태에서도 전적으로 하나님의 말씀을 믿었고 하나님은 이런 아브라함을 의롭게 여기셨다. 여기서 믿음으로 생명을 얻는 이신칭의의 원형이 제시된다(15:9, 롬 4:3 참조). 마침내 아브라함은 100세 때 아들 이삭을 전적인 하나님의 은혜로 얻는다. 구원의 능력이 사람에게 있지 않음을 여실히 보여주는 사건이다. 하지만 아브라함은 가장 귀한 생명을 하나님께 드리라는 극한의 순종으로 부름받는다. 생명이 순종으로 이어지지 않으면 이 생명은 하나님의 선물이 아닌 나의 소유로 움켜쥘 수 있음을 경고하신 것이다. 이 사건으로 아브라함은 자신의 모든 것이 전적인 하나님의 선물임을 고백한다(엡 2:8-9 참조).

이삭은 족장사에서 비교적 적은 분량을 차지한다. 그는 하나님의 인도하심으로 하란에 있는 아브라함의 친족 브두엘 가문의 딸 리브가와 순탄하게 결혼했다. 브두엘 가문과의 관계는 특별히 이삭의 아들 야곱의 때에 와서 집중적으로 부각된다. 이삭은 결혼을 순조롭게 진행했지만 아브라함처럼 무려 20년간이나 불임상태로 지낸다. 불임을 극복할 방법은 생명의 근원이신 하나님께 부르짖는 방법밖에 없다. 생명을 얻게 하는 능력이 우리에게는 전혀 없기 때문이다. 결국 그는 간구하며 기도했고 전적인 하나님의 은혜로 쌍둥이 형제를 선물로 받는다. 하나님은 이 쌍둥이를 통하여 역전의 역사를 이루는 하나님의 은혜를 선포하신다(25:23). 세상의 순리로는 약한 자가 강한 자를 섬기고 어린 자가 큰 자를 섬겨야 하지만 여기서는 반대로 강한 자가 약한 자를 섬기고 큰 자가 어린 자를 섬기는 역전이 벌어질 것이다.

이러한 역전의 은혜는 야곱의 생을 통하여 드러난다. 그는 장자권의 축복을 받는 데서 우선순위에 밀렸지만 장자권을 차지하고 아버지의 축복을 받는 데 성공한다. 이에 분노한 형 에서의 살해 위협을 피해 야곱은 어머니의 오빠인 라반의 집으로 피신한다. 피신하는 와중에 하나님은 아브라함의 언약이 야곱을 통해 이어짐을 확인해주시며 반드시 그 언약을 이루겠다고 확증해주신다(28:13-15). 그는 삼촌의 집에 머물며 자신 못지않은 삼촌의 교활함과 거짓에 많은 고생을 하지만 그 와중에 장차 이스라엘의 열두 지파를 이룰 열두 아들을 낳는다. 이는 하나님의 구원역사는 한 족장을 통해서가 아니라 열두 지파를 이루는 이스라엘을 통해 펼쳐지게 될 것을 암시한다.

야곱은 라반의 횡포를 견디다 못해 마침내 하나님의 인도하심으로 다시 약속의 땅 가나안으로 돌아온다. 홀로 갔다가 이스라엘의 열두 아들과 식솔들을 데리고 약속의 땅으로 돌아온 것이다. 이는 장차 이스라엘이 기근을 피하여 애굽으로 들어갔다가 12지파 이스라엘이 큰 민족을 이루어 출애굽할 모습을 암시적으로 반영하기도 한다.

창세기의 마지막 부분(37-50장)은 요셉을 통하여 하나님의 꿈을 성취하시는 하나님의 구원역사를 다룬다. 가나안에 돌아온 야곱은 다른 아들보다 사랑했던 아내 라헬로부터 낳은 요셉을 편애한다. 형제들은 이런 요셉을 시기하고 미워한다. 이 와중에 하나님의 꿈이 갑작스레 요셉의 삶을 습격한다. 연속적으로 꾼 두 개의 꿈을 형제와 가족들에게 나누자 그동안 부글부글 끓던 형제들의 분노는 마침내 폭발한다. 하나님이 주신 일종의 부르심인 꿈으로 인하여 요셉은 형제들에 의해 애굽에 노예로 팔려간다. 그러나 절망과 인생의 기근 속에 하나님의 꿈은 요셉을 형통하게 인도한다. 그러나 역설적인 것은 하나님의 인도하심이 형통할수록 요셉은 억울하게도 자꾸만 감옥과 연단 속으로 빠져들게 된다는 사실이다. 그는 바로의 친위대장 보디발의 가정총무로 승진하지만 억울한 누명을 쓰고 감옥에 갇힌다. 감옥에서도 형통하게 되어 그곳의 모든 책임을 맡게 된다. 그러던 어느 날 갑자기 수감 된 바로의 관원장들을 섬기다 그들의 꿈을 해석해주지만 여전히 요셉은 관원장에게 잊히고 감옥에 갇혀 있다.

그러던 어느 날 하나님의 꿈이 바로를 습격한다. 그가 꾸었던 기이한 꿈에 바로는 겁에 질리고 제국 전체를 수소문했지만 이 꿈을 해석할 사람을 찾지 못한다. 바로 이때 요셉의 존재를 잊고 있었던 술 맡은 관원장은 바로에게 요셉을 추천하고 요셉은 제국의 바로 앞에 서게 된다. 요셉은 바로의 꿈을 해석하며 제국에 닥칠 7년 풍년에 이은 7년 흉년을 예고하고 이에 대한 대비책을 제시한다. 외국인 인재에 개방적이었던 힉소스제국의 바로는 그 자리에서 요셉을 파격적으로 총리로 기용하고 제국에 닥칠 하나님의 역사에 대비하게 한다.

그런데 여기 요셉의 꿈과 바로의 꿈에 공통점이 있다. 이 꿈은 사람이 품고 계획한 원대한 꿈과 거리가 있다는 사실이다. 이 꿈은 하나님이 주권적으로 온 세상의 구원을 위하여 하나님이 택한 사람에게 그가 예기치 못한 때에 갑작스럽게 찾아온 불가해한 꿈이다. 그랬기에 사람이 꿈을 품고 실행하는 게 아니라 하나님의 꿈이 사람에게 침노하여 꿈 앞에 순종하게 만든다. 또한 이 꿈은 각각의 꿈이 하나님의 구원역사 일부를 보여주지만 장차 아브라함의 자손인 이스라엘을 통하여 열방의 제사장 민족으로 삼으려는 전체적인 하나님의 구원계획을 다 드러내지는 않는다.

이 꿈이 어떤 꿈인가를 깨닫는 지점은 창세기 45장에 이르러서다. 야곱의 꿈대로 형제들이 절하고 그동안 궁금해했던 꿈이 마침내 실현되자, 야곱은 하나님의 더 큰 구원계획을 깨닫는다. 야곱의 꿈은 단순히 형들 위에 군림하는 성공과 승리의 꿈이 아니라 요셉을 통하여 이스라엘 열두 형제의 생명을 보존하여 장차 하나님의 큰 구원을 이루기 위한 꿈이었다(45:7-8). 여기서 꿈의 내용이 역전된다. 경쟁에서 승리하고 쟁취하는 꿈이 아니라 낮아지고 섬기기 위한 꿈이다. 요셉과 바로의 꿈들은 하나님의 구원역사를 위해 섬기도록 부르신 커다란 계획의 모자이크 조각에 불과했다. 이 꿈 때문에 야곱은 생명처럼 지켰던 약속의 땅 가나안을 떠날 결단을 내린다. 그리고 이스라엘의 가족들은 모두 기근으로 인하여 애굽으로 이주한다. 처음 약속의 땅에 도착하였다가 기근으로 인해 애굽으로 피신했던 아브라함의 모습이 중첩된다.

요셉의 꿈이 이스라엘의 가족을 뒤흔들며 인도할 때 드러나는 인물이 있다. 야곱(이스라엘)의 넷째 아들 유다이다. 유다는 처음에 요셉과 요셉의 꿈을 미워하여 그를 애굽에 팔아넘기는 데 주도적인 역할을 한다(37:27). 그러나 많은 시련을 통하여 변화된다. 며느리 다말을 통하여 자기보다 나은 의를 체험하고(38장) 형제들을 위하여 자신을 희생하는 자리까지 나아간다(44장). 이런 유다의 모습 속에 장차 이스라엘과 온 민족의 구원자이신 메시아 예수의 모습이 예표된다. 그리고 이런 그의 생은 메시아의 족보에 소개된다(마 1:2-3).

한편 요셉의 두 아들은 야곱이 경험했던 것처럼 역전의 은혜를 체험한다. 야곱의 말년에 그는 요셉의 두 아들을 뒤바꾸어 축복한다. 자신이 그랬던 것처럼 요셉의 아들들도 둘째인 에브라임을 장자인 므낫세보다 앞세운다. 이를 말리는 요셉을 향하여 작은 자가 큰 자보다 더 크게 될 것을 예고하며 두 손을 어긋나게 장자의 축복을 내린다(48:18-20). 이런 역전의 복의 절정은 49장에 나오는 이스라엘의 열두 아들을 향한 축복이다. 여기서 첫째 아들 르우벤은 장자의 축복에서 제외되고 탁월하지 못한 지파로 예고된다(49:4). 그리고 형제들을 위해 생명을 걸었던 유다를 통하여 장차 왕권이 이어지고 메시아가 올 것이 예고된다(49:10).

야곱과 요셉의 죽음도 인상적이다. 이들은 죽으며 자신을 애굽이 아닌 약속의 땅에 장사할 것을 유언으로 남긴다(49:29, 50:25). 이는 이스라엘의 부르심이 애굽에서 그치지 않고 장차 큰 민족을 이루어

다시 약속의 땅으로 들어갈 다가오는 출애굽의 역사를 예고한다.

　　본서는 이러한 창세기의 흐름을 바탕으로 총 12부로 구성되어 있다. 제1권은 이중 1~4부를, 제2권은 5~8부를, 제3권은 나머지 9~12부를 담고 있다. 각 부는 창세기의 주요 단락구분을 따라 구성되어 있고 이 흐름을 따라 하나님의 구원역사를 면밀하게 살펴 간다면 창세기를, 나아가 성경 전체를 이해하는 데 부족하나마 도움이 될 것이다. 부디 본서가 창세기에 담긴 풍성한 의미를 깨닫는 데 조금이나마 도움이 되길 바란다.

하나님, 세상을 창조 하시다

삶의 전제를
--- 점검하라

▦ *태초에 하나님이 천지를 창조하시니라.*

　　캠브리지대학에서 과학철학을 가르치는 장하석 교수의
「온도계의 철학」은 과학계에 많은 논란을 일으키며 주목을 받았다.
이 책으로 장하석 교수는 과학철학의 노벨상으로 불리는 라코토스상
을 받았으며 미국 MIT 과학철학의 대가인 토머스 쿤의 「과학혁명의
구조」에 맞먹는 저작으로 평가를 받았다. 이 책은 그동안 우리가 과
학실험에서 당연하게 받아들였던 온도계가 과연 신뢰할 만한 토대를
제공하는지, 정말 온도계는 정확한 온도의 표준이 되는지를 심도 있

게 파고든다. 이 책이 제기하는 핵심적인 질문은 다음과 같다. '온도를 측정하는 온도계의 온도가 맞다는 건 어떻게 측정해서 확인할 수 있을까?' 즉 온도계의 전제와 표준을 문제 삼았다. 온도계는 그 표준이 정확해야 하지만, 사실 온도계는 저마다 잘 맞지 않는다.

정확한 온도계의 토대를 쌓기 위해 17세기부터 수백 년간 치열한 고민과 논쟁이 있었다. 당시에는 온도계를 두 종류로 만들었다. 하나는 알코올이고, 다른 하나는 수은이었다. 그런데 이 둘이 서로 맞지 않아 당시에 온도계를 만드는 장인으로 유명했던 가브리엘 파렌하이트는 무척이나 고생했다(장하석, 「온도계의 철학」(서울: 동아시아, 2013), 433-434쪽). 그래서 나중에 온도의 표준으로 자기의 성을 따서 파렌하이트, 즉 화씨(F)라는 온도의 표준을 만들기도 했다.

17~18세기의 온도 논쟁을 보면 끓는다는 것을 정의하는 일도 쉽지 않았다. 일반적으로 끓는 것도 있지만 "치익" 소리가 나면서 끓는 것도 있고, 요동치며 끓는 것도 있으며, 펄펄 끓는 것도 있고, 가열된 물에서 증기가 빠르게 증발되며 끓는 것도 있고, 부글거리며 끓는 것도 있다. 끓는 종류만 여섯 가지나 된다. 그 기준을 어디에 놓느냐에 따라 온도의 표준이 다 달라졌다. 여기서 충격적인 사실이 드러난다. 현재의 온도 표준도 결국 잠정적인 합의에 불과하다는 사실이다. 우리가 철석같이 믿고 있었던 진리의 토대가 가설적인 합의였다.

최근 들어 우리가 진리로 받아들였던 여러 가지 전제가 흔들리는 소식이 들린다. 대표적인 것이 중학교 과학시간에 충격적으로 받아들였던 '밀러의 실험'(Miler-Urey experiment)이다. 밀러는 진화론에 기초한 원시지구의 대기상황을 가정하여 시험관에 암모니아와 메탄과 같은 물질을 혼합해서 넣어두었다. 그런데 과학자들이 이 실험을 다시 검토해본 결과 이 실험이 갖는 커다란 맹점을 발견하였다 (이에 대해서는 다음을 참조하라. 교과서진화론개정연구소, 「교과서 속 진화론 바로잡기」(서울: 생명의말씀사, 2011), 24-32쪽).

먼저는 원시지구의 대기로 설정한 시험관에는 암모니아와 메탄만 들어 있었는데 사실은 필수적 대기원소인 질소와 이산화탄소가 빠져 있었다. 그래서 이것들을 집어넣고 다시 이 실험을 했더니 아미노산이 전혀 만들어지지 않았다. 또 아미노산을 생성하기 위해서 냉각장치를 사용했는데 원시지구에는 이런 냉각장치가 없었다. 생성된 아미노산도 보면 생명체에 관여하는 L형 아미노산은 생기지 않고 무생물에 있는 D형 아미노산만 생성되었다. 자연적인 환경에서의 생명체 아미노산의 생성은 불가능했다.

결국 이 실험에 함께 참여했던 밀러의 스승인 해럴드 C. 유리 박사는 이 실험의 실패를 인정하고 한 저널에서 생명체의 기원을 우연한 진화로 설명하는 게 불가능하다는 사실을 인정했다. 생명체의 기원은 절대 우연히 일어난 게 아니다. 여기에는 하나님의 섬세하고도 세심한 손길이 들어 있다. 과학자 프레드 호일 박사는 단백질 분자를 이루는 아미노산 구성 성분들이 모여 저절로 단백질 분자 하나가 만들어질 확률을 계산한 뒤 그 확률이 고철 야적장에 회오리바람이 불어 보잉 747 여객기가 저절로 조립될 확률과 같다고 말한바 있다(에드거 앤드류스 저, 홍종락 역, 「신을 탐하다」(서울: 복있는사람, 2012), 23쪽).

또 최근에는 진화의 대표적인 상징이었던 시조새를 교과서에서 삭제할 것인가로 많은 논란이 있었다. 전에는 시조새의 존재를 사실처럼 확신을 갖고 진술했다가 이제는 추정하는 정도로 약화되었다(유영대, "교과서에서 시조새와 말의 진화 삭제·수정은 시작일 뿐… '진화론의 굴욕'은 계속된다"(〈국민일보〉, 2012. 6. 20.); 박건형, "'시조새' 한림원 가이드라인대로 교과서 수록"(〈서울신문〉, 2012. 10. 17.)). 그만큼 근거가 약했기 때문이다. 인류의 조상으로 알려졌던 오스트랄로피테쿠스나 네안데르탈인도 정밀조사결과 과학적인 근거가 약한 것으로 입증되었다(이재만, 「창조주 하나님: 창세기1장 vs. 진화론」(서울: 두란노, 2014), 195-196쪽; 교과서진화론개정연구소, 위의 책, 118-124쪽).

이런 현상을 가리켜 '데이터 마사지'(data massage)라고 한다. 자기가 원하는 결과를 얻기 위해 자료를 조작하는 것이다. 사실은 그렇지 않은데, 자신이 가진 신념과 전제에 따라 미리 정해놓은 결론으로 밀어붙이기 위해 관찰결과를 조작하는 것이다. 그래서 과학철학자 마이클 폴라니 박사는 일찍이 자연과학자는 나중에 거짓으로 드러날 것을 알면서도 무언가를 믿어야 하는 사람들이라고 주장한 바 있다(이러한 그의 주장에 관해서는 Michael Polany, A Critical Exposition, Suny Series in Cultural Perspectives(New York: State University of New York Press, 1986), p.98; 폴라니의 또 다른 책 표재명 역, 「개인적 지식」(대우학술총서 519)(서울: 아카넷, 2001), 제3장도 참고하라. 이와 반대로 학자들의 과학지식 남용에 대해서는 앨런 소칼, 장 브리크몽 공저, 이희재 역, 「지적사기」(서울: 한국경제신문, 2014)도 유용한 통찰을 준다).

그에 따르면 과학은 가설과 평가를 전제로 하기에 객관적인 진리가 아니라 인격적인 활동이다. 여기에 과학이 갖는 중요한 특징이 있다. 과학은 자신이 관찰한 결과를 바탕으로 어떤 원리나 체계 전체를 일종의 신념과 전제를 갖고 체계적으로 설명하는 작업이다. 결국 과학도 어느 순간에는 관찰사실과 데이터를 연결하는 것에 대한 신념 체계가 필요하다. 이것이 얼마나 논리정연하고 설득력이 있느냐가 관건이 되지만 그 이전에 일종의 신념체계의 거대한 구성체, 즉 세계관이 그 이론을 뒷받침하고 있어야 한다.

이것은 우리의 삶에도 마찬가지다. 우리가 살아가는 삶에서도 때론 많은 논리와 설명이 필요하지만, 어느 순간에 다다르면 우리는 근본적으로 우리 삶을 뒷받침하는 거대한 전제, 또는 신념과 마주치게 된다. 이를 무엇으로 선택하느냐에 따라 우리가 살아가는 삶의 방향이 달라진다. 여기서 우리가 주의할 것이 있다. 논리적이고 합리적인게 반드시 진리는 아니라는 점이다. 범죄자가 법정에서 교묘하게 법망을 빠져나가 무죄를 선고받는 이유가 무엇인가? 논리 때문이다. 논리와 진리는 때론 다르다. 논리는 종종 진리를 설명하는 도구이지만 논리 배후로 들어가면 항상 우리가 신념으로 붙들고 아무 의심 없이 진술 그 자체를 진실로 믿고 받아들이는 전제가 있다.

이런 면에서 창세기 1장 1절은 우리에게 매우 중요한 의미가 있다. "태초에 하나님이 천지를 창조하시니라"는 1절 말씀은 과학적인 진술이 아니다. 논리적인 설명도 아니다. 이것은 진리의 선포이자 세계관의 전제이다. 우리 삶의 근본적인 신념의 기둥이 되는 부분을 우선하여 선포한 말씀이다. 이 말씀을 보다 과학적으로 진술했다면 사람들이 더 설득력 있게 믿었을 텐데, 왜 그렇지 않았을까? 태초에 하나님의 창조를 본 관찰자의 객관적인 데이터가 인류에게는 없었기 때문이다. 관찰 데이터가 없을 때는 신뢰할 만한 권위에서 나오는 진술을 믿음으로 받아들여야 한다. 대부분 사람이 자신이 태어난 생년월일을 알고 있다. 어떻게 아는가? 분명히 내가 태어났을 때 나는 그날을 객관적으로 관찰할 수 없었다. 내가 관찰할 수 없으니까 나는 신뢰할 만한 부모님에게서 듣고 그들의 선언을 삶의 전제로 받아들인 것이다.

창조에 관해서도 이와 같다. 하나님이 태초에 천지를 창조하셨다는 선언은 과학적인 데이터가 필요하지 않다. 왜? 창조 이전에 누구도 하나님의 창조를 관찰하고 기록으로 남긴 사람이 없었기 때문이다. 그래서 이것은 과학적으로 설득해야 할 사안이 아니라 선포해야할 전제이다. 몇 년 전 태초 우주 대폭발(빅뱅)을 과학적으로 규명할수 있는 '힉스입자'가 발견되었다(조호진, "CERN 힉스입자로 추정되는 소립자 발견"(〈조선일보〉, 2012. 7. 4.)). 이를 통하여 과학적인 창조를 설명하는게 더 가능해졌다. 이러한 과학계의 연구는 천지창조에 대한 과학적이고도 논리적인 이해를 위해 분명히 도움이 된다. 그러나 어느 결정적인 순간에 이르면 우리는 성경이 선포하는 창조를 믿음으로 받아들여야 한다. 동시에 이 천지를 만드신 인격적인 하나님을 받아들여야한다. 이 선포를 받아들이고 믿기 시작할 때 창세기가 우리에게 개인적으로, 인격적으로, 영적으로 활짝 열리는 역사가 일어날 것이다.

하나님이 천지를 창조하셨다는 사실을 믿기 시작하면 우리는 하나님의 존재뿐만 아니라 그분이 행하시는 일들을 믿게 된다. 그러면서 우리 안에 자리 잡았던 온갖 의심이 사라지기 시작한다. 천지창조에 대한 고백이 분명하면 내 삶에도 하나님의 창조역사, 기적의 역사가 날마다 새롭게 일어나게 된다. 왜냐하면 하나님이 온 우주 만물을 만드셨을 뿐 아니라 우리의 인생도 창조하셨기 때문이다.

그렇다면 우리는 창세기 처음에 선포되는, 1절 말씀에 등장하는 각 단어 하나하나를 좀 더 자세히 살펴볼 필요가 있다.

먼저는 "태초에"라고 시작한다. '태초'는 이 세상의 시작, 또는 이 세상 시간의 시작을 의미한다. 시작이 있으면 끝이 있다. 성경은 많은 경우 태초, 시작을 의미하는 히브리어 '레시트'와 함께 짝꿍처럼 나중, 끝, 종말을 의미하는 '아하리트'라는 단어를 함께 사용한다. 다음을 보라. "네 시작은 미약하였으나 네 나중은 심히 창대하리라"(욥 8:7). "내가 시초부터 종말을 알리며 아직 이루지 아니한 일을 옛적부터 보이고"(사 46:10).

이것은 하나님의 역사가 항상 시작과 함께 종말, 끝, 좀 더 구체적으로 하나님의 섭리와 목적을 향해 나아감을 의미한다. 그래서 태초가 있으면 반드시 종말이 있다. 'in the beginning'이 있으면 'in the end'도 있는 것이다. 그래서 성경은 창세기로 시작해서 요한계시록으로 끝나지 않는가! 여기에 성도가 절대 좌절하지 말아야 할 이유가 있다. 하나님께서 우리의 삶을 시작하셨으면 반드시 끝까지 인도하시기 때문이다. 그분의 목적을 이루실 때까지 반드시 책임지고 인도해주실 것이다. 아무리 힘들고 암담해도 낙심하지 말길 바란다. 그분이 우리를 반드시 끝까지 인도해주실 것이다. 하나님의 태초는 항상 종말을 포함하고 있다는 사실을 기억하길 바란다.

둘째로 "하나님이"라는 단어가 나온다. 이 단어는 성경 첫 문장의 주어이다. '태초에'라는 시간부사를 빼면 '하나님이'라는 주어가 가장 먼저 나온다. 1장 1절만이 아니다. 이어지는 2절 이후부터 1장 전체를 보면 하나님이라는 주어가 무려 31회나 등장한다. 무슨 말인가? 성경은 하나님이 세상 모든 만물의 주인공임을 선언한다는 뜻이다.

우리는 종종 우리의 인생을 내 것으로 생각한다. 그래서 내 마음대로 내 계획대로 어떻게든 내 인생을 꾸려가려고 안간힘을 쓴다. 그러나 그럴수록 경험하는 것은 무엇인가? 허망함이다. 또한 무력함이다. 젊을 때는 내 힘으로 이것저것도 해보고, 또 건강해서 무엇이든 마음먹은 대로 할 수 있을 것 같다가도 시간이 가면 갈수록 내 힘으로 되는 것이 별로 없다는 사실을 깨닫기 시작한다. 내가 그토록 얻으려고 애썼던 게 시간이 지나면 별거 아니라는 깨달음이 온다. 성공을 대단한 것으로 생각하고 몸이 부서져라 열심히 달려갔지만 그 성공이 별거 아니라는 사실을 깨닫는다.

그렇다면 내 인생의 참된 성공, 참된 의미, 참된 복은 어디서 오는가? 그것은 오직 하나님께로부터다. 이 하나님께서 내 인생의 주인이 되어주실 때 참된 성공이 찾아온다. 온 세상의 중심이 내가 아니라 하나님이 되실 때 우리가 고민하는 모든 문제의 근원이 해결된다. 인간이 최초로 사탄에게 받은 유혹이 무엇인가? 네 인생의 주인을 하나님이 아니라 너 자신으로 바꾸라는 것이다(창 3장). 그래서 사탄은 선악과를 먹으면 네가 하나님처럼 될 것이라고 속삭인다. 그래서 이 속임에 빠져 주인을 바꾸었을 때 어떻게 되는가? 죄가 찾아오고 불행이 시작되었다. 그런 점에서 우리에게 창세기가 열린다는 것은 무슨 의미인가? 이 모든 것의 주인이 바로 하나님이심을 명확하게 바라보게 된다는 뜻이다.

그런데 여기에 특이한 점이 하나 있다. '하나님'(히. 엘로힘)이 복수로 사용되었다는 점이다. 하나님은 한 분이신데 왜 복수로 기록되어 있는가? 여기에는 두 가지 이유가 있다(이에 대한 구체적인 논의는 Kenneth A. Mathews, Genesis 1-11:26, The New American Commentary 1A(Nashville: Broadman & Holman Publishers, 1996), p.127을 참조하라). 먼저, '장엄의 복수'이다. 고대 근동에서는 위엄 있는 신적 존재, 혹은 왕을 기록할 때 종종 복수로 기록하려는 경향이 있는데 이렇게 사용된 복수형을 '장엄의 복수'라고 한다. 여기서 하나님을 복수로 사용한 것은 하나님의 장엄하고 위엄 있는 모습을 강조하기 위해서다. 따라서 태초부터 등장하신 하나님은 장엄하고 모든 이름 위에 뛰어나신, 찬양받기에 합당한 존귀하신 하나님이다.

둘째는 삼위일체 하나님의 형상이다. 하나님이 복수로 사용된 것은 삼위일체 하나님의 활동을 나타내기 위함이다. 흥미로운 점은 복수의 하나님인 '엘로힘'이 취하는 동사형태가 단수형태인 '창조하다'(히. 바라)를 취한다는 점이다. 복수가 행동할 때는 마치 하나의 존재처럼 행동하는 것이다. 이것은 삼위 하나님의 일체 되심을 표현하는 단어이다. 찬송받기에 합당하신 하나님은 삼위일체 하나님으로 그의 위대하심은 온 우주에 가득하다. 이 복수형태의 이름 엘로힘은 성경에 모두 2,750회나 등장한다(앞의 책, 127쪽). 이런 하나님께서 천지를 창조하셨다.

세 번째로 등장하는 동사, "창조하시니라"(히. 바라)는 특별한 의미를 내포한다. '창조하다' '만들다'라는 뜻을 가진 히브리 동사는 크게 두 가지다. 하나는 여기서 사용된 '바라'이고 다른 하나는 '아사' 라는 단어이다. 바라는 주로 하나님이 주어일 때 동사로 사용된다. 이는 없던 것에서 전혀 새로운 것을 만들어내는 하나님의 창조를 가리킬 때 사용한다. '아사' 는 기존에 있는 것을 바탕으로 만들어내는 행위이다. 주로 사람 편에서의 창조 행위를 의미할 때 사용된다. 따라서 여기서 말씀하는 하나님의 창조는 아무것도 없는 무(無) 가운데 새로운 것을 만들어내시는 하나님의 거룩한, 즉 피조물과 구별된 창조를 가리킨다. 그런데 성경에는 이 '바라' 라는 하나님의 창조 행위가 무에서 새로운 것을 창조할 때뿐 아니라 기존에 있던 것을 새롭게 하는 창조, 즉 재창조에도 사용될 때가 있다. 대표적인 것이 시편 51편 10절 말씀이다. "하나님이여, 내 속에 정한 마음을 창조하시고 내 안에 정직한 영을 새롭게 하소서."

이러한 창조의 역사는 이사야서에도 자주 등장한다. "나 여호와가 이같이 말하노라. 바다 가운데에 길을 큰 물 가운데에 지름길을 내고 병거와 말과 군대의 용사를 이끌어내어 그들이 일시에 엎드러져 일어나지 못하고 소멸하기를 꺼져가는 등불 같게 하였느니라. 너희는 이전 일을 기억하지 말며 옛날 일을 생각하지 말라. 보라. 내가 새 일을 행하리니 이제 나타낼 것이라. 너희가 그것을 알지 못하겠느냐. 반드시 내가 광야에 길을 사막에 강을 내리니"(사 43:16-19).

이 말씀은 천지를 창조하신 하나님의 창조 능력이 흑암과 혼돈과 절망 가운데서도 계속해서 새롭게 일어나고 있음을 말씀한다. 그리고 이런 창조의 능력은 그리스도 안에서 우리에게 새롭게 이어지고 있다. 누구든지 그리스도 안에 있으면 새로운 생명으로 새 창조의 능력을 힘입게 된다(고후 5:17). 이런 하나님을 날마다 경험하길 바란다.

끝으로, 본문은 이런 하나님께서 "천지"를 창조하셨다고 선포한다. '천지'라는 말은 풀어쓰면 '하늘들과 땅'이다. 여기서 하늘이 복수형으로 사용되었다. 영어성경에도 "heavens and earth"라고 되어 있다(NRSV, NIV, ESV). 왜 하늘이 복수일까? 이것은 하나님이 만드신 천체들을 의미한다. 다른 말로 하면 천지를 창조하셨다는 것은 온 우주를, 더 나아가 수많은 우주까지 창조하셨다는 뜻이다. 결국 하나님의 능력이 온 우주에 미치지 않는 곳이 없다. 하나님께서 온 세상의 주인이신 것이다.

이 하나님께서 오늘도 날마다 새로운 창조의 역사를 이루신다. 그렇다면 하나님이 새 창조를 하시는 이유가 무엇인가? 태초에 시작하신 그 창조가 종말에 가서는 그 목적이 온전히 새롭게 완성되어야 하기 때문이다(계 21:5 참조).

단 네 마디지만 우리의 인생을 송두리째 뒤흔들 만한 장엄한 창세기의 선언이 우리 앞에 있다. 이 선포는 우리로 논리적으로 정교하게 해명하거나 설득하려 시도하지 않는다. 이 선포는 우리로 믿음으로 결단하고, 하나님께서 이제부터 창세기 말씀을 통해 우리를 새롭게 빚어갈 새 창조의 역사로 우리를 초대한다. 이 말씀을 대면하고 있는 나의 마음은 지금 어떠한가? 용기 있게 이 선언을 내 인생관, 세계관의 핵심 전제로 받아들일 수 있겠는가? 이 선언은 단순히 논리적인 설득과 이해의 차원으로 머무르는 명제가 아니다. 날마다 새롭게 체험하고 경험해야 할 진리이다. 하나님을 다시 나의 창조주로, 왕으로 맞이하라!

성령님, 물로 덮인
지구를 운행하시다

땅이 혼돈하고 공허하며 흑암이 깊음 위에 있고 하나님의 영은 수면 위에 운행하시니라.

하버드대학교에서 진화생물학을 가르쳤던 스티븐 제이 굴드 교수는 '교도권의 분리'(nonoverlapping magisteria, 축약하여 NOMA)를 주장한 바 있다(Stephen Jay Gould, Rocks of Ages: Science and Religion in the Fullness of Life, The Library of Contemporary Thought(New York: Ballantine Pub. Group, 1999). 이에 대한 비평으로 알리스터 맥그래스 공저, 전성민 역, 「도킨스의 망상: 만들어진 신이 외면한 진리」(서울: 살림,

2007), 64-66쪽을 참조하라). 그것은 과학과 종교는 서로의 영역을 넘나드는 것이 혼란스러우니 이 사이를 가르는 분명한 선을 갖고 과학은 과학의 영역을 다루게 하고 종교는 종교의 영역을 다루도록 하자는 것이다. 이렇게 되면 신앙의 영역에서는 신앙에 관한 이야기만 해야하고 과학의 영역에서는 신앙의 영역을 배제하고 과학적인 설명으로만 세상을 설명해야 한다.

언뜻 보면 합리적일 것 같다. 그러나 성경을 보면 이 두 영역이 서로 넘나드는 경우가 종종 등장한다. 대표적인 사례로 예수님이 부활하셨을 때 이를 의심하는 도마를 들 수 있다. 도마는 예수님이 부활하신 것을 자기 손과 눈으로 확인하지 않고는 믿지 못하겠다고 주장했다(요 20:25). 이때 주님은 의심하는 도마에게 직접 나타나셔서 부활하신 몸을 직접 보여주셨다. 이때 도마는 주님을 향하여 "나의 주님이시요 나의 하나님이시니이다"(요 20:28)라고 고백한다. 도마의 믿음이 현실에서 일어난 실제적인 부활사건을 통해 온전하게 되었다. 하지만 교도권의 분리를 주장하는 사람들은 이런 기적은 다루지 말자고 한다. 왜? 만약 부활을 현실에서 일어난 사건으로 인정하면 이에 대한 과학적인 설명이 필요한데, 이는 거의 불가능하다. 그것은 어떤 사건이든지 사건이 일어나게 한 원인이 있어야 하는데 부활의 원인을 설명하려면 하나님의 개입, 즉 신적인 개입이 들어와야 하기 때문이다. 교도권이 분리된 상태에서 신적인 개입은 신앙의 영역에서만 해야지 실생활로 들어와서는 안 된다.

그렇다면 진화론자들은 교도권의 분리를 통해 물질적인 체계 안에서 완전한 설명을 제공할 수 있는가? 이것이 쉽지 않다. 왜냐하면 그 체계 안에서 설명하다 보면 결국 근원적인 설명이 필요할 때가 있는데 그때는 항상 여지없이 '우연히' '운 좋게' '어쩌다가' '무수히 반복하다 보니' 등과 같은 표현이 등장하기 때문이다. 이런 설명은 과학적, 합리적인 설명이 아니다. 도리어 근원을 모르겠다는 무책임한 변명에 불과하다. 생각해보라. 커피포트에 물이 끓는다. 끓는 이유가 무엇일까? 과학적인 설명은 다음과 같다. 220kW 전기에너지가 포트의 코일에 전기 저항을 일으켜서 동역학 에너지로 전환된다. 이 에너지가 물로 전도되어 물 분자를 진동시키다가 마침내 증기의 형태로 튀어 나간다. 이것이 끓는 현상으로 나타나는 것이다. 그렇다면 처음에 전기에너지는 어떻게 일어났는가? 이때쯤 되면 설명하기가 어려워진다. 많은 경우 진화론자들은 '어쩌다 보니' 우연히 전기가 돌연변이처럼 불규칙하게 들어가 스위치를 작동시켰고 '우연히' 점화된 스위치가 커피포트에 열에너지를 가져왔다. 이런 식으로 설명한다. "에이, 그래도 그렇지 우연히 그럴 리가 있나. 누가 어떤 목적으로 이렇게 했는지 말해 달라." 그러면 과학적 설명만으로는 이 지점에서 더 이상의 설명이 불가능하다. 왜냐하면 과학적 설명은 유물적 세계 안에서의 현상적 인과관계의 설명(how)은 가능해도 목적과 이유(why)는 설명하지 않기 때문이다(우종학, 「무신론 기자, 크리스천 과학자에게 따지다」(서울: IVP, 2009), 101-103쪽).

우리가 원하는 그 이상의 설명은 인격적인 체계 안으로 들어가야 가능하다. 그렇다면 인격적인 체계 안에서의 설명이란 무엇인가? 그것은 그 사건을 일으킨 행위자의 의지와 결단, 목적의 관점에서 하는 설명이다. 커피포트에 물이 왜 끓는가? 몸이 나른해서 커피를 마시려고 끓였다. 이것이 인격적인 설명이다. 현상에 대한 의도와 목적을 설명하는 것이다. 그런데 과학적인 설명은 인격적인 설명을 어떻게든 과학 안에서 몰아내려고 한다. 인격적인 설명은 과학체계를 넘어 다른 인격체계로부터 원인과 목적을 가져와야 하는데 이것을 불편해한다. 사실 빅뱅우주이론이 처음 발표되었을 때 당대의 많은 과학자가 이 이론에 대해 상당한 거부감을 가졌다. 왜? 이전에는 우주가 우연히 생겨나서 원래부터 그렇게 있었다고 믿었는데 빅뱅이론은 우주의 어느 한 시점에서 아무것도 없는 절대적인 무(無)에 가까운 상태에서 우주가 거대한 폭발로 일시에 생겨났다고 주장하기 때문이다. 무(無)란 무엇인가? 아무것도 없는 것이다. 아무것도 없는 것에 무엇인가 생기려면 아무것도 없는 무 이외의 다른 존재 때문에 그 원인이 일어나지 않고는 불가능하다. 이는 논리적으로 이 세상의 시공간 시스템 밖에 있는 존재, 즉 초시간적이고 초공간적인 존재를 요구하게 된다. 이것을 인정할 가능성이 커지니 빅뱅이론에 거부감을 갖게 된 것이다.

그런 면에서 창세기 1장 1절 "태초에 하나님이 천지를 창조하시니라"는 말씀은 놀라운 말씀이다. '태초에' 처음 시작을 만드신 분이 바로 하나님이라고 선포하기 때문이다. '우연히' 가 아니다. '시행착오를 무수히 반복하다 보니' 도 아니다. 목적과 계획을 갖고 만드신 것이다. 이렇게 볼 때 창세기 1장 1절의 말씀은 세상의 시작에 대한 선포와 함께 '사실적' '인격적 설명' 이 함께 들어간 것이다.

이런 면에서 우리는 본문 말씀에 주의 깊게 귀 기울일 필요가 있다. 본문에는 창조역사에 대한 인격적인 행동이 들어 있기 때문이다. 먼저 본문은 1절에 이어 그 관심이 주로 '땅'(earth), 즉 지구에 관해서 말씀하고 있다. 이 지구의 처음 상태가 어떠한가?

　"땅이 혼돈하고 공허하며"(2절).

　이 세상이 본격적으로 시작되기 이전의 상태가 바로 혼돈과 공허다. 혼돈이라는 단어 앞에 있는 개역개정 성경 난하주 1번을 보면 "형체가 없는"이라고 되어 있다. 처음 이 지구의 상태가 형체가 없는 상태라는 것이다. 히브리어로 '혼돈'(토후)은 형체가 없는 모습을, '공허'(보후)는 텅 비어 있는 상태를 말한다. 태초의 지구는 형체가 없고 텅 비어 있는 모습이었다.

　이 땅의 처음 상태가 혼돈과 공허라는 것은 필연적으로 다른 두 가지 사역을 요청한다. 먼저 혼돈에는 질서가 잡혀야 하고, 둘째로 텅 빈 공허에는 채움과 의미가 들어가야 한다. 이것은 우리 인생에서도 마찬가지다. 하나님께서 우리를 창조하기 전까지 우리의 생은 혼돈과 공허가 자리 잡고 있다. 혼돈 가운데 우리 삶의 우선순위는 뒤죽박죽되고 무질서해진다. 그뿐만 아니다. 모든 것이 공허하다. 의미가 없다. 무엇인가를 열심히 해야 한다고 하지만 그렇게 해서 무엇 하나 하는 생각이 우리를 사로잡는다. 이 혼돈은 하나님 말씀의 능력이 아니면 질서를 잡을 수 없다. 하나님의 말씀이 우리를 새롭게 창조하셔야 우리는 혼돈에서 질서로, 공허와 무의미에서 의미와 채움으로 나아갈 수 있다. 이와 반대로 우리가 말씀을 저버리고 떠날 때 우리는 다시 태초의 혼란으로 들어가게 된다.

다음의 말씀을 보라. "내 백성은 나를 알지 못하는 어리석은 자요. 지각이 없는 미련한 자식이라. 악을 행하기에는 지각이 있으나 선을 행하기에는 무지하도다. 보라. 내가 땅을 본즉 혼돈하고 공허하며 하늘에는 빛이 없으며"(렘 4:22-23). 여기 보면 하나님의 말씀을 떠난 이스라엘 백성들의 상황과 그들이 거주하던 땅의 상태가 나온다. 이스라엘은 하나님을 알지 못한 채 하나님을 떠났고 말씀과 하나님에 대한 지식이 없는 상태다. 그런 상태의 이스라엘 땅은 반창세기적인 모습, 창조 이전의 모습으로 역행하여 거슬러 올라가는 것을 볼 수 있다. 그 상태를 땅이 "혼돈하고 공허"했다고 진술한다.

이 혼돈과 공허한 땅의 처음 상태는 어떠한가? 이어지는 본문은 "흑암이 깊음 위에 있다"라고 말씀한다. 흑암은 말 그대로 완전히 캄캄한 상태, 즉 완전한 어둠을 말한다. 이 흑암이 깊음 위에 있다. 여기서 깊음이란 깊은 바다에 푹 들어가 있는 골짜기, 또는 땅에 깊이 파여 있는 골짜기를 의미한다. 창세기 7장 11절을 보면 노아의 홍수 심판 때 여기 있는 '깊음'의 샘들이 터지며 홍수가 시작된다. 깊은 흑암이 이런 깊은 골짜기 위에조차 가리어져 있었다. 지금 태초의 지구 상태는 어떤 상태인가? 빛없이 흑암만이 가득한 상태다. 그렇다면 빛은 언제 등장하는가? 첫째 날에 창조된다. 그런데 조금 이상하다. 왜냐하면 빛은 첫날에 창조되지만 하늘의 해와 달과 별들은 넷째 날에 만드시기 때문이다. 거기에다 더 이상한 것은 하나님께서 첫째 날에 빛을 만드시고 나서 낮과 밤을 만드셨다는 것이다. 어떻게 해 없이 낮과 밤을 만드실 수 있는가?

먼저 하나님께서 빛을 만드셨을 때, 이 빛은 해 이전의 빛이다. 고전물리학에서 빛은 전자기파이고 파동이다. 반면 양자 물리학에서 빛은 파동뿐 아니라 입자이기도 하다. 빛은 물리적 이중성이 있다. 이것을 종합하면 빛은 전자기적 에너지의 모든 영역을 포괄한다(이에 관한 자세한 설명은 이재만, 「창조주 하나님: 창세기1장 vs. 진화론」, 40-44쪽을 참조하라). 눈으로 볼 수 있는 가시광선뿐 아니라 자외선, X선, 적외선, 전파, 열, 전기, 자기 등 모든 형태를 포함한다. 이 빛 에너지가 없으면 말 그대로 온 세상이 흑암이 된다. 따라서 모든 에너지의 근원이 바로 빛이다. 하나님은 시간과 공간을 창조하시고 이 안에 혼돈과 공허상태의 물질세계를 만드시고서 이 안에 빛 안에 포함되는 포괄되는 에너지를 창조하셨다. 만약 이 빛 에너지가 세상에 먼저 생기지 않았으면 98%의 헬륨과 수소로 구성된 태양이 제 기능을 발휘하지 못했을 것이다. 말하자면 이 빛은 빛을 발할 수 있는 근원적인 에너지다. 유대인들은 이 빛을 하나님의 임재에서 비롯된 빛이라고 해석한다. 이 빛이 하나님에게서 직접 왔기에 태양이 있기 전에도 세상을 밝게 할 수 있었다. 하나님께서 태양을 만드신 것은 이 빛을 제대로 발할 수 있기 위해서다. 전기가 있어야 백열전구가 빛을 내는 것처럼 하나님은 빛을 만드시고 이 빛을 발할 수 있는 별인 태양과 광명체를 만드셨다.

흥미로운 것은 하나님께서 첫째 날에 빛을 만드시고, 빛을 낮이라 부르시고, 어둠을 밤이라 부르시며 이때부터 하루의 개념이 생겨났다(3-5절). 이름을 지었다는 것은 존재가 되었다는 뜻이다. 고대 근동에서 이름이 없는 것은 존재하지 않는 것과 마찬가지다. 그런데 이상하다. 태양이 있는 것도 아닌데 어떻게 하루라는 개념이 생기게 된 것인가? 왜냐하면 공식적인 하루의 개념은 14절에 가서야 하나님이 하늘의 광명체들, 해와 달과 같은 별들을 만드시면서부터 징조와 계절과 해(year)가 생겨났기 때문이다.

그런데 달(month)과 해(year)가 생겨나기 전에 날(day)이 먼저 생겼다. 이것이 무슨 의미를 함축할까? 천체의 움직임에 따르면 해(year)는 지구가 태양을 돌아야 생기는 것이고 날(day)은 지구가 자전해야 생긴다. 이 땅은 공전이 있기 전에 자전부터 있었다(위의 책, 107-119쪽). 먼저 빛이 있었고 이 빛이 생기면서 지구가 돌기 시작했다. 낮과 밤을 정하신 것은 지구 자전의 길이와 시간을 태양이 생기기 이전에 이미 계산하고 준비하셨음을 보여준다. 이것은 하나님께서 다른 무엇보다 지구, 이 땅을 사랑하시고 관심을 갖고 계심을 보여준다.

이것을 보여주는 것이 2절 후반부의 말씀이다. "하나님의 영은 수면 위에 운행하시니라." 여기 운행한다는 것은 단순히 움직였다는 게 아니다. 여기 '운행하다'(히. 라하프)는 동사는 구약에서 많이 사용되지 않는 단어이지만, 그중 대표적인 곳이 신명기다. "마치 독수리가 자기의 보금자리를 어지럽게 하며 자기의 새끼 위에 너풀거리며(라하프) 그의 날개를 펴서 새끼를 받으며 그의 날개 위에 그것을 업는 것같이"(신 32:11).

여기서 '너풀거린다' 또는 '운행한다'는 의미의 '라하프'는 어미 독수리가 자기 새끼 위에 날개를 펴고 보호하는 행위를 말한다. 하나님의 영이 지구 위에 날개를 펴고 덮고 계신다. 여기 하나님의 '영'

(루아흐)은 하나님의 숨결, 또는 호흡이라는 의미다. 하나님의 숨결, 즉 성령께서 이 지구 위에 마치 독수리가 날개를 펴고 자기 새끼를 보호하는 것처럼 그 위를 운행하며 보호하고 지키고 계시는 장면이다. 성령께서 수면 위에 운행하시는 이유는 지금 처음 상태의 이 지구가 온통 물로 덮여 있기 때문이다. 하나님께서 처음 만든 이 땅은 혼돈과 공허 가운데, 온통 흑암 가운데서 물이 가득 덮인 가운데 그 위를 하나님의 성령께서 품고 보호하시는 모습이다. 그런 가운데 하나님은 빛을 만드시고 지구를 먼저 자전하게 하시면서 이 땅에 의미와 질서를 부여하기 시작하셨다. 이처럼 태초에 하나님의 관심은 온통 지구 위에 집중되어 있었다. 마치 어미가 새끼 알을 제 품에 품고 부화할 새끼를 기다리는 것처럼 하나님도 이 땅을 당신의 숨결로 품으시고 장차 이 땅을 통해 자신의 형상을 갖고 하나님께 영광을 돌릴 사람을 기다리고 계신다.

나의 삶을 돌아보자. 나의 삶은 어떠한가? 혼돈스러운가? 무의미한 것 같아 괴로운가? 어디로 가야 할지 헷갈리는가? 이 땅의 혼돈과 공허만 보면 괴롭고 답답하다. 놀랍고 감사한 사실은 하나님의 영이 여전히 이 땅의 혼돈과 공허를 보시며 그 위에 운행하시면서 사랑의 품으로 이 땅을 품고 계신다는 것이다. 성령은 지금도 우리를 품어주신다. 때로는 혼란스럽고 어려워도 우리를 변함없이 품고 지켜주신 주님의 은혜를 감사하라. 그리고 그 감사가 찬양과 경배로 이어지게 하라.

인생의 무대 위에
--------------------------------- 우뚝 서라

³하나님이 이르시되 빛이 있으라 하시니 빛이 있었고 ⁴빛이 하나님이
보시기에 좋았더라. 하나님이 빛과 어둠을 나누사 ⁵하나님이 빛을 낮
이라 부르시고 어둠을 밤이라 부르시니라 저녁이 되고 아침이 되니
이는 첫째 날이니라. ⁶하나님이 이르시되 물 가운데에 궁창이 있어
물과 물로 나뉘라 하시고 ⁷하나님이 궁창을 만드사 궁창 아래의 물과
궁창 위의 물로 나뉘게 하시니 그대로 되니라. ⁸하나님이 궁창을 하
늘이라 부르시니라. 저녁이 되고 아침이 되니 이는 둘째 날이니라. ⁹
하나님이 이르시되 천하의 물이 한 곳으로 모이고 뭍이 드러나라 하
시니 그대로 되니라. ¹⁰하나님이 뭍을 땅이라 부르시고 모인 물을 바
다라 부르시니 하나님이 보시기에 좋았더라. ¹¹하나님이 이르시되 땅

은 풀과 씨 맺는 채소와 각기 종류대로 씨 가진 열매 맺는 나무를 내라 하시니 그대로 되어 ¹²땅이 풀과 각기 종류대로 씨 맺는 채소와 각기 종류대로 씨 가진 열매 맺는 나무를 내니 하나님이 보시기에 좋았더라. ¹³저녁이 되고 아침이 되니 이는 셋째 날이니라. ¹⁴하나님이 이르시되 하늘의 궁창에 광명체들이 있어 낮과 밤을 나뉘게 하고 그것들로 징조와 계절과 날과 해를 이루게 하라. ¹⁵또 광명체들이 하늘의 궁창에 있어 땅을 비추라 하시니 그대로 되니라. ¹⁶하나님이 두 큰 광명체를 만드사 큰 광명체로 낮을 주관하게 하시고 작은 광명체로 밤을 주관하게 하시며 또 별들을 만드시고 ¹⁷하나님이 그것들을 하늘의 궁창에 두어 땅을 비추게 하시며 ¹⁸낮과 밤을 주관하게 하시고 빛과 어둠을 나뉘게 하시니 하나님이 보시기에 좋았더라. ¹⁹저녁이 되고 아침이 되니 이는 넷째 날이니라. ²⁰하나님이 이르시되 물들은 생물을 번성하게 하라 땅 위 하늘의 궁창에는 새가 날으라 하시고 ²¹하나님이 큰 바다 짐승들과 물에서 번성하여 움직이는 모든 생물을 그 종류대로 날개 있는 모든 새를 그 종류대로 창조하시니 하나님이 보시기에 좋았더라. ²²하나님이 그들에게 복을 주시며 이르시되 생육하고 번성하여 여러 바닷물에 충만하라. 새들도 땅에 번성하라 하시니라. ²³저녁이 되고 아침이 되니 이는 다섯째 날이니라. ²⁴하나님이 이르시되 땅은 생물을 그 종류대로 내되 가축과 기는 것과 땅의 짐승을 종류대로 내라 하시니 그대로 되니라. ²⁵하나님이 땅의 짐승을 그 종류대로 가축을 그 종류대로 땅에 기는 모든 것을 그 종류대로 만드시니 하나님이 보시기에 좋았더라.

매년 7월 2일은 세계 UFO의 날이다. 지난 2014년에는 이 날을 맞아 미국 중앙정보국(CIA)에서 그간 수십 년 동안 베일에 싸였던 비밀 하나를 폭로했다. 그것은 지난 1950년대부터 60년대 사이에 급증했던 UFO 목격사건의 주범이 사실은 CIA에서 운용했던 정찰기였던 것이다(양모듬, "CIA 1950년대 너도나도 봤다던 UFO… 사실은 우리였다"(〈조선일보〉, 2014. 7. 4.)). U-2로 명명된 이 정찰기는 최고 27,430m 상공에서 정찰활동을 펼 수 있도록 1955년에 제작됐다. 이때부터 UFO 신고가 점점 증가하다가 1957년에 이르러서는 한 해 1천 건이 넘게 신고가 접수됐다. 당시 여객기는 고도 6천 미터 이하에서 운항했었고 군용기는 고도 1만 2천 미터 이하 상공에서 날았다. 그런데 이 U-2기는 1만 8천 미터 이상으로 올라가서 정찰활동을 펼다. 이렇게 높이 난 이유는 당시 구소련의 방공망을 피하기 위해서였다. 당시 소련 방공망의 한계고도는 1만 5천 미터였다. 은색외관에 날개폭이 31m나 되는 이 정찰기가 뜨면 아래에서 위쪽으로 이 정찰기를 볼 때 날개에 햇빛이 반사되어 불타는 물체가 날아다니는 것처럼 보였다.

특히 해 질 무렵 어두워지는 서쪽으로 날아가던 비행기에 탔던 사람들이 유독 UFO 신고를 많이 했는데, 당시 미 공군에 신고가 접수되면 미 공군은 사실을 알면서도 궁색한 변명을 늘어놓았다. 대기 상층부의 얼음 결정이 햇빛에 반사돼 불타는 비행물체처럼 보이는 것이라고 말이다. 설명이 궁색해지자 이때부터 미국에서 UFO 음모론이 급증하기 시작했다. 그러다 마침내 UFO단체가 결성되기에 이르렀다. 이것을 계기로 수많은 목격담이 수집되었고 여기서부터 수

많은 UFO와 외계인 이야기들이 확대 재생산되었다. CIA가 미안하다고 하면서 무려 272페이지에 달하는 보고서를 CIA 홈페이지에 공개했지만 이미 음모론을 강하게 확신하는 일부 음모론자들은 여전히 CIA의 해명에 수긍하지 못하고 있다.

UFO에는 어떤 전제가 있는가? 우리 외에 더 뛰어난 문명을 가진 외계생명체가 있고 우리는 우주의 주변부에 있는 하찮은 존재에 불과하다는 것이다. 그러나 하나님께서 만드신 지구에 대한 과학적인 관찰결과를 가만히 살펴보면 온 우주가 온통 지구를 위해 존재하는 것 같은 인상을 받게 된다.

기독교 변증 저술가인 리 스트로벨이 천문학자 길레모 곤잘레스와 인터뷰한 내용은 이를 매우 구체적으로 밝혀준다(리 스트로벨 저, 홍종락 역, 「창조설계의 비밀」(서울: 두란노, 2005), 198-236쪽을 참조하라). 지구가 속해 있는 은하는 가장 질량이 크고 밝은 우주 전체 상위 1%에 속하는 은하다. 이런 은하 안에 위치해야 생명이 살아갈 수 있는 별이 생성될 가능성이 크다. 또 은하들 안에는 곳곳에 초신성들이 폭발하고 때로는 초신성보다 훨씬 강력한 감마선이 폭발하는데, 그렇게 되면 근처의 빛이 사라진다. 완전한 절대 암흑으로 빠져드는 것이다. 이런 주위의 위험요소가 가장 적은 곳이 태양계가 속한 나선은하다. 특히 나선은하 가운데서도 지구가 위치한 곳은 나선 팔 사이의 안전한 지역이다.

은하계가 안전하다고 하지만 은하의 중심으로 가면 거대한 블랙홀이 있어 그 근처로 가면 모든 게 갈가리 찢겨 빨려 들어간다. 그리고 여기에는 아주 높은 수치의 방사선이 있어 생명체에 치명적이다.

그래서 은하 중심으로부터 적절한 안전거리를 유지해야 하는데, 특히 태양계가 속한 나선형 은하에 자리 잡은 얇은 원반형태는 태양과 같은 별이 적절한 원 궤도를 유지할 수 있도록 해준다. 이런 궤도는 태양계를 도는 다른 행성들이 지구를 살 만한 별로 만드는 데 커다란 이바지를 한다. 예를 들어 목성 같은 행성은 수많은 행성이 지구로 들어올 때 지구를 지키는 방패막이 역할을 한다. 혜성들이 다가올 때 목성의 인력으로 혜성을 비껴가게 만들고, 이것들이 태양계로 들어오는 것을 막아준다. 1994년 7월에 슈메이커-레비9 혜성이 목성과 충돌하는 것이 관찰되었다. 이 혜성은 목성의 엄청난 중력에 이끌려 산산이 조각났다. 목성은 지구 질량의 300배가 넘는 행성이다.

토성과 천왕성도 이런 식으로 많은 혜성의 침입을 막아준다. 게다가 지구와 태양의 거리는 물을 유지해주는 기가 막힌 거리다. 행성이 태양과 같은 별에서 너무 가까이 있으면 물이 다 증발해서 말라버린다. 반대로 너무 멀어지면 온도가 너무 떨어져 얼어붙는다. 태양에서 멀어질수록 행성 안에 있는 대기권의 이산화탄소 함유량이 늘어나야 한다. 그래야 태양에너지를 묶어두고 물을 액체 상태로 유지할 수 있기 때문이다. 만약 지구의 거리가 태양으로부터 5%만 당겨지거나 멀어지면 지구에는 대재앙이 일어나고 살 수 없게 된다. 이 거리가 얼마나 절묘한지 지구가 태양을 돌면서 여름과 겨울을 절묘하게 만들어내고 있다. 그 안에서 물이 녹았다 얼기를 반복하면서 물을 순환시키고 지구 안에 머물러 있도록 보존한다.

그뿐만이 아니다. 사계절을 만들어내는 데 지구의 지축 기울기 23.5도가 중요하다. 이 지축 기울기를 안정시켜주는 것이 무엇이냐?

바로 달이다. 달의 절묘한 크기와 인력으로 지축 기울기가 안정되고, 또 바다의 조수간만의 차를 만들어내서 밀물과 썰물을 통해 바다에 대륙의 영양소를 쓸려 보내는 역할을 하는 것이다. 이처럼 알면 알수록 온 우주가 정교한 균형과 조화를 통해 마치 이 지구를 위해 존재하는 것 같은 느낌이 든다.

본문은 하나님께서 이 세상을 창조하는 과정을 보여주면서 이 땅이야 말로 하나님의 최고 관심사가 머무는 곳임을 보여주고 있다. 이 땅은 천군천사의 모든 관심이 쏠린 우주의 중앙무대인 것이다.

그렇다면 하나님은 이 세상을 어떻게 멋진 무대로 만들어가시는가? 이번 장의 본문은 여섯 날에 걸쳐 멋진 세상의 무대가 만들어져가는 과정을 보여주고 있다.

먼저, 첫째 날이다. 하나님은 세상을 향하여 말씀을 선포하신다.

"하나님이 이르시되 빛이 있으라 하시니 빛이 있었고"(3절).

땅이 혼돈하고 공허하며 온 세상이 물로 덮인 이 세상(2절)을 멋진 무대로 만들어가는 데 가장 절실하게 필요한 게 말씀이었다. 이 땅에 "빛이 있으라"는 하나님의 이 말씀이 선포되자 어떤 일이 일어나는가? 선포된 말씀대로 혼돈과 공허로 뒤덮인 땅에 빛이 생겨났다. 그렇다면 이 말씀이 도대체 어떤 말씀이기에 이런 역사를 이루어낼까? 이 말씀은 성자 예수님을 말하는 것이다(잠 8:22-30, 요 1:1-4 참조).

이는 우리 인생에서도 마찬가지다. 인생의 혼돈과 공허를 의미와 질서로 만들어주는 능력은 오직 말씀밖에 없다. 태초에 이 말씀이 온 우주에 선포된다. 빛이 있으라. 그러자 칠흑같이 어두운 흑암 가운데 빛이 생겼다. 그리고 빛과 어둠을 나누셨다. 여기서 빛이란 태양을 말하지 않는다. 태양은 넷째 날에 가서야 창조된다. 여기서 빛이란 가시광선뿐 아니라 자외선, X선, 적외선, 전파, 열, 전기, 자기, 분자 상호운동 등 빛이 포함하는 포괄적인 에너지 영역을 말한다(이재만, 「창조주 하나님: 창세기1장 vs. 진화론」, 40-44쪽). 태양 광명체와 같은 항성이 생기기 전, 우주와 이 세상에 빛 에너지가 먼저 생겼다.

둘째 날에는 하나님이 온 세상을 덮은 물 가운데 공간을 내신다.

"하나님이 이르시되 물 가운데에 궁창이 있어 물과 물로 나뉘라 하시고"(6절).

그러자 하나님 말씀의 능력이 물 한가운데 거대한 공간을 내더니 공간 위의 물과 공간 아래의 물로 나뉘었다. 하나님은 이 나뉜 공간을 '하늘'로 부르셨다. 말씀은 혼돈을 상징하는 물로 가득한 공간을 물이 사라진 새로운 공간으로 바꾸는 능력이 있다. 이것이 하나님 말씀의 능력이다. 말씀은 파고 들어갈 틈이 없는 곳이라도 거대한 공간을 낼 수 있게 만드는 능력이 있다. 이런 궁창 사이의 공간은 본격적인 무대를 만들기 위한 기초공사였다.

셋째 날에는 하나님께서 물 아래 있던 땅을 솟아나게 하시고 물을 한 곳으로 모으셨다.

"하나님이 이르시되 천하의 물이 한 곳으로 모이고 뭍이 드러나라"(9절).

그러자 물로 가득한 이 땅에서 뭍이 진동하며 솟아난다. 그리고 물은 한 곳으로 모인다. 하나님은 솟아난 뭍을 땅이라 부르시고 모인 물을 바다라고 하셨다. 그리고 땅을 향하여 선포하신다.

"하나님이 이르시되 땅은 풀과 씨 맺는 채소와 각기 종류대로 씨 가진 열매 맺는 나무를 내라"(11절).

그러자 이 말씀 그대로 이 땅에 풀과 씨 맺는 채소와 종류대로 열매를 맺는 나무가 생겨났다. 이제 드디어 이 땅 위에 생명체가 살아갈 수 있는 기초적인 무대가 마련된 것이다.

넷째 날에는 하나님께서 하늘에 광명체들을 생겨나게 하셨다. 우리는 여기서 순서에 주의할 필요가 있다. 하나님께서 이 땅, 즉 지구를 먼저 만드시고 나머지 별들을 지구의 질서를 위해 만드신 사실을 미루어 알 수 있다.

"하늘의 궁창에 광명체들이 있어 낮과 밤을 나뉘게 하고 그것들로 징조와 계절과 날과 해를 이루게 하라. 또 광명체들이 하늘의 궁창에 있어 땅을 비추라"(14-15절).

하나님께서 해와 달과 별을 만드셔서 이 세상에 빛을 통한 공간

질서와 시간질서를 만드셨다. 이를 통해 계절의 변화와 해가 뜨고 달이 지는 하루의 날이 생겨났다. 또 천체의 변화로 인해 1년이라는 시간단위를 만드셔서 이 땅에 천체의 움직임을 통한 시간질서를 만드셨다. 무대 위에 공연을 위한 조명등을 다시고 또 공연시간을 잴 수 있는 단위를 만드신 것이다.

자, 지금까지는 생명체가 살기 위한 기초적인 무대공간이었다. 다섯째 날이 되면 본격적으로 살아 움직이는 생물들이 등장한다.

"물들은 생물(생명 있는 피조물 living creature)을 번성하게 하라"(20절).

여기 '생명'이라는 개념이 처음 등장한다. 식물을 낼 때는 생물이라는 개념이 쓰이지 않았다가 여기서부터 본격적으로 사용한다. 생물을 구별하는 특징이 무엇일까? 바로 피다. 따라서 여기의 생물은 피가 있는 피조물이다. 성경에서 피는 곧 생명으로 간주한다(레 17:11,14, 신 12:23). 하나님은 20절에서부터 본격적으로 피가 있는 피조물, 즉 바다생물, 바다짐승, 새들을 만드신다. 특이한 것은 이 생물들의 창조에서는 '종류대로'라는 말이 꼭 등장한다는 것이다(21,24,25절). 무슨 말인가? 이것은 하나님께서 '다양하게' 만드셨다는 의미도 되지만 한편으로는 하나님이 만드신 종류의 경계, 즉 생육하고 번성할 수 있는 한계를 정해두셨다는 의미도 있다. 모든 생물은 그 종 안에서만 생육하고 번성할 수 있지, 다른 종과 결합할 수 없는 것이다. 하나님께서 태초에 정해놓으신 유전적인 창조질서인 것이다. 그렇지 않으면 피조물 간에 큰 혼란이 올 것이다.

자, 이렇게 여섯째 날까지 지으신 창조의 특징이 무엇인가? 모두 하나님의 말씀이 선포되어 그 말씀이 성취된 사건이라는 점이다. 이 것은 세상을 바라보는 피조세계의 본질적인 구조와 원리를 보여준다. 이 세상에 살아 있는 피조물들, 그리고 피조물들이 살도록 마련된 이 땅과 천상의 무대공간은 모두 하나님의 말씀 아래 순복하고, 그 말씀이 성취되도록 지음받았다.

피조물의 본질은 하나님의 말씀을 듣는 것이다. 피조물과 하나님의 올바른 관계는 '말씀하시고 듣는' 사건에 의해서 발생한다. 성경에 나오는 많은 소명사건도 보면 이런 구조가 등장한다. 하나님이 그 종을 부르신다. "사무엘아 사무엘아!" "모세야 모세야!" "마리아야 마리아야!" 하나님의 말씀 앞에 이들은 어떻게 응답하는가? "주여, 말씀하소서. 내가 여기 있나이다!" 이것이 창조주와 피조물이 가져야 하는 관계의 본질인 것이다. 이런 관계를 하나님은 어떻게 평가하시는가? "보시기에 좋았다"(It's good!)고 평가하신다. 이것이 창조주 하나님과 피조세계의 이상적인 관계이다. 하나님이 보시기에 정말 좋은 인생은 어떤 인생인가? 하나님의 말씀이 내게 이루어지고 성취되는 인생, 이것이 정말 아름다운 인생이다.

하나님의 창조과정을 하나하나 살펴보면 이 모든 과정이 인간을 위한 일종의 무대를 만들어가는 과정임을 보여준다. 혼돈과 공허와 무의미 가운데 있던 세상을 하나님은 정말 공연해볼 만한 좋은 무대로 다듬는 작업을 하셨다. 이를 좀 더 구체적으로 살펴보면 다음과 같다. 첫째 날부터 셋째 날까지는 하나님께서 사람을 위한 기초 무대를 마련하셨다. 첫째 날에 빛을, 둘째 날에 물과 물 사이의 궁창을, 셋째 날에 땅과 바다를 나누시고 식물을 만드셨다. 넷째 날부터는 하나님이 마련하신 기초 무대에 적합한 피조물들을 채우시며 그 무대를 더 튼실하게 준비하신다. 넷째 날에는 첫째 날에 마련하신 빛과 어둠 사이에 해, 달, 별과 같은 광명체를, 둘째 날에는 궁창과 물에 새와 물고기를, 셋째 날에는 땅에 살아갈 동물을 채우셨다. 이 모든 피조세계를 완성하신 후 하나님은 비로소 이 충만한 세상의 정점에 사람을 지으셔서 피조세계의 무대 위에 우뚝 세우셨다.

첫째 날 : 빛과 어둠 분리 →	넷째 날 : 해, 달, 별 (낮과 밤을 채움)
둘째 날 : 하늘과 바다 →	다섯째 날 : 새와 물고기 (하늘과 바다를 채움)
셋째 날 : 땅과 바다 분리, 식물 →	여섯째 날 : 동물 (땅을 채움)
	하나님 형상대로 사람 창조

그렇다면 그 무대를 통해 하나님이 기대하시는 것은 무엇일까? 바로 하나님의 말씀이 성취되어 하나님께서 보시기에 좋은 인생이 되는 것이다.

우리 모두에게는 나름대로 주어진 인생의 무대가 있다. 가정이라는 무대, 직장이라는 무대, 또 교회라는 무대, 학교라는 무대 등 다양한 무대에 선다. 어떤 무대는 날마다 서기도 하고 또 어떤 무대에는 이따금 서기도 한다. 각 무대에는 해야 할 역할이 있다. 중요한 점은 이 무대에서 우리는 인생의 배우로서 생명력이 길고 좋은 공연을 해야 한다는 점이다. 그런데 요즘 들어 전반적으로 많은 사람이 무대에서의 생명력이 약해지고 있다. 가정이 오래가지 못하고 직장에서의 생명력이 짧아지며 학교에서는 교실이 무너진다고 아우성이다. 어떻게 하면 한 번뿐인 인생에서, 주어진 삶의 무대에서 아름다운 공연을 펼칠 수 있을까? 더구나 성경은 우리의 인생 무대에서의 공연이 끝나고 나면 하나님 앞에서 그 공연에 대한 평가가 있을 것이라고 말씀한다. "한번 죽는 것은 사람에게 정해진 것이요 그 후에는 심판이 있으리니"(히 9:27).

인생 무대에서 중요한 것은 한방 대박을 터뜨리는 것이 아니라 롱런하는 것, 오랫동안 꾸준히 멋진 공연을 할 수 있는 것이다. 공연으로 치자면 일회성 공연이 아니라 정기공연을 해야 한다. 어떤 배우는 잠깐 반짝하고 나타났다가 사라진다. 그러나 어떤 배우는 시간이 지나도 변함없이 무대를 성실하게 지키며 많은 이들의 사랑을 받는다.

우리가 살아가는 무대는 크게 두 부분으로 나뉜다. 무대 전면과 무대 후면이다. 무대 전면은 실제로 공연을 하는 장소지만, 무대 후면은 무대공연을 위한 준비의 공간이다. 기억해야 할 사실 하나가 있다. 공연이 화려하고 웅장할수록 무대 뒷면의 준비공간도 커야 한다는 사실이다.

원래 무대 앞면의 공연은 뒷면에서 얼마나 안정되게 준비하고 자신감을 갖느냐에 따라 달라진다. 그래서 무대 앞면은 무대 뒷면의 상태에 따라 달라진다(Simon Walker, Leading Out of Who You Are: Discovering the Secret of Undefended Leadership(Carlisle: Piquant Editions, 2007), pp.23-33). 한동안 무대 위의 커튼을 가리고 뒷면을 가릴 수 있지만 얼마 시간이 지나면 가린 커튼 뒤로 고이고 썩은 냄새와 악취가

풍기고 무대 뒤로부터 파리들이 무대 앞면으로 날아든다. 그러다 결국은 썩고 썩다가 무대가 통째로 무너지는 경우가 있다. 인생이 파멸되는 것이다. 겉보기에는 환상적인 이력을 갖고 이름을 날릴 수 있으나 내면생활은 피폐해진다.

이 인생 무대에 관해 중요한 사실이 있다. 무대의 안과 밖은 긴밀하게 연결되어 있다는 것이다. 따라서 무대 밖과 무대 안은 어떻게든 불균형이 일어날 때 균형을 맞추려는 경향이 있다. 예를 들어 직장에서 스트레스를 엄청나게 받았다 치자. 이를 직장에서 해소하고 정리하지 못한다면 집에 들어와서 직장에서의 스트레스와 긴장을 풀려할 것이다. 집에 있는 가족은 아무것도 모른 채 아빠나 엄마의 고함과 분노와 신경질을 받아낸다. 그 결과로 가족들 안에 혼돈과 공허의 역사가 시작된다. 주눅이 든다. 가족에서 온갖 신경질과 짜증을 받은 자녀들은 학교라는 무대에 가서 어떻게든 이 불균형을 해소하려고 노력한다. 집에서 혼돈과 공허를 경험한 학생은 밖에서 질서와 의미를 찾으려 한다. 이 분노를 공부를 통해 해소하면 좋겠지만 이것이 쉽지 않다. 공부는 내면이 고도의 평화와 질서가 잡힌 상태에서 연속성을 갖고 할 수 있는 작업이기 때문이다. 그래서 자녀들은 더 쉬운 방법으로 집에서 받지 못한 인정과 사랑을 찾아 균형을 맞추려 한다. 어떻게 하는가? 학생에 어울리지 않는 짙은 화장을 하고 헤어스타일도 바꾸고 옷도 사람들의 눈에 확 띄는 노출이 심한 옷을 입는다. 누가 함께 놀자고 하면 공부보다는 당장에 인정을 받고 눈에 띄는 효과를 얻기 위해 몰려다닌다. 이런 반복적인 삶의 패턴은 결국 성적하락으로 결과가 드러난다. 이것을 본 부모님은 더 화를 내고 분노를 낸다. 그러면 삶의 무대의 균형이 더 심하게 기울어진다.

삶의 무대 안팎에서 균형이 무너지면 사람은 무대 안팎의 삶이 너무나도 다르기에 혼란을 겪고 방황한다. 그러다가 자신에게 편하고 의미 있는 무대를 하나 선택하여 그 무대를 확장한다. 어떤 이는 무대 앞면을 확장한다. 그러면 집에 들어오지 않는다. 밖으로만 겉돈다. 무대 전면에 있는 청중들의 박수갈채와 인정을 받기 위해서만 안간힘을 쓰는 것이다. 어떤 이는 무대 뒷면을 확장한다. 무대 바깥으로 나가기에는 청중들의 갈채와 인정이 너무 없어 냉랭하고 살벌하다. 그러기에 밖으로 다니지 않고 집에만 틀어박혀 자신만의 세계에 갇힌다. 혼자만의 세계에 빠지는 '오타쿠'나 '은둔형 외톨이'(히키코모리)가 되는 것이다.

그렇다면 우리는 진지하게 물어야 한다. 우리의 내면 무대는 허무와 혼돈과 무질서가 가득한 반창세기적 세상 가운데 질서와 의미를 부여하는 하나님의 통치와 다스리심이 있는가? 내 인생의 무대는 내면과 겉으로 드러나는 바깥 무대가 균형을 이루고 있는가? 하나님이 계획하신 나의 인생 무대 가운데 나의 재능과 역량들은 마음껏 발휘되고 있는가? 우리는 우리에게 주신 인생의 무대 위에 장엄하게 선포되는 하나님의 말씀을 붙들고 우뚝 서는 성도가 되어야 한다.

어떤 형상을 품고
살 것인가

²⁶하나님이 이르시되 우리의 형상을 따라 우리의 모양대로 우리가 사람을 만들고 그들로 바다의 물고기와 하늘의 새와 가축과 온 땅과 땅에 기는 모든 것을 다스리게 하자 하시고 ²⁷하나님이 자기 형상 곧 하나님의 형상대로 사람을 창조하시되 남자와 여자를 창조하시고 ²⁸하나님이 그들에게 복을 주시며 하나님이 그들에게 이르시되 생육하고 번성하여 땅에 충만하라, 땅을 정복하라, 바다의 물고기와 하늘의 새와 땅에 움직이는 모든 생물을 다스리라 하시니라. ²⁹하나님이 이르시되 내가 온 지면의 씨 맺는 모든 채소와 씨 가진 열매 맺는 모든 나무를 너희에게 주노니 너희의 먹을거리가 되리라. ³⁰또 땅의 모든 짐승과 하늘의 모든 새와 생명이 있어 땅에 기는 모든 것에게는 내가

모든 푸른 풀을 먹을거리로 주노라 하시니 그대로 되니라. [31]하나님
이 지으신 그 모든 것을 보시니 보시기에 심히 좋았더라. 저녁이 되
고 아침이 되니 이는 여섯째 날이니라.

다중지능이론으로 알려진 하워드 가드너 박사는 그의 책
「앱 제너레이션」에서 오늘날의 신세대를 '앱 세대'로 정의하면서 이
들의 특징을 다음과 같이 설명한다(와워드 가드너 공저, 이수경 역, 「앱 제너
레이션」(서울: 와이즈베리, 2014)). 인터넷 가상공간에서 새로운 가면(페르
조나-가상의 인격)을 만들고 다른 사람들이 선망하는 방식으로 삶을
사는 척하는 나르시시스트(자기애에 도취된 사람)이자 끝없이 존재
를 타인에게 확인받고자 하는 강박증에 사로잡힌 세대다. 가면을 쓰
고 살려는 성향은 어릴 때 미디어에 노출되면서부터 시작된다. 스파
이더맨, 배트맨, 헐크, 캡틴 아메리카 등의 슈퍼히어로들을 보라. 다
자기 모습을 가리고 가면을 쓰고 나온다. 사람 안에 있는 고귀한 형
상을 뒤로하고 거미로, 박쥐로, 괴물로 변하는 연습을 하지 않는가?
그런데 왜 이렇게 하는가? 자기를 뛰어넘는, 다른 사람들이 선망하
는 모습으로, 다른 사람들이 인정해주는 모습을 갈망하기 때문이다.

사실 우리의 인생이 그렇다. 우리가 우리 안에 정말 담아야 할 내
면의 형상을 제대로 붙잡지 않으면 우리는 계속 가면을 쓰고 살아갈
수밖에 없다. 왜? 지금의 자기 모습으로는 불안하고 부끄러워서 견
딜 수 없는 것이다. 사실 가면의 문제는 우리의 정체성과도 깊은 관
계가 있다. 다른 사람들이 생각하는 내가 누구인가가 아니라 내가 생

각하는, 더 나아가 내가 확신하는 나는 누구인가, 이것이 더 중요한 것이다.

본문은 이런 질문에 대해 명확한 해답을 주고 있다. 그것은 바로 우리는 하나님의 형상을 담은 존재라는 사실이다. 우리는 이것을 창세기 1장 1절 말씀처럼 선포로, 믿음으로 받아들이고 확신하며 살아가야 한다. 이것이 흔들리면 얼마든지 다른 형상을 담고 살 수 있다. 개의 형상을 담은 사람을 우리는 경멸하면서 개의 자녀라고 욕을 한다. 돼지처럼 욕심 많은 사람을 돼지의 자녀라고 한다. 돼지는 새끼를 낳을 때 사람이 옆에서 지켜봐 주어야 한다고 한다. 왜? 그냥 두면 새끼를 낳고 깔고 뭉개거나 배고프니까 그냥 잡아먹는다.

성경은 분명히 동물들의 창조와 인간의 창조에 구별을 둔다. 하나님께서 동물들을 창조하실 때는 종류대로 만드셨다고 말씀한다. 반면 인간은 무엇이라고 하는가? "하나님의 형상대로" 창조되었다고 말씀하신다. 따라서 사람은 마땅히 하나님의 형상을 담고 살아야 한다. 하나님께서 아름다운 형상을 주셨는데 이것을 집어던지고 개나 짐승의 형상을 입지 말아야 한다. 하나님은 우리 안에 하나님의 형상을 담기 위하여 정말 깊은 고민과 생각을 하셨다.

"하나님이 이르시되 우리의 형상을 따라 우리의 모양대로 우리가 사람을 만들고 그들로 바다의 물고기와 하늘의 새와 가축과 온 땅과 땅에 기는 모든 것을 다스리게 하자 하시고"(26절).

여기 보면 삼위일체 하나님께서 서로 논의하시는 장면이 나온다. 그동안의 창조에는 이런 논의 장면이 없었다. 그냥 "빛이 있으라!" "궁창이 나누어지라!" 이런 명령만이 있었다. 그런데 창조의 최고 정점인 사람의 창조에 앞서 삼위일체 하나님은 정말 진지하게 논의하신다. "우리가" "우리의 형상을 따라 우리의 모양대로" "우리가 사람을 만들자." 본문에는 세 번의 '우리'가 등장한다. 유대교에서 강조하는 하나님은 유일하신, 오직 하나인 하나님이다. 그래서 유대인들은 '우리'가 하나님과 하나님 보좌 주변에 있는 천사들까지 포함하는 하나님의 천상어전회의를 가리킨다고 주장한다. 그렇게 보면 우리 안에 있는 하나님의 형상은 하나님만의 형상이 아니라 천사들의 형상들도 포함한다는 말이 된다.

그러나 27절에 보면 "우리의 형상"을 무엇이라고 표현하는가? "하나님이 자기 형상대로 사람을 창조하셨다"고 한다. 여기서 자기 형상은 단수 형태다. 천사를 제외한 한 분이신 하나님이 복수로 표현되었다. 이것은 삼위일체가 아니고는 이해하기 힘든 표현이다. 따라서 본문은 세 분의 위격이 한 하나님을 이루는 신비로운 존재 방식을 드러낸다. 하나님의 존재 방식 안에는 하나 되며 서로 사랑하는 신비로운 공동체적 존재 방식이 있다.

'우리'는 '장엄의 복수형'(magnificent form of plural)이라고도 한다. 이는 장엄하신 하나님의 위엄을 나타내는 표현을 쓸 때 '우리'라는 복수형 표현을 쓰는 것인데, 이는 제국 통치자의 위엄을 강조하는 당시 고대 근동에서 종종 사용하던 어법이었다. 구약성경에는 이런 '우리'라는 표현이 몇 번 등장한다(11:7, 사 6:8 등).

삼위일체 하나님께서 엿새까지의 창조를 마치시고 창조의 클라이맥스인 인간 창조를 앞두고 서로 깊이 논의하시는 모습은 그만큼 우리가 하나님의 관심과 사랑의 중심이 된다는 사실을 의미한다. 우리를 이 땅에 보내시기 전에 삼위일체 하나님은 정말 많은 생각과 많은 마음을 쓰셨다. 이처럼 사람의 창조는 다른 피조물을 만드는 것과는 확연하게 달랐다.

"하나님이 자기 형상 곧 하나님의 형상대로 사람을 창조하시되 남자와 여자를 창조하시고"(27절).

여기서 '창조한다'는 단어가 다시 등장한다. 우리말 성경에는 '창조한다'는 단어가 두 번 나오지만 히브리 성경 원문에는 세 번이나 등장한다. '창조한다'는 히브리어 '바라'라는 단어는 엿새 동안의 창조에 거의 사용되지 않았다. 이 단어는 창세기 1장 1절, "태초에 하나님이 천지를 창조하시니라"에 사용된 것을 제외하고 거의 사용되지 않았다. 왜냐하면 '바라'라는 단어를 사용한 창조는 아무것도 없는 무(無)에서 존재를 만들어내는 수준의 창조를 말하기 때문이다. 엿새 동안의 창조에는 주로 하나님께서 말씀하시면 그대로 이루어지는 창조였다. 그래서 많이 등장하는 단어가 '그대로 되니라'였다. 그러던 것이 27절에 와서 갑자기 '창조하다'는 표현으로 바뀌는 것이다. 이 단어가 세 번이나 반복하여 강조되어 나온다. 이 강조를 통하여 말하고자 하는 것이 무엇인가? 이는 사람을 만드는 것은 하나님께서 천지창조를 할 때와 같은 높은 차원의 창조라는 뜻이다. 왜 그런가? 사람 안에 하나님의 형상을 담아야 하기 때문이다. 그렇다면 '형상'(히. 체렘)이란 무엇인가? 이는 원형이나 원본을 말하는 것이 아니라 이를 반영하는 이미지를 말한다. 원형인 하나님을 모델로 우리에게서 하나님의 이미지가 나타나도록 만드신 것이다.

하나님은 보이지 않는 분이다. 골로새서는 성육신하신 예수님을 가리켜 "보이지 아니하는 하나님의 형상"이라고 말씀한다(1:15). 하나님의 형상은 보이지 않는데, 이 땅에 그 형상을 담고 육체적으로 물리적으로 볼 수 있게 왔다는 의미다. 이런 면에서 사람이 하나님의 형상을 담고 왔다는 것은 중요한 의미가 있다. 보이고 만져지는 물리적 세계 안에서 보이지 않는 하나님을 경험할 수 있도록 하나님을 자신이 창조하신 하나님 나라 통치의 대리자로 사람을 창조하여 보내셨다는 것이다. 특별히 사람이 하나님의 형상을 담았다는 것은 매우 중요한 영적 의미가 들어 있다.

"아담은 백삼십 세에 자기의 모양 곧 자기의 형상과 같은 아들을 낳아 이름을 셋이라 하였고"(5:3).

여기 아담이 자기 형상을 담은 아들을 낳아 이름을 셋으로 지었다. 이처럼 아들은 아버지의 형상을 이어받는다. 그래서 성경에는 인물을 소개할 때 '누구누구의 아들'이라는 표현을 많이 사용한다. 세배대의 아들, 다윗의 아들 등등. 그러면 예수님은 누구로 소개되는가? 바로 하나님의 아들로 소개된다(막 1:1). 하나님의 형상을 가장 충만하게 담고 있는 분이기 때문이다.

이어지는 26절 후반부에는 하나님께서 사람을 창조하시는 목적을 다음과 같이 소개한다.

"그들로 바다의 물고기와 하늘의 새와 가축과 온 땅과 땅에 기는 모든 것을 다스리게 하자 하시고"(26절).

여기서 알 수 있는 것이 무엇인가? 하나님은 사람이 하나님의 형상을 담은 하나님의 아들과 딸로 온 세상에 하나님의 통치와 다스리심을 보여주길 원하신다는 사실이다. 이 안에 하나님 나라의 원초적인 선교명령이 들어 있다. 성도는 하나님의 아들과 딸로 온 세상에 그분의 다스리심을 보여주어야 한다.

우리가 하나님의 자녀가 될 때 하나님께서 행하시는 중요한 행동이 있다. 그것은 그 자녀에게 말씀하기 시작한다는 것이다. 하나님께서 그의 형상을 입은 자녀들에게 하시는 말씀이 무엇인가? 복을 선포하시고 사명을 주신다.

"하나님이 그들에게 복을 주시며 하나님이 그들에게 이르시되 생육하고 번성하여 땅에 충만하라, 땅을 정복하라, 바다의 물고기와 하늘의 새와 땅에 움직이는 모든 생물을 다스리라 하시니라"(28절).

이 구절은 선악과의 금지명령(2:15-17)과 함께 하나님이 아담과 맺으신 언약을 구성하는 핵심적인 말씀이다. 성경은 노아와 맺으신 노아언약(창 9:8-17), 아브라함언약(창 12:1-3, 15:1-21, 17:1-14), 모세언약(출 19:5-6, 24:3-8), 다윗언약(삼하 7:12-16) 등 여러 언약을 진술하는데 이 중에서 본문에 나오는 언약은 처음 등장하는 것으로 이를 '창조언약'이라고 한다. 창조언약은 하나님께서 아담과 하와를 창조하시고 이들을 에덴동산으로 들어가게 하실 때 체결한 언약이다(창 1:28, 2:16-17). 비록 본문에는 명시적인 언약에 대한 언급은 없지만 호세아서에는 아담이 하나님과 언약을 체결했음을 간접적으로 진술한다(호 6:7, 참조 렘 33:20). 창조언약에는 피조세계가 아담을 통해 하나님의 나라로 통치되기를 바라는 하나님의 기대가 담겨 있다. 이는 의무조항(창 1:28)과 상벌조항(창 2:16-17)로 나뉜다.

여기 "생육하고 번성하여 땅에 충만하라"는 말씀에는 전제가 있다. 하나님의 형상을 담아 하나님의 자녀로서 생육하고 번성하여 땅에 충만하라는 것이다. 그러면서 말씀하신다. "땅을 정복하라, 땅에 움직이는 모든 생물을 다스리라." 여기서 정복한다고 하면 왠지 힘으로 억누른다는 느낌에 거부감을 가질지 모르겠다. 그러나 온 땅의 생물들, 특히 동물들에 대한 정복과 다스림은 구약성경에서 착취와 압제적인 권세로 나오지 않는다. 다윗 왕을 생각해보라. 그의 다스림은 착취와 압제가 아니었다. 오히려 목자의 역할과 비슷했다. 다윗은 하나님의 통치와 다스림을 시편 23편 1절에서 이렇게 표현한다. "여호와는 나의 목자시니 내게 부족함이 없으리로다."

그렇다면 목자가 양들을 정복하고 다스리는 것을 통해 추구하는 것이 무엇인가? 피조물들에게 하나님의 샬롬, 평화를 풍성히 맛보게

성경에 나타난 주요 언약

언 약	주요 성경구절	주요 내용
창조언약	창 1:27-28, 2:15-17	생육하고 번성하고 땅을 정복하고 다스리라. 선악과에 대한 순종 여부로 언약이 성립.
아담언약	창 3:16	아담의 범죄 후 여자의 후손을 통해 뱀의 머리를 상하게 할 구속의 언약이 주어짐.
노아언약	창 8:20, 9:8-17	다시는 홍수로 세상을 멸망시키지 않겠다는 언약. 무지개를 언약의 징표로 주심.
아브라함언약	창 12:1-3, 15:1-21, 17:1-14	아브라함과 후손이 모든 민족이 아브라함을 통해 복을 받을 것. 할례를 언약의 징표로 주심.
모세언약	출 19:5-6, 24:3-8	모세를 통해 주신 율법에 순종할 때 복을 주시고 불순종할 때 저주를 받는 언약.
다윗언약	삼하 7:12-16	다윗의 후손을 통해 메시아가 오셔서 영원한 왕국을 세우실 것임.
새언약	렘 31:31-34, 겔 6:26-27 눅 22:20, 히 8:6-13	마음을 새롭게 하여 하나님의 법을 기록하고 죄를 사할 것을 예수 그리스도의 피로 성취하심.

하고 이들에게 허락하신 목적을 이루도록 돕는 것이다. 그래서 하나님은 아담의 통치를 위해 이들에게 생존에 필요한 모든 것을 공급해 주겠노라 약속하신다. 그래서 하나님은 사람들에게 이 땅의 모든 채소와 열매들을 먹을거리로 주시고(29절) 모든 생물에게도 모든 풀을 먹을거리로 주겠노라고 말씀하신다(30절). 이 말씀은 그대로 이루어졌다! 이 모든 것을 마치신 후 하나님은 자신의 형상을 가진 자녀들이 하나님의 뜻을 이 땅 가운데 충만하게 이루며 사는 것을 바라보시며 매우 흐뭇해하셨다. 이 모습을 가리켜 성경은 다음과 같이 말씀하신다.

"하나님이 지으신 그 모든 것을 보시니 보시기에 심히 좋았더라. 저녁이 되고 아침이 되니 이는 여섯째 날이니라"(31절).

그동안 성경이 보고하는 하나님의 창조에 대한 평가는 "좋았더라"였다(4,10,12,18,25절). 그런데 이번에는 "심히" 좋았더라고 말씀하신다. 가장 하나님의 마음에 흡족한 모습이었다. 바로 이런 모습이 오늘의 우리가 구현하며 살아야 할 하나님 나라의 원형적 모습이다.

그렇다면 우리가 물어야 할 중요한 질문이 있다. 그것은 우리가 구현하며 살아야 할 '하나님의 형상'이란 무엇인가 하는 것이다. 첫째, 공동체적 형상이다. 하나님의 형상은 삼위일체 하나님의 관계적인 형상을 보여준다. 27절은 분명하게 말씀한다. "하나님이 자기 형상 곧 하나님의 형상대로 사람을 창조하시되 남자와 여자를 창조하시고." 하나님의 형상대로 사람을 창조하는데 남자만 만드신 것이 아니라 동등하게 남자와 여자를 창조하셨다고 말씀하신다. 하나님이 공동체적 관계를 맺으시는 하나님이시기에 남자와 여자에게도 그 형상이 서로와 하나님과의 관계를 통해서 드러난다! 이미 26절에 드러난 것처럼 하나님은 우리가 우리의 형상대로 사람을 만들자고 말씀하셨다. 여기서 우리의 형상이란 삼위일체 하나님이 서로 교통하며 사랑하시고 하나를 이루시는, 하나 된 공동체의 관계적인 형상을 말하는 것이다.

20세기의 저명한 유대인 철학자인 마틴 부버는 인간 존재의 본질을 나-너(독일어로 Ich-Du) 관계로 정의한다. 그래서 그가 쓴 유명한 책이 「나와 너」라는 책이다. 부버는 우리에게 '나' 그 자체란 존재하지 않으며, 오직 '나-너' 또는 '나-그것'이라는 관계만 존재할 뿐이라고 주장한다. 따라서 인간 존재의 처음에는 '관계'가 있다. 여기서 '나-너'는 나와 너 사이의 인격적인 관계를 말하는 것이고, '나-그것' 관계는 나와 사물과의 비인격적인 관계를 말한다. 우리는 바쁜 일상의 삶에 매몰되다 보니 진정한 '나-너' 관계를 제대로 경험하지 못하고 사는데, 이럴 때 우리에게는 인간성의 상실이 일어난다. 인격과 인격의 사귐이 있어야 할 그곳에 인격이 수단이 되고, 관계가 수단이 될 때 '나-그것'의 관계가 주를 이루며 삶이 병들기 시작하는 것이다. 이런 면에서 하나님께서 사람을 자기 형상으로 만들면서 남자와 여자로 만드신 것은 상당히 심오한 의미가 있다.

그것은 남자와 여자가 서로 인격적인 관계를 맺고 사귀며 사는 존재로 만드신 동시에, 이것이 하나님의 형상이기에 하나님과도 인격적인 관계를 맺고 사귀며 사는 존재로 만드셨다는 것이다. 그래서 사람에게는 다른 짐승과는 달리 예배에 대한 본능이 있다. 하나님을 모르더라도 무엇인가를 예배하고 숭배한다. 그것은 우리에게 하나님의 형상이 있기 때문이다. 따라서 아담은 하와와의 관계에서 하나 됨을 이루며 인격적인 사귐을 가져야 하는 동시에, 이 둘 사이에 하나님을 모시고 하나님과 사귐을 가지며 인격적인 하나 됨을 이루어야 한다. 이는 우리의 삶의 방식이 공동체적이어야 함을 의미한다.

마귀의 특징이 무엇인가? 자꾸 분열시키고 분리시키며 고립시킨다. 마귀를 의미하는 'devil'이라는 영어단어는 헬라어로 '디아블로'인데 '디아'라는 말은 '둘'이라는 뜻이다. '블로'라는 것은 '던진다'는 동사 '발로'에서 왔다. 즉 '디아블로'는 '둘로 던진다' '나눈다'는 의미다. 마귀는 둘로 나누는 자다. 그래서 공중권세를 잡은 사탄은 이 세상의 문화도 자꾸 끼리끼리 나누고 격리시키고 고립시키려 한다. 요즘에는 갈수록 혼자 있기에 편한 세상이다. 1인가구가 폭발적으로 늘어나면서 이를 위한 여러 부대 환경이 마련되고 있다.

몇 년 전 개봉된 〈그녀〉(Her)라는 영화가 있다. 이 영화는 미래의 어느 시대에 이혼을 앞둔 한 남자가 새로운 컴퓨터 운영체계와 사랑에 빠지는 이야기다. 새로운 운영체계가 사람의 성을 갖고 사람의 감정을 이해하고 직관을 갖게 되면서 주인공의 가장 가깝고 친밀한 애인이 된다는 이야기다. 컴퓨터 운영체계와 사랑에 빠지니 더는 친구도 필요 없다. 관계를 맺기 위해 애쓰며 힘들 필요도 없다. 말벗도 필요 없다. 결국 혼자 살기에 편한 세상이 되는 것이다. 지금 갈수록 이런 시대의 흐름이 가속화되고 있다. 특히 아이티 기기가 발전하고 갈수록 사물인터넷이 발전하게 되면서 다른 사람 없이도 혼자 놀기 쉽고 공동체 없이 격리되어 살기 편한 시대가 오고 있다. 여기서 우리는 하나님의 형상이 무너지는 것을 본다.

하나님의 형상은 관계를 타고 형성된다. 다른 말로 하면 거룩은 사막이나 수도원에 가서 수련하는 '나홀로 거룩'이 아니라 함께하는 사회적인 거룩이라는 것이다. 남을 도우면 거룩해진다. 남의 필요를 채우면 죄의 유혹이 떨어져 나간다. 서로 섬기며 살아가면 여기에 천국이 임한다. 우리가 신앙생활을 하는 중요한 이유가 바로 여기에 있다. 신앙생활은 나 혼자 하나님을 잘 믿는 게 아니다. 신앙생활은 믿음의 공동체의 관계를 통해 이루어지는 것이다. 할 수 있다면 공동체 안으로 들어오길 바란다.

어떤 분은 이렇게 이야기한다.

"전에 교회 다닐 때 상처받아서 그냥 혼자 신앙생활 할래요."

아니다. 그러면 우리가 회복해야 할 하나님의 형상을 온전히 회복하지 못하고, 하나님의 형상을 세상에 보여주지 못하며 산다. 어떤 분은 이렇게 말한다.

"요즘 한국교회가 문제가 많아요. 너무 싸워요."

물론 그런 부분도 있다. 그러나 그럴수록 우리에게 분명한 사명이 있다. 함께 공동체를 통하여 하나님의 형상을 이루어가는 것이다. 우리가 교회로 이루어져야 할 하나님의 형상을 여기서 포기하면 세상 사람들은 어디서 하나님의 형상과 그분의 모습을 볼 수 있겠는가? 서로 사랑하고 섬기며 다스리고 하나님의 진리 말씀에 기초해 하나 됨을 이루는 그런 아름다운 모습을 어디서 보겠는가? 그것은 내가 있는 이 믿음의 공동체를 통해서 이루어야 한다.

그래서 성경은 이런 형상을 구현해야 할 믿음의 성도들에게 "인내를 온전히 이루라"(약 1:4)고 한다. 사랑은 언제나 오래 참는다. 그리고 하나 됨을 이루어가야 한다. 어색하고 힘들어도 함께 그리스도의 사랑으로 아름다운 관계를 맺어가야 한다. 그럴 때 우리는 하나님 나라의 대표자로 하나님이 어떤 분인지, 그분의 형상을 힘 있게 나타낼 수 있다. 하나님의 형상을 갖는다는 것은 그분과의 관계에서 우리가 단순히 형상을 담는 것을 넘어 그분의 아들 됨, 자녀 됨을 상징한다. 이는 우리가 그분의 임재와 의로우심과 아름다우신 성품을 반영해야 한다는 의미다. 지금 나는 어떤 형상을 품고 사는가? 우리 안에 거룩한 삼위일체 하나님의 아름다운 형상이 이루어지고 있는가? 나로 있게 하신 공동체에 아름다운 그리스도의 형상을 이루어나가자.

05

안식, 중단할 수 있는 능력

> ¹천지와 만물이 다 이루어지니라. ²하나님이 그가 하시던 일을 일곱째 날에 마치시니 그가 하시던 모든 일을 그치고 일곱째 날에 안식하시니라. ³하나님이 그 일곱째 날을 복되게 하사 거룩하게 하셨으니 이는 하나님이 그 창조하시며 만드시던 모든 일을 마치시고 그날에 안식하셨음이니라.

새로운 지역에 교회를 개척하고 건축하며 한 3년간을 정말 정신없이 달려가고 있었다. 그런데 몸에서는 자꾸만 쉬고 싶다는 신호를 보냈다. 매사에 지치고 힘들다는 느낌은 물론이거니와 자꾸만 모든 것을 내려놓고 어디론가 훌쩍 떠나고 싶은 마음이 생겼다. 정서적으로도 탈진증세가 나타나기 시작했다. 필자는 상당히 의욕적이고 긍정적이라 지금까지 웬만해서는 쉬고 싶다는 생각이 별로 들지 않는 편이다. 이런 마음을 계속해서 느끼는 것은 처음이었다. 도대체 나에게 이런 현상이 왜 나타날까? 잘 알고 있는 목회상담학 교수님과 이야기했더니 빨리 쉼의 시간을 가지라고 조언했다. 그동안 멈추지 않고 너무 정신없이 앞으로 달려가기만 했다는 것이다. 달리다가도 멈출 수 있어야 하는데 멈추지 않았던 것이 문제였다. 그래서 모든 것을 잠시 내려두고 열흘간 하나님의 은혜로 휴가를 다녀왔다. 돌아보니 정말 꼭 필요한 휴가였다.

본문 2절에 보면 하나님은 그가 하시던 일을 일곱째 날에 마치셨는데 어떻게 마치셨느냐, "하시던 모든 일을 그치고 일곱째 날에 안식"하심으로 마치셨다고 한다. 여기 '안식하다'는 히브리어 '샤바트'는 '쉰다'는 의미보다 '하던 일을 멈추다'는 의미가 강하다. 하나님 창조의 완성은 '멈춤'으로 완성된다는 것이다. 안식일을 영어로 'sabbath'라고 하는데 이 'sabbath'가 바로 '그친다'는 의미가 있는 히브리어 '샤바트'에서 온 것이다. 즉 안식일은 열심히 달려오던 우리의 달음질을 그치는 날, 멈추는 날인 것이다.

오늘날 믿음 안에서 건강하게 살아가려면 멈출 수 있는 능력이 무엇보다 필요하다. 그런데 우리 사회에서 멈춘다는 것이 참 쉽지 않다. 근래 들어 우리나라를 묘사하는 대조적인 두 단어가 있다. 하나는 '피로사회'(과로사회)라는 말이고 다른 하나는 '중독사회'다. 이 둘은 동전의 양면을 보여준다. 피로사회는 우리가 해야 할 일을 멈춤

없이 계속해서 추구하다가 일어나는 사회적 양상이고(피로사회에 대한 구체적인 논의는 한병철, 「피로사회」(서울: 문학과지성사, 2012)를 보라), 반대로 중독사회는 피로사회에서 어떻게든 도피하여 그동안 쌓인 피로를 어떻게든 빨리 해소하고 정서적인 만족감을 누리려다가 맞이하는 사회적인 현상이다. 둘 다 멈추지 못할 때 일어나는 현상들이다.

피로사회에서 살아갈 때 우리에게 일어나는 정서적 탈진증세가 있다. 이것을 '소진증후군'(burnout syndrome)이라고 한다(윤대현, 「마음성공」(서울: 민음사, 2014), 7쪽). 소진증후군은 언제 일어나는가? 우리가 정신없이 목표를 달성하기 위해, 경쟁에서 뒤처지지 않기 위해 감성이 원하는 것을 억누르고 이성이 시키는 대로만 스스로 다그치며 달려갈 때 일어난다. 감성은 기쁨을 원하고 사랑과 신뢰를 원하고 자유를 원하며 관계의 풍성함을 원하는데 이성은 '그러면 안 돼! 지금은 그럴 시간이 아니야'라고 하면서 자꾸 감성을 억누르고 달려가도록 채찍질한다. 결국 이렇게 가다 보면 뇌에 감성적인 고갈증세가 나타나는 것이다. 이런 감성이 고갈된 사람들이 모여 살 때 우리는 이 사회를 피로사회라고 한다.

이런 피로사회 배후에는 사람들을 정신없이 앞으로 몰아가기만 하는 과로체제(과로시스템)가 자리 잡고 있다. 2012년 경제협력개발기구(OECD)의 통계보고서에 따르면 한국은 OECD 가입국가 중에 멕시코 다음으로 1인당 연간 평균 2,113시간을 일하며 산다(호경업, "[한국경제의 아킬레스건 노동생산성 높이자] 한국 노동자들 근로시간 最長"(《조선일보》, 2015. 1. 7.)). 노동시간으로는 세계 2위다. 독일 같은 나라는 1,388시간밖에 되지 않는다. 게다가 잠도 적게 자는 나라다. OECD에 가입한 나라 중 18개 국가를 조사했는데 7시간 49분으로 제일 적게 자는 나라로 나타났다(조선비즈닷컴, "한국인 평균 수면시간, 몇 시간 자나보니… OECD '꼴지' 1위는?"(《조선일보》, 2014. 7. 24.)).

2014년 조사한 '국민 건강 통계'에 따르면 19세 이상 성인의 평균 수면시간은 6시간 48분으로 나타나기도 했다(이재영, "강남역 수면카페 '꿀잠'"(《이투데이》, 2016. 9. 8.)). 잠도 적게 자고 일도 많이 하고, 그런데 이런 노동으로 뽑아내는 생산성은 어떤가? 생산성은 34개 국가 중에 29위에 그친다. 끝에서 다섯 번째다. 노동생산성이 현격히 떨어지는 것이다. 생산성만으로 따지고 보면 미국의 절반 정도밖에 되지 않는다. 매일 밤샘 근무를 하고 할 일을 집으로 가지고 와서 일하고 주말에도 일하는데 생산성은 다른 선진국의 50~60% 선에 그치고 마는 것이다. 이렇게 멈춤 없이 달려갈 때 우리에게는 소진증후군이 나타나는 것이다. 최근 들어 윤대영 서울대병원 정신과 교수는 그의 책 「마음성공」에서 소진증후군이 의심될 때 우리에게 나타나는 증상이 몇 가지 있다고 말한다.

첫째, 수면의 질이 떨어진다. 잠도 금방 잘 오지 않고, 잠이 들어도 깊이 자지 못하고 자꾸 깬다. 그러니 자고 나도 개운하지 못하고 늘 피곤하다.

둘째, 건망증이 심해진다. 뇌가 스트레스를 받고 피로해지면 마치 뇌세포가 죽은 것처럼 퇴행이 일어나서 기억이 잘 나지 않고 자꾸 까먹는다. 기억은 이성적으로 하면 잘할 것 같지만 사실 강렬한 기억일수록 감성과 균형을 이루어야 한다. 우리에게 강렬한 기억들, 아직 기억에 남는 것들을 떠올려보라. 대부분 감성이 동반된 기억일 것이다.

셋째, 성격이 변한 것처럼 짜증이 늘어난다. 겉으로 표현을 하든 안 하든 화가 치밀어 오르고 주변에서도 성격이 변했다고 말할 정도다. 가끔 직장에서도 보면 승진하고 성격 더 나빠진 사람들이 있다. 왜 그런가? 성격이 나빠진 게 아니라 승진하고 더 고된 일과 스트레스에 피로가 쌓였기 때문인 경우가 잦다. 성격이 나빠진 게 아니라 그만큼 뇌의 감성적인 부분에 피로가 쌓인 것이다. 이때는 작은 일이라도 과민하게 반응한다. 고함을 지르고 호통을 친다.

자, 이런 피로증상을 우리 인생 가운데 제일 처음 경험하는 때가 언제인가? 중고등학교 시절이다. 오직 공부, 성적만을 향해 달려간다. 학교에서도 고3이 되면 주일에 자동으로 불러낸다. 주일에도 놀지 말고 공부하라는 것이다. 그러나 그렇게 쉼 없이 달려가는 것이 과연 얼마만큼의 생산성을 낼 수 있을까? 이렇게 공부하다 보면 어떻게 되는가? 잠을 깊이 자지 못하고 만성피로에 시달린다. 열심히 공부했지만 잘 기억이 나지 않는다. 공부 효율이 떨어지는 것이다. 게다가 집에 와서 엄마 아빠에게 짜증은 있는 대로 부린다. 왜? 그만큼 피로가 누적되었기 때문이다. 이럴 때 어떻게 해야 하는가? 주일을 온전히 쉬며 하나님을 예배하게 하면 된다. 그냥 예배하면 안 된다. 소리치며 찬양하고 열정적으로 기도하며 예배의 감격에 빠져 눈물 흘리고 콧물 흘려야 한다. 그럴 때 우리의 전인적인 존재가 회복되는 것이다.

공부를 잘하려면 안식이 동반되어야 한다. 쉬라고 권면해야 한다. 그러나 이것이 쉽지 않다. 우리는 쉬면 안 된다는 생각을 어릴 때부터 무의식적으로 주입받는다. 그래서 쉬라고 하면 안절부절못한다. 그래서 쉬러 가도 단어암기장을 가져가고 수학문제집을 가져간다. 이런 시절들을 지내면서 우리는 쉬면 안 된다는 엄청난 압박을 받는다. 그런데 이렇게 쉬지 않고 공부하면 정말 효과가 나타나는가? 그렇지 않다. 오히려 감소한다. 오히려 주일을 지키고 열심히 예배드리고 봉사하며 월요일에 풍성한 은혜로 충전받고 나가야 더 큰 효과가 나타난다. 우리에게는 멈출 수 있는 배짱, 하나님을 신뢰하는 배짱이 있어야 한다. 내 신앙이 참된 신앙임을 입증하는 방법이 무엇인가? 주일을 온전히 지키는 것이다. 다른 이들은 정신없이 달려갈 때 나는 멈출 수 있는 존재임을 보여주는 것이다.

만약 우리가 제대로 쉴 줄 모른 채로 우리에게 쉴 시간이 주어지면 우리는 종종 중독성 있는 다른 활동에 빠져든다. 인터넷과 스마트폰에 빠진다. 우리나라에 이 중독으로 인한 사회적 비용이 109조나 된다(신호경, "4대 중독 사회비용 109조… 8명 중 1명 중독자 추정"(〈연합뉴스〉, 2014. 7. 9.)). 우리나라에 인터넷, 알코올, 도박, 약물 등에 중독된 사람이 전체 국민 8명 중 1명이다. 이렇게 볼 때 우리 사회는 쉬지 않고 달려가든지, 쉬면서 중독에 빠지든지 둘 중 하나로 치닫는 양극화현상이 점점 강화되고 있다. 멈춤이 없다. 누군가에게 사로잡힌 노예와 같다. 그래서 오늘날 우리에게 필요한 것이 이 양극단의 사회적 현상 가운데 빠져들지 않고 멈출 수 있는 능력, 곧 안식의 능력인 것이다.

그런데 제대로 안식하려면 그냥 멈춰서는 안 된다. 누구 앞에서 멈추느냐가 중요하다. 성도는 하나님의 임재 앞에, 예배의 자리 앞에 멈추어야 한다. 이럴 때 우리 인생은 엉뚱한 중독에 빠지지 않고 아름다운 하나님의 형상을 회복하게 될 것이다.

이번 장의 본문은 하나님의 창조 완성이 어떻게 이루어졌다고 말씀하는가? 바로 멈춤으로 인해서다. 하나님은 멈추기 전 엿새 동안 부지런히 창조사역에 헌신하셨다. 그래서 엿새 동안 창조에 필요한 모든 일을 이루어놓으셨고, 1절 말씀은 "천지와 만물이 다 이루어지니라"고 말씀한다. 그런데 놀라운 것은 2절 말씀이다.

"하나님이 그가 하시던 일을 일곱째 날에 마치시니 그가 하시던 모든 일을 그치고 일곱째 날에 안식하시니라"(2절).

하나님께서 그가 하시던 일, 창조를 마치시는데 이 마침이 언제 이루어졌느냐, 바로 일곱째 날에 이루어졌다는 것이다. 그럼 일곱째 날에 어떤 일이 이루어졌기에 창조가 완성되었느냐? 바로 그동안 하던 일을 그치고 온전한 안식이 이루어졌다. 안식했더니 하나님이 우리의 삶을 거룩하게 하시고 복 주시며 완성하셨다. 3절을 보라.

"하나님이 그 일곱째 날을 복되게 하사 거룩하게 하셨으니 이는 하나님이 그 창조하시며 만드시던 모든 일을 마치시고 그날에 안식하셨음이니라"(3절).

여기 보면 하나님께서 안식일을 매우 특별하게 다루셨음을 알 수 있다. 먼저는 그날을 복되게 하시고 거룩하게 하셨다. 이는 공간이 아니라 시간이다. 여기 거룩하게 하셨다는 '카도쉬'라는 히브리 단어에는 '구별하다' '구분하다'는 의미가 들어 있다. 이렇게 볼 때 하나님의 창조는 무엇으로 완성되는가? 하나님의 창조는 하나님의 복 주심과 거룩하게 하심으로 완성된다. 출애굽기 31장 13절에 보면 하나님께서 모세에게 안식일을 율법으로 제정하시면서 이렇게 말씀하신다. "너는 이스라엘 자손에게 말하여 이르기를 너희는 나의 안식일을 지키라. 이는 나와 너희 사이에 너희 대대의 표징이니 나는 너희를 거룩하게 하는 여호와인 줄 너희가 알게 함이라."

자, 이 안식일이 누구의 안식일인가? 나의 안식일이라는 것이다. 이 안식일은 우리들의 시간이 아니라 하나님의 시간이라는 것이다. 이것을 착각하지 말아야 한다. 우리가 십일조를 하나님께 구별하여 드리는 것은 이 물질이 내 것이 아니라 하나님의 것이라는 신앙고백이 뒷받침되기 때문이다. 마찬가지로 주일을 하나님께 드리는 것은 이날이 내 마음대로 쓸 수 있는 내 시간이 아니라 이것은 온전히 하나님을 위하여 사용해야 할 하나님의 날이라는 고백이 있어야 한다. 하나님의 날이면 하나님을 위해 온전히 드려야 한다. 그런데 우리는 자꾸 이날을 주님의 날이 아니라 나의 오락과 만족을 위한 날로 바꾸려고 한다. 주말 휴일은 노는 날이 아니다. 주님을 위한 날이어야 한다. 원래 휴일을 의미하는 holiday라는 말도 holy day, 즉 주님을 위해 거룩하게 구별하는 날이라는 의미로 사용되었다. 그런데 지금은 그 의미가 많이 퇴색되었다.

안식일은 하나님이 구별하여 거룩하게 하시고 복을 주시는 날이다. 하지만 하나님 백성 됨의 표지가 바로 여기에 있다. 안식일을 거룩하게 지키는 것이다. 당시 출애굽 전에 이집트의 노예였던 이스라엘 백성들은 노예로 쉴 수 없었다. 그저 정신없이 날마다 노동을 착취당하며 살았다. 이것이 이집트 제국이 제국을 운영해가는 방식이었다. 제국의 삶은 우리로 휴식을 허락하지 않는다. 할 수 있으면 우리가 할 수 있는 최대치의 노동력을 뽑아내려 한다. 이전에 우리나라에 음식점이나 상점에 연중무휴, 24시 운영이라는 말이 한동안 유행했던 적이 있었다. 그때는 좋아 보였다. 소비자의 관점에서 배고플 때 언제든지 먹을 수 있고 편리했다. 하지만 이러한 24시 연중무휴 시스템을 경험했던 노동자들은 이 말의 무시무시함을 잘 알고 있었다. 이는 안식을 빼앗는 제국 자본주의의 무한경쟁 시스템인 것이다. 이 시스템 아래서는 안식일이 주님의 날이 아니라 제국의 날이 된다. 안식일을 온전히 지킨다는 것은 무엇인가? 이는 우리가 이 세상에 살지만 제국의 노예로 살지 않고, 거룩한 하나님 나라에 매여 사는 존재임을 담대하게 선포하는 행위이다.

우리는 하나님께서 창조 후에 먼저 거룩하게 구별하신 것이 시간이라는 사실을 기억해야 한다(1:5). 따라서 하나님의 참된 안식을 맛보려면 무엇보다 우리의 시간을 구별하여 드릴 필요가 있다. 우리의 시간을 드리지 못하면 하나님의 거룩하게 하시고 복 주시는 역사를 경험하기 쉽지 않다. 왜 하필이면 시간인가? 우리 편에서 보면 시간은 항상 부족하다. 늘 이런저런 할 일들로 채워져 있다. 이것은 우리로 심각한 착각에 빠지게 한다. 내 삶은 내가 주관해야 한다는 착각이다. 내 힘과 내 지혜와 내 노력으로 이끌어가야 한다고 생각한다. 이것은 자신이 하나님의 역할까지 대신하려고 하는 유혹이다.

우리의 노력과 수고 위에 하나님의 복 주심과 거룩하게 하심이 없으면 이것들은 자칫 하나님의 영광과 상관없는 헛수고로 끝나기 쉽다. 안식일은 하나님이 내 삶의 주인임을 인정하며 고백하는 주님의 주권을 선포하는 날이다. 나는 세상의 자본주의의 논리 앞에, 무한경쟁의 논리 앞에 멈출 수 있는 사람임을 선포하라. 왜? 내 시간과 내 삶은 하나님께서 주관하시기 때문이다. 어떤 이들은 말한다. "아이고, 주일 쉬면 손해가 얼마나 큰데요." "공부 한 자라도 더하면 얼마나 좋은데요." 그럴 것 같은데 그렇지 않다. 우리에게 이런 생각이 드는 이유는 이날이 내 날이라고 자꾸 착각하기 때문이다. 성도에게는 나를 위한 주일이 아예 없는 것으로 생각해야 한다. 오직 주님을 위한 주일만이 존재할 뿐이다.

주일을 사업하는 날로 생각하면 예배드리기가 점점 아까워진다. 주일을 공부하는 날로 생각하면 예배드리기가 점점 인색해진다. 불안하다. 다른 친구들은 다 학원에 다니고, 다른 사람들은 다 일하러 가고, 또 다른 사람들은 다 놀러 가는데 나만 바보같이 교회에 나와 예배드린다는 사실이 한심하게 느껴지는 것이다. 우리는 이런 세상의 편견에 싸워 이길 수 있어야 한다. 오히려 우리에게 필요한 고백이 있다. 그것은 내 삶에 주님의 기름 부으심과 보호하심이 날 붙들어주시지 않으면 우리는 아무런 열매를 거둘 수 없다는 사실이다. "여호와께서 집을 세우지 아니하시면 세우는 자의 수고가 헛되며 여호와께서 성을 지키지 아니하시면 파수꾼의 깨어 있음이 헛되도다. 너희가 일찍이 일어나고 늦게 누우며 수고의 떡을 먹음이 헛되도다. 그러므로 여호와께서 그의 사랑하시는 자에게는 잠을 주시는도다" (시 127:1-2).

우리가 아무리 노력해도 주님이 세워주시지 않으면 설 수 없다.

우리가 아무리 그 자리, 그 실적, 성적 등을 지키려고 아등바등해도 주님이 붙잡아주시지 않으면 지킬 수 없다. 주일에는 일찍 푹 자기를 바란다. 토요일 저녁도 일찍 자기를 바란다. 안식일 준비는 원래 전날 저녁부터다.

안식일과 관련하여 깊이 생각해야 할 것은 안식일과 성전의 관계이다. 이번 장의 본문 말씀 2~3절에 보면 '마친다'는 표현이 계속해서 등장한다. "하나님이 그가 하시던 일을 일곱째 날에 마치시니"(2절), "하나님이 그 창조하시며 만드시던 모든 일을 마치시고"(3절). 이 표현과 더불어 '복 주셨다'는 표현은 출애굽기의 성막 완성 장면에도 등장한다. "모세가 그 마친 모든 것을 본즉 여호와께서 명령하신 대로 되었으므로 모세가 그들에게 축복하였더라"(출 39:43).

이렇게 볼 때 출애굽기의 성막 완공은 창세기의 역사를 반영한다. 광야에서 성막의 완공은 하나님께서 광야 가운데 새 창조의 역사를 이루시는 공간의 완공으로 일종의 창조역사와 같다. 그런데 성막의 완공은 모세와 이스라엘의 완공으로 끝나지 않는다. 이 모든 작업을 마친 이후 더 중요한 역사를 남겨두고 있는데 그것은 바로 하나님의 복 주심과 거룩하게 하심이다. "구름이 회막에 덮이고 여호와의 영광이 성막에 충만하매 모세가 회막에 들어갈 수 없었으니 이는 구름이 회막 위에 덮이고 여호와의 영광이 성막에 충만함이었으며"(출 40:34-35).

무슨 말인가? 모세와 이스라엘이 열심히 성막을 지었지만 진정한 성막이 되려면 하나님의 임재와 기름 부으심이 있어야 한다는 뜻이다. 사람의 노력으로 성막을 완공했지만 그것만으로 진정한 성막이라 할 수 없다. 진정한 성막은 하나님의 영광이 임해야 한다. 이 영광이 임할 때 어떤 일이 일어나는가? "낮에는 여호와의 구름이 성막 위에 있고 밤에는 불이 그 구름 가운데에 있음을 이스라엘의 온 족속이 그 모든 행진하는 길에서 그들의 눈으로 보았더라"(출 40:38).

이런 면에서 안식일을 구별하여 하나님의 전에 나와 예배드리고 이날을 주님의 날로 선포하는 것은 우리 인생에 매우 중요한 의미가 있다. 성도는 주님의 날에 하나님의 성소에서 하나님의 창조역사와 참된 안식을 경험해야 한다. 어떤 성도를 보면 예배 마치자 무섭게 급하게 뛰쳐나간다. 할 수 있다면 급하게 가지 말기를 바란다. 이날은 세상의 분주함과 다급함이 지배하는 날이 아니라 하늘의 안식과 평안을 맛보며 누리는 날이다. 이제는 안식의 참된 정신을 회복해야 한다. 우리 삶의 모든 주권이 주님께 있음을 날마다 고백하며 나아가야 한다. 나는 정신없이 달려가다가도 주님의 날에 멈출 수 있는 용기가 있는가? 거룩한 주일에 감추어진 풍성함을 온전히 누리고 있는가? 다른 그 어떤 것으로도 이 소중한 안식의 복을 타협하지 않기를 바란다.

선악과는 사람에게 무엇인가

⁴이것이 천지가 창조될 때에 하늘과 땅의 내력이니 여호와 하나님이 땅과 하늘을 만드시던 날에 ⁵여호와 하나님이 땅에 비를 내리지 아니하셨고 땅을 갈 사람도 없었으므로 들에는 초목이 아직 없었고 밭에는 채소가 나지 아니하였으며 ⁶안개만 땅에서 올라와 온 지면을 적셨더라. ⁷여호와 하나님이 땅의 흙으로 사람을 지으시고 생기를 그 코에 불어넣으시니 사람이 생령이 되니라. ⁸여호와 하나님이 동방의 에덴에 동산을 창설하시고 그 지으신 사람을 거기 두시니라. ⁹여호와 하나님이 그 땅에서 보기에 아름답고 먹기에 좋은 나무가 나게 하시니 동산 가운데에는 생명나무와 선악을 알게 하는 나무도 있더라. ¹⁰강이 에덴에서 흘러 나와 동산을 적시고 거기서부터 갈라져 네 근원이 되

었으니 [11]첫째의 이름은 비손이라. 금이 있는 하윌라 온 땅을 둘렀으며 [12]그 땅의 금은 순금이요 그곳에는 베델리엄과 호마노도 있으며 [13]둘째 강의 이름은 기혼이라. 구스 온 땅을 둘렀고 [14]셋째 강의 이름은 힛데겔이라. 앗수르 동쪽으로 흘렀으며 넷째 강은 유브라데더라. [15]여호와 하나님이 그 사람을 이끌어 에덴동산에 두어 그것을 경작하며 지키게 하시고 [16]여호와 하나님이 그 사람에게 명하여 이르시되 동산 각종 나무의 열매는 네가 임의로 먹되 [17]선악을 알게 하는 나무의 열매는 먹지 말라. 네가 먹는 날에는 반드시 죽으리라 하시니라.

우리가 믿지 않는 이들에게 종종 받는 질문 중 하나가 선악과에 대한 질문이다. 하나님께서 왜 하필이면 선악과를 만드셨느냐는 것이다. 선악과를 만들지 않았으면 죄를 저지르지도 않았을 텐데 선악과를 만들어서 괜히 사람 고생시킨다고 생각한다. 그러나 이것은 선악과를 오늘의 우리와 별 상관없는 먼 옛날의 사건으로 바라보기 때문이다.

선악과는 오늘날 생생하게 경험하고 있는 구체적인 현실을 반영하고 있다. 흔히 성경을 '메타 내러티브'라고 부른다. 우리말로 하면 많은 이야기를 포괄하는 '원형이야기' 또는 '거대담론' 정도가 된다. 우리의 삶을 형성하고 삶의 바탕을 이루며 살아가는 근원적인 이야기라는 뜻이다. 선악과 이야기가 바로 이런 원형이야기에 해당한다.

본문이 단순한 먼 옛날의 추상적인 사건이 아니라 구체적인 현실임을 암시하는 상징적인 표현이 있다. 그것은 바로 '여호와 하나님'

이라는 하나님의 호칭이다.

"이것이 천지가 창조될 때에 하늘과 땅의 내력이니 여호와 하나님
이 땅과 하늘을 만드시던 날에"(4절).

창세기 1장부터 2장 3절까지는 단순히 하나님으로 소개되었던
것이, 이제 여기서부터는 '여호와 하나님'으로 등장한다. 창세기에
서 하나님이 '여호와 하나님'으로 집중적으로 등장하는 것은 특별히
에덴동산이 시작되는 본문 2장 4절부터 3장까지다. 이 사이에 '여호
와 하나님'이란 표현이 무려 스무 번이나 등장한다. 이후 창세기에
서는 '여호와 하나님'이 사용되지 않고 모세오경을 통틀어서도 예외
적으로 출애굽기 9장 30절을 제외하면 사용되지 않는다. 이는 하나
님이 여호와 하나님으로 우리에게 등장하는 구체적인 이유가 있음을
암시한다.

그렇다면 여호와 하나님과 하나님이란 표현이 어떤 차이가 있는
지 생각해보자. 성경에 여호와란 이름이 정식으로 소개되는 것은 출
애굽기 6장 2~3절에서다. 여기서 하나님이 말씀하신다. "나는 여호
와이니라. 내가 아브라함과 이삭과 야곱에게 전능의 하나님으로 나
타났으나 나의 이름을 여호와로는 그들에게 알리지 아니하였고." 그
러면서 4~5절에 "가나안 땅 곧 그들이 거류하는 땅을 그들에게 주기
로 그들과 언약하였더니 이제 애굽 사람이 종으로 삼은 이스라엘 자
손의 신음 소리를 내가 듣고 나의 언약을 기억하노라"고 말씀하신
다. 즉 여기서 여호와는 우리와 관계를 맺으시고 우리의 삶에 구체적

으로 찾아오셔서 약속을 이루시는 인격적인 하나님을 지칭한다.

그렇다면 하나님(히. 엘로힘)이라는 호칭은 어떨 때 사용하는가? 그것은 하나님 호칭이 주로 사용된 창세기 1장을 잘 살펴보면 된다. "태초에 '하나님이' 천지를 창조하시니라!" 여기서 하나님은 세상을 초월하여 세상을 창조하시고 섭리하시는 전능하고 초월적인 분임을 강조할 때 사용된다. 그렇다면 이 하나님과 여호와가 결합된 '여호와 하나님'은 어떤 분일까? 온 세상 위에 뛰어나신 전능하신 하나님께서 이제 우리와 구체적으로 관계를 맺으시는 인격적이고 따뜻한 하나님임을 보여주는 것이다. 여기 보면 하나님 여호와가 아니라 여호와 하나님이다. 이는 하나님께서 우리에게 다가오실 때 고압적이고 위압적으로 다가오시는 분이 아니라, 인격적이고 진정성 있게 구체적으로 다가오시는 분임을 강조하는 것이다. 하나님은 멀리 계신 분이 아니다. 우리 같은 하찮은 사람도 한데 묶어 도매급으로 취급하시는 분이 아니라 우리를 직접 찾아오셔서 언약을 맺으시는 분이다.

「어떤 사람이 최고의 자리에 오르는가」(존 네핑저 공저, 박수성 역, 서울: 토네이도, 2014)라는 책이 있다. 원서의 제목은 *Compelling People* 이다. 우리말로 하면 강력한 영향력을 끼치는 사람, 관심을 두지 않고는 배길 수 없는 사람, 완전히 나를 사로잡는 사람이라는 의미다. 이 책의 저자들은 하버드 경영대학원에서뿐만 아니라 미국 대통령과 연예인들을 대상으로 커뮤니케이션 코치로 활발하게 활동하는 분들인데, 그동안의 경험과 연구를 통하여 강력한 영향력을 끼치며 존경과 사랑을 받는 사람들, 이른바 'compelling people'에게 나타나는 공통된 요인이 무엇인가를 분석한다. 그것이 무엇일까? 바로 강인함과 따뜻함의 조화다.

강인함이란 무엇인가? 목표를 성취하게 하는 힘, 능력, 지식이다. 끝까지 목표에 도달하고야 마는 집요함이다. 강인함으로는 사람들을 쉽게 굴복시킬 수 있다. 강한 사람일수록 세상을 자기 의지대로 쉽게 움직인다. 그러나 그럴수록 주변 사람들의 진심어린 신뢰를 받기가 어렵다. 사람들의 마음은 떠나고 이들을 더는 따르지 않는다. 강인함만으로는 사람들을 이끄는 지도자가 될 수 없는 것이다.

반면 따뜻함은 공감하도록 한다. 중요한 사람보다 좋은 사람이 되기를 추구하도록 한다. 경쟁보다는 서로 협력하고 서로 존중하며 힘보다는 대화로 풀어가려고 한다. 그러나 강인함이 전제되지 않는 따뜻함은 종종 멸시를 당한다. 어찌 보면 이 둘은 서로 반대되는 성격이고 잘 어울릴 것 같지 않다. 그러나 이 둘을 결합시킬 때 어마어마한 영향력이 형성된다.

하나님께서 천지를 창조한 전능하신 분에서 그치지 않고, 우리에게 오셔서 우리의 처지를 공감하시고 언약을 맺으시는 여호와가 되신다는 사실은 하나님의 전능하심(강인함)과 사랑(따뜻함)이 결합되었음을 의미한다. 사람에게는 이 두 가지 자질이 균형 있게 결합될 때 존경받는 사람이 된다. 우리가 하나님을 만날 때도 그렇다. 전능하신 하나님과 사랑의 하나님을 동시에 경험할 때 우리는 그곳에서 하나님을 경외하며 예배하게 된다. 즉 우리가 여호와 하나님을 제대로 만나게 될 때 우리는 그 하나님을 전심으로 예배할 수 있게 되는 것이다.

하나님은 강인함과 따뜻함을 겸비한 '여호와 하나님'으로 자신을 드러내시고는 우리를 만나는 자리를 마련해주셨다. 그곳이 바로 에덴동산이다. 이 에덴동산은 하나님이 창조하신 세상과는 구별되는 특별한 장소였다. 사람이 본격적으로 활동하기 전 이 세상은 어떤 상태였는가?

"여호와 하나님이 땅에 비를 내리지 아니하셨고 땅을 갈 사람도 없었으므로 들에는 초목이 아직 없었고 밭에는 채소가 나지 아니하였으며 안개만 땅에서 올라와 온 지면을 적셨더라"(5-6절).

이 상태는 인간이 본격적인 경작, 농경문화를 일구기 이전의 상태다. 그런데 하나님은 이것과는 별도로 에덴동산을 만드셔서 사람을 그곳에 두셨다.

"여호와 하나님이 동방의 에덴에 동산을 창설하시고 그 지으신 사람을 거기 두시니라"(8절).

여기 보면 동방의 에덴에 동산을 만드셨다고 한다. 여기 에덴은 지역명이다. 그곳이 정확히 어디인지는 오늘날까지 분명하게 알 수 없다. 에덴이란 히브리어의 뜻은 '기쁨'이라는 의미다. 에덴동산은 기쁨의 동산이다. 동산이란 단어를 후에 그리스어 구약성경인 70인역에서는 페르시아에서 가져온 외래어인 '파라데이스'라는 말로 번역한다. 여기서 낙원을 뜻하는 파라다이스가 왔다. 이 에덴동산이 낙원이고 기쁨의 동산인 이유가 있다. 온 세상을 창조하신 전능하신 하나님이 친히 사람을 인격적으로 만나고 교제하는 곳이기 때문이다. 그래서 성경은 종종 이 에덴동산을 "여호와의 동산"(창 13:10, 사 51:3)이라고 말씀한다. 이곳이 여호와의 동산인 이유는 바로 이곳이 하나님을 만나는 성전과 같은 역할을 하기 때문이다.

후에 아담과 하와의 범죄로 에덴동산에서 쫓겨나자, 에덴은 모세 때 가서 성막으로 구체화 된다(그레고리 빌 저, 강성열 역, 「성전신학: 하나님의 임재와 교회의 선교적 사명」(서울: 새물결플러스), 88-144쪽). 또 신약 때 이르러서는 하나님의 아들인 예수 그리스도께서 육신을 입고 우리 가운데 거하시게 된다. 예수 그리스도라는 이름도 여호와 하나님과 유사한 부분이 있다. 예수는 구체적인 한 인격체인 사람의 이름이고, 그리스도는 하나님이 예정하신 기름 부음받은 메시아, 즉 전능하신 하나님의 신성을 상징하는 것이다.

전능하신 하나님이 사람을 만나 교제하는 구체적인 한 장소, 이 에덴에는 생명의 강물이 흘러넘쳤다. 강물이 풍성하게 넘친다는 것은 이곳이 생명과 치유의 능력이 가득한 곳임을 상징한다. 10~14절에 보면 네 강의 근원이 바로 이곳에서 시작되었고 또 이곳에는 금과 각종 보석이 가득했음을 알 수 있다. 이 모습이 나중에 요한계시록 21~22장에서 회복되는 새 하늘의 모습과 비슷하다. 생명수의 강이 흘러가고, 귀한 보석이 풍부한 모습이 등장한다(위의 책, 427-456쪽).

이 특별한 에덴에서 하나님은 사람에게 특별한 세 가지 지침을 부여하신다. 이 부분이 바로 본문의 클라이맥스다.

"여호와 하나님이 그 사람을 이끌어 에덴동산에 두어 그것을 경작
하며 지키게 하시고"(15절).

첫째로 하나님은 사람에게 사명을 주신다. 이 땅에 살면서 해야
할 일을 주시는 것이다. 무엇인가? 바로 에덴동산을 경작하며 지키
는 것이다. 여기 '경작하다'(히. 아바드)는 단어는 땅을 갈고 농사를
짓는 것을 암시한다. 어? 에덴동산은 놀기만 하는 놀이동산이 아닌
가? 아니다. 에덴동산도 땀 흘리며 일해야 한다. 그러나 너무나 힘들
어 쓰러질 정도의 노동이 아니더라도 어느 정도의 노동만으로도 좋
은 열매를 거둘 수 있는 여건이 마련되었을 것이다.

이 '아바드'라는 단어는 예배드린다고 할 때도 사용되는 단어다.
특히 성막과 관련해서 섬기는 일을 가리킬 때 사용한다. 즉 하나님은
에덴동산을 예배의 처소로 여기시고 아담이 감당하는 사명을 삶의
예배로 받으신 것이다. 또 '경작하다'에 이어 나오는 '지키다'(히. 사
마르)는 단어는 에덴동산에 허락하신 것들을 돌보고 보호한다는 뜻
이다. 이 단어는 후에 제사장이 성막을 지키도록 의무를 부여할 때도
사용한다(민 3:7-8, 8:26, 18:5-7, 대상 23:32, 겔 44:14). 여기서
우리는 아담의 사역이 정복하고 다스리는 왕적 사역뿐 아니라 하나
님의 성소인 에덴동산에서 예배하고 섬기며 성소를 지키는 제사장적
사역이 있음을 발견할 수 있다.

우리가 살면서 꼭 붙들고 지켜야 할 것이 있다. 예배의 자리, 말
씀의 자리 그리고 하나님의 나라를 이루어가라고 부르신 우리 삶의
자리가 그것이다. 쉽게 사라지는 것을 지키려고 하지 마라. 이 땅을

넘어 영원까지 갈 것들을 붙들고 지켜야 한다.

요즘 40세 전후로 좌절과 허탈감을 경험하는 남성분들이 많다. 열심히 살았고 꿈과 목표를 향해 나름대로 열심히 달려왔는데 허한 느낌과 함께 실망감과 좌절감이 같이 몰려오는 것이다. 그래서 다시 삶의 목표를 고민하고 다시 목표를 세우려고 한다. 이런 고민은 남성의 생애 발달단계에서 중년에 다다랐다는 신호이다. 이 시기는 남성이 제2의 사춘기를 경험하는 시기다. 이 시기는 그동안 붙들었던 꿈을 최종적으로 포기해야 하는 지점이고 또 꿈을 어느 정도 이루었다 하더라도 이 꿈이 성취된 후의 허탈감과 만나는 지점이다. 여기까지만 오면 될 줄 알았는데 와 보니 허탈하다. 이런 허탈감은 기존에 붙들었던 목표로는 쉽게 만족이 되지 않는다. 그렇다면 어떻게 만족해야 하는가? 눈을 위로 들어 나를 짓고 보내신 분이 원하시는 것을 정말 치열하게 고민하며 붙들어야 한다. 이럴 때 이 허탈감을 체념으로 접어두지 않고 다시 일어날 수 있다.

둘째로 하나님께서 사람에게 주신 지침이 있다.

"여호와 하나님이 그 사람에게 명하여 이르시되 동산 각종 나무의 열매는 네가 임의로 먹되"(16절).

여기 '임의로'라는 뜻은 '자유로이'(freely-NRSV) '마음껏' '네가 하고 싶은 대로'라는 의미다. 이것은 하나님께서 우리를 인격적으로 대하셔서 그분의 동산을 우리에게 일임하신 것을 의미한다. 일임했다는 것은 에덴동산 안의 모든 것을 허용하셨다는 뜻이다. 우리에게 선물로 주신 것들을 우리 마음껏 사용할 수 있도록 허락하셨다.

셋째로 중요한 것이 있다. 그것은 17절이다.

"선악을 알게 하는 나무의 열매는 먹지 말라. 네가 먹는 날에는 반드시 죽으리라 하시니라."

이는 하나님이 아담과 맺으신 창조언약(창 1:27-28, 2:15-17)에 포함된 금지항목이다. 아담과 하와는 하나님께서 이들에게 주신 각종 나무의 열매를 마음껏 먹을 수 있다. 그러나 거기에는 넘지 말아야 할 선이 있다. 바로 선악을 알게 하는 나무의 열매를 먹으면 안 된다. 아담은 이 금지 조항을 하와에게, 그리고 앞으로 나올 다음세대에게 잘 가르치고 전해야 했다. 이는 아담의 선지자적 사명이다. 이런 면에서 아담은 왕, 제사장의 사명에 이어 선지자의 사명 또한 부여받았다.

선악과에 대해서 성경은 자세한 설명을 제공하지는 않는다. 그러나 이후에 나타나는 결과를 볼 때 선악과는 선과 악의 기준을 하나님이 아니라 자신에게로 두게 만드는 효과를 일으킨다. 만약 선악과를 먹고 사람 스스로 선악을 판단하고, 심지어 하나님을 향해서까지 선악의 기준을 들이대며 하나님을 악하다고 하면 어떻게 될까? 이는 피조물의 한계를 교만하게 뛰어넘는 악한 일이다. 이런 면에서 선악과는 하나님을 참된 주로 인정하며 우리 삶의 모든 기준을 하나님께로 둘 수 있도록 우리가 지켜야 할 일종의 경계인 것이다.

창조언약은 하나님 나라의 외적 구조와 내적 구조를 보여준다.

먼저 1장 27~28절은 아담에게 하나님의 나라를 이루어가도록 생육하고 번성하며(후손, 백성), 땅을 정복하고(땅), 모든 피조물을 다스리라(주권)는 일종의 위임령이다. 여기에는 하나님 나라를 이루어가기 위한 외적 구조인 국민, 국토, 주권이 들어 있다. 또한 2장 16~17절은 하나님의 참된 주권을 인정하도록 명하는 일종의 통치 헌법과 같은 역할을 한다. 이러한 상벌조항은 하나님 나라의 내적 구조를 보여준다.

어떤 분은 이야기한다. 하나님이 선악과를 왜 만드셨나? 그것은 사람이 '자유자'이지만 한계가 있는 피조물임을 알게 하기 위해서다. 피조물은 한계가 있기에 창조주의 말씀 앞에 서야 한다. 이와 반대로 사탄은 피조물로서 한계 없는 삶을 추구하는 죄를 짓도록 부추긴다. 하지만 추상적인 논리를 따지고 들어가기 전에 이 선악과는 우리 삶에 매일 경험하는 현실이기도 하다. 이 경계가 무너지면 자유는 방종이 되고 대형사고의 원인이 된다. 자동차를 타고 가면 노란선이 중앙에 있다. 노란선이 의미하는 게 무엇인가? 경계선이다. 마음껏 다니지만 이 선을 넘어가면 안 된다는 것이다.

학생이 공부하기 싫다고 학교에 가서 공부하지 않고 놀기만 하면 어떻게 될까? 그때부터 이 자유는 더는 자유가 아니라 방종이 된다. 그래서 공부하지 않고 매일 놀러 다니면 우리는 자유롭게 산다고 하지 않는다. '방황한다'고 한다. 많은 대학생이 신입생 때는 방황한다. 누구도 경계선을 말해주지 않고 자유만을 말하는데 처음에는 이것이 자기 맘대로 방종할 기회로 착각한다. 내 맘대로 하는데 누가 뭐라고 해? 그래서 한 학기를 밤새 술로 채운다. 밤을 새워가며 PC게임을 한다. 결국 그 학기를 재수강하는 일이 벌어진다. 자유는 경계와 함께 가야 한다.

하나님이 아담과 하와를 에덴에 두신 것은 실컷 방종하라고 두신 게 아니었다. 생육하고 번성하고 다스리라는 사명을 감당하게 하기 위한 것이었다. 무제한의 자율성과 창의성이 아니라 하나님이 그어 두신 한계 안에서 해야 했다.

자유는 사람 사이에서도 온전히 지켜져야 한다. 친구 간에도 넘지 말아야 할 경계가 있다. 이 경계를 잘 지켜야 관계가 건강해진다. 부모 자녀 간에도 넘지 말아야 할 경계가 있다. 이 경계를 수시로 넘어가면 관계가 비정상적이 된다. 어린아이가 어느 정도 독립성을 갖게 되면 자주 하는 말이 있다. 바로 "싫어"라는 말이다. 이것은 자기 영역을 확보하겠다는 뜻이다. 그런데 아빠가 "싫어"라고 말하는 것을 보고 '이 녀석 버릇없다'고 폭력을 행사하며 구박하면 자녀는 자기 경계선을 설정하는 일에 두려움을 갖는다. 자아경계선이 제대로 형성되지 못한다.

어릴 때는 자기 경계선을 자꾸 넘어가려고 한다. 이렇게 하면 안 되는데 자꾸 한계를 모르고 넘어간다. 이럴 때는 따끔하게 경계선을 알려주어야 한다. 잠언 13장 24절은 이렇게 말씀한다. "매를 아끼는 자는 그의 자식을 미워함이라. 자식을 사랑하는 자는 근실히 징계하느니라." 매가 하는 기능이 무엇인가? 경계선을 알려주는 기능이다. 그래서 이 경계선을 넘어가지 못하도록 한다.

자녀들은 청소년이 되면 비밀이 많아진다. 비밀이 많으면 엄마 아빠는 '이 녀석이 무슨 꿍꿍이가 있는 거야' 하고 샅샅이 살피기 시작한다. 자녀의 서랍을 뒤지고 가방을 뒤지고 일기를 뒤진다. 그전에는 학교 다녀오면 미주알고주알 다 말하던 자녀가 이제 말을 피한다. 엄마는 서운하기도 하고 불안하기도 하다. 그래서 자녀를 불러 닦달한다. "무슨 비밀이 그렇게 많니?" "모두 다 말해봐!" 만약 자녀가 자기만의 비밀, 경계를 갖지 못하면 건강한 자아상을 갖는 데도 문제가 생긴다. 이것을 심리학에서는 '자아경계선'이라고 한다. 이 경계가 건강해야 자기를 존중하고 타인도 존중할 수 있다. 부모 중에 자녀에게 과도하게 집착하고 파고들어 알아야 직성이 풀리는 부모가 있다. 그런데 이렇게 할수록 자녀는 건강한 자아상을 갖지 못한다. '매력 있는 사람'(compelling person)이 되지 못하는 것이다. 이때는 거리를 두고 이 거리를 존중해주어야 한다.

부부간에도 넘지 말아야 할 경계가 있다. 궁금하다고 해서 이웃집 남자가, 앞집 여자가 그에게로 넘어가면 안 된다. 가정이 무너진다. 하나님이 세우시고 지키라고 주신 경계는 소중한 것이다. 하나님께서 에덴동산에서 사람에게 주신 세 가지 중요한 것이 있다. 소명, 선물, 금지명령(선악과, 경계선)이다. 이 세 가지를 조화롭게 지켜낼 수 있겠는가? 그렇다면 그 사람은 하나님의 형상을 온전히 반영하는 매력적인 성도가 될 수 있다. 아름다운 하나님의 형상을 반영하는 영적 강자로 우뚝 설 수 있다.

너의 남편을
업신여기지 마라

¹⁸여호와 하나님이 이르시되 사람이 혼자 사는 것이 좋지 아니하니 내가 그를 위하여 돕는 배필을 지으리라 하시니라. ¹⁹여호와 하나님이 흙으로 각종 들짐승과 공중의 각종 새를 지으시고 아담이 무엇이라고 부르나 보시려고 그것들을 그에게로 이끌어 가시니 아담이 각 생물을 부르는 것이 곧 그 이름이 되었더라. ²⁰아담이 모든 가축과 공중의 새와 들의 모든 짐승에게 이름을 주니라. 아담이 돕는 배필이 없으므로 ²¹여호와 하나님이 아담을 깊이 잠들게 하시니 잠들매 그가 그 갈빗대 하나를 취하고 살로 대신 채우시고 ²²여호와 하나님이 아담에게서 취하신 그 갈빗대로 여자를 만드시고 그를 아담에게로 이끌어 오시니 ²³아담이 이르되 이는 내 뼈 중의 뼈요 살 중의 살이라.

이것을 남자에게서 취하였은즉 여자라 부르리라 하니라.

'업신여긴다'는 말의 사전적인 정의는 '교만한 마음에서 남을 낮추어 보거나 하찮게 여기는 것'이다. 영어표현으로는 'look down on'이라고 한다. 누군가를 아래로 낮추어 보는 것이다. 예전에는 우리나라에 가부장적인 문화가 보편화되어 아내를 업신여기는 남편이 많았다. 그러나 오늘날 젊은 부부일수록 남편을 업신여기는 아내가 늘어나는 것 같다. 한 통계에 따르면 요즘 남편을 폭행하는 아내가 점점 증가하고 있음을 보여준다(김준일, 박영흠, "'매맞는 남편' 숨어서 운다… 매년 증가 · 신고율도 낮아"(《경향신문》, 2007. 1. 3.)). 매맞는 남편, 아내의 호통에 잔뜩 움츠려 사는 남편들이 많아지고 있다.

성경에도 믿음의 조상 곁에는 훌륭한 믿음의 아내가 있었지만 이 아내들이 의외로 종종 남편을 향하여 주도권을 잡고 업신여기는 사건이 벌어진다. 믿음의 조상 아브라함, 이삭, 야곱 모두 다 해당한다.

먼저, 믿음의 조상 아브라함을 보자. 사라는 아브라함과 함께 믿음으로 아들을 기다렸다. 그러나 10년을 기다려도 아이가 생기지 않자 아브라함을 불러 말한다. "여보, 하나님께서 저에게 출산을 허락하지 않으시나 봐요. 차라리 내 여종에게 들어가서 자녀를 낳아요." 그러자 아브라함이 아무런 저항하지 않고 온순한 양같이 그대로 따른다. 그러고는 여종 하갈을 통해 이스마엘을 낳는다. 이스마엘은 결국 사라의 주도로 태어난 아이였다. 사라가 믿음으로 자녀를 기다리는 아브라함을 좌지우지했다. 아브라함이 99세 때 하나님의 천사가 나타나 아들을 낳을 것이라고 하자, 이 사라는 어떻게 반응했는가? 비웃었다. 사라가 어느덧 아브라함과 하나님 머리 꼭대기 위에 올라 앉은 것이다. 흥미로운 사실은 하갈이 아브라함의 아이를 임신하자, 여종이 여주인 사라를 업신여기고 멸시한 점이다. 이 여인들은 어느 정도 기간이 지나면 주변 사람들에 대한 일종의 멸시본능이 일어나는 모양이다.

둘째, 아브라함이 믿음으로 낳은 아들 이삭의 아내 리브가다. 이삭이 나이 들어 시력이 흐려졌을 때 장자 에서를 축복하기로 마음먹는다. 그래서 에서를 불러 내가 너를 축복할 테니 사냥을 해서 별미를 만들어 오라고 한다. 이때 리브가는 그 말을 엿듣고 주도적으로 남편을 속이고 자기가 사랑하는 둘째 아들 야곱이 축복을 받도록 한다. 속이는 것도 대충 속이는 게 아니었다. 주도면밀하게 속였다. 에서의 옷을 가져와서 야곱에게 입히고 염소 새끼 가죽을 털이 없는 야곱의 손에 둘러 털 많은 에서로 착각하게 했다. 나중에 속은 것을 알아챈 에서는 충격을 받고 복수의 칼을 간다. 남편을 속이는 데 있어 아내 리브가가 주도적으로 나서자 남편이 꼼짝 못 하고 속아 넘어갔다.

셋째, 야곱의 인생은 두 아내 레아와 라헬 사이의 주도권에 대한 경쟁 사이에서 치이고 갈등했던 인생이다.

하나 더, 다윗의 아내 미갈을 보자. 다윗이 하나님의 법궤가 다윗성으로 들어오자 펄떡펄떡 뛰며 춤추었다. 미갈이 이것을 창 너머로 보고는 다윗을 업신여겼다. 그리고 비꼬듯이 말했다. "이스라엘 왕이 얼마나 영화로우신지, 마치 술 먹고 방탕한 자가 염치없이 자기 몸을 드러내는 것처럼 오늘 신하들의 아내가 보는 앞에서 춤을 추니 임금님의 체통이 어떻게 되겠습니까?" 그러자 다윗이 무엇이라고 하는가? "내가 춤춘 것은 주님 앞에서 한 것이거늘, 내가 주님을 찬양하는 일 때문이라면 이보다 더 낮아지고 부끄러워도 상관없소. 그러나 그래도 나는 그대가 말한 여자들에게서는 더 존경을 받을 것이오." 이 일 때문에 미갈은 죽는 날까지 자식을 낳지 못했다(삼하 6:21). 이처럼 믿음의 조상 곁에는 한편으로 훌륭했지만 다른 한편으로 남편을 업신여기는 아내가 있었다. 그리고 이 업신여김의 끝은 대부분 좋지 않았다.

창세기에 나오는 아담과 하와도 그렇다. 명시적으로 아담을 업신여기지는 않지만, 하와는 상당한 주도권을 갖고 아담을 무시하며 상황을 주도해나갔다. 선악과를 따먹을 때를 보면 여자가 먼저 뱀과 이야기한다(3:2). 그리고 선악과를 먼저 먹고 나서 남편도 끌어들인다(3:6). 이런 일련의 범죄과정에 아담은 한마디도 감히 하지 않고 조용히 지켜보기만 한다. 이렇게 볼 때 하와는 조용히 남편을 따르는 여인이 아니라 상황을 주도하는 아내였다.

성경은 아내가 남편에게 순종해야 한다고 말씀(엡 5:22,24, 골 5:24)하지만 이것이 참 쉽지 않은 것 같다. 좀 직설적으로 물어보자. 왜 여성은 남성의 권위에 순복하지 않을까? 이 질문은 남성들의 고민이지만 여성들 편에서는 불쾌함이기도 하다. 여성의 처지에서 볼 때 이 질문은 바로 다음 질문으로 연결되기 때문이다. "왜 남편은 말도 되지 않는 것으로 나를 순복 아니 굴복시키려고 할까?" 아내를 복종시키려 하다가는 남자의 마음이 완전히 오그라들 때까지 아내의 잔소리와 짜증이 집중포화로 쏟아진다. 왜 아내는 남편에게 복종하려 하지 않는가? 오늘 본문에 나타난 창조원리를 가만히 살펴보면 우리는 그 힌트를 얻을 수 있다.

첫째, 우리는 본문에서 이름 짓는 과정을 주목할 필요가 있다.

"여호와 하나님이 흙으로 각종 들짐승과 공중의 각종 새를 지으시고 아담이 무엇이라고 부르나 보시려고 그것들을 그에게로 이끌어 가시니 아담이 각 생물을 부르는 것이 곧 그 이름이 되었더라"(19절).

생물에 이름을 짓는다는 것은 아담에게 특별한 능력과 권위가 부여되었음을 나타낸다. 그런데 생물의 종류가 한두 개가 아니다. 하나님이 지으신 각종 들짐승, 온갖 짐승들, 또 하늘에 나는 모든 종류의 새들에게 이름을 지어주어야 했다. 성경에서 이름은 매우 중요하다. 이름에는 한 사람의 일생과 방향이 압축되어 있다. 그래서 하나님은 종종 그의 백성들의 이름을 지어주시기도 하고 또 이름을 바꾸어주시기도 한다. 이름은 높은 자가 낮은 자에게 지어주는 것이다. 아담이 생물들에게 이름을 지어주는 것은 생물에 대한 아담의 영적 지위와 권위가 있음을 보여준다. 이름 지을 때는 그 생물의 특징이 잘 드러나도록 해야 하고 또 그 생물이 살아갈 생에 대한 바람과 특별함을 담아야 한다. 그리고 이름은 두고두고 계속해서 그 이름으로 불려야 한다. 한번 이름 지어주고 그 이름을 잊어버리면 안 된다. 아담이 참새를 참새라고 지어주었는데 나중에 참새를 보니 기억이 나지 않는다. "야, 하도 많아서 네 이름이 무엇인지 모르겠다. 이제부터 너는 개구리야." 이러면 되겠는가? 이런 면에서 첫 사람 아담은 상당한 창의력과 기억력을 갖췄었다.

아담과 모든 생물의 관계는 이름을 지어주고, 이름을 부여받는 관계였다. 그런데 아담과 여인의 관계는 이와는 달랐다.

"여호와 하나님이 아담에게서 취하신 그 갈빗대로 여자를 만드시고 그를 아담에게로 이끌어 오시니 아담이 이르되 이는 내 뼈 중의 뼈요 살 중의 살이라. 이것을 남자에게서 취하였은즉 여자라 부르리라 하니라"(22-23절).

아담이 여자를 보자 처음으로 한 말이 무엇인가? "내 뼈 중의 뼈요 살 중의 살이라!"이다. 이는 감탄이다. 그 입에서 감동이 흠뻑 배어 있는 시가 흘러나왔다. 성경은 이 뼈와 살이라는 고백을 인류가 최초로 입에서 내뱉은 말로 기록하고 있다. 물론 짐승들에게 이름을 지어주었지만 이것은 정식으로 말한 것으로 기록하지 않고 여인을 향하여 23절의 말씀을 첫 언어행위로 기록한다. 남녀관계는 이름을 지어주고 지음받는 관계가 아니라 감동하고 감동받는 관계인 것이다. 그리고 나서 이름을 부른다. "이것을 남자에게서 취하였은즉 여자라 부르리라." 이름도 매우 시적이다. 우리말로는 남자, 여자지만 히브리어로는 남자가 이샤, 여자는 이쉬다. 즉 '이샤에게서 나왔으니 이쉬라 하리라!' 가 된다. 여자에게서 감동을 받고, 그리고 그 감동으로 이름을 지어주는, 동물과의 관계와는 다른 차원의 권위구조가 형성된다. 즉 남녀관계의 첫 출발은 감성으로 시작되는 것이다. 그리고 그 감성에서 자발적인 권위구조가 형성된다. 그래서 남녀관계에는 항상 이 특별한 감동과 감성이 있어야 한다. 그렇지 않고 그냥 용무만 말하면 잘 듣지 않는다. "아, 내 뼈 중의 뼈, 살 중의 살이여!" 이래야 함께 움직인다. 그래서 남성들은 늘 감동을 줄 수 있어야 한다. 감동을 받을 때 여성들은 놀랍게 움직인다.

둘째로 우리가 주목해야 할 창조원리는 우리는 여성의 창조과정에서 드러난다. 여성이 어디서 나왔는가?

"여호와 하나님이 아담을 깊이 잠들게 하시니 잠들매 그가 그 갈빗대 하나를 취하고 살로 대신 채우시고"(21절).

하나님께서 아담을 깊이 마취시키셨다. 그리고 아담의 갈빗대를 쑥 뽑아내셨다. 그리고 그 갈빗대를 바탕으로 여자를 만드셨다. 여기서 사용된 갈빗대는 히브리어로 '쩨라'인데 영어로 'side', 곧 '옆'이라는 의미이다. 이 '쩨라'는 출애굽기에서 특히 많이 사용되었는데 25~38장 사이에 모두 19번이나 사용되었다. '쩨라'는 하나님의 성막을 세우는 지지대를 가리키는 용어였다. 따라서 쩨라는 하나님의 성막이 세워지는 데 없어서는 안 될 필수적인 요소였다. 이것이 있어야 하나님의 성막이 바로 설 수 있다. 여성을 바로 이 쩨라를 기초로 만드셨다는 것이다. 그래서 남성은 여성이 있어야 하나님이 주신 사명을 제대로 감당할 수 있다. 옆에서 든든하게 성막의 받침대가 되어준다. 받침대가 없으면 어떻게 되는가? 치명적인 어려움을 겪는다.

특별히 여기서 주목할 것은 여성은 아담과 같이 흙에서 직접 만든 존재가 아니라는 사실이다. 여성은 살아 있는 존재, 아담을 재료로 만들어진 아주 특별한 존재이다. 아담이 흙에서 만든 2차 가공품이라면 하와는 2차 가공품에서 부품을 취해 만든 3차 가공품이다. 그래서 더 정교하고 아름답다. 겉으로 봐도 그렇지 않은가? 속도 그렇다. 여성이 흙이 아닌 남자의 몸에서 나왔기 때문에 여성은 흙에서 나온 생명계의 권위구조를 따르지 않는다. 무슨 말인가? 아담이 모든 생물에게 이름을 부여하고 다스리지만 여성은 이 권위구조에 들어오지 않는다. 아담이 다른 짐승에게 명령하듯 여성에게 명령했다고 따르지 않는다. 왜? 흙에서 나오지 않았기 때문이다.

셋째, 여성에게 부여된 사명과 창조의 특성상, 여성은 남자의 말을 그대로 순복하기 어려울 때가 많다. 하나님께서 여성을 창조하신 이유가 무엇인가?

"여호와 하나님이 이르시되 사람이 혼자 사는 것이 좋지 아니하니 내가 그를 위하여 돕는 배필을 지으리라 하시니라"(18절).

여기 '돕는 배필'이라고 하면 우리가 생각할 때 남자보다 못한 좀 열등한 보조역할을 하는 존재를 생각하기 쉽다. 그러나 여기서 돕는 배필은 단순히 돕는 게 아니다. 그의 약점과 강점을 알고 그의 연약함을 보강해줄 수 있는 더 뛰어난 존재이다.

본문에서 '배필'이란 말을 히브리어로 '에제르'라고 한다. 영어 성경에는 '헬퍼' '파트너' 정도로 번역되었는데 여기서 이 에제르는 성경 다른 곳에서는 하나님을 가리키는 말로 자주 사용되었다. "그는 너희 도움이시요 너희 방패시로다"(시 115:9). 여기 '도움'이 바로 '에제르'다. 강한 이로부터 필요한 도움을 받는 것은 정말 큰 복이다. 하나님은 남성을 돕는 데 부족함 없도록 여성을 충분하게 만드셨다. 여기 돕는 배필이라는 표현 중에서 '돕는'이라는 말은 영어성경에 'suitable'(적절한, 딱 맞는)이라고 번역되었다. 즉 돕는 배필은 남성을 돕는 데 가장 최적의 여건을 갖추고 창조되었다는 뜻이다.

그렇다면 최적의 돕는 배필은 어떻게 돕는 것을 의미할까? 여기서 '돕는'은 히브리어 '케네그도'에 해당한다. '케게드'는 '~처럼'을 의미하는 '케'와 '반대하다'를 의미하는, '네게드', '3인칭 남성'을 의미하는 마지막 모음 '오'가 결합된 단어이다. 직역하면 '그의 반대자처럼', 또는 '그와 반대하여'라는 뜻이다. 아담을 돕는데 그의 의견에 무조건 따라주는 게 아니라 필요할 경우 반대하며 돕는 배필이다. 반대하려면 아담이 무엇이 연약한지를 파악하는 안목이 있어야 하고 아담 못지않은 지혜와 판단력이 있어야 한다. 이는 여성이 남성보다 못한 존재가 아니라 남성과 동등한 존재임을 의미한다. 돕는 배필인 여성은 남성을 돕는 데 있어 남성 못지않게 훌륭하고 탁월하게 창조되었다.

돕는 배필인 여성은 남성이 연약한 것에 대해 강점이 있다. 남성은 주로 전체를 크고 멀리 보는 사명받은 존재이기에 사명을 향하여, 목표를 향하여 우직하게 달려가지만, 여성은 남성이 보지 못하는 것, 주변의 가까운 것, 목표와 사명보다는 감성과 관계에 더 예민한 직관을 갖고 있다. 여성은 하나님이 주신 직관으로 남성 가장 가까이서 남성의 약점과 강점을 가장 잘 알고 도울 수 있다.

그런데 우리에게는 죄성이 있어서 장점을 보기보다는 약점을 보기가 쉽다. 여성들은 하나님이 주신 탁월한 직관력과 판단력으로 남편을 바라보는데 이때 마음에 안 드는 부분이 많다. 답답한 구석이 많다. 나 같으면 벌써 바꿀 텐데 아직 미련을 버리지 못하고 꾸물대고 있다. 이처럼 남성을 돕는 배필이 너무 탁월하다 보니 도와야 할 남자가 하찮게 보이는 것이다. 사실 이렇게 남자의 연약함을 알게 하신 것은 남성을 도와 하나님의 사명을 성취하라고 하신 것이다. 그런데 여성이 마음먹고 남성의 약점을 쥐고 흔들기 시작하면 어떤 남성이고 버텨낼 장사가 없다.

미갈을 보라. 그렇게 훌륭한 다윗을 업신여겼고 사라는 믿음의 조상인 아브라함을 업신여겼다. 여성의 업신여김은 사실 타당한 판단인 경우가 많다. 쉽게 말하면 남성이 혼날 만하게 하니까, 비난받을 행동을 하니까 업신여기는 것이다. 그러나 이런 판단을 업신여김으로 끌고 가면 좋은 열매를 맺지 못한다. 미갈도 열매가 좋지 못했고 사라도 열매가 좋지 못했다. 당장에는 이렇게 하는 게 좋아 보이지만 미련해 보이는 남편이 끝까지 그 자리를 지키도록 돕고 격려하는 게 하나님 앞에 승리하는 자리가 됨을 기억해야 한다.

하나님은 여성을 탁월한 돕는 배필로 주셨다. 하지만 탁월함이 죄성으로 물들어 상대를 세우기보다는 정죄하고 몰아붙이기 쉬운 존재가 되었다. 여성들은 이렇게 항변할지 모른다. "제 신랑 하는 모양을 보세요. 어떻게 저걸 보고 가만히 있습니까?" 이해가 간다. 그러나 돕는 배필이 탁월하여서 탁월한 배필이 먼저 변화되어야 도움을 받는 남자도 변화된다. 베드로전서 3장 1~7절까지를 보면 아내와 남편에 대한 권면이 나온다. 먼저 1~6절까지를 보면 "아내들아 이와 같이 자기 남편에게 순종하라"고 말씀하며 구체적이고도 세세한 권면이 등장한다. 그에 비해 남편에 대한 권면은 그다지 7절 단 한 절만 나온다. "남편들아 이와 같이 지식을 따라 너희 아내와 동거하고 그를 더 연약한 그릇이요 또 생명의 은혜를 함께 이어받을 자로 알아 귀히 여기라. 이는 너희 기도가 막히지 아니하게 하려 함이라." 아니, 아내는 여섯 절이나 말씀하고 왜 남편들에게는 한 절만 말씀하는가? 그만큼 여성의 역할이 중요하고, 막중하다는 뜻이다. 가정의 하나 됨은 상당 부분 아내에게 달려 있다. 그만큼 아내의 역량이 크기 때문이다. 아내가 어떻게 하느냐에 따라 그 가정이 천국이 되고 또 그 가정이 지옥처럼 변하기도 한다.

그렇다면 여성이 남편을 업신여기지 않기 위해서 어떻게 해야 하는가? 먼저는, 하나님을 신뢰하고 남편을 주님 앞에 내려놓아야 한다. 우리는 남편에 대한 나의 기준, 남편에 대한 나의 기대도 내려놓아야 한다. 많은 경우 남편이 못마땅하고 그를 업신여기는 이유는 남편이 나의 기대에 도달하지 못하기 때문이다. 그래서 내 기대에 부응하도록 어떻게든 변화시키려 한다. 더구나 아이를 키워보니 남편도 아이처럼 혼내고 다그치면 변할 것 같은 생각이 들기도 한다. 그래서 충고하며 조언하고 소리 지르며 윽박지르고 급기야 있는 것들을 집어던진다. 그러나 이런 것으로는 절대 변하지 않는다. 왜? 이런 반응은 '나는 당신을 있는 그대로 받아들일 수 없다'는 메시지만 전달하기 때문이다. 진정한 변화는 하나님에게서 온다는 사실을 기억하기 바란다. 따라서 우리는 내 기대를 내려놓고 남편의 있는 모습 그대로를 받아들여야 한다. 그대로를 받아들이지 못하면 마음을 닫고 소통이 막힌다. 그러나 있는 모습 그대로를 인정하고 받아들이면 그때부터 하나님이 그 안에서 역사하여 변화시켜주신다.

더 나아가 있는 그대로를 인정할 뿐 아니라 그를 나보다 더 낮게 여겨야 한다. 빌립보서 2장 3절을 보라. "오직 겸손한 마음으로 각각 자기보다 남을 낫게 여기고." 이 말씀에 따르면 우리는 서로에게 "당신이 나보다 훨씬 낫습니다"라고 고백하며 살아야 한다. 이렇게 하지 않으면 아내에게는 순교자적 태도가 형성된다. 무슨 뜻인가? '왜 나만 이 고생해야 돼?' 하는 생각이 드는 것이다. 그 안에는 무시무시한 자기 의가 숨어 있고 자기 의를 본 순간 남편은 도망간다. 왜? 의로운 아내의 비난을 견딜 자신이 없기 때문이다.

잠언 25장 23~24절은 이런 아내를 이렇게 말씀한다. "북풍이 비를 일으킴 같이 참소하는 (아내의) 혀는 사람(남편)의 얼굴에 분을 일으키느니라. 다투는 여인과 함께 큰 집에서 사는 것보다 움막에서 혼자 사는 것이 나으니라." 아내가 자기 의를 내세워 남편을 비난할 때 남편은 저항하고 도망간다. 아내가 이것을 언제 멈출 수 있는가? 하나님께서 남편의 삶 속에 역사하고 계심을 확인할 때다. 예를 들어 남편이 중요한 사업상의 결정을 내리기 전에 아내에게 조언을 구했다. 아내는 직관적으로 반대를 한다. 그런데 남편이 결국 자기 생각대로 사업을 추진한다. 그런데 아내가 예상한 대로 일이 잘 풀리지 않는다. 이때 아내는 어떻게 반응해야 하는가? "그거 봐라. 내가 말했지? 내 말 안 듣더니 잘됐다." 이렇게 반응하면 가정에 평안이 도망간다. 이때는 비난할 때가 아니라 하나님께서 남편을 직접 가르쳐 주실 때임을 받아들이기 바란다.

남편은 때로 아내가 직관적으로 말한 것을 잘 듣고 실수를 면할 수도 있지만 때로는 하나님께서 남편에게 직접 온몸으로 겪고 깨닫게 하시는 경우도 많다. 이때는 하나님이 신랑을 직접 가르치시는 때다. 그때는 답답해하지 말고 하나님께서 신랑을 잘 깨닫게 해주시기를 중보해야 한다. 하나님이 역사하실 여유를 주는 것, 이것은 돕는 배필이 해야 할 매우 중요한 사명 중 하나이다. 그렇게 해서 깨달으면 다음부터는 굳이 말하지 않아도 그 길로 가지 않는다. 아내들이여, 조급함을 버리고 하나님께서 우리 신랑에게 역사하실 수 있는 시공간적 여유를 내드리길 바란다.

이처럼 아내는 하나님께서 남편의 연약함을 해결하실 수 있음을 신뢰하고 맡기는 동시에 남편이 가진 장점에 시선을 고정시키고 이를 인정해주며 칭찬해주어야 한다. 잘한 것을 당연하게 여기지 말고 진심을 담아 인정해야 한다. 요즘 집안에 설거지하는 남편들이 많다. 여성들은 이에 대해 "아니, 당연한 걸 하는데 뭘 그런 것을 가지고 우리 집에서는 안 하면 죽음이에요. 밥도 없어요"라고 말한다. 그러나 그러지 말고 "여보 정말 고마워"라고 고마움을 마음에 담아 표현하길 바란다. 남자의 기를 죽이면 다 죽는다.

또한 남편에게 가정에서 최고의 자리를 내어주어야 한다. 남편은 나를 위해 존재하는 사람이 아니다. 오히려 내가 남편을 도와 하나님의 사명을 이루도록 돕는 배필로 부름 받았다. 사회에서는 각자 하는 일이 다르고 일의 경중이 다를 수 있지만 가정에서, 교회에서 아내는 신랑을 최고의 자리에 내주어야 한다. 신랑은 돕는 배필이 신뢰하고 믿어주고 존경할 때 최고의 노력을 기울여 그 가정을, 교회를 이끌어 가려 할 것이다. "신랑을 고래 다루듯이 해야 한다." 칭찬은 고래도 춤추게 한다고 하지 않는가? 신랑은 칭찬과 존경으로 산다.

최고의 자리에 내어주기 위해서 돕는 배필이 구체적으로 버려야 할 일이 있다.

첫째, 헐뜯는 태도를 버려라. 신랑에 대한 비판적인 태도는 죄다. 다른 사람 앞에서. 특히 자녀 앞에서. "야. 니네 아빠는 왜 이러냐!" 이런 태도를 회개하길 바란다.

둘째, 이기적인 태도이다. 신랑이 아내의 우선순위에서 밀린다는 인상을 주지 않도록 해야 한다. 식사를 준비할 때, 옷을 살 때, 대화를 나눌 때, 약속할 때는 자녀보다 먼저 신랑을 고려해야 한다.

셋째, 질투하는 마음이다. 질투하는 마음은 아내가 남편보다 자기 자신을 더 사랑할 때 나타난다. 가끔 저녁에 친구들과 약속이 있다고 나가려고 할 때 신랑이 막아서는 경우가 있다. 새로운 직장에 나가지 못하게 하거나, 다른 외부의 동호회 활동이나, 친구들과 만나는 일을 막을 때가 있다. 그리고 감시할 때도 있다. 왜 그런가? 자기 삶의 중심에 신랑이 빠져서 그렇다. 신랑을 빼놓고 계속 밖으로 돈다. 아내 따로 신랑 따로다. 이때 신랑에게 질투하는 마음이 일어난다. 잠언에 따르면 평온한 마음은 육신의 생명이나 시기는 뼈를 썩게 한다(잠 14:30). 반면 아내가 자기 삶의 중심에 항상 남편을 두고 우선순위를 둘 때 이런 남편은 아내를 신뢰하고 자신 있게 나아가게 된다.

넷째, 권위적인 태도이다. 신랑에게 당신은 늘 실수하니 내 말대로 하라고 저렇게 하라고 가르치지 말기를 바란다. 오히려 돕는 배필이 할 일은 남편이 스스로에 대한 믿음을 잃지 않도록 격려하고 그가 하나님으로부터 받은 능력으로 사명을 잘 감당하도록 도와야 한다.

결론적으로 나의 신랑, 업신여기지 말기 바란다. 아내들은 신랑을 도와 하나님께서 이 땅에 우리에게 맡기신 사명을 이루도록 부름받았다. 사명을 이루는 게 중요하다. 하나님께서 우리 신랑을 변화시키실 줄 믿어야 한다. 나는 역할을 제대로 감당하는 배우자인가? 돕는 배필인가? 이제는 한 걸음 좀 여유 있게 물러날 수 있기를 바란다. 가정이 천국으로 바뀔 것이다.

하나 됨의
도전

> ²⁴이러므로 남자가 부모를 떠나 그의 아내와 합하여 둘이 한 몸을 이룰지로다. ²⁵아담과 그의 아내 두 사람이 벌거벗었으나 부끄러워하지 아니하니라.

본문은 하나님이 아담과 하와의 결혼식을 주관하시면서 주신 일종의 주례사다. 주례사의 핵심내용이 무엇인가? "부모를 떠나, 아내와 합하여, 둘이 한 몸을 이루라"는 것이다. 처음 부부가 부모를 떠나는 것, 또 아내와 합하는 것은 일종의 중간과정이다. 결혼이 지향해야 할 최종적인 목표는 제일 끝부분에 있는 "둘이 한 몸을 이루는 것"이다. 이것은 명령이다. 해도 되고 안 해도 되는 선택사항이 아니다. 하다가 힘들면 도망가도 되는 그런 것이 아니다. 하나님께서 이렇게 명령하시는 것은, 한 몸 됨을 이루는 것은 부부가 결혼생활 전체를 걸쳐 추구해야 할 중요한 사명이기 때문이다. 그렇다면 한번 물어보자. 하나 되는 것, 쉬운가? 쉽지 않다. 절대 쉽지 않다.

통계청 발표 통계에 따르면 2010년 우리나라에서는 한 해 32만 6천 쌍이 결혼하고 11만 7천 쌍이 이혼했다. 이혼율로 보면 OECD 가입국 중 9위이고 아시아에서는 1위다. 이혼 연령대를 보면 먼저는 55세 이상, 결혼한 지 20년이 지난 부부가 가장 많다. 자녀가 성인이 될 때까지 기다렸다가 대학생이 되거나 결혼을 하면 갈라서는 것이다. 그다음 많은 부부는 결혼한 지 1~4년 미만의 부부가 이혼이 많았다. 무슨 말인가? 먼저 20년 이상 지난 부부의 경우 끝까지 서로 하나 됨을 지키기가 어렵다는 사실을 보여준다. 또 결혼 1~4년 미만의 부부의 경우 결혼에 대한 기대와 현실이 너무나도 다르게 다가와 처음에 이 차이를 조정하는 게 어렵다는 사실을 보여준다. 1~4년 미만 부부가 이혼하는 이유를 보면 제일 큰 이유가 성격 차이다.

이러한 사실들은 결혼에 대해 몇 가지 중요한 점을 시사한다.

첫째, 끝까지 하나를 이루는 명령은 순종하기가 그렇게 만만하지 않다는 것이다. 이 시대의 풍조를 보면 갈수록 결혼하기가 어렵다. 반면 이혼은 쉽게 하도록 몰고 간다. 충청북도에서 발표한 통계에 따르면 1960년대와 비교할 때 혼인율은 12% 줄어든 반면, 이혼율은 906% 증가했다고 한다(심규석, "반백년 충북' 혼인율 12%↓, 이혼율 906%↑" 《연합뉴스》, 2014. 7. 28.). 시대의 풍조가 하나님이 창조하신 창세기적

질서에 거스르는 반 창세기적 역사로 몰고 가는 것이다. 공중권세를 잡은 자는 하나님이 결합하신 것을 나누고 하나님이 나누신 것을 결합하려 한다. 이것이 바로 죄의 특징이다. 이러한 시대풍조 가운데 끝까지 하나 됨을 지켜가기가 결코 쉽지 않다.

둘째, 결혼생활의 가장 큰 적은 이기심이라는 것이다. 이혼부부의 주요한 사유가 되는 성격 차이라는 것은 다른 말로 하면 나와 도저히 맞지 않는다는 뜻이다. 우리 사회에서 남녀가 서로에게 매력을 느껴 결혼하고 나면 짧게는 한두 달, 길게는 1~2년이 지나면 보통 세 가지 증상이 나타난다. 먼저는 그렇게 멋있고 매력적이던 파트너가 얼마나 이기적인지 차츰차츰 경험하고 깨닫게 된다. 둘째는 그 멋진 인간도 나와 비슷한 경험을 해왔고 나를 향하여 이기적이라는 말을 입에 담기 시작한다. 셋째는 배우자의 이기심이 나보다 더 큰 문제라고 먼저 결론 내린다. 이때 우리는 내가 받은 상처를 앞세워 상대편이 변화하여 나를 알아서 보살펴주지 않는 한 절대로 마음을 풀지 않기로 작정한다. 정서적으로 거리를 두고 내가 정한 선을 넘으면 즉각 응징하려고 한다. 어떻게 되는가? 점점 서로가 견디지 못하는 상태로 치닫는다.

왜 그런가? 우리 안에 있는 죄성 때문에 그렇다. 아무리 멋있고 아름다워 보여도 우리 안에 추악한 죄의 습관, 죄의 본성이 자리 잡고 있다. 사실 이것 때문에 주님이 우리에게 로맨스를 주신 것 같다. 로맨스마저 없이 서로 안에 있는 깊은 이기적인 속마음을 들여다보면 다들 화들짝 놀라 도망갈 것이다. 그래서 하나님은 남녀가 폭 빠져 붙어 있을 수 있도록 임시장치로 로맨스를 주신 것 같다. 결혼한 이들에게 처음 만나 사랑을 고백하고 결혼했을 때의 이야기를 해달라고 하면 보통은 입이 귀에 걸린다. 그만큼 그때가 행복하고 황홀했기 때문이다. 마법에 걸린 것처럼 볼이 불그스레하게 달아오른다. 그러나 화제를 바꿔 요즘 어떻게 지내느냐고 하면 곧바로 인상이 굳어지고 냉랭해진다. 한숨만 푹푹 쉰다. 이처럼 로맨스는 순간적으로 이기적인 우리의 심성을 온통 배우자 중심으로 돌리게 하는 마법적인 힘이 있다. 그래서 로맨스에 빠지면 너무나도 이타적이 된다. 이 마음이 있기에 상대방을 행복하게 해줄 수 있는 것이다. 그러나 로맨스가 식으면 원래 우리 안에 있던 추악한 이기적인 죄성이 드러나기 시작한다.

이런 면에서 이번 장의 본문에 하나님이 최초의 인류인 아담과 하와에게 한 몸 됨을 이루라고 주신 명령은 오늘날 우리에게 엄청난 도전이다. 그렇다면 어떻게 내 이기심을 극복하고 하나 됨의 도전을 끝까지 이루어갈 수 있을까?

본문에 나타나는 세 가지 중요한 결혼의 키워드를 중심으로 함께 살펴보자(월터 트로비쉬 저, 양은순 역, 「나는 너와 결혼하였다」(서울: 생명의말씀사, 2009) 참조). 첫째는 떠남이다. 24절에 말씀한다. 이러므로 남자가 부모를 "떠나", 여기서 부모를 떠난다는 표현은 단순히 부모님 품을 떠나는 것만을 의미하지 않는다. 이것은 부모로부터 받은 정서적인 영향력과 의존성을 떠난다는 의미이다. 또 더 나아가 이것은 부모님뿐 아니라 부모님을 둘러싸고 있는 세상의 문화와 우상을 떠난다는 것도 의미한다. 또 그 안에 살면서 내게 익숙한 환경, 내게 익숙한 가치들을 고집하지 않는다는 뜻이다.

창세기 12장에 보면 하나님께서 아브라함을 향하여 떠나라고 명령하시는 장면이 나온다. "여호와께서 아브람에게 이르시되 너는 너의 고향과 친척과 아버지의 집을 떠나 내가 네게 보여 줄 땅으로 가라"(12:1). 아브라함은 믿음의 조상이다. 그러나 믿음의 여정을 시작하기 전에 먼저 받았던 명령은 '떠나라' 는 것이었다. 당시 고향과 친척과 아버지의 집을 떠난다는 것은 엄청난 모험이었다. 당시에는 부족사회, 씨족사회였다. 아브라함에게 이것들은 자신의 보호막이자 지지기반이었다. 그런데 이것을 떠나라는 것이다. 이런 떠남은 예수님과 제자들의 관계에서도 발생했다. 예수님이 제자들에게 나를 따르라고 부르셨을 때, 제자들은 그동안 자신이 먹고살았던 생활기반인 그물과 배, 갈릴리 호수, 아버지, 자신을 돕던 품꾼들을 버리고 떠나야 했다. 떠남은 생의 우선순위를 새롭게 하는 작업이다. 왜? 이제부터 떠나서 살아가야 할 삶이 가장 중요한 우선순위가 되기 때문이다. 이런 걸 보면 떠남은 성도들이 가져야 하는 정체성의 필수적인 요소이다.

특히 여기 '떠난다' 는 단어는 그 뒤에 나오는 '연합하다' 는 단어와 함께 하나님의 언약관계를 묘사할 때 자주 사용된다. 무슨 말인가? 지금 여기에서 떠남은 이전의 관계를 정리하고 새로운 언약관계로 들어가는 행위라는 뜻이다. 이전에는 부모와 친척과 아버지의 집을 위해서 살았다면 이제는 이것을 정리하고 아내와 새로운 충성과 약속을 맺어야 한다는 것이다. 이는 부부간의 관계가 앞으로 가장 중요한 관계임을 암시한다. 떠나지 않으면 새로운 관계로 들어갈 수 없다. 배우자가 우선순위에서 자꾸만 밀려난다. 온전한 떠남, 온전한 독립이 있지 않고는 부부관계가 불안정해진다. 온전히 떠날 때 배우자를 가장 우선순위에 둘 수 있는 환경적인 배경이 마련되는 것이다.

그래서 부부 싸움을 할 때 절대 상대편의 가정을 끌어와서는 안 된다. 끌어온다는 것은 무엇인가? 상대가 아직 부모의 집을 떠나지 않았다고 비난하는 것과 마찬가지다. 또 어떤 부부는 결혼생활에서 자꾸 다른 것을 우선에 두려고 한다. 아내보다는 엄마로서 자녀가 우선순위에 오는 아내가 있다. 또 아내보다 시부모가 우선순위에 오는 남편도 있다. 이들은 모두 짝퉁배우자다. 은밀하고 교묘하게 내 중심에 자리 잡아 배우자의 자리를 밀어내는 것이다. 온전히 떠나지 못하면 결국 그 부작용과 피해가 부메랑처럼 고스란히 부부에게로 돌아온다.

둘째, 하나 됨을 위해서 필요한 것이 있다. 그의 배우자와 연합하는 것이다. '연합하다'는 히브리 단어 '다바크'는 강력한 풀이나 아교 같은 것으로 딱 달라붙도록 붙이는 것을 말한다. '연합한다'는 것은 단순히 성적인 관계를 갖는 차원에서 그치지 않는다. 처음에는 로맨스가 연합의 중요한 원동력이 된다. 상대의 아름다움과 매력으로 사랑에 빠지는 것이다. 하지만 이것은 감정 호르몬이 사라지면서 그다지 오래가지 못한다. 또 재정적, 정서적인 안정도 결혼의 중요한 동력이다. 그러나 이것 역시 서로가 연합하는 데 오래가지 못한다. 나중에는 오히려 이런 것들이 장벽이 될 때가 많다.

여기서 '연합한다'는 것은 서로가 맺은 언약을 잘 이행하고 지켜나가는 것을 의미한다. 이것은 단순히 부부가 서로에게 잘해주는 차원을 넘어선다. 두 사람이 언약 앞에서 언약에 헌신하는 것이다. 다른 말로 하면 두 사람이 그저 서로에게 달라붙는 게 아니라 하나님의 언약을 중심으로 달라붙는 것이다(이 개념의 구체적인 부분에 대해서는 래리 크랩 저, 윤종석 역, 「결혼건축가」(서울: 두란노, 2001)을 참조하라). 언약은 골조와 같은 역할을 한다. 건물을 지을 때 콘크리트가 단단한 것 같지만 그 안에 뼈대 역할을 하는 골조가 없으면 조금만 하중을 받아도 무너진다. 마찬가지다. 우리가 아무리 우리의 노력과 의지로 달라붙는다고 해도 인생에 예기치 못한 위기와 어려움이 닥칠 때 언약이 없으면 무너지기 쉽다.

세상에서는 부부가 서로 연합이 잘되려면 비슷한 공통점들이 있어야 한다고 한다(브라이언 트레이시 저, 홍성화 역, 「잠들어 있는 성공시스템을 깨워라」(서울: 황금부엉이, 2010), 391-392쪽). 어떤 것들인가?

첫째, 돈에 대한 태도가 비슷해야 한다. 한쪽은 아끼고 절약하는 것이 몸에 밴 개미와 같은데 다른 한쪽은 베짱이다. "있을 때 잘 쓰고 즐기자"는 주의다. 그러면 얼마 있지 않아 다툰다. 실제로 얼마 전 보건사회 연구원이 조사한 자료를 보면 헤어지는 부부들의 이혼사유 중 가장 큰 이유가 돈이었다. 경제 불황에 돈이 점점 중요한 이슈로 등장하는 것이다. 둘째, 자녀에 대해 보이는 태도가 비슷해야 한다. 아이를 얼마나 낳을 것인지, 어떻게 양육할 것인지에 대해 태도가 비슷해야 한다. 셋째, 성에 관한 태도가 비슷해야 한다. 그렇지 않으면 이것 때문에 늘 갈등의 요소가 된다. 그다음에는 정치적, 사회적인 문제에 대한 태도가 비슷해야 한다. 이것은 세상을 바라보는 관점을 말한다. 다섯째, 여가활동에 대한 태도가 비슷해야 한다. 이런 여러 영역에서 비슷한 생각과 가치관이 있으면 행복하고 편안하며 좋은 관계를 유지하기 쉽다. 이처럼 공통점은 부부의 하나 됨에 이바지하는 바가 있다.

하지만 어느 부부든지 서로 다른 것들도 많이 있음을 경험한다. 중요한 것은 다른 부분을 갖고 다투기보다 이 다름을 뛰어넘게 해주는 힘을 붙들어야 한다. 이것이 바로 언약이다. 언약을 중심으로 두 사람이 하나 됨을 이루며 앞으로 나아가야 한다. 우리는 더 나아가 연합에서 한 몸 됨으로 나아가야 한다. 이때 생각해야 할 중요한 부분이 있다. 그것은 바로 우정이다.

우정을 많이 강조하는 성경이 잠언이다. 잠언에서 말하는 우정의 특징이 무엇인가? 한결같음, 변함없음이다. 잠언 17장 17절은 "친구는 사랑이 끊어지지 아니하고"라고 말씀한다. 끊어지지 않는 사랑, 변함없는 사랑, 바로 친구의 사랑, 즉 우정이다. 우정을 나누는 진지한 친구들은 서로를 세워주고 서로를 격려하며 지지하지만 때로는 드러내놓고 꾸짖을 줄도 안다. 때로는 철이 철을 날카롭게 하는 것처럼 건강한 의견충돌을 통해 더욱 슬기롭고 빛나게 만들어준다(잠 27:17 참조). 진정한 우정이 갖는 몇 가지 특징이 있다. 항상성과 투명성이다. 내 상태가 어떠하든지 늘 변함없이 마음을 열어 받아주고 실망하지 않고 또 서로에 대해 정직하다. 또 서로의 생각과 마음을 깊이 공감한다. 이런 특징으로 인해 예수님은 제자들에게 요한복음 15장 15절에 이제부터는 너희를 종이라 하지 않고 친구라 하겠다고 말씀하셨다. 즉 예수님이 우리의 좋은 친구가 되어주시겠다는 것이다. 이런 우정이 신약성경으로 가면 같은 부르심, 같은 비전과 열정을 공유하는 것으로 더해진다. 하나님은 우리에게 돕는 배필인 아내를, 남편을 이런 부르심 안에서 가장 멋진 친구로 주셨다.

잠언 2장 17절을 보면 음란한 여인, 성적 부도덕을 저지른 여자를 향해 이렇게 말씀한다. "그는 젊은 시절의 짝을 버리며 그의 하나님의 언약을 잊어버린 자라." 여기 보면 '짝'이라는 단어가 '알루프'인데 이 단어는 돕는 배필을 가리키는 '에제르'와는 다르게 '특별한 친구', 즉 '가장 좋은 벗', 요즘 우리말로 '절친'을 가리키는 말이다. 즉 배우자는 돕는 배필인 동시에 가장 친하고 가까운 벗, 친구라는 뜻이다. 부부는 서로 간에 좋은 친구로 생육하고 번성하라는 사명과 함께 그리스도 안에서 새로운 피조물로 그리스도의 형상을 이루어가는 '거룩함'으로의 사명을 받았다. 이 부르심 아래 부부는 가장 친한 친구로서 우정을 나누며, 마치 톨킨의 소설 「반지의 제왕」에 나오는 '반지 원정대'와 같이 한 소망을 향하여 믿음의 행진을 함께 가야 한다(요일 3:3 참조).

부부는 부르심 아래 거룩함을 향해 나아가는 한 팀이다. 세상풍조는 우리에게 결혼을 세상이 제공하는 이미지에 맞추어 생각하도록 한다. 대표적인 것이 로맨틱한 사랑의 파트너다. 그러나 로맨스가 사라지면 어떻게 되는가? 집사람이 된다. 그냥 집에 사는 사람이 되는 것이다. 세월이 지나면 신체적인 매력은 줄어들게 된다. 아무리 살을 빼고 피부마사지를 받아도 조금 늦출 수만 있을 뿐 멈출 수는 없다. 어떤 이에게 배우자는 내 재정적인 후원자나 사회적인 지위를 업그레이드시켜주는 사람에 불과하다. 그러나 이런 것들 역시 세월이 지나면 변한다.

부부는 서로가 한 몸 되어 그리스도의 형상을 이루기까지 함께 달려가야 하는 가장 가까운 파트너다. 가장 가까운 파트너이기에 아담은 하와를 향하여 "내 뼈 중의 뼈요 살 중의 살"이라고 고백했다. 자신의 강점과 약점을 모두 잘 아는 가장 가까운 동반자이다.

"아담과 그의 아내 두 사람이 벌거벗었으나 부끄러워하지 아니하니라"(25절).

두 사람이 벌거벗었다. 서로의 아름다운 모습, 부끄러운 모습 다 보인다. 그러나 부끄럽지 않다. 왜? 서로가 하나님이 주신 소명 아래 하나 되어 앞으로 나아가기 때문이다. 부부가 결혼생활에서 거룩한 우정을 기초로 하지 않으면 이 부끄러운 부분들은 갈등의 불씨가 되고 서로를 비난하는 소재가 된다. 그러나 참다운 우정에서 나오는 사랑은 서로의 허다한 허물을 덮어준다. 이럴 때 우리는 로맨스에 기초한 빠지는 사랑에서 우정에 기초한 베푸는 사랑으로 성장할 수 있다.

결혼은 두 사람이 벌거벗는 관계이기 때문에 본질에서 진실의 힘을 가지고 있다. 보여주고 싶지 않고 아무리 가리고 싶어도 내 안의 모든 것이 속속들이 드러나게 된다. 우리가 아무리 사랑하는 사람과 함께 있어도 우리에게는 죄성이 있다. 그래서 오래 살다 보면 이 죄성이 죄의 습관과 함께 그대로 드러난다. 아무리 멋진 배우자라고 해도 그 앞에 실망하고 힘들어한다. 이것을 내 힘으로 어떻게든 고치려 하다 보면 상대를 향한 비판으로 나온다. 비판하다 보면 상대방에 있는 죄성을 경멸하게 되고, 그러다 보면 배우자를 업신여기는 데까지 나아간다. 배우자는 상대의 깊은 속까지 속속들이 알고 있기에 그 누구보다도 폭넓고 예리하게 상대방을 비판할 수 있다. 그리고 이런 비판은 상대의 가슴을 찌르고 깊은 치명상을 남긴다.

가만히 생각해보라. 나의 비판으로 상대방이 변하는가? 변하지 않는다. 왜 그런가? 똑같은 죄성을 가진 나에게는 상대방을 변화시킬 힘이 없기 때문이다. 그 힘은 우리에게서 오지 않는다. 따라서 우리의 결혼에는 주님이 주인 되셔야 한다. 나와 배우자의 관계만이 들어서면 자칫 파괴적이기 쉽다. 서로에게 드러난 진실을 들추어 비난만 하다 보면 둘 다 감당할 수 없는 치명상을 입는다. 이것은 위로부터 오는 사랑이 있을 때 극복할 수 있다. 반대로 진실 없이 사랑만을 말하면 역설적으로 서로에게 불신의 벽을 쌓기 시작한다. 상대방에 대해 실망스러운 것에 대해 아예 입을 닫고 감정을 억누르면서 마음을 닫는 것이다. 이것이 쌓이면 서로 간에 냉랭해지기 시작한다. 그래서 진실과 사랑, 이 둘이 함께해야 한다.

우리는 단순한 연합에 머무는 게 아니라 한 몸을 이루는 데까지 나가야 한다. 한 몸을 이루는 것은 특별한 의미가 있다. 그것은 부부가 예수님의 몸을 이룬다는 의미다. 부부는 서로 부모와 세상의 영향력에 휘둘리지 않고 거룩한 우정을 발전시켜 한 몸을 이루어 머리이신 예수님께로 연결되어야 한다. 따라서 부부가 한 몸을 이룰 때 그 몸에는 반드시 머리되신 예수님이 계셔야 한다. 이럴 때 부부의 결혼 관계의 최종목표는 '거룩함' '그리스도의 형상을 닮는 것'이다. 우리는 결혼생활의 궁극적인 목적을 잘 검토해야 한다. 결혼생활의 목표는 거룩이다. 예수님을 닮으려고 애쓰다 보면 행복해진다. 그런데 행복만을 목표로 삼으면 행복이 달아난다. 서로가 죄성으로 물들어 저마다 행복에 대한 관념이 다 다르고 기대가 다르기 때문이다. 행복이라는 이름으로 주님을 뒷전으로 한다. 행복하기만 하다면 예배도 뒤로 한다. 그러나 거룩함을 목표로 할 때 우리는 서로 절제할 수 있고 부부 가운데 역사하시는 그리스도를 인정하고 그분에게 순종할 수 있다. 거룩을 향해 달려갈 때 그 가운데 세상이 알 수 없는 신비한 사랑과 은혜로 부어지는 행복을 맛보게 된다.

부부사랑을 교회사랑과 연결한 에베소서 5장 25~27절을 보자. "남편들아 아내 사랑하기를 그리스도께서 교회를 사랑하시고 그 교회를 위하여 자신을 주심 같이 하라. 이는 곧 물로 씻어 말씀으로 깨끗하게 하사 거룩하게 하시고 자기 앞에 영광스러운 교회로 세우사 티나 주름 잡힌 것이나 이런 것들이 없이 거룩하고 흠이 없게 하려 하심이라." 나는 부부관계 가운데 주님을 초대하고 있는가? 예수님이 우리 관계의 기초가 되시는가? 우리는 점점 거룩함을 이루며 한 몸을 이루어가고 있는가? 성도에게 결혼의 최종목표는 행복이 아니라 거룩함이다. 한 몸 됨은 도전이다. 이 도전 앞에 용기 있게 믿음으로 나아가자.

09

프레임을 뒤흔드는
유혹의 기술

¹그런데 뱀은 여호와 하나님이 지으신 들짐승 중에 가장 간교하니라. 뱀이 여자에게 물어 이르되 하나님이 참으로 너희에게 동산 모든 나무의 열매를 먹지 말라 하시더냐. ²여자가 뱀에게 말하되 동산 나무의 열매를 우리가 먹을 수 있으나 ³동산 중앙에 있는 나무의 열매는 하나님의 말씀에 너희는 먹지도 말고 만지지도 말라. 너희가 죽을까 하노라 하셨느니라. ⁴뱀이 여자에게 이르되 너희가 결코 죽지 아니하리라. ⁵너희가 그것을 먹는 날에는 너희 눈이 밝아져 하나님과 같이 되어 선악을 알 줄 하나님이 아심이니라.

프레임(Frame)이란 말을 들어봤는가? 이는 창문이나 액자의 테두리와 같이 전체의 뼈대를 이루어 지지하는 일종의 틀을 말한다. 본 단원의 제목에 나오는 '프레임'은 우리가 세상을 바라보는 틀, 또는 준거틀을 비유적으로 표현한 말이다(최인철, 「프레임: 나를 바꾸는 심리학의 지혜」(서울: 21세기북스, 2007)). 배가 고픈 상태로 길거리를 지나가 보라. 주변에 온통 음식점만 눈에 들어온다. 이는 우리가 '음식'이라는 프레임으로 길거리를 보았기 때문이다.

탁월한 MBA 프로그램으로 정평이 나 있는 와튼 스쿨(미국 펜실베이니아대학 경영대학원)에서 13년 연속 최고의 인기강사로 선정된 스튜어트 다이아몬드 교수가 있다. 그는 자신이 가르쳤던 비즈니스 협상과 설득 분야의 내용을 기반으로 「어떻게 원하는 것을 얻는가」(김태훈 역, 서울: 8.0, 2011)라는 책을 썼다. 여기서 그는 상대방을 설득하고 움직이는 강력한 방법들을 소개하고 있는데, 그 전체를 관통하는 핵심 주장이 있다. 바로 나의 프레임을 주장할 것이 아니라 상대방의 프레임을 정확하게 파악하라는 것이다. 그러면서 상대방을 설득하는 데 필요한 유용한 기법들을 소개하는데 이 기법들은 대부분 상대방이 가진 표준 프레임을 활용하는 것들이다.

한 대학생이 한 햄버거 가게에 가서 감자튀김을 샀다. 그런데 감자튀김이 눅눅한 게 튀긴 지 시간이 좀 지난 것 같았다. 그래서 새것으로 바꾸어 달라고 말했다. 점원은 5분 뒤면 문을 닫는다며 거절했다. 학생은 말없이 계산대 한쪽 끝에 있는 광고지를 들고 다시 점원 앞에 섰다. 유인물에는 언제나 신선한 제품을 제공한다는 광고문구가 쓰여 있었다. 이 학생이 말했다.

"이 가게가 이 광고지에서 말하는 햄버거 가게 맞죠?"

그러자 점원은 고개를 끄떡이며 그렇다고 말했다.

그러자 학생은 물었다.

"이 광고지에는 언제나 신선함을 보장한다고 적혀 있네요. 문 닫기 5분 전에는 신선함을 보장하지 않는다는 내용은 없는데요?"

어떻게 됐을까? 이 학생은 다시 갓 튀긴 뜨끈뜨끈하고 바삭바삭한 감자튀김을 먹을 수 있었다(앞의 책, 87-88쪽).

이 학생은 어떻게 감자튀김을 먹을 수 있었을까? 바로 그 햄버거 가게가 스스로 정하고 선포한 표준을 이용했다. 이 학생은 상대방이 가진 표준 프레임을 파악하고 이 프레임을 문제의 현장 가운데 끌어들여 직원이 현재 자신에게 일어난 상황을 바라보도록 재프레이밍(Reframing)을 한 것이다. 이처럼 상대가 가진 표준 프레임을 제시할 때 강력한 변화와 설득이 일어난다.

놀라운 것은 이 최신의 첨단 설득기법은 이미 사탄이 오래전에 인류를 무너뜨리기 위해서 사용했던 방법과 흡사하다는 점이다. 사탄이 인류 최초의 인간들을 유혹할 때 이들은 단순히 선악과가 맛있다거나 건강에 좋다고 유혹하지 않았다. 이들은 아담과 하와가 가진 표준프레임을 흔들며 다가갔다. 처음에는 이들이 가진 프레임을 물어보는 식으로 조심스럽게 상대가 경계하지 않도록 살살 접근한다. 그러다가 상대방의 프레임을 파악한 이후에는 프레임의 중요한 기둥을 흔들기 시작한다. 그러다 나중에는 급기야 아담과 하와의 프레임 자체를 송두리째 뒤엎어버린다.

자, 그러면 사탄이 어떤 과정을 통해 유혹하는지 살펴보자. 먼저

1절 말씀이다.

"그런데 뱀은 여호와 하나님이 지으신 들짐승 중에 가장 간교하니라. 뱀이 여자에게 물어 이르되 하나님이 참으로 너희에게 동산 모든 나무의 열매를 먹지 말라 하시더냐"(1절).

여기 뱀이 등장한다. 본문이 소개하는 뱀의 특징이 있다. 먼저는 여호와 하나님이 지으신 들짐승이다. 그리고 제일 간교했다. 놀라운 것은 이 뱀이 말을 했다는 사실이다. 도대체 이것이 어떻게 된 일인가? 이번 장의 본문은 그 이유를 자세히 설명하지 않는다. 인간 타락의 기원에 관해서는 설명해주어도 악의 기원은 있는 것으로 자연스럽게 전제하고 시작한다. 다만 뱀이 갑자기 말했다는 것은 아주 특별한 일로 받아들여야 한다. 뱀은 들짐승이니까 혀만 날름날름 내밀면서 다녀야 한다. 그런데 그 뱀이 갑자기 다가와서 "안녕?" 하고 인사한다. 그러면 뱀에게 무언가 일이 일어난 것이다. 이 뱀은 그냥 뱀이 아닌 특별한 뱀인 것이다. 이것을 보여주는 실마리가 에스겔 28장에 나온다. "네가 옛적에 하나님의 동산 에덴에 있어서"(13절). "너는 기름 부음을 받고 지키는 그룹임이여"(14절). "네가 지음을 받던 날로부터 네 모든 길에 완전하더니 마침내 네게서 불의가 드러났도다"(15절).

여기서 '그룹'은 영어로 '체루빔', 히브리어로는 '케루브', 곧 '천사'를 의미한다. 이렇게 볼 때 뱀은 그냥 뱀이 아니라 영적 존재의 영향에 전적으로 사로잡힌 특별한 뱀임을 알 수 있다. 원래 지음받던 날부터 모든 길에 온전했는데 마침내 불의가 드러났다. 그래서 하나님께서 이 천사를 하나님의 산에서 쫓아내신 것이다(16절).

이 뱀이 묻는다. "하나님이 참으로 너희에게 동산 모든 나무의 열매를 먹지 말라 하시더냐?"(1절). 아담과 하와가 그저 물끄러미 선악과를 바라보고 있었던 모양이다. 이런 그들에게 뱀은 겉으로 볼 때 순진하고 잘 모르는 것처럼 다가와 그들이 하나님께 받은 말씀을 질문한다. 앞서 언급한 것처럼 이 질문은 뱀이 아담과 하와의 표준프레임을 교묘하게 하나둘씩 바꿔치기하면서 흔드는 질문이다. 여기서 표준프레임이 무엇인가? 바로 하나님이 아담과 하와에게 주셨던 말씀이다.

"여호와 하나님이 그 사람에게 명하여 이르시되 동산 각종 나무의 열매는 네가 임의로 먹되 선악을 알게 하는 나무의 열매는 먹지 말라. 네가 먹는 날에는 반드시 죽으리라 하시니라"(2:16-17).

이 말씀에 나타나는 특징을 살펴보자. 첫째로 이 금지명령은 선악과를 바라보는 일종의 준거틀이다. 명령이 무엇인가? 무조건적인 순종이 따라야 한다. 여기에는 타협의 여지가 없다. 둘째, 명령의 대상에 해당하는 카테고리 문제이다. 하나님은 동산의 모든 열매를 먹도록 허용하셨다. 단지 선악을 알게 하는 나무의 열매만을 금하셨을 뿐이다. 이 선악을 알게 하는 열매는 먹는 게 아니라 소중히 지킬 것으로 주셨다. 셋째, 이 명령은 '여호와 하나님' 께서 하신 말씀이었다 (2:16 참조). 하나님의 개인적인 이름인 '여호와' 가 등장하는 것은 지금 말씀하시는 하나님이 인격적이고 따뜻하면서도 전능하고 강력한 하나님임을 보여주는 것이다. 넷째, 이 명령을 지키는 것에 대한 책임은 일차적으로 아담에게 있다. 왜냐하면 이 말씀을 직접 받은 이가 아담이었기 때문이다. 성경 순서대로 보면 하와가 창조되기 전에 아담(그 사람)에게 주신 명령이었고, 아담에게는 이 명령을 하와에게 전달해서 같이 지키도록 해야 할 의무가 있었다.

이런 표준프레임을 뱀은 어떻게 흔드는가?

첫째, 뱀은 하나님의 호칭에서 여호와를 빼버린다(1, 5, 8절과 대조). 인격적인 언약의 하나님, 구체적으로 관계를 맺으시는 하나님을 제거하는 것이다. 그러고는 그 하나님께 불만을 품게 하면서 동시에 하나님의 특별한 능력을 소유하라고 부추긴다. 하나님은 눈이 밝아 선악을 아시는 분이다. 하와와 아담도 그 능력을 소유할 수 있다고 부추기는 것이다(5절). 뱀의 깊은 의도는 사실 하와 내면에 잠재된 선악과에 대한 의심과 불만을 표출하고 부정적인 동기를 드러내도록 하는 것이었다.

둘째, 여기 보면 1절 끝에 "하시더냐"라고 말씀하고 있다. 여기서 '하시더냐'(히. 아마르)란 단어는 '말하다'는 뜻이다. 그런데 2장 16절에서 하나님이 주신 명령에는 '하시더냐'가 아니라 '명한다'(히. 짜바)는 단어이다. 사탄은 '명령'하신 말씀을 '말하신 사항' 정도로 슬쩍 바꾼 것이다. 절대적으로 지켜야 할 하나님의 명령을 지켜도 되고 안 지켜도 될 일상적인 말처럼 교묘하게 흐려버렸다.

셋째, 사탄은 과장법으로 하와의 감성을 자극한다. 하나님이 '참으로' '모든' 나무의 열매를 금하시더냐고 묻는다. 마치 사사건건 모든 것을 못 하게 가로막으시는 성미가 까다로운 하나님처럼 생각하게 만든다. 그러나 사탄의 이런 묘사는 현실을 삐딱하게 왜곡하는 것이다. 하나님은 분명 다른 것들은 임의로 먹으라고 하셨다(2:16). "임의로 먹으라"는 말은 "자유롭게 마음껏 먹으라"(freely eat-NRSV, free to eat-NIV)는 것이다. 제한 없이 자유롭게 먹으라는 의미다. 그런데도 뱀은 하나님이 인간에게 주신 자유는 언급하지 않고 허용하지 않고 지키라고 하신 것을 극도로 과장해서 마치 모든 게 안 되는 양 부정적인 프레임을 씌우려 한다.

넷째, 뱀은 이 명령을 받은 아담과의 대화는 슬쩍 피하고 이 명령을 남편을 통해 간접적으로 들은 하와에게 다가가서 말을 한다. 1절에 단수 '너' 대신 복수 '너희'라는 말을 슬쩍 끼워 넣는다. '너희'는 아담과 하와 모두를 포함하는 복수다. 하나님이 명령하신 2장 16절에는 분명 '너'가 단수, 즉 아담을 향해서 하는 명령으로 기록되어 있다. 그런데 슬쩍 '너' 대신 '너희'라고 하면서 아담을 교묘히 제치고 하와를 집중적으로 공략하는 것이다. 여기서 하와의 표준프레임은 조금씩 흔들린다.

"여자가 뱀에게 말하되 동산 나무의 열매를 우리가 먹을 수 있으나 동산 중앙에 있는 나무의 열매는 하나님의 말씀에 너희는 먹지도 말고 만지지도 말라. 너희가 죽을까 하노라 하셨느니라"(2-3절).

하와의 대답에 드러나는 흔들림을 키워드의 변화로 살펴보자. 먼저, 하와는 여호와 하나님을 뱀이 부른 호칭인 하나님으로만 부른다. 뱀의 용어를 따라 하기 시작한다. 이는 하와 마음에 있는 하나님에 대한 개념이 함께 흔들림을 보여준다. 둘째, "선악을 알게 하는 나무"를 "동산 중앙에 있는 나무"로 바꾸어 말한다. 하나님이 금지하신 것은 선악을 알게 하는 나무의 열매였는데 하와는 이런 나무의 명시적인 특성을 단순히 위치적인 특성으로 바꾸어 버린다. 나무의 중요성이 영적 의미에서 위치에 기반을 둔 형식적인 것으로 바뀌었다. 셋째, "먹지 말라"는 명령에 "만지지도 말라"는 명령을 자신이 덧붙인다. 넷째, 하나님께서 "반드시 죽으리라"고 하신 말씀에 "죽을까 하노라"는 표현을 덧붙여 의심과 회의를 반영한다. '죽을까 하노라'와 '반드시 죽으리라'는 하늘과 땅 차이다. 전자가 하나님의 말씀을 하나의 가능성과 확률로 본다면 후자는 '필연적인 분명한 결과'로 본다.

자, 이상으로 드러나는 변화들은 하와의 깊은 내면에 하나님에 대한 신뢰와 내면의 표준프레임이 흔들림을 보여준다. 이를 재빠르게 간파한 뱀은 이젠 돌직구를 던져 하와의 표준프레임을 뒤바꾸려한다. 4절을 보라.

"뱀이 여자에게 이르되 너희가 결코 죽지 아니하리라."

이 충격적인 주장에 이어 뱀은 하와의 가장 밑바닥에서 꿈틀거리는 불평과 의심을 증폭시켜 마침내 하나님의 명령을 별것 아닌 하나의 가능성으로 축소하고 만다. 그러고는 하나님에 대한 충격적인 거짓으로 뱀의 주장을 마음을 활짝 열고 받아들이게 만든다.

"너희가 그것을 먹는 날에는 너희 눈이 밝아져 하나님과 같이 되어 선악을 알 줄 하나님이 아심이니라"(5절).

이 말을 들은 하와는 솔깃했다. 더구나 이것 먹고도 결코 죽지 않는다는 말에 마음을 확 빼앗겼다. 사탄이 제안하는 말은 100% 새빨간 거짓말은 아니다. 그래서 더 솔깃하다. 그러나 남은 절반의 거짓은 감당할 수 없는 엄청난 후폭풍을 가져온다.

물론 뱀의 말처럼 선악과를 먹고 나니 정말 그 자리에서 "윽~!" 하는 신음 소리를 내고 당장 죽지는 않았다. 그러나 먹고 나니 그 결과는 상상 이상으로 끔찍했다. 먼저, 하나님과의 관계가 끊겼다. 이것은 영적 죽음이다. 또 동산으로부터 추방당했다. 결국에는 육신의 죽음도 찾아왔다. 또한 눈이 밝아졌다. 하지만 자신의 밝은 눈에 들어오는 부끄러움과 수치를 도저히 감당할 수 없었다. 5절의 '안다'는 히브리 동사 '야다'로 단순히 아는 것이 아니라 깊은 체험과 경험으로 아는 것을 말한다. 좋은 것은 체험하고 알면 좋겠지만 나쁜 것도 다 체험할 필요는 없다. 악은 체험하고 알 게 아니라 경계해야 할 것이다. 마약이 나쁘다고 직접 체험하겠는가? 설사 체험한다고 해도 그 체험적 지식은 그 사람을 절대 마약으로부터 지켜줄 수 없다. 오히려 이 체험적 지식으로 인해 자꾸만 유혹받는다. 자신이 그 유혹을 감당하기에 너무나도 연약하기 때문이다. 기억하라. 선악을 아는 지식을 우리가 다 소유할 필요는 없다. 선에 대한 지식만으로도 충분하다.

우리는 날마다 삶 가운데 선악과를 경험한다. 뱀이 제시하는 달콤한 제안이 우리 앞에 있다. 절반의 진실만을 그럴듯하게 포장하여 제시하면서 우리가 가진 신앙의 프레임을 흔들려 한다. 뱀은 온갖 성공과 대박을 보장하고 짜릿한 쾌락을 약속하며 와서 이것을 맛보고 소유하라고 한다. 이때 이것이 무엇인지 직접 경험할 필요는 없다. 오히려 우리는 이러한 유혹으로부터 자신을 지킬 수 있어야 한다.

하나님은 이스라엘 백성들에게 선악과와 같이 선악의 기준을 제시하는 율법을 주셨다. 이 율법은 선악에 대한 기준만이 아니라 넘어가지 말아야 할 경계선의 역할을 했다. 생각해보라. 하나님이 금하신 우상숭배를 두고, 이것이 무엇일까 궁금해서 우상숭배를 경험해야 할까? 살인이 궁금하다고 살인해야 할까? 간음이 궁금하다고 간음해야 할까? 이것은 지켜내야 할 것이지 궁금하다고 넘어가고 소유해야 할 영역이 결코 아니다.

우리가 삶의 경계를 지켜내려 할 때 창세기에 흐르는 성전언어 코드를 깊이 고려해야 한다. 하나님은 아담에게 에덴동산을 경작하며 지키도록 하셨다(2:15). '경작하(아바드)며 지키다(샤마르)'라는 단어는 구약에서 주로 '섬기고' '보존하고 지키다'는 단어로 번역되어 사용된다. 특히 '아바드'와 '샤마르'가 같이 나오면 성전과 관련되어 하나님을 섬기고 그분의 말씀을 보존하고 지키는 의미로 사용된다(민 18:7 참조).

창세기 3장 8절에 보면 동산을 거니시는 하나님의 모습이 나오는데 이는 종종 성경에서 하나님께서 성막에 임재하실 때를 나타내는 표현이다. 이렇게 볼 때 아담과 하와는 인류 최초의 제사장이었고, 에덴동산은 하나님의 성전이었다. 에덴이 동쪽에 위치한 것과 성전의 입구가 동쪽으로 나 있는 것, 그리고 마지막 날에 성전으로 들어가는 방향이 동쪽인 것이 모두 일치한다(겔 40:6). 또 에덴동산에서 나오는 보석들(2:10-14)은 성전과 제사장 옷에 장식하는 보석들과 같고, 물의 근원이 이곳에서 흐른다는 것은 이곳이 하나님의 원초적인 형태의 성전임을 암시한다(겔 47:1-12, 요 7:37-38). 동산 한가운데 위치한 선악과와 생명나무는 지성소에 놓인 언약궤와 같은 역할을 한다. 하나님은 아담에게 이 선악과와 생명나무를 지켜나갈 제사장의 사명을 주신 것이다. 마찬가지로 하나님은 제사장과 레위인들에게 율법을 가르치고 지켜나가도록 하신다. 그러나 이스라엘 백성들은 아담과 하와처럼 율법을 지키지 못하고 율법이 금한 우상숭배의 경계를 수시로 침범하여 우상을 소유했다가 망하고 만다. 지켜야 할 것은 우직하게 지켜야 하는데 온갖 합리적인 이유와 불편함과 달콤한 보상과 유혹으로 표준프레임을 넘어갔기 때문이다.

하버드대학교 교육대학원 교수로 활동하는 조세핀 김이 전에 한국인 크리스천 엄마들을 대상으로 가상의 상황을 가정해서 설문조사를 한 적이 있다(조세핀 김, "[조세핀 김 칼럼] 두 얼굴의 엄마"(《국민일보》, 2014. 8. 23.)). "자녀가 수능을 보는데 토요일 오전 11시, 주일 오전 11시, 둘 중 한 번 볼 수 있다. 단 주일에 시험 보는 학생들은 토요일에 시험 보는 학생들보다 추가점수 50점을 더 준다. 50점을 손해를 보더라도 거룩한 주일을 지키도록 토요일에 시험볼 것을 권할 것인가, 주일 예배를 빠져서라도 50점을 꼭 챙기라고 권할 것인가? 크리스천 학부모로서 당신의 선택은 무엇인가?"

결과는 대다수가 토요일이 아닌 주일을 선택한 것으로 나왔다. 주일을 지키는 것보다 추가점수 50점을 선택한 것이다. 이유를 물어보자 대부분 "너무나 당연한 선택이다"라고 대답했다. 그러면서 다음과 같이 말했다. "우리의 삶은 매일이 예배입니다. 그중에 주일 한 번은 건너뛰어도 괜찮습니다." "하나님도 우리 상황과 심정을 이해하실 것입니다. 도움이 된다면 모든 기회를 다 활용해야죠." 이분이 충격을 받았다. 너무나 망설임 없이 신앙의 프레임을 버리고 세상의 프레임과 논리를 동원했기 때문이다.

내 삶 가운데 정말 지켜야 할 것은 무엇인가? 세상 프레임의 타협 유혹이 우리에게 다가올 때는 언제인가? 아름답고 소중한 것을 잘 지켜내는 성도로 우뚝 서자.

왜곡된 프레임이 가져오는
예상 밖의 결과

⁶여자가 그 나무를 본즉 먹음직도 하고 보암직도 하고 지혜롭게 할 만큼 탐스럽기도 한 나무인지라. 여자가 그 열매를 따먹고 자기와 함께 있는 남편에게도 주매 그도 먹은지라. ⁷이에 그들의 눈이 밝아져 자기들이 벗은 줄을 알고 무화과나무 잎을 엮어 치마로 삼았더라. ⁸ 그들이 그날 바람이 불 때 동산에 거니시는 여호와 하나님의 소리를 듣고 아담과 그의 아내가 여호와 하나님의 낯을 피하여 동산 나무 사이에 숨은지라. ⁹여호와 하나님이 아담을 부르시며 그에게 이르시되 네가 어디 있느냐. ¹⁰이르되 내가 동산에서 하나님의 소리를 듣고 내가 벗었으므로 두려워하여 숨었나이다. ¹¹이르시되 누가 너의 벗었음을 네게 알렸느냐. 내가 네게 먹지 말라 명한 그 나무 열매를 네가 먹

었느냐. ¹²아담이 이르되 하나님이 주셔서 나와 함께 있게 하신 여자 그가 그 나무 열매를 내게 주므로 내가 먹었나이다. ¹³여호와 하나님 이 여자에게 이르시되 네가 어찌하여 이렇게 하였느냐. 여자가 이르 되 뱀이 나를 꾀므로 내가 먹었나이다.

〈죽은 시인의 사회〉〈패치 아담스〉〈미세스 다웃파이어〉〈굿윌헌팅〉과 같은 주옥같은 영화 작품으로 많은 이들에게 위로와 희망, 웃음과 용기를 선사한 로빈 윌리엄스는 갑작스럽게 생을 마감했다. 경찰 조사결과 윌리엄스의 사인(死因)은 자살로 드러났다. 주변의 증언에 따르면 윌리엄스는 생전에 심한 우울증을 앓고 있었다. 우울증이 시작되면 그 사람은 의욕이 없어지고 정상적인 일상생활을 할 수 없게 되는데 이럴 때 자신을 끊임없이 채찍질하며 죄책감에 시달리며 불면증을 겪는다. 이런 우울증은 주로 완벽주의적인 성향을 지닌 사람들에게 많이 나타난다고 한다.

요즘 우리 사회에도 '마음병'이 점점 심해지고 있다. 전에 한 법조계의 인사가 일면식도 없는 젊은 여성들을 따라다니며 바바리맨처럼 성추문을 하다가 발각되었다. 전문가들의 진단에 따르면 이런 현상은 목표의식이 없거나 사회적으로 낙오된 사람들에게 나타나는 현상이 아니다. 오히려 이런 현상은 고도의 목표의식을 가지고, 추진력 있게 목표를 성취한 사람들에게 나타나는 현상이다. 온갖 역경과 어려움 가운데서도 힘든 목표를 거의 완벽하게 성취하고 나면 그 이후에 목표가 사라진다. 그러면 공허감이 몰려오면서 극단적인 심리적

퇴행을 겪게 되는데 이때 가장 본능적인 성충동을 비뚤어진 방식으로 표출하는 것이다.

많은 이들의 사랑을 받았던 한 아이돌 가수는 TV에 출연해서 자신이 폭식증을 앓았다고 고백해서 화제가 된 적 있다. 마음이 공허해지는데 이것을 음식물을 통해 채우려고 했다. 폭식하고 다시 토하거나 설사약을 써서 섭취한 음식을 제거하는 일을 반복했다고 한다. 이런 증상을 경험하는 사람들의 특징을 보면 대체로 머리가 좋고 자신을 완벽하게 통제하려는 성향이 강하다는 것이다. 통제하면 행복하고 자신의 삶이 온전히 만족스러울 줄 알았다. 그런데 이렇게 통제하고 나니 내면으로부터 예상 밖의 아픔과 고통을 경험하였다. 억눌렸던 무의식이 반발하면서 극단적인 퇴행현상을 마음과 몸에서 일으키는데, 이런 또 다른 자신의 모습 앞에 당황하며 고통을 겪는 것이다.

우리나라를 스트레스 공화국이라고 한다. 이는 우리 사회가 자기 뜻대로 통제하려는 열망이 강하지만 현실에서는 생각 밖으로 잘 통제가 되지 않는 사회임을 나타낸다. 열심히 달려가서 온갖 고생 끝에 목표를 성취해보지만, 이루고 나면 이게 다가 아님을 깨달으면서 마음고생을 한다(이러한 현대인의 마음병리현상에 대해서는 윤대현, 「윤대현의 마음성공」(서울: 민음사, 2014) 참고하라).

그렇다면 이런 우리의 마음을 어떻게 해야 할까? 먼저, 우리가 마음에 가진 프레임이 정상적인 프레임이 아님을 인정해야 한다. 죄로 인해 왜곡된 프레임이다. 왜곡된 프레임으로 인생을 보고 세상을 보니 인생이 뒤틀리고 세상이 뒤틀리게 보이는 것이다. 왜곡된 이 내면의 프레임을 새롭게 고치지 않으면 진정한 행복과 진정한 의미를 찾기란 결코 쉽지 않다. 바라보는 안경 자체가 캄캄하고 어두운데 어떻게 밝은 인생과 세상을 볼 수 있겠는가? 둘째, 인생에 대해, 세상에 대해, 세상에서의 성공에 대해 바라보는 내면의 프레임을 새롭게 해야 한다.

본문에는 뱀의 유혹으로 뒤틀어진 프레임이 어떤 특징을 가졌는지 잘 보여주고 있다.

"여자가 그 나무를 본즉 먹음직도 하고 보암직도 하고 지혜롭게 할 만큼 탐스럽기도 한 나무인지라. 여자가 그 열매를 따먹고 자기와 함께 있는 남편에게도 주매 그도 먹은지라"(6절).

여기 사탄이 왜곡시킨 프레임의 특징이 나온다. 먼저 먹음직하고, 보암직하고, 그다음에는 지혜롭게 할 만큼 탐스럽다. 그렇다면 먹음직하다는 뜻은 무엇인가? 기본적으로 육체의 필요를 채우려는 욕망이다. 내가 하나님이 금지하신 저 열매를 따먹음으로 내 필요를 채우고 싶은 욕심이다. 허기짐을 채우고 육체의 곤고함을 채우며 성적 충동을 채우고 싶은 욕심이다. 또한 이는 보암직한 마음을 일으킨다. 멋지게 보이고 싶은 욕구, 보기에 멋진 사람으로 인정받고 싶은 욕구, 내 눈을 충족시키고 싶은 욕구들이다. 또 지혜롭게 할 만큼 탐스러운 마음을 일으킨다. 이것만 가지면 하나님을 뛰어넘는 지혜를 가질 수 있고 세상의 모든 욕망을 채울 수 있을 것 같고 이루고 싶은 성공을 이룰 수 있을 것 같다. 사탄이 제공하는 프레임은 이처럼 우리 안에 하나님을 떠난 만족을 추구하게 한다.

고린도후서 11장 3절은 이런 프레임의 특징을 이렇게 설명한다. "뱀이 그 간계로 하와를 미혹한 것 같이 너희 마음이 그리스도를 향하는 진실함과 깨끗함에서 떠나 부패할까 두려워하노라." 이 말씀에 따르면 세상이 제공하는 프레임의 본질적인 특징은 그리스도를 향하는 진실함과 깨끗함에서 떠나 부패하게 하는 것이다. 이것을 요한일서 2장 15~16절은 다음과 같이 말씀한다. "이 세상이나 세상에 있는 것들을 사랑하지 말라. 누구든지 세상을 사랑하면 아버지의 사랑이 그 안에 있지 아니하니 이는 세상에 있는 모든 것이 육신의 정욕과 안목의 정욕과 이생의 자랑이니 다 아버지께로부터 온 것이 아니요. 세상으로부터 온 것이라."

여기 보면 세상의 공중권세 잡은 자인 사탄이 주는 프레임의 특징이 있다. 육신의 정욕, 안목의 정욕, 이생의 자랑을 준다. 이는 선악과의 특징을 그대로 반영한다. 육신의 정욕은 우리 속에 '먹음직스럽다'는 욕망을 일으키고, 안목의 정욕은 '보암직하다'는 욕망을, 이생의 자랑은 '지혜롭게 할 만큼 탐스러운 정욕'을 일으킨다. 야고보서 3장 15절은 이런 프레임의 특징을 세상적이고 정욕적이며 악마적이라고 규정한다.

이러한 프레임에 순종하여 그런 열매를 먹을 때 나타나는 특징이 있다. 눈이 밝아진다.

"이에 그들의 눈이 밝아져 자기들이 벗은 줄을 알고 무화과나무 잎을 엮어 치마로 삼았더라"(7절).

'눈이 밝아졌다'는 것은 하나님이 금지하신 악에 대한 경험적인 생생한 지식을 얻었다는 의미다. 이전에는 그런 것이 보이지 않았는데 이제는 상대방과 나 자신에게서 견딜 수 없는 더러움과 부끄러움과 추함이 보이기 시작한다. 그래서 결국 어떻게 하는가? 서로 부끄러운 모습을 가리기 시작한다. 하나님과 같이 만들어줄 것처럼 기대하게 했던 생생한 악의 지식은, 결국 우리로 자신을 감추고 숨게 만든다. 우리에게 부끄러움이 찾아올 때 느끼는 대표적인 감정이 무엇인가? 바로 열등감이다.

열등감이란 자신을 다른 사람과 비교하여 비정상적으로 낮게 평가하는 감정이다. 이런 사람에게는 눈이 몇 개는 더 달렸다. 자기를 바라보는 눈 외에도 다른 사람과 비교하는 눈이 더 붙어 있다. 옆으로 비교하고 위로 비교하고 아래로 비교하고 뒤로 비교한다. 다른 사람들에겐 없는 수많은 눈을 동원해서 여기저기 재며 비교한다. 그러면서 자꾸 자신을 부끄럽게 여긴다. 눈이 밝아질수록 더 부끄러워진다.

열등감을 느끼는 사람들의 특징이 있다. 다른 사람보다 유난히 밝은 눈을 갖고 있다는 점이다. 다른 사람들은 못 보고 지나치는 것까지를 자세히 본다. 예를 들어 큰 얼굴을 가진 것에 대해 열등감 있는 사람이 있다고 치자. 이런 사람은 사진 찍을 때 되면 자꾸 뒤로 간다. 그리고 가능한 한 멀리 선다. 왜? 얼굴이 크게 나오는 게 싫기 때문이다. 다른 사람이 볼 때는 괜찮은데, 오히려 앞에 서면 얼굴이 크게 나와 더 선명하게 보이고 좋은데 사진에서 얼굴은 무조건 작게 나와야 한다고 생각한다. 여럿이 찍은 사진을 보면 전체 분위기나 표정들을 봐야 하는데 이 사람은 꼭 자기 얼굴 크기만 본다. '어? 내 얼굴이 이 사람 얼굴보다 크네, 작네, 중간이네….' 무조건 얼굴 크기로만 본다. 그래서 다른 사람 표정이 아무리 좋고 잘 나와도 자기 얼굴이 조금만 크게 나오면 가차 없이 삭제해버린다. 그리고 부모님을 향해 "왜 나를 이렇게 낳았느냐"고 원망한다.

이런 식으로 부끄러움이 자꾸 더해 가면 이것이 나중에 '열등의식'으로 발전한다. 부끄러운 느낌을 한두 번 경험하면 감정이 되는데 이것이 계속해서 발전하여 의식으로 자리 잡는다. 열등감이 열등의식으로 자리 잡으면 그 사람의 일상을 완전히 장악해버린다. 열등의식을 가진 사람에게는 두려움이 있다. 이런 두려움이 있는 사람은 자신의 선택에 대해 스스로 책임지기를 싫어한다. 그리고 그 자리를 회피한다.

본문을 보면 아담의 밝아진 눈이 하나님을 향해서 부정적으로 작용하는 것을 볼 수 있다.

"그들이 그날 바람이 불 때 동산에 거니시는 여호와 하나님의 소리를 듣고 아담과 그의 아내가 여호와 하나님의 낯을 피하여 동산 나무 사이에 숨은지라"(8절).

에덴동산에 해가 뉘엿뉘엿 기울어갈 때 서늘한 저녁 산들바람이 불고 이때 하나님께서 동산을 거니셨다. 하나님께서 '동산을 거니셨다'는 것은 매우 심오한 의미가 있다. '걷다'(히. 하라크, walk)라는 동사 뒤에 종종 '하나님'이 오면 '하나님과 동행했다'(walk with God)는 의미가 있다. 하나님이 동산을 거니셨다는 것은 온 우주를 다스리시는 하나님께서 하나님의 시선이 머무는 성소인 에덴동산에 친히 임재하셨다는 것을 의미한다. 마치 광야의 성막에 구름으로 임재하셨던 것같이, 즉 에덴동산 가운데 하나님의 임재가 있었음을 묘사하는 단어다. 하나님이 오신 것은 사람과 인격적인 교제를 나누기 원하셨기 때문이다. 그런데 아담의 눈이 밝아지자 스스로 두려움과 열등감과 부끄러움으로 사람을 찾아오신 하나님을 피해 도망갔다. 왜곡된 프레임이 아담을 육체의 정욕과 안목의 정욕과 이생의 자랑으로 추구하게 하더니 결국은 하나님을 피해 숨게 하고야 말았다. 뱀의 말대로 눈이 밝아졌지만 밝아진 눈은 하나님을 더 자세히 보게 하지 못했다. 오히려 정반대로 하나님이 두려워져서 감히 그 얼굴을 똑바로 볼 수 없었다.

하나님이 "아담아, 아담아 네가 어디 있느냐?"(9절 참조)고 부르며 찾으신다. 그러자 아담이 뭐라고 대답하는가?

"이르되 내가 동산에서 하나님의 소리를 듣고 내가 벗었으므로 두려워하여 숨었나이다"(10절).

그동안 하나님이 찾아오시면 전심으로 기뻐하며 예배하던 아담이 갑자기 부끄러워한다. 자녀들도 보면 그럴 때가 있다. 늘 엄마 아빠를 당당하게 바라보고 웃음 짓던 아이가 어느 순간 엄마 아빠의 얼굴을 피한다. "얘야, 얘야, 네가 어디 있느냐?" 그러면 말한다. "제가 부끄러워 숨었나이다." 왜? 알고 보니 엄마의 지갑을 열어 용돈을 훔쳤다. 그 분야에 눈이 밝아졌기 때문이다.

하나님이 물으신다.

"이르시되 누가 너의 벗었음을 네게 알렸느냐. 내가 네게 먹지 말
라 명한 그 나무 열매를 네가 먹었느냐"(11절).

여기서 하나님의 책망은 크게 두 가지다. 첫째, 누가 너의 벗었
음, 즉 부끄러움을 알렸느냐는 말은 누가 너의 프레임을 왜곡시켰느
냐는 뜻이다. 어쩌다 아담의 프레임이 이렇게 왜곡되었느냐는 문제
제기다. 둘째, 왜 하나님께서 명하여 지키라고 하신 것을 불순종했느
냐는 것이다. 이 말씀은 왜곡된 프레임과 죄의 상관관계를 보여준다.
왜곡된 프레임을 갖고 나아가면 너무나도 쉽게 하나님께 불순종하며
살기 쉬워진다. 이것은 오늘날도 마찬가지다. 세상에서의 성공 프레
임과 기준을 갖고 살다 보면 너무나도 쉽게 하나님의 뜻을 타협하고
내 마음대로 살기 쉽다. 그렇게 불순종하고 죄에 빠지면 "하나님, 죄
송합니다. 회개합니다." 이렇게 하는 사람들이 많지 않다. 대부분 핑
계를 댄다. "하나님, 저 사람 때문에, 저 인간 때문에, 회사 때문
에…" 여러 핑계가 생기고 주변 사람들에게 책임을 전가한다.
　태초의 인간이었던 아담과 하와도 그랬다. 왜곡된 프레임으로 죄
를 범한 아담과 하와는 하나님의 심문 앞에 서로 핑계 대고 책임 전
가하기에 바빴다. 하나님이 아담을 추궁하자 아담이 뭐라고 하는가?
하나님이 주신 저 여자 때문이라고 한다(12절). 그러자 하와는 뭐라
고 하는가? "하나님, 저 뱀! 뱀 때문이에요"(13절 참조). 죄는 책임 전
가의 명수다. 절대 자기 잘못이라고 인정하지 않는다.

결국 이 왜곡된 프레임으로 하나님을 불순종하며 살다 보면 회개하기도 쉽지 않다. 늘 핑계 대고 도망 다니기에 바빠진다. 그렇다면 우리는 이 왜곡된 프레임을 어떻게 해야 할 것인가? 감사한 것은 이 왜곡된 프레임의 문제를 예수님이 해결하셨다는 것이다.

예수님은 공생애를 시작하기 전, 먼저 사탄에게 이끌려 광야에서 시험을 받으셨다. 광야에서 사탄이 예수님을 시험한 것들이 무엇인가? 바로 이 왜곡된 프레임, 지난 수천 년간 인류를 죄악 가운데 빠져 헤매게 만든 사탄의 프레임으로 예수님을 가두어 두려는 것이었다.

마태복음 4장 1절에 보면 사탄이 아담을 죄 가운데 빠뜨렸던 동일한 유혹 프레임을 갖고 예수님께 나아간다. 사탄이 예수님을 처음 시험한 내용이 무엇인가? "만일 하나님의 아들이어든 명하여 이 돌들로 떡덩이가 되게 하라"(3절)는 것이다.

사탄은 예수님께 육체의 정욕이라는 프레임을 씌워 유혹하려 한다. 그러나 예수님은 기록된 하나님의 말씀으로 물리치신다(4절). "사람이 떡으로만 살 것이 아니요 하나님의 입으로부터 나오는 모든 말씀으로 살 것"이라고 하시며 유혹의 프레임을 부서뜨렸다. 우리에게는 이 기록된 말씀이 얼마나 중요한지 모른다. 사람은 육체의 정욕을 만족시키며 사는 존재가 아니라 말씀으로 자신을 채우며 사는 존재라는 뜻이다. 이 말씀은 오늘날 우리가 지켜야 할 선악과와 같은 역할을 한다.

둘째, 성전 꼭대기에서 뛰어내리라고 한다. 보암직하게 뛰어내려 보라는 것이다. 그러면 모든 이들이 인정해줄 것이다. 높은 곳에서 뛰어내리면 많은 사람이 감탄할 것이다. 하나님의 아들이니 천사들이 지켜줄 것이라고도 유혹한다. 그러자 예수님은 또다시 기록된 하나님의 말씀으로 나아가신다. "기록되었으되 주 너의 하나님을 시험하지 말라"(7절).

셋째, 천하만국과 영광을 보여주며 자신에게 엎드려 경배하라고 한다(9절). 그러면 이 모든 것을 주겠다고 한다. 예수님은 십자가를 지고 세상을 구원하기 위해서 이 땅에 오셨다. 그런데 십자가 고난 없이 이 세상을 다 얻는다면 얼마나 손쉬운 성취인가? 지혜롭게 할 만큼 탐스러운 제안 아닌가? 그러나 예수님은 "기록되었으되 주 너의 하나님께 경배하고 다만 그를 섬기라"(10절)고 말씀하며 물리치신다.

결국 예수님은 에덴동산에서 옛 아담이 무너졌던 유혹 프레임을 기록된 하나님의 말씀으로 이겨내셨다. 그리고 왜곡된 프레임을 회복한 새 아담이 되셨다. 왜곡된 프레임으로 밝아졌던 우리 눈을 다시 십자가 은혜의 프레임으로 바꾸셨다. 이 안에 있으면 우리의 옛사람은 지나가고 새로운 피조물로 변화된다(고후 5:17). 마음이 새롭게 변화를 받아 하나님의 선하시고 기뻐하시고 온전하신 뜻이 무엇인지 분별할 수 있게 된다(롬 12:2).

지금 내 주변에 나에게 끊임없이 다가오는 왜곡된 프레임은 무엇인가? 그런 가운데 흔들리지 않고 승리할 수 있는 길은 무엇인가? 이제는 왜곡된 프레임을 분별하고 벗어버려야 할 때다. 하나님의 말씀을 붙들고 담대하게 나아가라.

노역에서
소명으로

¹⁴여호와 하나님이 뱀에게 이르시되 네가 이렇게 하였으니 네가 모든 가축과 들의 모든 짐승보다 더욱 저주를 받아 배로 다니고 살아 있는 동안 흙을 먹을지니라. ¹⁵내가 너로 여자와 원수가 되게 하고 네 후손도 여자의 후손과 원수가 되게 하리니 여자의 후손은 네 머리를 상하게 할 것이요 너는 그의 발꿈치를 상하게 할 것이니라 하시고 ¹⁶또 여자에게 이르시되 내가 네게 임신하는 고통을 크게 더하리니 네가 수고하고 자식을 낳을 것이며 너는 남편을 원하고 남편은 너를 다스릴 것이니라 하시고 ¹⁷아담에게 이르시되 네가 네 아내의 말을 듣고 내가 네게 먹지 말라 한 나무의 열매를 먹었은즉 땅은 너로 말미암아 저주를 받고 너는 네 평생에 수고하여야 그 소산을 먹으리라. ¹⁸땅이

네게 가시덤불과 엉겅퀴를 낼 것이라. 네가 먹을 것은 밭의 채소인즉 [19]네가 흙으로 돌아갈 때까지 얼굴에 땀을 흘려야 먹을 것을 먹으리니 네가 그것에서 취함을 입었음이라. 너는 흙이니 흙으로 돌아갈 것이니라 하시니라. [20]아담이 그의 아내의 이름을 하와라 불렀으니 그는 모든 산 자의 어머니가 됨이더라. [21]여호와 하나님이 아담과 그의 아내를 위하여 가죽옷을 지어 입히시니라. [22]여호와 하나님이 이르시되 보라. 이 사람이 선악을 아는 일에 우리 중 하나같이 되었으니 그가 그의 손을 들어 생명나무 열매도 따먹고 영생할까 하노라 하시고 [23]여호와 하나님이 에덴동산에서 그를 내보내어 그의 근원이 된 땅을 갈게 하시니라. [24]이같이 하나님이 그 사람을 쫓아내시고 에덴동산 동쪽에 그룹들과 두루 도는 불 칼을 두어 생명나무의 길을 지키게 하시니라.

어느 범죄자가 경찰에 쫓기다가 죽었다. 그러자 한 천사가 그에게 다가와 어떤 소원이든 들어주겠다고 제안했다. 그 남자는 평생 죄를 많이 지었는데 천사를 만나고, 게다가 어떤 소원이든 들어주겠다고 하니 어안이 벙벙했다. 이상하다. 나는 원래 지옥 갈 사람인데 이렇게 천사를 만나다니, 게다가 소원까지 들어준다고 하니 '나는 특이하게 천국에 왔나 보다'라고 생각했다. 그래서 천사에게 자기 소원을 말하기 시작한다.

먼저 펑펑 쓸 수 있는 돈을 달라고 한다. 그러자 돈이 엄청나게 쏟아진다. 또 먹고 싶은 음식을 주문한다. 그러자 그런 음식들이 차려진다. 이번에는 아름다운 여인들을 원했다. 곧바로 절세미녀들이 나타난다. 이 남자는 너무 기분이 좋아서 사후의 삶이 이보다 더 좋을 수는 없다고 생각했다. 그런데 시간이 흐르면서 그동안 빠져들었던 쾌락은 점점 줄어든다. 노력하지 않아도 다 되는 삶이 점점 지루해진다. 재미가 없다.

그래서 이 남자는 천사에게 이젠 좀 일을 하게 해달라고 부탁한다. 저세상에 있을 때는 그렇게 일하기 싫어서 뺀들거리고 사고치고 다녔는데 자기가 생각해도 신통할 정도로 일을 하고 싶어지는 것이다. 그러자 천사는 말한다. "이곳에서 원하는 것은 무엇이든 얻을 수 있지만 일해서 얻을 수는 없습니다." 남자는 이 대답에 일을 포기한다. 그러나 아무것도 할 일이 없는 삶이 점점 지루하게 느껴진다. 그래서 마침내 천사에게 "그럼 차라리 다른 곳에 보내주세요"라고 말하기에 이른다. 천사가 들은 척 만척하자 더욱 소리를 높여 말한다. "차라리 지옥으로 보내주세요." 그러자 천사의 얼굴이 변하더니 사악하고 무시무시한 악마로 변했다. 악마는 낄낄 웃으며 말한다. "여기가 바로 거기다!" 그동안 자기는 천국이라고 생각했는데 천국이라고 착각한 그곳이 바로 지옥이었던 것이다(탈 벤-샤하르 저, 노혜숙 역, 「해피어」(서울: 위즈덤하우스, 2007), 53-54쪽).

우리 사회에 '일'이라고 하면 무거운 짐처럼 느끼는 경우가 참 많다. 사실 직장에서의 일이 만만치 않고 또 그 안에서의 관계도 만만치 않다. 그래서 어떤 이들은 빨리 삶의 기반을 마련해서 일하지 않아도 되는 경제적 자유를 누리는 것을 이상으로 삼기도 한다. 이들에게 일이란 할 수 있으면 벗어던지고 싶은 짐에 불과하다. 결코 만만치 않은 무거운 짐이다.

우리나라 근로자들의 노동시간은 OECD 가입국 전체 중 2위를 차지할 정도로 높다. 미국의 연간 근로시간이 1천 700여 시간인 것에 비해 우리나라 노동자들의 노동시간은 2천 90시간에 이른다(이와 관련한 통계는 다음 사이트를 참조하라. http://iit.kita.net). 일하다 과로로 사망하는 분들의 이야기도 주변에 심심치 않게 들린다. 그런데 이런 노동시간에 비해 노동생산성은 34개 나라 중 28위로 거의 최하위권에 머물렀다. 이는 우리나라에서 일이란 정말 열심을 갖고 신나게 하는 게 아니라 어쩔 수 없이 해야 하니까 억지로 하는 노동임을 암시한다. 흔히 "뼈 빠지게 일한다"고 하지 않는가? 그야말로 노예처럼 일한다. 일을 의미하는 히브리어의 '아보다'는 노예(히. 데베드)와 어원이 같다. 일에는 노예적인 속성이 포함되었음을 내포한다. 일 자체가 노역인 셈이다.

심리학자 에이미 브제스니에프스키의 연구에 따르면 많은 사람이 자신이 하는 일을 노역, 출세, 소명, 이 셋 중 하나로 생각한다(앞의 책, 176-179쪽). 노역이 무엇인가? 사전적으로는 매우 수고로운 노동, 매우 힘든 일을 수행하는 것을 말한다. 자기가 하는 일을 노역으로 생각하는 사람은 일을 통해 자아실현보다는 주로 경제적인 보상에 초점을 맞추고 다닌다. 직장을 지루하고 반복적인 일을 하기 싫어도 억지로 해야 하는 곳으로 인식한다. 왜? 그래야 돈을 주니까. 한 달에 한 번 월급 받는 것 말고는 직장에 별다른 기대가 없다.

두 번째로 자기 일을 출세로 생각하는 사람이다. 이런 사람은 돈과 성공, 힘과 지위 같은 외부 요인에 따라 움직인다.

셋째는 자신이 하는 일을 소명으로 생각하는 사람이다. 이런 사람에게는 일 자체가 의미이고 목적이다. 좋은 보수와 출세도 좋겠지만 그렇게 크게 신경 쓰지 않는다. 그것보다 중요한 것은 일 자체가 주는 의미와 보람이다. 보수에 상관없이 그가 일하는 궁극적인 이유는 스스로가 원하기 때문이다.

노역, 출세, 소명, 이 셋 중 나는 어디에 해당하는가? 많은 이들이 첫째나 둘째로 일을 받아들인다. 셋째의 경우는 정말 특별한 사람만이 가질 수 있다고 생각하는 이들이 많다. 분명한 것은 인생의 상당 시간을 차지하는 일은 좋든 싫든 간에 우리 인생의 중요한 부분이라는 사실이다. 일에서 얻는 만족과 보람은 삶의 다른 분야에서 느끼는 행복과 의미, 만족감, 자아상에 커다란 영향을 준다. 따라서 자기 일을 어떻게 정의하고 받아들이느냐가 참으로 중요하다.

그렇다면 일이 노역이나 출세를 위한 수단처럼 느껴지는 이유가 무엇일까? 이번 장의 본문은 그 원인이 무엇인지 분명하게 보여주고 있다. 함께 살펴보자.

"아담에게 이르시되 네가 네 아내의 말을 듣고 내가 네게 먹지 말라 한 나무의 열매를 먹었은즉 땅은 너로 말미암아 저주를 받고 너는 네 평생에 수고하여야 그 소산을 먹으리라"(17절).

하나님은 아담에게 하나님의 말씀에 불순종하여 그 땅이 아담으로 말미암아 저주를 받았다고 말씀하고 있다. 이스라엘 백성에게 땅은 결코 주인 없는 공간이 아니었다. 이들에게 땅이란 여호와 하나님이 함께하시는 자리이며 그분의 약속으로 가득한 자리였다. 그런데 범죄로 인해 그 자리에 더 이상 거룩하신 하나님의 임재와 은혜가 함께하지 못하게 되었다. 그러면서 땅에 죄가 찾아오고 죄의 영향으로 땅이 저주를 받게 되었다.

> "땅이 네게 가시덤불과 엉겅퀴를 낼 것이라. 네가 먹을 것은 밭의 채소인즉"(18절).

은혜와 풍성한 열매가 맺히던 땅이 저주를 받아 가시덤불과 엉겅퀴를 내기 시작한다. 땅에 다시 혼돈과 공허의 세력이 역사하기 시작한다. 그렇다면 이 땅은 영원히 열매를 맺지 못하게 되는 것일까? 아니다. 하지만 아담은 이 혼돈과 공허의 세력과 저항해서 싸워야 한다. 이전에는 자연스럽게 맺혔던 채소와 열매가 이제는 땀 흘리고 고생하며 싸워야 겨우 맛볼 수 있게 바뀐 것이다.

> "네가 흙으로 돌아갈 때까지 얼굴에 땀을 흘려야 먹을 것을 먹으리니"(19절).

흙으로 돌아갈 때까지 얼굴에 땀을 흘려야 한다. 그래야 땅 가운데 혼돈과 공허에 저항하는 세력을 이겨내고 채소를 일구어 먹을 수 있다. 아담의 범죄로 일 자체가 고된 일, 즉 노역으로 바뀌었다. 원래 일 자체는 타락 이전부터 주어졌었다. 2장 15절을 보라.

"여호와 하나님이 그 사람을 이끌어 에덴동산에 두어 그것을 경작
하며 지키게 하시고."

하나님은 에덴동산을 경작하고 지키는 일을 아담에게 주셨다. 경
작하고 지킨다는 것은 단순한 농사일만이 아니다. 이는 성전의 언어
코드다. 경작하고 지킨다는 것은 하나님께서 주신 성전과 같은 에덴
동산을 섬기고 보존하는 성전 제사장의 역할을 감당한다는 의미가
들어 있다. 이렇게 볼 때 아담이 처음 받았던 일은 에덴동산을 경작
하는 동시에 그곳을 죄의 영향으로부터 지키고 보호하는 제사장 역
할이었다.

여기에 일의 본질적인 의미가 드러난다. 아담이 처음 받은 일은
노역도 아니고 출세를 위한 일도 아니었다. 이것은 주님이 부르셔서
맡긴 소명이었다. 이 땅에서 경작하는 일을 하지만 동시에 이 일을
통해 하나님의 임재가 머물러 있도록 하는 천상의 직업이었다. 우리
가 살아가면서 하는 모든 일에는 이런 이중적인 차원이 들어 있다.
이 땅에서 경작하며 가꾸어야 하는 측면이 있는 동시에 이것을 통해
하나님 나라를 경험하고 확장하는 거룩한 차원이 있다.

그러나 인간의 범죄로 인하여 일 자체가 힘들고 고달파졌다. 어
떤 일이든지 처음부터 쉽게 잘되는 일이 없다. 거센 혼돈과 공허의
저항에 맞서 땀을 흘려야 한다. 그렇다고 일이 저주가 된 것은 아니
다. 더 힘들어졌을 뿐이지 여전히 우리가 하는 일에는 영광스러운 부
분이 들어 있다. 이것을 이해하는 데 중요한 개념이 바로 '몰입'이
다. 하버드대학의 칙센트미하이 교수로 인해 유명해진 개념인데 이

것은 쉽게 말하면 어떤 일에 완전히 빠져서 몇 시간이 한순간처럼 짧게 느껴지며 시간개념이 왜곡되는 현상을 경험하게 된다. 이때 몰입 대상과 일체감을 느끼며 극도의 행복감을 느낀다. (미하이 칙센트미하이 저, 최인수 역, 「몰입: flow」(서울: 한울림, 2004)). 이런 몰입을 경험하는 자리가 어디인가? 우리의 일터이다. 집에서는 이런 몰입을 경험하기가 쉽지 않다. 일터가 힘들기는 해도 이 저항들을 이겨내고 일에 집중할 때 일 자체가 주는 기쁨과 영광이 있다.

일본에서 경영의 천재라는 찬사를 듣는 '교세라' 기업의 이나모리 가즈오 회장이 있다. 이분은 자신이 쓴 책, 「왜 일하는가」(신정길 역, 서돌, 2010)에 자신의 첫 직장생활 경험을 자세히 기록하고 있다. 가즈오 회장은 사회 초년병 시절 쇼후 공업이라는 곳에 들어갔는데 기업이 부도 위기에 있고 월급은 밀리고 같이 입사했던 동기들은 6개월도 안 돼 다 퇴사하려고 했다. 이분도 퇴사하려고 했는데 우여곡절로 어쩔 수 없이 남아 있게 되었다. 이때 가즈오 회장은 마음을 고쳐먹었다. 이왕 이렇게 된 것 열심히 뛰어들어보자. 그래서 그때부터 자기에게 주어진 일에 완전히 몰입하기 시작했다. 그러면서 텔레비전 브라운관에 들어가는 절연물질을 미국 GE 다음으로 개발하는 쾌거를 거두었다. 이 일이 나중에 일본의 대표적인 세라믹 기업 '교세라'를 세우는 튼튼한 기초가 되었다. 가즈오 회장은 직장에서 지옥과 천국을 넘나드는 경험을 했다.

사실 무슨 일이든 그렇다. 그만두어야 할 이유가 수없이 많다. 그러나 동시에 계속해야 할 이유도 참 많다. 왜 그런가? 어떤 일이든지 일이 가진 힘들고 어려움이 있지만 동시에 그 안에는 일 자체의 기쁨과 영광도 있고 더 나아가 성도에게는 하나님의 나라와 영광을 위한 부르심이 숨겨져 있기 때문이다.

사람이 일해야 하는 중요한 이유가 있다. 우리가 믿는 하나님은 '일하시는 하나님'이기 때문이다. 예수님은 "내 아버지께서 이제까지 일하시니 나도 일한다"(요 5:17)고 하셨다. 하나님은 혼돈과 공허 가운데 온 세상을 질서와 의미로 만드시며 창조의 일을 하셨다. 그리고 아담에게도 하나님의 임재가 머무르는 에덴을 경작하고 지키도록 일을 주셨다. 이렇게 볼 때 우리가 일하는 것은 하나님 형상의 일부이다. 만약 우리가 하나님이 부르신 부르심에 부합하게 일할 수 있다면 우리는 일을 통해 큰 자유를 맛볼 수 있다. 물고기를 생각해보라. 물고기가 물을 떠나 자유를 얻을 수 있는가? 아니다. 물 안에 있을 때 자유롭다. 사람도 그렇다. 일을 떠나서 절대 자유롭지 못하다. 일을 떠나서는 우리는 의미 있는 인생을 찾을 수 없다. 일 안에서 자유를 경험하고 나의 나 됨을 확인한다. 의미 있는 인생에는 반드시 일이 따른다. 일은 곧 노역이라는 고정관념을 이제는 벗어버려야 한다.

물론 일이 힘들 때는 하루라도 빨리 때려치우고 싶은 생각이 든다. 그러나 일에는 하나님이 원래 의도하셨던 의미와 부르심은 여전히 담겨 있다. 그래서 우리는 힘들 때는 직장을 그만두고 싶은 생각을 잔뜩 하지만 또 아무 일을 하지 않으면 일하고 싶어 안달이 난다.

땅에 죄로 인한 저주가 임하고 인류가 죄를 범하면서 일하는 토양도 힘들어졌고 세상도 다른 영광을 추구하기 시작한다. 그래서 사회에 구조적인 죄가 자리 잡는다. 많은 사람에게 피해를 주면서도 기업의 이익은 탐욕스럽게 극대화된다. 또 소명을 발견할 수 있는 자리를 노역과 출세, 보상의 자리로만 격하시킨다. 일이 이런 식으로 격하되면서 우리는 정말 노예처럼 쉼 없이 달려가기만 한다. 쉬어야 하는데 쉬지를 못한다.

하나님은 천지창조를 마치시고 기력이 떨어지지 않으셨음에도 불구하고 하루를 쉬셨다. 그러면서 하나님이 일하신 결과들을 바라보시며 보시기에 좋았다고 하셨다. 무슨 뜻인가? 하나님의 형상을 가진 우리 또한 열심히 일하고 나서 정기적으로 모든 것을 멈추고 쉬어야 한다는 의미다. 하나님을 예배하며 하나님이 허락하신 노동의 결과들을 찬찬히 되돌아보며 감사하며 즐거워하는 시간을 가져야 한다. 이런 시간 없이 정신없이 달려가기만 하면 삶의 의미와 보람을 깊이 있게 체득할 수 없다. 이런 면에서 휴식이란 그저 일없이 놀기만 하는 시간이 아니다. 밤새도록 PC게임에 몰두하거나 고스톱만 치는 시간이 아니다. 이는 하나님의 주권을 인정하고 일에서 잠시 뒤로 물러나 일 가운데 주신 은혜와 열매들을 묵상하며 감사할 수 있는 태도이자 시간이다. 이렇게 하지 않으면 은혜가 메마른다. 그리고 자신이 노예처럼 느껴지기 시작한다.

하나님은 아담과 하와에게 이들의 범죄로 인하여 일의 고통, 출산의 고통을 더하시지만, 이 고통스러운 현장 가운데 은혜와 소망을 주신다.

첫째, 회복과 소망의 약속이다.

"내가 너로 여자와 원수가 되게 하고 네 후손도 여자의 후손과 원수가 되게 하리니 여자의 후손은 네 머리를 상하게 할 것이요. 너는 그의 발꿈치를 상하게 할 것이니라 하시고"(15절).

이것은 원시복음이라고 불리는 말씀으로 장차 여인의 후손으로 나실 그리스도께서 사탄의 머리, 중요한 세력을 부수고 상하게 할 것이라는 구속의 언약이다. 지금은 사탄의 미혹으로 죄의 영향 아래 살지만 언젠가 이것이 반전되는 날이 올 것이라는 소망의 복음인 것이다. 이는 아담과 하와의 불순종으로 깨어진 창조언약을 회복하기 위한 하나님의 구원 행동을 약속한 언약이며 아담의 순종 여부에 그 언약의 성취가 좌우되지 않는다. 이는 하나님 편에서 일방적인 은혜로 베푸시는 선물과 같은 언약, 은혜의 언약인 것이다.

둘째, 21절 말씀이다.

"여호와 하나님이 아담과 그의 아내를 위하여 가죽옷을 지어 입히시니라."

아담과 하와가 너무 부끄러워 온몸을 무화과나무로 가렸었는데, 이제 하나님께서 이들을 위해 가죽옷을 지어 입히셨다. 무화과나무 잎은 조금 있으면 입이 시들고 마르고 부서진다. 아무리 가리려 해도 자기 힘으로 죄의 결과를 감당할 수 없다. 가죽은 그래도 상당한 기간을 가릴 수 있다. 그런데 가죽은 어디서 왔을까? 이것은 분명 아담과 하와를 위해 어떤 동물이 피를 흘리며 희생했기에 가능한 일이다. 피의 희생제사가 있었다. 가죽옷을 가린다고 인류의 수치와 죄의 결과가 완전히 가려지는 것은 아니지만 임시방편으로는 꽤 내구성이 있는 수단이다. 이로써 아담과 하와는 최초의 범죄로 인해 감당할 수 없는 수치와 부끄러움을 어느 정도 감당할 수 있게 되었다. 이것은 이후 이어질 이스라엘 제사제도의 상징적인 첫 출발점이 된다.

셋째, 하나님은 아담과 하와를 생명나무 열매로부터 몰아내신다. 하나님이 말씀하신다.

"보라. 이 사람이 선악을 아는 일에 우리 중 하나 같이 되었으니 그가 그의 손을 들어 생명나무 열매도 따먹고 영생할까 하노라 하시고"(22절).

왜 생명나무 열매를 못 먹게 하셨을까? 놔두셨으면 영원히 살 수 있지 않을까? 하나님은 분명 아담의 순종 가능성을 염두에 두고 영생의 선물을 준비하셨던 것 같다. 하지만 아담의 불순종으로 영생의 가능성이 좌초되었다. 하나님처럼 선악을 알게 된 아담과 하와가 스스로 이 지식을 감당할 수 없어 부끄러워 온몸을 가리는 판국에 이 상태로 영원히 산다고 생각해보라. 축복인가, 저주인가? 저주다. 그 야말로 생지옥을 사는 게 된다. 선악을 아는 상태로 영원히 사는 것은 인간이 정말 감당할 수 없는 끔찍한 결과이다. 그래서 하나님은 아담과 하와가 감히 감당할 수 없는 것으로부터 아예 분리해 또 다른 끔찍한 결과를 맞을 가능성을 제거하신다.

이렇게 볼 때 하나님은 인간의 타락으로 고통과 저항이 올 것을 말씀하시지만 우리는 그 너머에 감추어져 있는, 일 자체에 숨겨진 기쁨과 보람이 있음을 기억해야 한다. 그럴 때 우리는 비로소 노역과 출세를 넘어 소명의 길로 들어설 수 있다.

　하나님께서 우리를 부르신 현장은 어디인가? 많은 경우 우리가 현장에서 처음 경험하는 것은 일 자체가 갖는 저항성이다. 힘들고 어렵고 고통스럽다. 그러나 그 안에는 반드시 하나님께서 감추어놓은 부르심이 있음을 기억해야 한다. 따라서 어떤 일이든지 그곳에서 부르심에 순종하는 마음으로 주님을 의지하며 최선을 다하여 감당할 때 하나님의 나라가 그곳에 임한다. 성령께서 주시는 소중한 은혜가 하나 있다. 그것은 해석의 능력이다. 일 자체를 노역으로 보는 게 아니라 소명으로 보게 하는 것이다. 우리는 일 자체에 대한 해석이 바뀌어야 한다. 지금 나에게 삶의 현장은 노역인가 소명인가? 나를 부르신 그분의 부르심 앞에 기쁨으로 순종하며 나아가자.

나는 당신을 시기합니다

¹아담이 그의 아내 하와와 동침하매 하와가 임신하여 가인을 낳고 이르되 내가 여호와로 말미암아 득남하였다 하니라. ²그가 또 가인의 아우 아벨을 낳았는데 아벨은 양 치는 자였고 가인은 농사하는 자였더라. ³세월이 지난 후에 가인은 땅의 소산으로 제물을 삼아 여호와께 드렸고 ⁴아벨은 자기도 양의 첫 새끼와 그 기름으로 드렸더니 여호와께서 아벨과 그의 제물은 받으셨으나 ⁵가인과 그의 제물은 받지 아니하신지라 가인이 몹시 분하여 안색이 변하니 ⁶여호와께서 가인에게 이르시되 네가 분하여 함은 어찌 됨이며 안색이 변함은 어찌 됨이냐. ⁷네가 선을 행하면 어찌 낯을 들지 못하겠느냐. 선을 행하지 아니하면 죄가 문에 엎드려 있느니라. 죄가 너를 원하나 너는 죄를 다

스릴지니라. [8]가인이 그의 아우 아벨에게 말하고 그들이 들에 있을
때에 가인이 그의 아우 아벨을 쳐죽이니라.

유대인의 탈무드에 나오는 이야기다. 두 친구가 길을 가다
가 왕을 만났다. 둘 중 한 명은 욕심이 많았고 다른 친구는 시기심이
많았다. 왕은 두 사람에게 제안했다.

"만약 너희 중에 한 명이 무엇인가를 구하면, 무엇이든지 구하는
그대로 주겠다. 단, 네 옆에 있는 사람에게는 요청한 것의 두 배를 주
겠다."

욕심 많은 친구와 시기심 많은 친구 이 둘은 고민에 빠졌다. 왕의
말을 듣고도 선뜻 말이 나오지 않았다. 시기심 많은 친구는 무엇보다
자기 친구가 자기보다 두 배로 상을 받는 것이 달갑지 않았다. 욕심
많은 친구도 마찬가지였다. 자신이 친구보다 더 많은 것을 갖고 싶었
기 때문이다. 그래서 서로 머뭇거리며 눈치를 보고 도무지 요청하려
고 하지 않았다. 한참을 기다리던 왕이 참다못해 말했다.

"요청할 것이 없으면 그냥 가도록 하겠노라."

그러자 다급하게 시기심 많은 친구가 입을 열었다.

"임금님, 저의 왼쪽 눈을 빼 주십시오."

이 친구에게는 자기 친구가 자기보다 많이 갖거나 더 좋은 것을
갖는 것을 보느니 차라리 자기 눈 하나가 빠지더라도 친구의 두 눈이
다 빠져 아예 앞을 보지 못하게 하는 게 낫다고 생각한 것이다.

우리가 평생을 살아가면서 누구나 반드시 경험하는 감정 중 하나

가 시기심이다. 우리 주변을 보면 다른 사람이 잘되는 것에 배 아파하는 사람들이 의외로 많다. 직장에서도 조금만 잘나가고 조금만 인정받으면 주변에서 부러운 시선을 넘어 시기하고 질투하는 일들이 흔하게 발생한다. 시기는 다양한 반응으로 나타난다. 훌륭한 결과를 아무것도 아닌 것으로 모함하고 깎아내리거나 그를 더 인정하기보다는 경쟁자로 여기고 죽을 듯 달려든다. 필요하면 조직적으로 따돌리고, 심지어 사장시키려는 정치적인 음모를 동원한다.

본문에는 인류 최초의 살인 범죄가 등장한다. 그것은 형 가인이 자기의 피붙이 동생인 아벨을 죽이는 짓이다. 그런데 죽인 이유가 무엇인가? 바로 시기심 때문이다. 이것은 매우 중요한 의미가 있다. 인류가 죄를 범하고 에덴에서 쫓겨난 후에 경험한 가장 원초적인 악이 시기심이라는 사실이다.

국어사전에서 제시하는 '시기'의 정의는 '다른 사람이 가진 무엇을 못마땅하게 여기며, 탐내거나 또는 잘되는 것을 싫어하여 그 사람과 그가 하는 일에 대해 나쁘게 말하며, 미워하고 빼앗고자 하는 마음'이다. 이 정의에 따르면 시기심이 일어나는 핵심적인 원인은 비교와 소유에 있다. 시기는 다른 사람과 그의 소유를 나의 것과 견주어 비교할 때 생긴다. 만약 상대방이 더 좋은 것을 가졌으면 속에서 부글부글 감정이 끓어오른다. 시기를 뜻하는 영어단어 중에 'envy'라는 단어가 있다. 이 'envy'는 'invidia'라는 라틴어에서 왔다. 이 말은 '속'(in)을 '보다'(vidia-video), 즉 '속을 자세히 들여다보다'라는 의미다. 'envy'라는 단어가 보여주는 것처럼 시기의 출발은 옆

사람의 소유를 자세히 들여다보는 것에서 시작한다.

구약성경 사무엘상 18장에 보면 다윗이 골리앗을 쓰러뜨리고 블레셋과의 전쟁에서 승리하고 입성하자, 백성들이 "사울이 죽인 자는 천천이요 다윗은 만만이로다"(7절)라고 노래하며 환호한다. 이 소리를 듣자, 사울의 얼굴색이 당장 변하고 시기와 미움에 사로잡힌다. 그리고 그날 후로 사울이 다윗을 주목하였다(삼상 18:9). 여기서 '주목하였다'는 말은 시기에 가득한 눈으로 자세히 비교해보기 시작했다는 뜻이다. 왜 그렇게 비교해서 보았을까? 사울은 자신이 가진 것으로 충분하지 않다고 느꼈기 때문이다. 자신감이 없으니 자꾸 주변의 다른 사람들은 무엇을 가졌나 주목해보는 것이다. 이것은 우리의 원죄적 본성과 깊은 관련이 있다.

전에는 하나님과 관계를 맺으며 은혜의 동산 안에서 모든 게 풍성하게 공급되었다. 서로를 부끄러워하지도 않았다. 오직 주님과의 인격적인 교제 안에서 주님이 주시는 풍성함을 누리며 살았다. 그런데 사람이 하나님을 떠나 죄를 범하면서 하나님께서 공급해주시던 은혜의 통로가 끊어져 버렸다. 죄를 짓는다는 것은 궁극적으로는 하나님을 떠나 내 힘으로, 나의 자원으로 살아가려는 시도이다. 그러다 보니 경험하는 것이 무엇인가? 부족함이다. 늘 부족하다. 여호와 하나님 안에서는 부족함이 없었지만(시 23:1 참조), 그분을 떠나자 부족함이 찾아왔다. 그러니 내게 부족한 것을 누가 갖고 있나 주변을 자세히 살펴보게 되고, 나보다 더 많은 것을 가진 사람들을 보면 그들을 부러워하고, 심지어는 빼앗고 강탈하면서 본격적인 죄악이 시작된다. 이런 면에서 시기심은 인간이 갖는 가장 원초적인 죄의 상태를 보여준다. 그래서 시기심은 권총의 방아쇠와 같이 다른 죄로 신속하게 빠져들도록 촉발하는 촉매역할을 한다.

본문에서 시기심은 어떻게 죄악을 유발시키는가? 본문은 아담의 두 아들의 직업을 소개한다. 아벨은 양치는 자였다. 형 가인은 농사 짓는 자, 즉 농부였다(2절). 이들은 자기 직업으로 열심히 사명을 감당했고 마침내 결실을 거두었다.

"세월이 지난 후에 가인은 땅의 소산으로 제물을 삼아 여호와께 드렸고"(3절).

자, 여기 보면 가인이 땅의 소산으로 제물을 삼아 여호와께 드렸다고 말씀하고 있다. 성경에는 정확한 기원은 나오지 않지만 아담과 아담의 후손들은 에덴동산에서 쫓겨난 후에 계속해서 정기적으로 하나님께 예배를 드렸던 모양이다. 이 의미가 "세월이 지난 후에"라는 말속에 함축되어 있다. 가인과 아벨은 각각의 직업에서 거둔 소출로 하나님께 예배를 드린다. 가인은 "땅의 소산으로 제물을 삼아" 하나님께 드렸다. 이것은 동생 아벨도 마찬가지였다.

"아벨은 자기도 양의 첫 새끼와 그 기름으로 드렸더니 여호와께서 아벨과 그의 제물은 받으셨으나"(4절).

아벨이 드린 제사는 형과 같은 곡식제사가 아니라 양을 치면서 얻은 양의 새끼였다. 그런데 여기에 보면 표현이 좀 특이하다. 양의 새끼가 아니라 양의 첫 새끼다.

구약성경 출애굽기와 레위기에 보면 첫 번째로 태어난 새끼, 처음 익은 열매에 대한 규례가 종종 나온다(출 13:13, 23:19, 34:20, 34:26, 레 27:26). 짐승의 첫 새끼는 여호와의 것이니 여호와께 돌리라고 말씀하고(출 13:13), 열매도 처음 익은 열매를 하나님께 드리라(출 23:19, 34:26)고 말씀하고 있다. 이렇게 볼 때 하나님께 처음 것을 드리는 전통은 율법규정 이전 아담 때부터 내려온 아름다운 신앙의 유산이었다. 아벨은 하나님께 마땅히 드려야 할 처음 것을 드린 것이다. 이 예배에 대해 4절 후반부는 '여호와께서 아벨과 그의 제물을 받으셨다' 고 말한다. 하나님께서 아벨의 제사를 기쁘게 받으셨다. 그러나 이어지는 5절을 보면 '하나님께서 가인의 제사는 받지 않으셨다' 고 말씀한다.

"가인과 그의 제물은 받지 아니하신지라 가인이 몹시 분하여 안색이 변하니"(5절).

도대체 어떻게 된 일일까? 이를 가인의 제사는 곡식의 제사인 반면 아벨의 제사는 피 흘림이 있었던 희생의 제사였기 때문으로 이해하기도 한다. 물론 하나님은 피 흘림의 제사를 기쁘게 받으시는 분이다. 그러나 레위기는 곡식을 바치는 소제에 대해 말씀하면서 이것 역시 여호와 하나님께서 받으시는 향기로운 제사라고 말씀하고 있다(레 6:15,21, 23:13). 이렇게 볼 때 피 흘림의 유무가 하나님께서 받으시는 제사의 기준이 될 수는 없다. 그렇다면 도대체 무엇이 잘못된 것일까? 오늘 본문에는 그 이유를 짐작하게 하는 두 가지 단서가 있다.

먼저는 가인의 제사를 표현하는 단어이다. 가인의 제사는 아무 형용사 없이 땅의 소산을 제물로 삼았다고 한다. 반면 아벨의 제사는 "첫 새끼"라고 말씀하고 있다. 즉 가인의 제사에는 첫 소출이나 첫 열매란 언급이 없다. 영어성경(NIV)에는 이것을 "some of the fruits"이라고 표현한다. 과일 중의 일부를 드렸다는 것이다. 첫 과일이 아니라 나중에 딴 과일일 수 있다. 또 과일 중 일부, 좋은 것일 수도 있고 좋지 않은 것일 수도 있고 그저 그런 중급일 수도 있다. 가인은 하나님께 첫 소출을 드리지 않았음을 짐작할 수 있다.

둘째로 하나님께서 이들의 제사를 받으실 때 제사 이전에 제사 드리는 사람을 먼저 언급하신다는 점이다. 4절 말씀에 "여호와께서 아벨과 그의 제물은 받으셨으나"라고 말씀하며 이어서 5절에는 "가인과 그의 제물은 받지 아니하신지라"고 말씀하고 있다. 우리가 생각할 때는 제물이 중요한 것 같은데 하나님은 먼저 그 사람을 중요하게 보신다. 아벨을 먼저 받으시고 그의 제물을 받으셨고 가인을 먼저 받지 않으시고 그의 제물도 받지 않으셨다. 하나님은 제물 이전에 제물을 드리는 사람의 중심과 삶을 더 중요하게 보신 것이다! 가인이 하나님께 첫 소산을 드리지 않은 것은 가인의 중심이 하나님을 최우선으로 생각하는 마음에서 멀어졌고 그의 삶이 하나님을 의지하는 거룩한 삶에서 멀어졌기 때문이다. 반면 아벨이 하나님께 양의 첫 새끼를 드린 것은 이 모든 것을 주신 이가 하나님이고 하나님의 은혜가 가장 중요함을 인정하는 주님 중심의 삶과 마음이 있었기 때문이다.

그렇다면 이것을 극적으로 알 수 있는 것이 무엇인가? 제사 이후,

가인이 보인 반응이다. 5절에 보면 "가인이 몹시 분하여 안색이 변하니"라고 말씀한다. 왜 그런가? 바로 여기에서 시기심이 발동되었기 때문이다. 하나님께서 내 제사를 거부하고 아벨의 제사만 받으시는 게 보였고 이것은 곧 자기를 거부한다는 의미로 다가왔다. 아벨과 비교가 되었다. '내가 뭘 잘못했다고?' 하는 생각이 들면서 가인이 매우 격한 분노를 표출하며 얼굴색이 변했다. 더 나아가 가인은 자기에게는 없고 아벨에게 있는 하나님을 향한 중심과 신실한 마음을 보았다. 내게 없는 그것이 그에게 있다! 그리고 하나님은 내게 없는 그것으로 인하여 아벨을 기뻐하시고 자신을 거절하셨다.

시기가 일어난다. 질투가 끓어오른다. 이런 아벨이 있다는 게 미웠다. 가인의 속이 부글부글 끓는다는 것은 무엇을 의미하는가? 가인은 하나님의 자원으로 사는 게 아니라 자기 자원으로 살려고 한다는 사실을 의미한다. 하나님이 주신 자원으로 살았다면 모든 것이 감사하고 기꺼이 자신에게 있는 재물을 하나님의 것으로 인정하며 드렸겠지만, 자기 자원으로 살다 보니 자기 것을 선뜻 하나님께 드리기가 망설여졌다. 결국 제일 좋은 첫 소산을 제쳐두고 그저 그런 제물을 드렸던 것이다.

우리가 하나님께 우리의 시간과 삶과 물질을 드리려 할 때도 이와 비슷한 경험을 한다. 우리는 '내게 있는 삶의 자원이 내 것이다'라는 생각이 들면 첫 소산이 아까워진다. 가장 좋은 시간, 가장 좋은 자원, 가장 좋은 물질을 드리기 안타까워한다. 그러고는 이런 것들을 즐겨 드리는 사람들을 시기한다. 자꾸 다른 사람과 비교한다. 그리고 시기하고 미워한다. 그런데 이런 사람들이 먼 데 있는 사람들이 아니다. 가까이에 있는 사람들이다. 가까이서 비교할 수 있을 정도로 잘 보이는 사람들이다. 이들은 주 안에서 같은 형제, 자매가 아니라 라이벌이 된다. '라이벌' 이라는 말은 영어 'river' 에서 왔다. 이는 원래 한 동네에 흐르는 같은 강물을 마시는 가까운 사람을 의미한다. 한 물을 마시던 사람끼리 라이벌 관계가 형성되는 것이다. 같이 가까이서 마시다 보니 그 사람과 자신을 비교하고 시기하고 미워한다.

시기심으로 분노하는 가인을 하나님이 찾아오셔서 말씀하신다.

"여호와께서 가인에게 이르시되 네가 분하여 함은 어찌 됨이며 안색이 변함은 어찌 됨이냐"(6절).

하나님이 보시기에 이런 시기가 정당하지 않았다. 그래서 아주 중요한 말씀을 하신다.

"네가 선을 행하면 어찌 낯을 들지 못하겠느냐. 선을 행하지 아니하면 죄가 문에 엎드려 있느니라. 죄가 너를 원하나 너는 죄를 다스릴지니라"(7절).

"네가 선을 행하면 어찌 낯을 들지 못하겠느냐." 지금까지 가인의 삶은 하나님 앞에 의롭지 않았다. 지금 가인 앞에는 죄가 문에 엎드려 있다. 죄가 가인을 삼키려고 문 앞에 숨어 있다. 시기를 거두고 회개하지 않으면 시기는 문 앞에 잔뜩 웅크리고 숨어 있는 맹수와 같이 우리를 노릴 것이다. 시기심을 다스리지 못하면 죄가 우리를 순식간에 낚아챌 수 있다. 시기심은 권총의 방아쇠와 같다. 순간적으로, 충동적으로, '욱' 하는 마음으로 우리를 돌이킬 수 없는 후회만 남는 죄악으로 빠뜨린다. 그러기에 하나님께서 말씀하신다. "죄가 너를 원한다. 그러나 너는 죄를 다스릴지니라!" 무슨 말인가? 죄는 너를 더 깊은 죄로 빠뜨리려고 하지만, 회개하고 죄의 욕구를 통제해야 한다는 뜻이다.

살다 보면 우리는 종종 가까이에 있는 사람들과 비교하며 내가 가진 게 공평하지 않다는 사실에 분노할 때가 있다. 사실 시기심의 중요한 이유 중 하나가 불평등이다. 왜 동생은 생긴 것도 저렇게 잘생기고 거기다가 똑똑하고 공부도 잘하고 친구들에게 인기도 많은데 왜 형은 동생과 딴판으로 생기고 산만하고 친구들과도 매일 싸우는가? 왜 태어날 때부터 동생은 운동을 잘하는데 형은 운동을 잘하지 못하는 것일까? 왜 태어날 때부터 형제 중 한쪽은 많은 사람에게 사랑을 받는데 다른 한쪽은 사람들에게 사랑을 받지 못하는 것일까? 왜 같은 엄마에게서 태어났는데 언니는 키가 작고, 동생은 저렇게 키가 크고 늘씬한 것일까? 우리가 선택한 사항이 아님에도 불구하고 우리는 주어진 불공평한 무엇인가를 두고 서로를 비교하며 바라본다. 여기서 시기가 일어나고 질투와 미움이 일어난다.

사실 이때가 중요하다. 이런 감정을 키우면 어느 순간 죄가 문 앞에 엎드려 있다가 우리를 죄의 수렁으로 확 낚아채 간다. 가인은 결국 이 죄를 지배하지 못하고 어떻게 하는가? 시기와 미움이 결국 돌이킬 수 없는 형제 살인으로까지 갔다. 우리는 이 죄를 다스려야 한다. 죄가 또 다른 죄를 낳지 못하도록 다스리고 절제해야 한다. 그렇다면 어떻게 다스려야 하는가?

첫째로 불공평한 것을 비교할 때 나에게 없는 것을 보지 말고 나에게 있는 것을 보아야 한다. 시기심의 특징이 무엇인가? 끊임없이 상대가 가진 것을 보게 함으로써 자기에게 어떤 것이 있는지를 제대로 보지 못하게 한다. 전에 프랑스의 경제학자 토마 피케티의 「21세기 자본」(장경덕 역, 글항아리, 2014)이라는 책이 전 세계적인 경제학자들 간의 논쟁을 촉발시킨 적이 있다. 핵심내용은 세계는 점점 불평등이 심화되고 있고 결국 부자에게 70~80%의 강한 세금을 매겨 그들의 부를 빼앗아 사회에 공정하게 환원해야 한다는 것이다. 이 책은 부의 불평등이라는 박탈감에 초점을 맞춘 책이다.

이 책 이후 얼마 지나지 않아 2015년 노벨경제학상을 수상한 프린스턴대학 경제학과 교수인 앵거스 티턴 박사가 「위대한 탈출: 건강, 부, 불평등의 기원」(이윤정 · 최윤희 공역, 한국경제신문사, 2015)이라는 책을 펴냈다. 핵심내용은 「21세기 자본」과 정반대다. 불평등은 사람들을 불행하게 한 것이 아니라 성장을 촉발시켰고 이런 성장이 오히려 세상을 더 평등하게 만들었다는 것이다. 대표적인 예가 지구촌 사람들의 수명과 부와 건강이 획기적으로 개선되었다는 점이다. 최빈국에서조차 영아사망률이 낮아졌다. 이 책이 보여주는 것은 부의 증가로 인한 불평등이 우리에게서 빼앗아간 것보다는 선물로 준 것들에 초점을 맞춘다.

없는 것에 집중하다 보면 내게는 아무것도 없다는 거짓된 피해의식이 나를 사로잡는다. 이때 점점 커지는 것이 열등감이다. 열등감이 있으면 우리는 더욱 쉽게 시기와 질투에 사로잡힌다. 이런 상태가 계속되다 보면 죄가 어느 순간 우리를 확 낚아채고 만다.

반면 내게 있는 것에 초점을 맞추면 은혜를 발견하게 된다. 내게 있는 것이 내 것이 아니라 하나님의 선물임을 깨닫게 된다. 또한 사명을 발견하게 된다. 길을 가는데 멋진 자동차가 지나간다. 한 사람은 "저 인간은 걸어다니지 않고 뭐해!"라고 말한다. 그런데 다른 한 사람은 "이야~ 멋진데! 나도 언젠가 저런 차를 몰고 싶어!"라고 말한다. 전자는 시기심이 부정적이고 파괴적으로 작용한 반면 후자는 시기심이 건설적으로 작용한 것이다. 이처럼 건설적인 시기심은 나아갈 동기를 부여하고 새로운 사명감과 방향을 제공한다. 만약 가인이 죄를 다스리고 자신에게 솟아오르는 시기를 건설적으로 바꾸었다면 어떻게 되었을까? '아, 나도 다음에는 아벨과 같이 하나님이 기뻐 받으시는 제사를 드려야지!' 그러면 이를 계기로 가인은 새로운 소명감으로 도전할 수 있지 않았을까?

내 앞에 엎드려 있는 죄를 다스리려면 둘째로 나를 향한 하나님의 시선에 집중해야 한다. 하나님의 시선에서 공평은 다른 사람에게 있는 것이 나에게도 있어야 하고 다른 사람에게 없는 것이 나에게도 없어야 하는 게 아니다. 이것은 획일이다. 하나님의 시선에서 공평은 다른 사람에게 있는 것이 나에게 없지만 나에게는 다른 사람에게 없는 게 있는 것이다. 따라서 우리는 각 사람에 맞게 최선의 것을 주신 하나님을 신뢰하고 감사해야 한다. 송명희 시인이 쓴 찬양시 '나'의 내용을 주목하여 보라.

나 가진 재물 없으나

나 남이 가진 지식 없으나
나 남에게 있는 건강 있지 않으나
나 남이 없는 것 있으니

나 남이 못 본 것을 보았고
나 남이 듣지 못한 음성 들었고
나 남이 받지 못한 사랑 받았고
나 남이 모르는 것 깨달았네.

공평하신 하나님이 나 남이 가진 것 나 없지만
공평하신 하나님이 나 남이 없는 것 갖게 하셨네.

이 가사를 쓰신 송명희 시인은 뇌성마비로 평생을 고생했다. 다른 사람들이 가진 것들을 제대로 소유하지 못했던 분이다. 그러나 이분이 하나님 앞에 시선을 고정했더니 하나님의 공평하심을 발견했다. 나에게 없는 것이 다른 이에게 있지만 반대로 다른 이에게 없는 소중한 것들이 자신 안에 있음을 발견했다. 공평하신 하나님을 신뢰할 때 우리에게 필요한 것이 있다. 바로 지체의식이다. 내게 없는 것이 다른 지체에게 있고 다른 지체에게 없는 것이 내게 있다. 따라서 우리는 서로를 필요로 한다.

우리의 시선은 여기에서만 머물러서는 안 된다. 한 단계 더 나아가야 한다. 그것은 하나님께서 나를 아벨과 같이 기쁘게 받으셨다는 사실이다. 그리고 우리를 존귀하게 보신다. 성경은 하나님께서 우리를 택하시고, 왕 같은 제사장으로, 거룩한 나라로, 그의 소유된 백성으로 받으시고, 존귀하게 여기셨다고 말씀하고 있다. 우리는 하나님께서 그분의 아들의 생명을 주시기까지 사랑하신 분이다. 이미 가장 귀한 아들의 생명을 받은 사람들이다. 자부심을 갖기 바란다. 나는 세상에서 가장 귀한 왕의 존귀한 자녀다! 이제는 내 속을 성령의 조명 아래 조용히 살피며 시기심과 용기 있게 맞서 싸워 승리하는 신앙생활을 해야 한다.

실수를 인정하는 게
제일 어렵다

여호와께서 가인에게 이르시되 네 아우 아벨이 어디 있느냐. 그가 이르되 내가 알지 못하나이다. 내가 내 아우를 지키는 자니이까. ¹⁰이르시되 네가 무엇을 하였느냐. 네 아우의 핏소리가 땅에서부터 내게 호소하느니라. ¹¹땅이 그 입을 벌려 네 손에서부터 네 아우의 피를 받았은즉 네가 땅에서 저주를 받으리니 ¹²네가 밭을 갈아도 땅이 다시는 그 효력을 네게 주지 아니할 것이요 너는 땅에서 피하며 유리하는 자가 되리라. ¹³가인이 여호와께 아뢰되 내 죄벌이 지기가 너무 무거우니이다. ¹⁴주께서 오늘 이 지면에서 나를 쫓아내시온즉 내가 주의 낯을 뵈옵지 못하리니 내가 땅에서 피하며 유리하는 자가 될지라. 무릇 나를 만나는 자마다 나를 죽이겠나이다. ¹⁵여호와께서 그에게 이

> *르시되 그렇지 아니하다. 가인을 죽이는 자는 벌을 칠 배나 받으리라*
> *하시고 가인에게 표를 주사 그를 만나는 모든 사람에게서 죽임을 면*
> *하게 하시니라.*

　자신의 실수와 잘못을 인정하는 것은 참 어렵다. 이웃나라 일본을 보라. 정상회담을 하자고 제안하지만 과거사에 대해서는 한 마디 언급도 없다. 왜 그런가? 자기 잘못을 인정하는 것이 이들에게는 너무나도 어려운 일이기 때문이다. 일본은 자신들을 동아시아의 평화를 위해 목숨 바쳐 싸웠던 위대한 대일본제국으로 생각한다(김용운, 「풍수화」(서울: 맥스, 2014), 430-431쪽). 이런 일본이 위안부 강제동원과 같은 잘못을 저질렀다는 것은 자신이 생각하는 멋진 모습과 도저히 어울릴 수 없는 사실이다. 그래서 이들은 과거사에 대한 잘못 인정하기를 의도적으로 애써 외면하려 한다.

　인간은 본래 하나님을 중심에 모시고 하나님의 말씀을 따라 살도록 창조되었다. 그러나 타락하고 그 말씀을 떠나면서부터는 나의 중심에 계셔야 할 하나님의 자리가 텅 비워지고 여기에 자기 자신이 들어갔다. 그리고 말씀의 기준이 없는 상태로 자신만을 맹목적으로 사랑한다. 자신을 끔찍이도 아끼고 사랑하다 보니 하나님 없이 무너져가는 자신을 그래도 괜찮다고, 어쩔 수 없다고 정당화하기 시작한다. 그러면서 자신의 무너지는 현실과 하나님께 붙들린 이상적인 삶 사이에서 조화를 이루려고 애쓴다. 이렇게 자기를 정당화하면서 탄생하는 것이 거짓말이다(엘리엇 애런슨. 캐럴 태브리스 공저, 박웅희 역, 「거짓말

의 진화: 자기정당화의 심리학」(서울: 추수밭, 2007), 44-45쪽, 94-95쪽). 놀라운 점은 자신을 정당화하기 위해 거짓말을 반복하다 보면 얼마 지나지 않아 이를 자기가 믿게 된다는 사실이다. 자기가 잘못되었다는 현실이 너무나도 괴로워 양심이 못 견디기에 차라리 거짓이라도 자기 정당화의 논리를 그냥 믿어버린다.

8절에 보면 가인이 생각하는 이상적인 외부현실을 짐작하게 하는 표현이 나온다. "가인이 그의 아우 아벨에게 말하고"라는 표현이다. 개역개정 성경에 "말하고"라는 표현 아래 난하주 3번을 보면 "우리가 들로 나가자"라고 되어 있다. 이는 가인이 아우 아벨에게 "우리가 들로 나가자"고 부드럽게 제안하는 표현일 가능성을 보여준다. 이러한 표현은 가인과 아벨은 이전부터 형과 동생 사이에는 친밀감과 신뢰가 형성되어 있음을 알 수 있다. 서로에 대해 순수한 신뢰를 하고 있었다. 그래서 아벨은 가인을 따라 들로 나갔다. 그러나 형 가인은 속에서 끓어오르는 시기심을 참지 못하고 문 앞에 엎드려 숨어 있는 죄의 유혹에 굴복했다. 동생을 들에서 쳐 죽인다. 순간적인 죄의 충동으로 살인을 저지른 가인은 아마도 처음 경험하는 살인 앞에 매우 당황했을 것이다. 이런 일은 일어나면 안 되는 일이었는데 잠시 이성을 잃었을 것이다. 그러고 났더니 최초의 충격적인 살인현장이 눈앞에 펼쳐진다. 가인은 현장에서 재빨리 도망갔다. 왜? 자신은 동생과 사이좋게 지내야 할 책임 있는 형이어야 했기 때문이다.

그러자 이번에는 하나님께서 가인을 직접 찾아와서 물으신다.

"네 아우 아벨이 어디 있느냐?"(9절)

그러자 가인이 어떻게 대답하는가?

"내가 알지 못하나이다. 내가 내 아우를 지키는 자니이까?"(9절).

가인은 억울한 듯 항변한다. "모릅니다. 왜 내게 묻습니까? 내가 그 사람 사생활까지 다 알아야 합니까? 내가 그 사람의 경호원이라도 된다는 말입니까?"

'모른다'는 대답은 청문회에서 흔히 듣는 말이다. 이런 가인의 대답은 명백한 거짓말이다. 하지만 그 속에는 자신은 몰라야 한다는 자기 정당화의 심리기제가 함께 작용하고 있었다. 나는 동생이 어디에 있고 어떻게 되었는지도 몰라야 하는 것이다. 이런 자기 정당화의 심리가 강하게 작용하는 질문이 "내가 내 아우를 지키는 자니이까?"라는 질문이다. 이 질문에는 왜 마치 내가 잘못한 것처럼 추궁하느냐는 자기변명의 의미가 들어 있다. 자신은 잘 모르고 자신의 책임도 아니라는 변명이다.

본문에는 두 가지 현실이 공존하고 있다. 하나는 동생을 죽여서라도 하나님께 좋은 제사를 드리고 인정받고 싶어 하는, 자신의 의를 드러내고 싶은 가인 내면의 현실이다. 다른 한편 살인의 현장을 목격하고 슬퍼하시는 하나님의 현실이 있다. 서로 다른 두 현실이 조화를 이루지 못하고 있다. 이렇게 볼 때 하나님께서 가인에게 던지신 질문은 어울리지 않는 이 두 현실의 다리를 잇기 위한 질문이다. "네 아우 아벨이 어디 있느냐?" 사실 하나님이 던지는 이 질문 앞에 우리는 주저함 없이 "주여 나를 떠나소서. 나는 죄인이로소이다"(눅 5:8)라고 고백해야 한다. 그러나 가인에게는 하나님의 슬픈 현실보다 자신을 정당화하며 속이려는 자기의 이기적인 거짓 현실이 더 크게 보이고 중요했다. 그래서 하나님 앞에 대놓고 거짓말을 한다. 어떻게 전능하신 하나님 앞에서 거짓말을 할 수 있을까 싶지만 자기 의를 정당화하려는 사람에게는 이런 거짓말이 서슴없이 나온다. 더 나아가 이런 거짓말을 스스로 믿는다.

전에 정부의 한 고위관리가 거액의 뇌물을 수수한 혐의로 고소되었다. 그런데 이 사건을 처리하면서 난감한 점이 있었다. 이 관리에게 뇌물을 주었던 하급관리들은 자신의 잘못을 인정하고 다 실토했지만 이 고위관리는 자신의 잘못을 실토하기는커녕 끝까지 자신은 이 일과 상관없다고, 심지어는 눈물을 흘리기까지 하면서 부인하고 그 책임을 다른 사람에게 전가하였다. 모든 혐의가 드러났는데도 끝까지 아니라고 모른다고 하였다. 어떻게 판결이 났을까?

이 사건을 맡았던 판사는 이 고위관리의 혐의 부인을 다음과 같이 설명했다.

"왜 피고인이 부하직원에게 뇌물을 받은 공소사실을 부인하고 있는가? 숙고한 끝에 심리학 전문가들이 말하는 '인지부조화'(認知不調和)라는 심리적 메커니즘이 발현하여 어떤 방법으로든 이를 해결하려고 했기 때문이다. 오랜 기간 공직에서 일하면서 고위 정무직 공무원에 올랐는데 부하직원으로부터 뇌물을 받았다는 명예롭지 못한 사실이 갑자기 세상에 드러난 것을 받아들이기 어려웠을 것이다. 그리하여 피고인은 자신의 지위와 명예를 보호하기 위하여 강력한 자기방어기제가 발동함으로써 과거의 기억이 왜곡되고, 이는 확신으로 무장되어 자신이 사실과 다른 진술을 한다는 점을 의식하지도 못한 채 놀라울 정도의 열정으로 공소사실을 적극적으로 부인하는 한편, 문제된 사실과 관련한 잘못을 제3자에게 투사 또는 전가하는 방법으로 당면한 위기를 피해가고자 하였다는 설명이 가능한 것이다. 결국 자신의 혐의를 부인하고 자신의 잘못을 제3자에게 떠넘기는 방식을 선택했다"(임순택, "'심리적 메카니즘'-전군표 선고공판 판결문 [전문]"(《세정신문》, 2008. 2. 27)).

자신의 잘못을 부인하는 것은 전형적인 인지부조화현상이다. 인지부조화가 무엇인가? 내가 알고 있는 것과 사실이 다를 때 자꾸만 자신의 행동과 결정과 신념을 정당화하려는 것이다. 그리고 이것이 자신이 알고 있는 진실이라 생각하고 믿어버린다.

우리는 늘 두 가지 진실의 세계를 직면한다. 하나는 자기 내면에 바라고 믿는 진실의 세계이고, 다른 하나는 객관적인 외부세계의 진실이다. 이 두 가지가 일치하면 진실된 것이지만 이 두 가지가 일치하지 않고 둘 중 하나만 일치한다면 사람은 이 둘을 일치시키기 위해 거짓말을 하게 된다.

교통법규를 어기면 자기 잘못이라고 말하기가 쉽지 않다. 꼭 궁색한 변명이 나온다. 부부간에도 그렇다. 남편과 아내가 서로 마음에 들지 않는다고 당신 이렇게 하면 안 된다고 강하게 비난하지만 누구도 자기 책임이라고 말하지 않는다. 이렇게 된 것은 그 원인을 제공한 당신 때문이라는 것이다. "당신 때문에 늦었어! 당신 때문에 못했어! 당신 때문에 망신당했어! 당신 때문에…." 그러면 "그게 왜 나 때문이야? 자기가 먼저 해 놓고서는…." 그러면 "뭐라고? 왜 나야?" 이렇게 서로가 싸우는데 결코 어느 한쪽이 굽히지 않는다. 상대를 비방하기에 열을 올리다 보니 나중에는 자기가 잘못한 것은 잘 보이지도 않는다. 기억하라. 실수를 인정하는 일이 참 어렵다.

이단들이 성경을 그토록 왜곡하고 비양심적인 행동을 하면서도 하나도 양심에 가책을 받지 않는 이유가 무엇인가? 바로 이 자기 정당화의 원죄적인 기질 때문이다. 만약 이단에서 잘못된 것이 드러나면 이들은 자기의 신념을 바꿀까? 예를 들어 교주는 영생불사라 죽지 않는다고 믿지만, 죽었다고 하자. 그러면 어떻게 될까? 사람들은 이단 집단에서 탈퇴할까? 그럴 가능성은 그리 높지 않다. 왜? 거기서도 끊임없이 자신의 신념을 정당화하기 때문이다. '심리 부조화' 이론을 처음 주장한 사람이 미국 미네소타대학교 심리학자인 레온 페스팅어 박사였다. 페스팅어는 1950년대 중반에 신분을 속이고 종말론 이단 집단에 끼어들었다. 이들은 지구가 대홍수로 멸망하고 외계 신을 믿는 사람만 구원받는다고 믿는 집단이었다. 예고된 멸망시간이 다가오자 모든 신도가 모여 세상의 종말을 기다렸다. 그런데 예고된 멸망시간이 지났지만 아무 일도 일어나지 않았다. 그러자 교주는 "외계 신이 신자들 열성에 감동하여 세상을 구원하기로 했다"고 주장했다. 자신들이 믿고 있던 것과 실제 일어난 일이 일치하지 않자 이를 조화시키기 위해 또 다른 거짓말을 만들어낸 것이다. 신자들은 예언이 빗나간 데 실망하거나 분노하기는커녕 열광하며 축제를 벌였다(엘리엇 애런슨, 캐럴 태브리스 공저, 박웅희 역, 「거짓말의 진화: 자기 정당화의 심리학」, 25-27쪽). 이단이 틀린 것을 알고도 이단에서 나오지 못하는 이유가 무엇인가? 끊임없는 자기 정당화의 심리 때문이다.

거짓말을 하는 사람 앞에 우리가 가장 듣고 싶어 하는 말은 무엇인가? 자신이 잘못했다는 점을 정직하게 인정하고 시인하는 것이다. "미안해" "내 탓이야" "나 때문이야." 이런 말을 들으면 듣는 사람의 마음이 누그러든다. 그러나 막상 우리가 그런 일을 당하면 우리 자신은 좀처럼 잘못을 자백하기를 싫어한다.

하나님은 우리가 그분의 말씀과 진리 앞에서 정직하게 직면하기를 원하신다. 하나님은 우리가 그분 앞에 무릎 꿇고 애통하고 회개하며 나아오기 원하신다. 그래서 시편 51편 17절은 하나님의 구하시는 제사는 '상한 심령'이고 하나님께서 상하고 통회하는 마음을 멸시하지 않는다고 말씀하신다.

무슨 말인가? 하나님 앞에 "나는 스스로 내세울 게 없습니다, 나의 정당화와 거짓된 태도는 잘못된 행위입니다"라고 담대히 고백할 수 있는 마음을 주님께서 기뻐 받으신다는 것이다. 왜? 자기의 의를 철저히 부인하는 그 자리에서부터 비로소 하나님의 다스리심이 시작될 수 있기 때문이다. 그래서 마태복음 5장에 나오는 팔복의 첫째 복이 "심령이 가난한 자는 복이 있나니 천국이 저희 것임이요"이다. 내 마음을 겸손하게 비울 때 바로 그곳에서 내가 나를 다스리고 정당화하는 것이 아니라 하나님이 나의 현실을 다스리고 정당화하고 보호하고 변호하시는 놀라운 역사가 일어난다.

하나님께서 가인에게 "네 아우 아벨이 어디 있느냐?"고 물으신 것은 아벨이 가진 잘못된 신념과 자기 합리화의 기제가 어떤 것인가를 되돌아보고 직면하게 하는 질문이었다. 우리가 저지른 범죄는 우리가 아무리 정당화한다고 하더라도 하나님 앞에서 정당화되지 못한다. 하나님이 아시기 때문이기도 하지만 피해자가 외치는 탄식과 영혼의 외침이 하나님 앞에 상달되기 때문이다.

"이르시되 네가 무엇을 하였느냐 네 아우의 핏소리가 땅에서부터 내게 호소하느니라"(10절).

아벨이 죽어서 끝인 줄 알았는데 그것이 다가 아니었다. 여전히 아벨의 영혼이 부르짖고 땅에서부터 호소했다. 무슨 말인가? 아벨의 육체의 생명은 끝났지만 그는 영원히 죽은 게 아니었다. 의인은 결코 죽지 않는다. 따라서 의인의 억울한 죽음의 탄원은 그들의 죄가 신원되기까지 결코 없어지지 않고 이 땅 가운데 남아 있게 된다. "다섯째 인을 떼실 때에 내가 보니 하나님의 말씀과 그들이 가진 증거로 말미암아 죽임을 당한 영혼들이 제단 아래에 있어 큰소리로 불러 이르되 거룩하고 참되신 대주재여 땅에 거하는 자들을 심판하여 우리 피를 갚아주지 아니하시기를 어느 때까지 하시려 하나이까 하니"(계 6:9-10). 여기 보면 하나님의 말씀 때문에 말씀의 증거를 갖고 살아가는 이들이 억울하게, 의롭게, 주님 때문에 죽임을 당했다. 그런데 이들이 죽은 것은 영원히 죽은 것이 아니고 여전히 천상의 주님 곁에서 호소하는 것이다. "주님, 무고한 죽음, 억울한 죽임을 당했습니다. 언제 우리의 피를 갚아주시겠습니까?"

죄는 무시한다고, 덮는다고 해서 영원히 덮어지지 않는다. 이 땅에서 우리의 양심을 짓누르다가 결국에는 하나님 앞에서 심판을 받게 된다. 죄를 토설하지 않고서 덮어버리거나 피하려고 할 때 우리에게는 영적인 방황이 시작된다. 범죄자들을 보라. 큰 범죄를 저지르고 심판을 회피하고 해외로 도주하면 어떻게 되는가? 그때부터 방황이 시작된다. 신분을 숨기고 숨어 살면서 여기저기 옮겨 산다. 그 원형적인 모델이 바로 가인이다.

"땅이 그 입을 벌려 네 손에서부터 네 아우의 피를 받았은즉 네가 땅에서 저주를 받으리니 네가 밭을 갈아도 땅이 다시는 그 효력을 네게 주지 아니할 것이요 너는 땅에서 피하며 유리하는 자가 되리라"(11-12절).

아담 때는 비록 선악과로 인해 죄를 범했어도 열심히 땀을 흘리면 소산을 얻을 수 있었는데, 이제는 가인의 죄로 땅이 저주를 받으니까 더는 열매를 거둘 수도 없고 그다음부터는 도망 다니며 방황하며 살아야 했다

자, 이 정도 되면 가인이 "하나님, 잘못했습니다, 회개합니다. 어떻게 이 죄를 속할 수 있을까요?" 하고 물어야 하지 않겠는가? 그러나 가인은 끝까지 하나님께 잘못했다고 인정하지 않는다.

"가인이 여호와께 아뢰되 내 죄벌이 지기가 너무 무거우니이다"(13절).

이런 상황에서도 가인은 여전히 자기애에 사로잡혀 자기중심적으로 생각한다. "하나님, 이거 너무 힘든 벌인데요." 그러면서 다음과 같이 두려움을 표현한다. "나를 만나는 자마다 나를 죽이겠나이다"(14절).

죄의 유혹을 이기지 못하고 시기심에 사로잡혀 살인을 저지르고

자기 정당화로 덮으려고 하는 가인을 기다리는 게 무엇인가? 바로 살해의 위협이다. 아담이 930세까지 살면서 가인과 셋 외에도 여러 자녀를 낳았다고 할 때, 이때만 해도 이미 아담의 많은 자손이 세상에서 살고 있었다(5:3-5 참조). 다른 후손들이 가인을 볼 때 가인은 시기심으로 인해 형제를 죽인 커다란 위협이라 생각하고 제거하려 들 수 있다는 사실이다. 그러자 하나님께서 어떻게 하시는가?

"여호와께서 그에게 이르시되 그렇지 아니하다. 가인을 죽이는 자는 벌을 칠 배나 받으리라 하시고 가인에게 표를 주사 그를 만나는 모든 사람에게서 죽임을 면하게 하시니라"(15절).

하나님께서 가인의 몸에 특별한 표를 주셔서 그를 보호하시겠다고 하신다. 이는 특별한 은총임과 동시에 형벌이기도 하다. 왜? 가인은 어느 곳에서도 마음을 붙이고 정착하지 못하고 끊임없이 방황하며 돌아다닐 것이기 때문이다.

우리가 회개하지 않고, 내 실수, 내 잘못을 인정하지 않고 끊임없이 상대를 비난하며 탓을 돌리려 할 때 우리 마음은 안정을 찾지 못한다. 탓 돌리기의 악순환에 빠져들어 가는 것이다. 우리는 지금보다 '내 책임입니다' '내 잘못입니다' 라는 표현에 좀 더 익숙해질 필요가 있다.

세상은 우리로 끊임없이 괜찮다고, 어쩔 수 없었다고 말하며 자기 정당화를 발휘하여 적절하게 속이며 살아가라고 유혹한다. 우리가 하나님의 말씀 없이 산다면 이렇게 하는 것이 너무나도 당연할 수 있다. 그러나 우리는 성도이다. 예수 그리스도께서 십자가에서 하신 일이 무엇인가? 우리가 우리 죄를 인정하지 않고 서로 탓 돌리기를 하며 비난하고 있을 때 홀로 우리의 모든 죄를 십자가에 지시고 이 모든 일을 '자신의 탓'으로 돌리신 것이다. 그래서 친히 우리의 죗값을 십자가에서 대신 치르셨다.

우리 힘으로는 이 자기 정당화의 유혹을 물리치기가 쉽지 않다. 그러기에 우리는 우리의 거짓 합리화와 죄악을 그분 앞에 가져가야 한다. 죄로 물든 자기애를 겸손하게 인정하고 끊임없이 우리를 직면하게 하는 하나님의 말씀 앞에 서는 노력이 필요하다.

사도 바울의 고백처럼 우리 안에 나는 날마다 죽고, 날마다 내 안에 그리스도께서 사셔야 한다(고전 15:31, 갈 2:20 참조). 나의 거짓된 자아, 자기변명을 하는 자아를 끊임없이 내려놓고 하나님이 다스리시는 현실 앞에 나를 끊임없이 용기 있게 직면시켜야 한다. 우리는 날마다 죽어야 한다. 죽지 못하면 날마다 거짓된 자기변명과 정당화가 살아난다. 거짓된 자기변명과 정당화는 항상 첫걸음이 중요하다. 첫걸음을 잘못 떼면 자기 정당화는 멈출 수 없을 정도로 진행되어 급기야 자신은 잘못한 일이 없다고 스스로 믿고 확신하게 된다. 기억하라. 잘못을 인정하는 게 제일 어렵다.

도시 속의
그리스도인
----

¹⁶가인이 여호와 앞을 떠나서 에덴 동쪽 놋 땅에 거주하더니 ¹⁷아내와 동침하매 그가 임신하여 에녹을 낳은지라. 가인이 성을 쌓고 그의 아들의 이름으로 성을 이름하여 에녹이라 하니라. ¹⁸에녹이 이랏을 낳고 이랏은 므후야엘을 낳고 므후야엘은 므드사엘을 낳고 므드사엘은 라멕을 낳았더라. ¹⁹라멕이 두 아내를 맞이하였으니 하나의 이름은 아다요 하나의 이름은 씰라였더라. ²⁰아다는 야발을 낳았으니 그는 장막에 거주하며 가축을 치는 자의 조상이 되었고 ²¹그의 아우의 이름은 유발이니 그는 수금과 퉁소를 잡는 모든 자의 조상이 되었으며 ²²씰라는 두발가인을 낳았으니 그는 구리와 쇠로 여러 가지 기구를 만드는 자요 두발가인의 누이는 나아마였더라. ²³라멕이 아내들에게

> 이르되 아다와 씰라여 내 목소리를 들으라. 라멕의 아내들이여 내 말
> 을 들으라. 나의 상처로 말미암아 내가 사람을 죽였고 나의 상함으로
> 말미암아 소년을 죽였도다. ²⁴가인을 위하여는 벌이 칠 배일진대 라
> 멕을 위하여는 벌이 칠십칠 배이리로다 하였더라. ²⁵아담이 다시 자
> 기 아내와 동침하매 그가 아들을 낳아 그의 이름을 셋이라 하였으니
> 이는 하나님이 내게 가인이 죽인 아벨 대신에 다른 씨를 주셨다 함이
> 며 ²⁶셋도 아들을 낳고 그의 이름을 에노스라 하였으며 그때에 사람
> 들이 비로소 여호와의 이름을 불렀더라.

1933년에 헝가리의 유명한 피아니스트이자 작곡가인 셰레
시 레죄가 피아노 앨범을 하나 발표했다. 이 앨범은 인기리에 판매되
었는데 이 앨범이 발매된 지 몇 주 지나자, 깜짝 놀랄 현상이 일어나
기 시작했다. 그것은 이 곡을 듣는 사람들이 감정을 주체하지 못하고
자살하기 시작하더라는 것이다. 앨범 발매 8주 만에 자살한 사람들
의 통계가 집계되어 발표되었는데 모두 187명이나 되었다. 이 충격
적인 소식에 헝가리 정부는 라디오를 통해 이 곡을 방송하는 것을 중
지시키기에 이른다. 그래서 이 곡에 '헝가리 자살곡'이라는 별명이
붙게 되었다. 또한 이 곡에는 가사가 붙고 나중에는 영어로 번역되기
에 이르는데 영어 곡명이 'Gloomy Sunday'다. 자, 이런 것을 보면
음악이 단순히 아름다움을 노래하는 예술이 아님을 알 수 있다. 음악
에는 단순한 선율의 아름다움을 넘어 사람의 내면과 영혼을 움직이
는 영성적인 힘이 있다는 사실을 알 수 있다.

노래에 대하여 우리가 생각해야 할 점이 하나 더 있다. 그것은 사람이 노래를 부를 여유가 어디서 생길까 하는 점이다. 정신없이 바쁘다 보면 노래 부를 여유도, 들을 여유도 없다. 개미와 베짱이 이야기를 보면 여름에 베짱이가 노래를 부르며 논다. 왜? 여름에는 먹을 것이 풍족하기 때문이다. 그러나 추운 겨울이 다가오자 베짱이는 더 이상 노래를 부르지 못한다. 이처럼 노래나 음악은 우리의 삶이 어느 정도 안정된 다음에 찾아오는 욕구이다.

심리학자 아브라함 매슬로우는 인간이 갖는 기본적인 욕구를 크게 두 가지로 나눈다. 하나는 결핍욕구고 다른 하나는 성장욕구다. 결핍욕구가 채워져야 성장욕구를 채울 수 있는데 결핍욕구의 대표적인 것으로 생리적 욕구, 안전의 욕구가 있다. 이것이 어느 정도 채워져야 그다음에 성장욕구를 채울 수 있다. 성장욕구에는 여러 가지가 있는데 제일 상위에 있는 것이 자아실현의 욕구다. 예술, 음악과 같은 것은 이 상위의 욕구에 해당된다. 그런데 자아실현의 욕구는 사전에 충족시킨 결핍욕구를 어떻게, 무엇으로 채웠느냐에 따라 달라진다.

사람이 기본적인 결핍요건을 채우는 방식은 크게 두 가지다. 하나는 물리적으로 채우는 것이다. 배고프면 먹어야 하고 졸리면 자야 한다. 물리적인 환경이 안정적이어야 한다. 이것은 나의 결핍을 내가 확보할 수 있는 자원을 동원하여 채우는 일이다. 또 다른 방식이 있다. 그것은 우리의 결핍을 하나님의 말씀으로 채우는 방식이다. 사람이 떡으로만 사는 것이 아니라 하나님의 입에서 나오는 말씀으로 산다(신 8:3, 마 4:4). 이처럼 우리의 결핍을 말씀으로 채우느냐, 아니면 물질로 채우느냐에 따라 우리의 자아실현 욕구가 달라지고 자연스럽게 우리가 부르는 노래도 달라지게 된다. 세상에서 그토록 사랑과 이별의 슬픔과 질투와 욕망을 노래하는 이유가 무엇인가? 내 힘으로, 내 수단으로 자원을 확보하려 하기 때문이다. 그러나 성도는 우리의 결핍을 말씀으로 채우시는 주님을 찬양하는 것으로 살아야 한다.

본문에는 인류 최초의 노래가 등장한다(23-24절). 가인의 6대손인 라멕이 부른 노래다. 그런데 노래의 제목이 무엇이냐? '칼의 노래'다. 노래의 내용과 주제를 보면 그 배후에 전제하는 밑바탕을 짐작하게 한다. 이 노래의 성격을 이해하려면 가인이 하나님을 떠나 새로운 문화와 문명의 토대를 마련하는 과정을 다루는 본문 전체의 흐름을 이해하고 있어야 한다.

가인은 동생을 살인한 범죄로 인하여 하나님으로부터 돌아다니는 자가 되라는 징계를 받았다(4:12). 그렇게 돌아다니다 가인은 '놋'이라고 부르는 땅에 거주하기 시작했다(16절). '놋'이라는 지명은 난하주 4번에 '유리함'이라고 되어 있다. 쉽게 말하면 땅의 일정한 범위 안에서 돌아다니며 정착하지 못하고 방황하며 살았던 것이다. 원래 가인은 농사를 지었다. 농사를 지으려면 정착해야 한다. 즉 가인에게 익숙한 삶의 방식은 정착이었다. 지금 돌아다니며 사는 방식은 그가 죽인 동생 아벨의 삶의 방식에 가까웠다. 왜? 아벨은 양을 목축하는 목자였기 때문이다. 가인에게 익숙하지 않았던 유리방황이 괴로웠는지 그가 아들을 낳자, 드디어 한곳에 정착하기 시작한다.

"아내와 동침하매 그가 임신하여 에녹을 낳은지라. 가인이 성을 쌓고 그의 아들의 이름으로 성을 이름하여 에녹이라 하니라"(17절).

에녹이란 말은 '새롭게 시작하다' '헌신하다' 란 의미다. 가인은 방황하며 살다가 아들을 낳고 새로운 결단을 하였다. 하나님 말씀대로 방황하는 게 아니라 아예 하나님 말씀을 거슬러서 성을 쌓고 새롭게 정착하기로 시작한다. 여기 '성을 쌓았다' 는 표현은 히브리어 '이르' 로 성읍을 건설했다는 뜻이다. 영어 성경은 이 성읍을 'city' 라고 번역한다. '에녹 시티' 를 건설한 것이다. 가인은 방황을 멈추고 도시 건설에 전념했다.

여기서 우리는 가인이 인류 최초로 건설한 도시의 특징을 알 수 있다. 첫째, 도시는 하나님을 떠나 출발했다는 점이다. 둘째, 이 도시는 하나님을 떠나 하나님 아닌 다른 대상에 새롭게 헌신하기 시작하는 장소였다. 우리나라도 많은 젊은이가 성장하면 서울과 같은 대도시로 가서 새 출발을 하려 한다. 이때부터 하나님 말고 도시에 있는 다른 대상에 헌신하기 시작한다. 이것을 우상이라고 한다. 우상이 삶의 중심을 차지하면 신앙을 점점 잃어버린다.

이렇게 가인이 건설한 성읍은 다섯 세대를 지나 여섯 번째인 라멕에 이르러 비약적인 발전을 한다. 그런데 도시의 발전이 그다지 긍정적인 방향으로 가는 것 같지 않다.

먼저, 라멕은 에녹 시티에서 최초로 일부다처제를 시행한다. 두 아내를 맞이하였는데 하나의 이름이 '아다' 고 다른 하나의 이름은 '씰라' 다(19절). '아다' 라는 이름은 '장식하다, 꾸미다' 라는 의미고 '씰라' 는 '그늘' 이라는 의미다. 한 아내는 늘 꾸미고 예쁘게 장식하고 다녔는데 다른 아내는 늘 그늘처럼 어둠의 그림자가 있었던 모양이다. 일부다처제의 폐해다. 우리는 이것을 야곱의 두 아내였던 라헬과 레아의 모습에서도 볼 수 있다. 늘 라헬을 향한 야곱의 편애에 언니 레아의 얼굴에 그늘이 졌다(창 29:30-31 참조). 아다와 씰라라는 이름은 당시 사람을 평가하는 기준이 상당 부분 외모에 있다는 사실을 나타낸다. 성경 인물들의 이름을 보면 영적인 의미와 특별히 하나님과 관련된 이름이 많지 않은가? 그런데 여기서는 지극히 외적으로 드러나는 모습으로 이름을 부른다.

라멕이 왜 일부다처제를 시행했을까? 정확한 이유는 본문에 나타나지 않지만 분명한 것은 사람이 하나님을 떠나 자기 자신의 힘으로 안정과 자원을 확보하려고 노력하다 보면 이런 비정상적인 조치를 얼마든지 취할 수 있다. 결국 여기서부터 성적 부도덕과 타락이 시작된다. 라멕은 자신의 안전과 후손의 안정적인 승계를 위해서 일부다처제를 취한 것으로 보인다. 그리고 그의 시도로 라멕이 취한 두 아내에게서 세 아들과 딸 하나가 태어난다.

먼저 꾸미기를 좋아했던 여인 아다는 '야발'을 낳았다. 이는 '생산하다'라는 의미다. 야발은 가축 치는 자의 조상이 되었다(20절). 가축을 친다는 것은 번식, 사료 제공, 사육 장소 등을 관리하는 일이다. 이는 체계적이고도 안정적인 식량과 노동력을 확보했다는 사실을 의미한다. 이것은 자신의 힘으로 결핍의 필요를 채우기 시작함을 보여준다.

에녹 시티의 발전은 둘째로 21절에 나타난다.

"그의 아우의 이름은 유발이니 그는 수금과 통소를 잡는 모든 자의 조상이 되었으며"(21절).

동생 유발은 수금과 통소를 잡는 자의 조상이 되었다고 한다. 이것은 음악과 문화의 생성을 의미한다. 먹는 문제가 해결되니 음악과 문화를 향유하기 시작한다. 중요한 것은 음악과 문화의 방향이다. 유발이 시작한 음악과 문화는 기본적으로 인류의 결핍을 자신의 자원으로 채우는 바탕 위에 형성되었다. 즉 하나님을 떠나 죄성이 반영된 문화인 것이다. 문화라고 다 좋은 것은 아니다. 문화에도 죄성이 너무 적나라하게 묻어 나오면 파괴적인 문화가 된다. 이런 문화는 그 방향이 자기 탐닉적, 탐욕적, 파괴적으로 흘러간다.

셋째는 과학기술문명의 발전이다.

"씰라는 두발가인을 낳았으니 그는 구리와 쇠로 여러 가지 기구를 만드는 자요 두발가인의 누이는 나아마였더라"(22절).

구리와 쇠로 여러 기구를 만들었다는 것은 이 당시에 땅에 매장된 천연자원들을 가공하여 도구를 만들고 청동기와 철기문명을 발전시켰음을 의미한다. 이는 대도시를 확장할 수 있게 한다. 도시건설에 필요한 건축자재뿐 아니라 타민족 정복에 필요한 무기를 제공하기 때문이다.

이처럼 가인과 그의 후손들은, 결국 하나님을 떠나 하나님 없이 자신의 힘으로 식량을 확보하고 문화를 꽃피우고 기술문명을 발전시켜 나가려 했다. 문화가 발전하고 문명이 이룩되면 그 문명을 주도하고 지배하는 사상적, 정신적 가치관이 생겨나고 이에 기반한 세계관이 형성된다. 이것을 극명하게 보여주는 것이 무엇인가? 바로 23~24절에 등장하는 칼의 노래이다. 이것은 라멕이 지은 노래이다. 그 내용이 어떤가?

"나의 상처로 말미암아 내가 사람을 죽였고 나의 상함으로 말미암아 소년을 죽였도다"(23절).

공공연히 살인과 복수를 고백한다. 또 24절에 보면 "가인을 위하여는 벌이 칠 배일진대 라멕을 위하여는 벌이 칠십칠 배이리로다 하였더라"고 노래한다. 가인을 건드려서 일곱 배의 벌을 받았다면 라멕을 건드리면 가인보다 열한 배나 더 갚아주겠다는 복수의 위협을 공언한다.

이 노래에는 힘의 논리가 지배한다. 복수와 폭력의 논리가 지배하는 것이다. 사실 오늘날 어린이들이 좋아하는 영화들, 또봇, 카봇, 파워레인저, 어벤저, 아이언맨 등을 보면 대부분이 폭력을 통해 적에게 복수하는 이른바 '폭력적 구원자'의 논리다. 상대방을 이기는 방법은 더 많은 힘, 더 많은 에너지, 더 센 전투력, 더 좋은 무기를 확보하는 것밖에는 없다. 바로 라멕의 노래 속에 들어 있는 논리와 상응한다. 라멕의 노래를 가만히 들어보면 이런 폭력의 논리를 넘어 죽음을 정당화하고 미화하는 것으로까지 나아가는 사실을 볼 수 있다.

이런 가인의 도시에 과연 희망이 있는가? 사실 절망적이다. 희망이 사라진 도시에 다가오는 것은 결국 심판이다. 이런 모습이 노아시대까지 이어지자, 하나님은 결국 절망적인 도시들을 홍수로 쓸어버려 심판하셨다. 아브라함 시대에는 소돔과 고모라를 불로 심판하기도 하셨다.

이런 절망적인 상황에서 하나님은 어떻게 행하시는가? 새롭게 시작하신다. 가인의 성읍에 있는 사람들은 거의 100% 구제불능이었다. 그래서 하나님은 아담과 하와를 통해 새로운 자손을 낳게 하신다. 그가 바로 셋이다. '셋'은 '바탕' '기초'(foundation)라는 의미다. 새로운 인류 출발의 바탕을 마련하신 것이다. 셋을 낳고 아담이 한 고백이 무엇인가? "하나님이 내게 가인이 죽인 아벨 대신에 다른 씨를 주셨다"(25절)는 것이다. 이 셋이 아들을 낳고 이름을 붙였는데 이름을 '에노스'라고 지었다. '에노스'는 '사람'을 뜻하는 동시에 '약한' '구제할 수 없는' '부서지기 쉬운'과 같은 의미가 있다.

히브리어로 '에노스'와 '아나쉬'는 같은 어원인데 이것은 혼수상태를 나타내는 의학용어로도 쓰인다. 쉽게 말하면 '한계 있는 인간' '하나님을 떠나서는 충분한 생의 자원을 확보하지 못하는 연약한 인간'이라는 의미가 있다. 왜 이런 의미의 이름을 붙였을까? 셋은 아마도 끊임없이 가인이 세운 도시의 발전과 성장에 따라 위협을 받았던 것 같다. 그는 가인과 같이 도시문명을 발전시키지 않고 연약하게 살았다. 다만 한 가지 특이한 점이 있었다. 그것은 부서질 수밖에 없고 한계 있는 에노스 때부터 줄곧 여호와의 이름을 부르기 시작했다는 점이다.

"셋도 아들을 낳고 그의 이름을 에노스라 하였으며 그때에 사람들
이 비로소 여호와의 이름을 불렀더라"(26절).

'여호와의 이름을 부른다' 는 것은 여호와를 만나고 예배하기 시
작했다는 뜻이다. 참된 인생의 공급자는 자신이 아니라 바로 하나님
임을 인정하고 인격적인 교제를 나누기 시작했다는 의미다. 바로 이
연약한 에노스를 통해 하나님은 장차 인류의 구원자가 되실 메시아
의 씨를 준비하신다. 창세기 3장 15절에서 약속하신 여인의 참된 후
손을 준비하신 것이다.

우리가 살아가는 도시에는 어떤 희망이 있는가? 하나님을 부인하
고 자기 자원을 확보하기 위해 몰두하는 이 도시에 어떤 희망을 발견
할 수 있는가? 이런 도시의 영적 특성으로 인해, 심지어는 한때 하나
님께서 이상적으로 세우셨던 예루살렘조차도 멸망하고 무너졌다. 놀
라운 소식은 하나님께서 이런 무너진 도시에 성령을 부으셔서 교회를
세우셨다는 사실이다. 사도행전도 엄격하게 보면 '도시행전' 이다. 타
락한 도시 가운데 복음을 전하여 도시에 희망을 선포하는 역사이다.

이런 도시의 영적 특성으로 인해 오늘날 우리가 살아가는 도시에
도 치열한 영적 싸움이 있다. 도시 속에 살아가는 그리스도인들은 가
인이 세운 에녹성의 특징적인 유혹들을 끊임없이 받게 된다.

첫째, 성적 유혹이다. 여러 명의 파트너를 갈망하도록 유혹한다.
외모로 사람을 판단하도록 한다. 이는 망하는 길임에도 달콤하게 유
혹한다. 요즘 갈수록 이런 성적 자극과 유혹이 얼마나 강렬하고 우리
를 혼란스럽게 하는가?

둘째, 하나님 없이 얼마든지 다른 것에 헌신하고, 그것에서 기쁨과 만족을 누리도록 한다. 도시가 제공하는 편의, 좋은 환경은 굳이 하나님을 찾지 않아도 된다는 거짓 메시지를 준다. 오늘날 우리의 물질적인 필요는 마트에서 다 채워준다. 없는 것이 없다. 아프면 병원 가면 웬만한 것은 다 고쳐준다. 세상이 제공하는 문화와 물질문명은 기쁨과 만족을 약속하는 것 같다. 분위기 있는 카페와 텔레비전은 교회가 필요 없다고 은근히 유혹한다. 모든 게 자급자족한 상태로 하나님을 멀리하기 쉬운 환경이 조성되었다. 이런 환경을 조성하려고 도시마다 경쟁적으로 어마어마한 빚을 얻어 사업을 벌이기 시작하는데, 이 어마어마한 빚 때문에 몇 년 안에 파산 위기에 처한 도시들도 꽤 많다. 오히려 그러는 가운데 우리의 영혼과 우리의 내면은 점차 하나님을 떠나 피폐한 상태로 떨어진다. 자극적인 만족과 물질적 충족은 경험해도 영혼의 깊은 평안과 기쁨, 죄를 이기며 사는 능력은 경험할 수 없는 것이다. 우리의 생은 연약해도 여호와의 이름을 부르며 그를 예배할 때 참된 만족 가운데 거할 수 있다.

예수님은 공생애를 감당하시며 여러 도시를 돌아다니셨지만 도시가 제공하는 안전과 안식에 의지하지 않으셨다. "여우도 굴이 있고 공중의 새도 거처가 있으되 인자는 머리 둘 곳이 없다"(마 8:20)고 말씀하셨다. 도시에 자신의 모든 것을 맡기지 않으신 것이다. 우리가 이 도시에 사는 것은 분명 감사한 일이고 좋은 일이지만 도시 안에 있는 이러한 영성적인 특징과 유혹을 기억하고 더욱 깨어 이 도시를 위해 기도해야 한다. 깨어 있지 않으면 도시 안에 취해 영적으로 잠들게 된다. 우리는 더 나아가 이 도시가 거룩한 도성, 즉 성시

(聖市, holy city)가 되도록 기도해야 한다.

종종 도시의 작은 한 곳에 복음의 거룩한 능력이 임해 도시 전체가 거룩한 도시로 바뀌는 일이 있다. 예전에 우리나라의 평양이 그랬었다. 한 도시가 성시가 되면 나라 전체에 어마어마한 영향력을 끼치게 된다. 이 출발은 어디에 있는가? 나의 연약한 한계를 기억하고, 주의 이름을 부르기 시작할 때 일어난다. 더 나아가 이 도시에 거룩한 성령의 능력이 부어지고 복음이 능력 있게 선포되도록 사모함으로 기도해야 한다. 이 도시에 거룩한 찬송과 예수 그리스도를 주로 고백하는 역사가 일어나길 사모해야 한다.

무엇을
남길 것인가

¹이것은 아담의 계보를 적은 책이니라. 하나님이 사람을 창조하실 때에 하나님의 모양대로 지으시되 ²남자와 여자를 창조하셨고 그들이 창조되던 날에 하나님이 그들에게 복을 주시고 그들의 이름을 사람이라 일컬으셨더라. ³아담은 백삼십 세에 자기의 모양 곧 자기의 형상과 같은 아들을 낳아 이름을 셋이라 하였고 ⁴아담은 셋을 낳은 후 팔백 년을 지내며 자녀들을 낳았으며 ⁵그는 구백삼십 세를 살고 죽었더라. ⁶셋은 백오 세에 에노스를 낳았고 ⁷에노스를 낳은 후 팔백칠 년을 지내며 자녀들을 낳았으며 ⁸그는 구백십이 세를 살고 죽었더라. ⁹에노스는 구십 세에 게난을 낳았고 ¹⁰게난을 낳은 후 팔백십오 년을 지내며 자녀들을 낳았으며 ¹¹그는 구백오 세를 살고 죽었더라. ¹²게난

은 칠십 세에 마할랄렐을 낳았고 [13]마할랄렐을 낳은 후 팔백사십 년을 지내며 자녀들을 낳았으며 [14]그는 구백십 세를 살고 죽었더라. [15]마할랄렐은 육십오 세에 야렛을 낳았고 [16]야렛을 낳은 후 팔백삼십 년을 지내며 자녀를 낳았으며 [17]그는 팔백구십오 세를 살고 죽었더라. [18]야렛은 백육십이 세에 에녹을 낳았고 [19]에녹을 낳은 후 팔백 년을 지내며 자녀들을 낳았으며 [20]그는 구백육십이 세를 살고 죽었더라. [21]에녹은 육십오 세에 므두셀라를 낳았고 [22]므두셀라를 낳은 후 삼백 년을 하나님과 동행하며 자녀들을 낳았으며 [23]그는 삼백육십오 세를 살았더라. [24]에녹이 하나님과 동행하더니 하나님이 그를 데려가시므로 세상에 있지 아니하였더라. [25]므두셀라는 백팔십칠 세에 라멕을 낳았고 [26]라멕을 낳은 후 칠백팔십이 년을 지내며 자녀를 낳았으며 [27]그는 구백육십구 세를 살고 죽었더라. [28]라멕은 백팔십이 세에 아들을 낳고 [29]이름을 노아라 하여 이르되 여호와께서 땅을 저주하시므로 수고롭게 일하는 우리를 이 아들이 안위하리라 하였더라. [30]라멕은 노아를 낳은 후 오백구십오 년을 지내며 자녀들을 낳았으며 [31]그는 칠백칠십칠 세를 살고 죽었더라. [32]노아는 오백 세 된 후에 셈과 함과 야벳을 낳았더라.

탈무드에 보면 이런 잠언이 전해오고 있다. "오래 사는 것보다 더 중요한 것은 잘 사는 것(행복하게 사는 것)이고, 잘 사는 것보다 더 중요한 것은 남길 것이 있는 인생을 사는 것이다"(이동원, 「창세기에서 배우는 창조적 인생」(서울: 요단출판사, 2003), 164쪽). 온통 행복한 삶에 관심을 갖는 요즘 시대에 탈무드의 한 금언은 정말 가치 있는 삶이 무엇인가를 돌아보게 한다. 내가 행복하고 재미있게 산다고 해도 내가 남긴 것으로 인해 후손이 고통을 받는다면 그 삶은 가치 있는 삶이 아니다. 정말 가치 있는 삶은 후대에 아름다운 것들을 남길 수 있는 삶이다.

미국의 장로교 신학교로 잘 알려진 프린스턴대학의 초기 총장을 지낸 조다난 에드워즈는 18세기 초중반, 미국 영적 대각성운동에 큰 영향을 끼쳤다. 「신앙과 정서」라는 책을 비롯하여 중요한 저작들을 많이 남겼다. 그런데 이 에드워즈가 어렸을 때 같이 지내던 친구 중에 맥스 주크라는 사람이 있었다. 같이 주일학교에도 다니고 그랬는데 언젠가부터 교회에 발걸음을 끊더니 세상으로 들어가 방탕하고 범죄자가 되었다(앞의 책, 173.).

E. A. 윈십이라는 박사는 1900년에 이 두 사람의 후손들을 통계로 조사해서 '쥬크-에드워드 가문: 교육과 세대연구'(Jukes-Edwards: A Study in Education and Heredity)라는 제목의 논문을 발표했다 (http://archive.org/stream/jukesedwards15623gut/15623.txt). 여기 보면 에드워드의 후손은 총 873명이었는데 대학총장 12명, 교수 65명, 의사 60명, 성직자 100명, 군장교 75명, 저술가 85명, 변호사 100명, 판사 30명, 공무원 80명, 하원의원 3명, 상원의원 2명, 부통령 1명, 평범한 직업인 260명 등 대부분 건강한 인생을 살고 있었다.

그런데 신앙을 떠나 방탕했던 쥬크는 모두 1,290명의 후손을 남겼는데 유아사망이 309명, 직업거지가 310명, 사고로 다치거나 죽은 사람이 440명, 매춘부 50명, 도둑 60명, 살인자 70명, 별 볼일 없이 그저 그렇게 살아가는 사람이 53명이었다고 한다.

자, 이런 걸 보면 나 혼자 재미있게 사는 게 인생의 다가 아님을 알 수 있다. 우리는 지금 살아가는 삶을 통해 후세에 유산을 남기고 그 유산을 통해 후세들이 살아갈 역사의 물줄기를 만들어내고 있다. 부모로서 자녀에게 남겨주어야 할 가장 소중한 것이 있다. 그것은 바로 신앙이다. 어린 자녀를 둔 부모가 교회에 나오는 것은 자신의 신앙만을 생각해서가 아니다. 자녀가 좋은 신앙의 교육을 받을 수 있는 교회를 고민해서 함께 오는 것이다. 그래서 우리는 자녀세대에 어떤 신앙의 유산을 물려주어야 할 것인가를 심각하게 고민해야 한다.

본문은 아담의 족보, 특별히 셋을 통해 형성한 경건한 믿음의 족보를 다루고 있다. 이 족보는 앞서 살펴본 가인의 족보(4:16-24)와 대조되면서 믿음의 유산이 서로 다른 두 가문을 통해 어떻게 흘러가는지를 보여준다. 가인의 족보가 인류 타락의 문화와 문명의 발전상을 보여주었다면 본문의 족보는 이와 대조되는 특징을 보여준다.

첫째, 본문에 나타나는 셋의 족보는 족보에 나오는 인물들이 하나같이 장수한다. 물론 오늘날도 의학기술이 발달하여 평균수명이 늘어났다. 100세를 넘는 경우도 흔하게 발생한다. 그런데 본문에 나오는 인물들의 수명은 오늘날의 인간 수명과는 비교할 수 없을 정도로 길다. 아담은 130세에 아들 셋을 낳았고 셋을 낳은 후 800년을 더 살았으며 930세에 죽었다(3절). 여기서 나온 아들은 아담이 낳은 여러 자녀 중에 대표적인 아들을 기록한 것이다. 첫째를 기록할 것으로 하면 족보에 가인이 먼저 나와야 하지 않겠는가? 하지만 아담의 족보는 셋

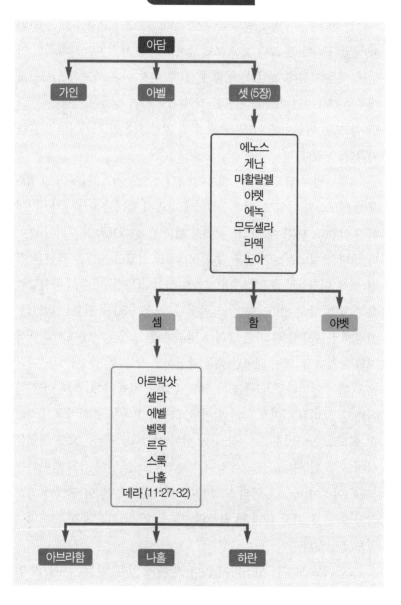

아담의 족보

아담

가인   아벨   셋 (5장)

에노스
게난
마할랄렐
야렛
에녹
므두셀라
라멕
노아

셈   함   야벳

아르박삿
셀라
에벨
벨렉
르우
스룩
나홀
데라 (11:27-32)

아브라함   나홀   하란

을 대표적인 후손으로 기록한다. 4절에도 보면 아담은 8백 년 동안 자녀들(히. 바님 우 바노트, sons and daughters–NRSV, ESV, NIV)을 낳았다고 한다. 그런 것을 보면 많은 자녀를 낳았지만 대표적인 아들로 셋을 기록해 놓았다. 이렇게 볼 때 여기 나온 족보의 인물들도 대부분 대표적인 인물을 기록한 것이다. 게다가 딸들은 생략했다. 그런 걸 보면 아담이 살아 있을 때 이미 많은 자손이 퍼져가고 있음을 짐작할 수 있다.

그렇다면 아담의 2대손 셋은 얼마나 살았는가? 6절에 보면 105세에 에노스를 낳았고, 이후 807년을 살면서 자녀들을 낳다가 912세까지 살았다. 여기 에노스도 앞에서 셋과 같이 대표적인 자녀일 것이다. 3대손 에노스는 게난을 낳고 905세를 살았다. 4대손 게난은 칠십 세에 마할렐렐을 낳고 910세까지 살았다(12절). 5대손 마할랄렐은 야렛을 낳고 895세를 살고 죽었다. 보통 900년 전후를 살았다. 이렇게 산다고 볼 때 아담 당대에 몇 대손을 보았을까? 9대손 라멕까지를 보았다. 라멕이 태어난 해를 계산하면 창조 후 874년이다. 아담은 라멕이 태어나고 56년을 더 살고 죽었다. 라멕이 30세 때 아담 할아버지, 그리고 아마도 하와 할머니, 그리고 2대손 셋 할아버지, 3대손 에노스 할아버지… 다 함께 이 땅에 살았다. 모두가 오랜 세월을 살며 모두 한 하나님을 경배하며 그분의 다스림 안에 함께 살아가는 모습, 이것이 바로 천국의 모형이다. 셋의 후손들은 이 땅에 살면서 장차 죽음 후 가서 살게 될 천국의 모형을 이 땅 가운데 이루며 미리 맛보고 살았다.

그런데도 모형은 완전하지 않다. 한계가 있다. 본문은 이들의 인

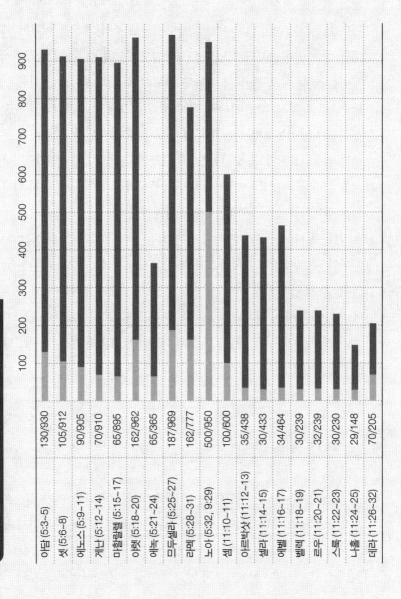

아담의 자손들 : 아들을 낳은 나이와 산 햇수

이름	아들을 낳은 나이/산 햇수
아담 (5:3-5)	130/930
셋 (5:6-8)	105/912
에노스 (5:9-11)	90/905
게난 (5:12~14)	70/910
마할랄렐 (5:15~17)	65/895
야렛 (5:18~20)	162/962
에녹 (5:21~24)	65/365
므두셀라 (5:25~27)	187/969
라멕 (5:28~31)	162/777
노아 (5:32, 9:29)	500/950
셈 (11:10~11)	100/600
아르박삿 (11:12~13)	35/438
셀라 (11:14~15)	30/433
에벨 (11:16~17)	34/464
벨렉 (11:18~19)	30/239
르우 (11:20~21)	32/239
스룩 (11:22~23)	30/230
나홀 (11:24~25)	29/148
데라 (11:26~32)	70/205

생이 결국은 유한했고 낳고 죽는 과정이 세대를 거쳐 반복되었음을 보여준다. 본문의 족보는 "낳았으며" "살고 죽었더라"는 어구가 세대를 이어가며 반복되고 있다. 우리 인생도 그렇다. 우리는 살면서 자녀를 낳게 되고 조금 더 지나면 반드시 죽음이 찾아오게 되어 있다. 그리고 이 죽음을 지나면 이제 우리는 그동안 그리워하고 보고 싶었던 사랑하는 사람들을 천국에서 모두 만나게 된다. 그렇다면 우리가 남은 시간 이 땅에 살아가면서 힘써야 할 일이 무엇인가? 하나님을 사랑하고 내게 주어진 사람들을 사랑하는 일이다. 특별히 하나님을 경외하는 삶의 유산을 후대에 남겨야 한다.

본문에 나오는 족보 가운데 특이한 점이 하나 있다. 그것은 7대손 에녹이 다른 세대에 비해 두드러지게 이 땅에서 산 연수가 적다는 점이다. 21절 이하를 보면 에녹은 65세에 8대손 므두셀라를 낳고 23절에 365세를 사는 데 그쳤다. 아니, 보통은 다 900년 가까이 살아가는데 왜 이렇게 적은 햇수를 살았을까? 이번 장의 본문은 그 이유를 이렇게 말씀한다.

"에녹이 하나님과 동행하더니 하나님이 그를 데려가시므로 세상에 있지 아니하였더라"(24절).

에녹이 하나님과 동행했다. 그래서 하나님이 그를 아예 그분이 계신 천국으로 데려가셨다. 그러니 더는 이 세상 가운데 존재하지 않게 되었다. 이것을 두고 히브리서 11장 5절은 다음과 같이 말씀한다. "믿음으로 에녹은 죽음을 보지 않고 옮겨졌으니 하나님이 그를 옮기심으로 다시 보이지 아니하였느니라. 그는 옮겨지기 전에 하나님을 기쁘시게 하는 자라 하는 증거를 받았느니라."

에녹은 죽음을 보지 않고 옮겨졌다고 말씀한다. 왜? 하나님이 죽음 없이 에녹을 천국으로 옮기셨기 때문이다. 에녹은 천국으로 가기 전에 하나님으로부터 "하나님을 기쁘시게 하는 자"라는 칭찬과 인정을 받았다. 하나님을 기쁘시게 하는 자는 본문의 용어로 하면 '하나님과 동행했던 자'이다. 본문에 이것을 두 번이나 언급함으로 강조한다. 그는 므두셀라를 낳은 후 300년을 하나님과 "동행하며" 자녀들을 낳았다(22절). 24절에도 "에녹이 하나님과 동행하더니"라고 보도하면서 또다시 강조한다. 우리의 관심은 동행하기보다는 큰일에 쓰임받는 것이다. 그러나 에녹은 정반대였다.

주일학교 때 들었던 에녹이야기다.

"똑똑똑, 똑똑똑."
"에녹아, 준비됐니?"
하나님이 에녹의 집에 오셔서 문을 두드리고 부르셨어요.
에녹은 대답합니다.
"네, 하나님. 준비됐어요."
그날도 에녹은 하나님의 손을 잡고 하나님이 만드신 들로, 산으로 산책을 했답니다.
"하나님, 저 멋진 새는 누가 만들었어요?"
"그것은 내가 너를 위해 만들었단다."

"와, 아름다워요. 정말 감사해요."

"하나님, 저 무지개가 너무 아름다워요. 저 무지개도 저를 위해 만드셨나요?"

"그럼, 너를 사랑하기에 너를 위해 만든 거란다."

에녹은 산책하며 하나님과 도란도란 이야기를 나누며 정말 신나고 행복한 시간을 보냈습니다. 그러다 문득 서쪽 산을 보았어요. 해는 이미 뉘엿뉘엿 저물어가고 있었지요. 하나님은 에녹의 손을 잡고 집으로 데려다주셨어요.

"하나님, 너무나 아쉬워요. 우리 내일 또 만나는 거죠?"

"그래."

에녹은 다음 날이 몹시도 기다려졌어요.

다음 날 아침이 되었어요.

"똑똑똑, 똑똑똑."

"에녹아, 준비됐니?"

"예, 하나님!"

에녹은 신이 나서 집 밖으로 나왔습니다. 그날도 에녹은 온종일 하나님의 손을 꼭 붙잡고 이곳저곳 하나님이 만드신 아름다운 곳들을 돌아다니며 이야기를 나누었습니다. 에녹은 너무 행복한 시간을 보내는데, 또다시 해가 지고 있었어요.

"하나님, 아쉽게도 또 해가 져요."

"에녹아!"

"네, 하나님."

"오늘은 너희 집으로 가지 말자."

"네? 가지 말자고요? 그럼 어디로 가요?"

"오늘부터는 우리 집에 아예 가서 살자."

그래서 하나님은 에녹의 손을 잡고 하늘나라로 올라가셨습니다. 이후로 사람들은 에녹의 모습을 볼 수 없게 되었죠.

얼마나 가슴 뭉클한 이야기인가?

오늘 말씀에 '동행했다'는 표현은 히브리어 '하라크'라는 동사를 사용했다. 이것은 영어로 하면 'walk with', 즉 '함께 걸었다'는 뜻이다. 에녹이 하나님과 동행했다고 하면 'Enoch walks with God'이 되는 것이다. 모든 일에 하나님과 함께, 하나님을 모시고 상의하며 교제하며 믿음의 길을 걸어갔다는 뜻이다.

그렇다면 우리가 삶의 모든 순간에 주님과 동행하려면 어떻게 해야 하는가? 그분을 매 순간 찾고 초대해야 한다. 17세기 프랑스에는 평생을 하나님과 동행하는 연습을 한 '로렌스 형제'라는 분이 있었다. 이분은 일평생 살아가면서 자기 삶의 현장에 하나님을 초대했고 그 누구보다도 풍성한 하나님의 임재와 친밀함을 느끼며 살아갔던 분이다. 그 경험을 「하나님의 임재 연습」이라는 책에 담고 있다(로렌스 형제, 임종원 역, 「하나님의 임재 연습」(서울: 브니엘, 2015)). 핵심은 모든 순간에 의식적으로 주님을 깨우고 초대하고 교제하라는 것이다. 로렌스 형제가 이 연습을 지속하다 보니 나중에는 의식하지 않더라도 자연스럽게 그분의 임재 안에 머물게 되었고 그를 찾아왔던 많은 사람이 강렬한 하나님의 임재를 함께 경험하게 되었다.

그러기에 이 땅에서 중요한 것은 얼마나 오래 사느냐가 아니라 얼마나 주님과 친밀하게 동행하느냐 하는 점이다. 우리는 자녀들이 영어공부를 잘 안 해서 걱정하고 책을 많이 읽지 않아서 걱정한다. 그러나 이것보다 더 중요한 것이 있는데 그것은 부모들이 삶의 모든 순간을 주님과 동행하고, 또 주님과 동행하는 삶이 얼마나 행복한지 신앙의 아름다운 유산을 자녀들에게 남겨주는 일이다.

에녹이 이렇게 강렬한 주님의 임재 가운데 뜨겁게 동행할 수 있었던 이유는 무엇일까? 성경은 명시적으로 그 이유를 설명하고 있지 않지만 우리는 그 아들의 이름에서 단서를 얻을 수 있다. 에녹이 낳은 아들의 이름이 무엇인가? 바로 므두셀라다. 므두셀라는 몇 살까지 살았는가? 969세를 살았다(27절). 인류 역사상 가장 오래 살았던 인물이다. 에녹의 동행은 그 아들의 이름과 또 아들이 장수한 이유와 밀접한 관련이 있다.

그렇다면 에녹이 65세에 낳은 아들 므두셀라에 대해 생각해보자. 먼저는 이름의 의미이다. '므두' 하면 '~하는 사람' 이라는 뜻이고 '셀라' 하면 '창' 이라는 뜻이다. 그래서 이 이름의 직접적인 의미는 '창의 사람', 즉 '창을 던지는 사람' 이다. 옛날에는 창 던지는 사람이 중요했다. 부족 간에 전쟁이 벌어지면 마을 최전방에는 창을 잘 던지는 최고의 용사 한 사람이 마을의 수문장처럼 그 마을을 지키고 있었다. 이 사람을 쓰러뜨리기는 결코 쉽지 않았다. 그래서 이 창 던지는 사람만 쓰러뜨리면 사실상 전쟁에서는 승리하는 것과 다름없었다.

여기서 므두셀라의 또 다른 의미가 파생된다. 그것은 '그가 죽으면 마지막이 온다' '그가 죽으면 심판이 온다' 라는 뜻이다. 즉 므두셀라는 창 던지는 사람으로 그 세대를 지키도록 세움받았다. 실제로 므두셀라가 죽자 노아의 홍수심판이 임했다. 25절에 보면 므두셀라가 187세에 라멕을 낳았다. 또 라멕은 182세에 노아를 낳았다. 즉 노아가 태어난 것은 므두셀라가 369세 때인데, 후에 노아의 홍수가 일어난 게 노아가 600세 되던 해이다. 창세기 7장 10~11절은 "칠 일후에 홍수가 땅에 덮이니 노아가 육백 세 되던 해"라고 진술한다. 노아가 600세면 므두셀라가 369세 때 태어났으니까 369세에 600세를 더하면 된다. 이렇게 하면 969세가 된다. 즉 므두셀라가 죽은 해에 노아의 홍수가 일어난 것이다. 므두셀라는 일생 전체가 종말을 준비하는 하나님의 메시지였다.

이번 장의 본문 22절을 보면 에녹이 65세에 므두셀라를 낳고, 낳은 후 300년간 하나님과 동행했다고 말씀한다. 즉 에녹이 하나님과 본격적으로 동행한 것은 므두셀라를 낳은 후였다. 이렇게 볼 때 므두셀라의 탄생은 에녹이 하나님과 동행하는 결정적인 계기를 제공했을 것으로 보인다. 이름을 므두셀라, '창 던지는 사람' '그가 죽으면 심판이 온다'라고 지은 것도 심상치 않다. 에녹에 대해 말씀한 유다서를 보면 이런 정황을 좀 더 구체적으로 이해하는 데 도움이 된다. "아담의 칠대 손 에녹이 이 사람들에 대하여도 예언하여 이르되 보라. 주께서 그 수만의 거룩한 자와 함께 임하셨나니"(유 1:14).

여기서 '이 사람들'이란 가인의 길을 따라가는 거짓 예언자, 즉 주님을 떠난 타락한 이들을 말한다. 에녹은 무엇을 했는가? 이들을 향하여 예언했다. 예언했다는 것은 주님으로부터 받은 메시지가 있었다는 뜻이다. 무엇인가? "이는 뭇 사람을 심판하사 모든 경건하지 않은 자가 경건하지 않게 행한 모든 경건하지 않은 일과 또 경건하지 않은 죄인들이 주를 거슬러 한 모든 완악한 말로 말미암아 그들을 정죄하려 하심이라" 하였느니라"(유 1:15).

이는 뭇 사람을 심판하는 메시지다. 모든 경건하지 않은 자들의 죄악 된 행위와 말을 심판하신다는 뜻이다. 아마도 하나님은 에녹에게 므두셀라를 주시면서 이렇게 말씀하셨을 것 같다.

"에녹아, 이제 네게 아들이 있을 것이다. 그 이름을 므두셀라라 지어라."

"하나님, 왜 하필이면 므두셀라, 창 던지는 사람이죠? 그가 죽으면 세상의 끝이 온단 말인가요?"

"그래, 그가 죽으면 온 세상에 심판이 올 것이다."

그래서 에녹은 아들 이름을 므두셀라로 짓고 세상의 종말을 의식하며 깨어 있었다. 사람들에게 심판의 메시지를 전하고 또 동시에 날마다 주님과 동행하는 삶을 살았다. 그런데 날마다 깨어 주님과 더욱 가까이 동행하다 보니 그분이 너무나 좋다. 정말 그분과 친밀하게 동행하며 그분을 사랑하니까 주님께서 세상을 심판하기 훨씬 전에 그냥 에녹을 천국으로 먼저 데려가신 것이다. 에녹은 우주적인 종말 이전에 개인적인 종말을 훨씬 더 일찍, 영광스럽게 먼저 맛보았다.

주님은 세상을 심판하기 원치 않으신다. 할 수 있으면 기회를 주고 심판의 때를 연장하기 원하신다. 그것이 무드셀라가 인류 가운데 살았던 그 어떤 사람보다 오랜 세월을 장수할 수 있었던 비결이다. 베드로후서 3장 9절은 이렇게 말씀한다. "주의 약속은 어떤 이들이 더디다고 생각하는 것같이 더딘 것이 아니라 오직 주께서는 너희를 대하여 오래 참으사 아무도 멸망하지 아니하고 다 회개하기에 이르기를 원하시느니라."

그렇다. 할 수만 있다면 주님은 우리에게 기회를 주기 원하신다. 그래서 우리는 기회가 있을 때 주님께 돌아오고 복음을 선포하고 주님과 동행하며 주님을 사랑해야 한다. 지금 나는 나의 자녀들에게 무엇을 남겨주고 있는가? 무엇을 전수하고 있는가? 에녹과 같이, 아름다운 신앙의 유산을 전수해 줄 수 있는 거룩한 믿음의 명문가문을 이루길 꿈꾸어보자.

단순함이
주는 힘

¹사람이 땅 위에 번성하기 시작할 때에 그들에게서 딸들이 나니 ²하
나님의 아들들이 사람의 딸들의 아름다움을 보고 자기들이 좋아하는
모든 여자를 아내로 삼는지라. ³여호와께서 이르시되 나의 영이 영원
히 사람과 함께하지 아니하리니 이는 그들이 육신이 됨이라. 그러나
그들의 날은 백이십 년이 되리라 하시니라. ⁴당시에 땅에는 네피림이
있었고 그 후에도 하나님의 아들들이 사람의 딸들에게로 들어와 자
식을 낳았으니 그들은 용사라 고대에 명성이 있는 사람들이었더라. ⁵
여호와께서 사람의 죄악이 세상에 가득함과 그의 마음으로 생각하는
모든 계획이 항상 악할 뿐임을 보시고 ⁶땅 위에 사람 지으셨음을 한
탄하사 마음에 근심하시고 ⁷이르시되 내가 창조한 사람을 내가 지면

> 에서 쓸어버리되 사람으로부터 가축과 기는 것과 공중의 새까지 그
> 리하리니 이는 내가 그것들을 지었음을 한탄함이니라 하시니라. [8]그
> 러나 노아는 여호와께 은혜를 입었더라.

신앙생활을 위해 첫걸음을 내딛기가 쉽지 않다. 신앙생활을 한다는 것은 믿음을 가진다는 사실을 의미한다. 믿음은 한편으로 쉬운 일일 수 있다. 단순히 믿으면 된다. 그러나 단순하게 믿는다는 게 쉽지 않다. 마음에 걸리는 복잡한 의문과 문제들이 많기 때문이다.

그 대표적인 문제를 몇 가지 예로 들자면 다음과 같다.

첫째, 하나님이 계신다면 왜 이 세상에 이런 고통을 주시는가? 전쟁으로 고통당하고 테러로 고통당하는 아이들을 보면 가슴이 아프다. 그런 걸 보면 하나님은 참 잔인한 분인 것 같다.

둘째, 예수님을 꼭 믿어야만 천국에 가는가? 나쁜 짓 하다가 믿고 천국에 가는 사람들도 있는데, 그러면 평생 착하게 살다가 죽어 지옥에 가면 정말 불공평하지 않는가?

셋째, 하나님은 인류가 죄악에 빠질 것을 알면서 왜 자유의지를 주셨는가? 차라리 그럴 바에야 주시지 말지.

이런 질문들은 신앙을 갖기 전에 우리를 힘들게 하고 괴롭히는 질문들이다. 또 생각할수록 머리도 복잡해지고 잘 해결되지도 않는다. 이런 복잡한 문제에 대해 우리가 단순하게 믿는다는 것은 어리석은 짓 같고 잘 용납되지도 않는다. 이번 장의 본문 말씀은 이러한 질문들을 생각하는 데 도움이 되는 단서를 제공하고 있다.

이번 장의 말씀을 본격적으로 살펴보기 전에 한 가지 생각해볼 문제가 있다. 그것은 '복잡한 문제에 대한 단순한 믿음'이란 해결책이 과연 어떤 의미가 있는가 하는 점이다. 우리가 생각해도 복잡한 인생의 문제를 단순한 믿음으로 받아들이고 수용한다는 것은 과연 어리석은 짓일까?

경영분야에 보면 '복잡성 보존의 법칙'이라는 것이 있다. 이 법칙은 복잡함의 총량은 정해져 있는데 만약 공급자가 복잡함을 더 짊어지면 그만큼 소비자는 단순함을 즐길 수 있게 된다는 것이다(윤형준, "[Weekly BIZ] 창업자 보스 박사는 '소리의 스티브 잡스' … 사용자 경험 중시, 쓰기 편한 제품 만들어"(《조선일보》, 2014. 10. 11.)). 명품일수록 복잡함은 공급자가 짊어지고 소비자에게 단순함을 제공한다. 그런데 여기에서 단순함은 허술한 단순함이 아니다. 아주 심오한 단순함이다.

아이폰은 단순함의 대명사로 통한다. 처음 아이폰이 나왔을 때 버튼 하나와 터치로 모든 기능을 작동할 수 있게 해놓았다. 이런 단순함을 구연하기 위해 제조회사는 엄청난 복잡함을 단순하게 하기 위한 피나는 노력을 하였고 이 단순함을 통해 소비자는 심오한 즐거움을 경험하게 되었다.

또 다른 회사로 미국의 오디오 전문회사인 보스가 있다. 보스의 특징을 보면 설치와 작동이 놀랍도록 단순하다. 보통 오디오를 설치한다고 하면 여기저기 스피커 선과 앰프선 등을 복잡하게 연결하지 않는가? 그런데 보스는 그 모든 과정을 단순하게 만들었다. 오디오 마니아 같은 경우에는 이런 단순함을 싫어하는 예도 있다. 선도 비싼 동축케이블에 금도금한 연결단자를 사용한다. 그리고 오디오를 작동하려면 파워앰프부터 시작해서 하나하나의 기계에 전원을 넣어야 한다. 이 과정이 하나의 제의 의식과도 같다. 그런데 오디오가 이렇게 복잡하게 되면 필연적으로 소비자는 오디오를 자주 들으려고 하지 않는다. 손쉽게 접근하기가 어렵기 때문이다.

그런데 보스에서는 이런 복잡함을 소비자에게 넘기면 필연적으로 나타나는 소비자의 번거로움을 매우 중요하게 간주하였다. 그래서 소리의 품질에 목숨을 거는 동시에 설치와 작동은 가능한 최소의 버튼과 연결하여 소비자가 최상의 음질로 음악을 쉽게 자주 들을 수 있도록 하였다. 복잡하고 힘든 문제를 공급자가 담당한 것이다. 복잡하고 힘든 문제를 공급자가 담당할수록 소비자는 심오하고 깊은 세계를 손쉽게 감당할 수 있다.

이것은 우리의 단순한 믿음이 과연 무엇을 의미하는가를 묵상하는 데 통찰력을 제공한다. 우리가 인생의 많은 문제와 풀리지 않는 문제를 고민할 때 이 어려운 문제들의 복잡함을 과연 누가 감당하느냐에 따라 신앙에 접근하는 우리의 무게와 부담이 달라진다.

구약시대에는 하나님께서 우리 죄의 무게와 복잡함을 상당 부분 사람들에게 넘기셨다. 그래서 하나님께 나아갈 때는 몸과 마음을 정결하게 하고 제사의 복잡한 규례를 따라 정결한 제물을 가지고 성전에 나아가 복잡한 절차를 거쳐 제사를 드렸다. 하나님께 나아가는 일이 복잡하고 힘들었다. 사실 우리 편에서 우리 문제의 복잡함을 해결하려고 할 때 하나님께 나아가기가 정말 힘들고 어렵다. 내 의심을 풀어야 하고 죄의 습관들을 끊어야 하며 술과 담배도 끊고 깨끗해지고 사랑하는 것들도 정리해야 한다. 그러나 이 문제들을 해결하는 게 결코 만만치 않다.

지혜로운 사람은 이 복잡함을 하나님께 넘기는 사람이다. 하나님은 예수 그리스도를 보내셔서 십자가 위에서 우리의 무거운 죄의 짐과 복잡한 문제들을 대신 져주셨다. 신약성경 히브리서는 이렇게 말씀한다. 구약시대는 "제사장마다 매일 서서 섬기며 자주 같은 제사를 드리되 이 제사는 언제나 죄를 없게 하지 못하거니와 오직 그리스도는 죄를 위하여 한 영원한 제사를 드리시고 하나님 우편에 앉으셨다"(히 10:11-12). 무슨 말인가? 구약의 복잡한 제사 절차로는 그 효력이 임시적이다. 그래서 하나님 편에서 이 복잡한 문제를 다 떠안으셨고 예수 그리스도를 통해 단번의 영원한 제사로 이 문제를 해결하셨다는 것이다.

그러므로 우리는 하나님께 마음만 먹으면 언제든지 나아올 수 있고 마음만 먹으면 기도할 수 있다. 따라서 우리의 단순한 믿음은 복잡한 절차와 문제를 해결하신 하나님의 앞선 행동이 전제되어 있기에 가능한 것이다.

본문에서는 우리가 믿음으로 가지 않았으면 실제로 당면했어야 할 복잡한 문제가 어떤 문제인지를 구체적으로 설명하고 있다.

"사람이 땅 위에 번성하기 시작할 때에 그들에게서 딸들이 나니"(1절).

여기서 '사람'은 2절에서 말하는 사람과 같은 사람이다. 그런데 이 사람들은 2절에 보면 하나님의 아들들과 대조되고 있다.

"하나님의 아들들이 사람의 딸들의 아름다움을 보고 자기들이 좋
아하는 모든 여자를 아내로 삼는지라"(2절).

여기 등장하는 하나님의 아들들과 사람의 딸들은 과연 누구일까?
앞선 창세기 4~5장의 흐름으로 보았을 때 이는 뚜렷하게 대조되는
두 계보를 말한다. 즉 셋의 후손들은 '하나님의 아들'을, 가인의 후
손들은 '사람의 딸들'인 것이다. "사람이 땅 위에 번성하기 시작할
때"(1절)라는 것은 가인의 후손들이 성을 쌓고 일부다처제를 하며 철
기문명과 살인과 폭력을 전제로 하는 문화예술을 발전시키는 것을
의미한다. 하나님의 뜻에 대적하는 뱀의 후손이다(창 3:15 참조). 경
건하게 살아가던 셋의 후손들이 이런 문화적인 힘을 가진 가인의 후
손들과 어울리기 시작한다. 그리고 결혼을 한다. 눈에 예쁘게 보이는
대로 여러 명의 배우자를 거느리며 결혼한다.

2절 끝에 보면 "자기들이 좋아하는 모든 여자를 아내로" 삼았다.
거룩하게 자신을 지키며 살아야 할 셋의 후손들이 가인의 후손들과
어울리며 그들로부터 죄의 영향을 받기 시작한 것이다. 이들 사이에
서 태어난 자녀들이 있었다. '네피림'이라 불리는 고대의 용사들이
다. '네피림'이란 말은 '타락한 사람들' '유산된 아이들' '사산된 아
이들'이란 의미다. 신앙의 아름다운 유산을 물려주어야 할 셋의 가
문도 결국 가인의 사람들과 결혼하면서 하나님의 말씀을 기준으로
하지 않고 타락한 가인의 문명을 중심으로 영향을 받아 물들어간 것

이다. 결국 어떻게 되는가? 세상은 죄악이 가득하게 되었고 마음의 생각과 중심이 죄에 푹 물들어 있게 되었다.

> "여호와께서 사람의 죄악이 세상에 가득함과 그의 마음으로 생각하는 모든 계획이 항상 악할 뿐임을 보시고"(5절).

하나님을 떠나 자기 욕심과 자기 뜻을 추구하다가 도시를 건설하여 집단적인 악을 구축하고 악한 문화를 구축하자 온 인류에 악이 더욱 가속화되기 시작했다. 하나님이 인간에게 주신 자유의지를 더욱 악하게 사용했다.

우리는 '하나님이 이 땅에 왜 이렇게 잔인한 일들을 허락하시는가?' '왜 아이들이 저렇게 고통당하며 죽도록 하시나?' '참 가혹하다'고 생각한다. 그러나 하나님이 사람에게 주신 자유는 이런 것을 위해 사용하라고 주신 게 아니었다. 이성적으로는 하나님을 기뻐하며 예배하고 서로를 사랑하고 섬기라고 주신 것이었다. 이런 상황을 바라보시는 하나님의 마음은 어떠하실까?

> "땅 위에 사람 지으셨음을 한탄하사 마음에 근심하시고"(6절).

'한탄'과 '근심'이다. 자유의지를 이토록 오용하며 죄와 벗하며 살아갈 것까지 기대하지 않으셨던 모양이다. 심지어는 하나님 마음에 어떤 생각까지 드시는가?

"이르시되 내가 창조한 사람을 내가 지면에서 쓸어버리되 사람으로부터 가축과 기는 것과 공중의 새까지 그리하리니 이는 내가 그것들을 지었음을 한탄함이니라 하시니라"(7절).

다 쓸어버리고 다시 시작하고 싶으실 정도가 된 것이다.
가인의 문화로 뒤덮일 때 이 땅에서 나타난 특징이 있다.

"온 땅이 하나님 앞에 부패하여 포악함이 땅에 가득한지라"(11절).

여기 '부패'와 '포악'이 이 땅에 가득하다고 말씀한다. 여기서 '부패'라는 것은 성적 부패를 뜻하는 말이고 '강포'라는 것은 폭력이다. 즉 당시에는 성적 부패와 폭력이 그 땅에 가득했던 뜻이다. 영화에 보면 성인영화에 19금 표시가 있다. 19세 이상의 성인들만 볼 수 있다는 의미. 미국에서도 영화등급을 매긴다. PG면 부모가 자식과 함께 지도하며 보아야 할 것, 또 R등급이면 보지 말아야 할 것, 즉 우리로 하면 19금 영화인 셈이다. 그렇다면 영화를 규제하는 표준이 무엇인가? 바로 성적 부패와 폭력의 정도다. 성적 부패를 얼마나 지나치게 묘사하는가, 폭력의 정도를 얼마나 지나치게 묘사하는가, 이것으로 미성년이 보아야 할 것인지 말 것인지를 판단한다. 아무리 성인이 보도록 만들었다고 하지만 이런 것은 성인이 봐도 좋지 않다.

이런 세상을 향한 하나님의 한탄과 근심은 다른 이면에 무엇을 알려주는가? 원래 하나님께서 바라시는 세상은 이것이 아니었다. 그것은 하나님의 뜻이 이 땅 가운데 온전히 이루어지고 사람들이 기쁘게 그 뜻 안에서 서로를 사랑하며 살아가는 삶이었다. 이 땅에 천국을 이루어가는 것이었다.

그런데 사람들이 바라는 것은 무엇인가? 하나님을 떠나 나만의 천국을 이루어가고 싶어 한다. 내 만족과 내 성공과 내 야망이 이 땅에 온전히 이루어지기 원한다. 그래서 하나님 없는 천국을 맛보고 싶어 한다. 그래서 신앙 없는 일반인 가운데 예수 믿으면 천국 간다고 말하면 상당한 거부감을 갖고 반발하는 사람들도 있다. "아니, 왜 꼭 믿어야 천국에 갑니까? 믿지 않고 착한 일을 해도 가야 하지 않습니까?"라고 항의한다. 그러나 이것은 성경이 말하는 천국에 대한 개념을 오해하기 때문이다.

예수를 믿어야 천국에 가는 것에 반발심을 가진 사람들이 머릿속에 그리는 천국은 많은 경우 이슬람이 그리는 천국과 비슷하다. 언론 보도에 보면 종종 이슬람 과격파들이 온몸에 폭탄을 두르고 자살테러를 하지 않는가? 이들이 이렇게 서슴없이 자살테러를 하는 이유가 있다. 이슬람에서 일반적인 선행으로는 천국에 가기가 매우 어렵다. 그래서 금욕하고 금식을 자주 한다. 그런데 천국에 가는 직행열차가 있는데 그것은 순교자의 반열에 들어가는 것이다. 알라를 위하여 목숨을 바치면 곧바로 천국에 간다. 그러면 천국에 가면 어떤가? 이들이 묘사하는 천국은 이렇다. 텔레비전에서만 봤던 연예인급 절세미녀들이 천국에서 24시간 상시 풀 서비스를 대기하고 있다. 순교하는 순간 천국에서 수십 명의 아내들이 주어진다(안남식, "[新중동천일야화] 한 IS 지하디스트의 假想 독백"(〈조선일보〉, 2016. 12. 14.)). 또 이 땅에서는 못 먹게 했던 기가 막힌 술도 잔뜩 마실 수 있다. 산해진미를 먹는다. 으리으리한 저택에서 산다. 이런 천국을 그리며 기꺼이 폭탄테러를 감행하는 것이다.

자, 어떤가? 이런 천국이라면 가고 싶은가? 왠지 좀 이상하다. 여기가 정말 천국일까? 그럼 내가 꿈꾸는 천국은 어떤 천국인가? 백두산 같은 신비로운 절경에서 구름 타고 다니면서 천도복숭아를 따먹고 우아하게 사는 곳? 우리는 천국과 지옥에 대해 그동안 너무 막연한 생각을 해왔다. 지옥하면 공포영화에 나오는 괴물들이 우리 살을 뜯어 먹고 괴롭히는 그런 곳인가?

천국이 어떤 곳인가를 우리는 잘 알아야 한다. 천국의 핵심은 하나님의 통치, 즉 다스림이 있는 곳이다. 그래서 천국을 성경에는 다른 말로 '하나님의 나라'(the Kingdom of God)이라고 한다. 천국에 가려면 하나님의 다스림을 받아야 한다. 하나님의 다스림을 받으려면 하나님을 알고 그분의 뜻을 알아야 한다. 만약 천국에 가려고 입구에 섰는데 우리가 천국의 주인이신 하나님을 모르고 믿지 않고 평생 거부했다면 과연 갈 수 있겠는가? 반면, 지옥의 핵심은 무엇인가? 괴물? 뜨거운 불이 와서 우리를 들들 볶는 것? 아니다. 지옥의 가장 큰 핵심은 하나님의 통치가 없는 것이다. 하나님이 계시지 않는 곳이다. 그러니 그곳에는 죄와 사망과 사탄의 세력이 있다.

이런 것을 보면 우리는 셀카봉을 들고 천국을 기대하는 것 같다. 셀카봉이 무엇인가? 셀카를 내 마음에 드는 배경과 각도로 찍고 싶을 때 사용한다. 왜 셀카를 찍는가? 다른 사람이 찍어주는 사진이 별로 마음에 들지 않는다. 또 부탁하는 것도 번거롭고. 그러니 나의 관점에, 내 기준에 상황과 배경의 모든 것을 맞춘다. 그렇게 찍고 어떻게 하는가? SNS에 올리고 자랑하며 사람들의 댓글과 인정을 기다린다. 내가 본 기준이 좋다고 인정받기를 원한다. 만약 천국과 지옥도 이런 식으로 보고 기대한다면 이런 천국은 나만을 위한 천국일 뿐이다. 의식적으로 느끼든지 느끼지 못하든지 간에 우리는 이 땅에서 저마다의 천국을 건설하며 사는 존재이다. 나의 만족과 유익을 위해 내가 생각하는 최적의 환경과 생의 요건을 구축하기 위해 살아간다. 그러니 이런 천국은 내 기준에서의 만족이고 하나님의 뜻과 다스림과는 전혀 상관이 없을 때가 잦다.

천국과 지옥은 우리가 이 땅을 살고 나서 저세상에 가서 경험하게 되지만 여기서 먼저 경험할 수 있다. 예수님께서 이 땅에 오셔서 복음을 선포하시며 말씀하셨다. "회개하라. 천국이 가까이 왔느니라"(마 4:17). "두세 사람이 내 이름으로 모인 곳에는 나도 그들 중에 있느니라"(마 18:20). "볼지어다. 내가 세상 끝날까지 너희와 항상 함께 있으리라"(마 28:20).

지금 우리가 이곳에 살지만 빈들이나 초막이나 주님을 모시고 그분의 통치를 받는 곳이면 그 어디나 하늘나라를 경험하는 것이다. 반대로 지금 우리가 이 땅에 살지만 주님 없이 사는 것이 괴롭다. 더 이상 살고 싶지 않다. 이 세상이 지옥 같다. 이럴 때 우리는 지옥이라는 단어 앞에 '생'이라는 말을 붙인다. '생'이라는 말은 고기 앞에만 붙이는 것이 아니다. 지옥에도 생지옥이 있다. 지금 이곳에서 경험하는 고통스러운 삶, 바로 생지옥이다. 하나님은 아담의 셋째 아들인 셋의 자녀를 통하여 이 땅에 천국을 이루길 원하셨지만 사람들은 이 땅에서 자기의 죄의 문명을 구축하며 확장하다가, 결국은 이곳을 점점 생지옥으로 만들어가기 시작했다. 사람들은 하나님이 주신 소중한 자유의지를 갖고, 결국 자신의 만족을 위해 이곳을 점점 생지옥으로 만들어가기 시작하였다.

그렇다면 왜 자신의 만족을 위해 살다 보면 생지옥으로 변해 가는가? 하나님께서 공급해주시는 충분한 자원이 없으면 우리는 늘 결핍을 느끼고, 자기 힘으로 자기 삶의 자원을 확보하려고 한다. 우리나라 사람들이 가장 많이 하는 것이 무엇인가? 비교이다. 남들 있으면 나도 있어야 한다. 내게 부족한 것은 어떻게든 그 자원을 확보하려고 하는데 내 자원은 한정되어 있다. 그러면 어떻게 하는가? 빼앗아야 한다. 없는 이들의 소유를 빼앗고 탈취한다. 이것이 개인적, 사회적, 국가적인 차원에서 이루어진다.

하나님은 인간들에게 주신 자유의지를 인간이 더 이상 감당하지 못할 것을 아셨다. 우리의 성격 같아서는 확 빼앗아서 로봇으로 만들어버리고 싶다. 그러나 하나님은 그렇게 하지 않으셨다. 자유의지를 주시되 인간의 수명을 줄이셨다.

"여호와께서 이르시되 나의 영이 영원히 사람과 함께하지 아니하리니 이는 그들이 육신이 됨이라. 그러나 그들의 날은 백이십 년이 되리라 하시니라"(3절).

이전에는 인간의 평균수명이 900세였다. 이 기간에 자유의지를 자기 욕망을 위해 사용하다 보니 죄가 감당할 수 없을 정도로 인류에게 가속화되었다. 그러자 신실하신 하나님은 인간의 자유의지 자체를 빼앗지 않으시고, 오히려 인간의 한계를 더 많이 깨닫고 살도록 하셨다. 이제 우리의 삶의 기회가 예전같이 길지 않다. 한정된 인생 가운데 우리의 자유의지를 통해 하나님을 누리고 경험하며 그분의 뜻 안에서 이 땅 가운데 작은 천국을 이루어가며 살아야 한다.

이 천국을 이루게 하려고 예수 그리스도께서 오셨다. 우리의 죄를 처리하는 복잡하고 무거운 것들을 다 짊어지시고 우리에게 복음을 주셨다. 우리의 죄를 대신 지시고 하나님과 화해할 수 있는 길을 주셨는데 이 길을 가는 방법은 의외로 단순하다. 예수님이 우리를 위해 하신 일을 믿고 그분을 내 생명의 구주로 받아들이는 것이다. 예수님은 우리 죄를 위해 죽고 부활하셔서 하나님의 품으로 가시면서 이 땅에 교회를 남겨주셨다. 이 교회는 그분을 믿고 따르는 사람들이 하나님의 뜻을 이루며 한 몸 된 공동체를 이루어가는 곳이다. 그냥 왔다 갔다 하는 곳이 아니라 이곳에서 함께 천국을 이루어가는 곳이다. 우리는 이곳에서 천국을 미리 경험해야 한다. 물론 불완전하다. 연약하다. 그래서 창세기 6장 3절에서 인류를 떠났던 그분의 영, 성령을 다시 부어주시고 그분의 형상을 이루어 갈 수 있도록 하셨다(행 2장). 지금 내 삶은 누구의 통치 아래 있는가? 나는 천국을 이루어가며 살아가는가?

홍수,
그리고 방주

⁹이것이 노아의 족보니라 노아는 의인이요 당대에 완전한 자라. 그는 하나님과 동행하였으며 ¹⁰세 아들을 낳았으니 셈과 함과 야벳이라. ¹¹ 그때에 온 땅이 하나님 앞에 부패하여 포악함이 땅에 가득한지라. ¹² 하나님이 보신즉 땅이 부패하였으니 이는 땅에서 모든 혈육 있는 자의 행위가 부패함이었더라. ¹³하나님이 노아에게 이르시되 모든 혈육 있는 자의 포악함이 땅에 가득하므로 그 끝날이 내 앞에 이르렀으니 내가 그들을 땅과 함께 멸하리라. ¹⁴너는 고페르 나무로 너를 위하여 방주를 만들되 그 안에 칸들을 막고 역청을 그 안팎에 칠하라. ¹⁵네가 만들 방주는 이러하니 그 길이는 삼백 규빗, 너비는 오십 규빗, 높이 는 삼십 규빗이라. ¹⁶거기에 창을 내되 위에서부터 한 규빗에 내고 그

문은 옆으로 내고 상 중 하 삼층으로 할지니라. [17]내가 홍수를 땅에 일으켜 무릇 생명의 기운이 있는 모든 육체를 천하에서 멸절하리니 땅에 있는 것들이 다 죽으리라. [18]그러나 너와는 내가 내 언약을 세우리니 너는 네 아들들과 네 아내와 네 며느리들과 함께 그 방주로 들어가고 [19]혈육 있는 모든 생물을 너는 각기 암수 한 쌍씩 방주로 이끌어 들여 너와 함께 생명을 보존하게 하되 [20]새가 그 종류대로, 가축이 그 종류대로, 땅에 기는 모든 것이 그 종류대로 각기 둘씩 네게로 나아오리니 그 생명을 보존하게 하라. [21]너는 먹을 모든 양식을 네게로 가져다가 저축하라. 이것이 너와 그들의 먹을 것이 되리라. [22]노아가 그와 같이 하여 하나님이 자기에게 명하신 대로 다 준행하였더라.

본문에 등장하는 세상의 분위기는 상당히 암울하다. 본문은 세상의 분위기를 이렇게 전한다.

"그때에 온 땅이 하나님 앞에 부패하여 포악함이 땅에 가득한지라"(11절).

온 땅이 하나님 앞에 부패했다. 성적인 타락이 가득했고 서로를 향하여 주저 없이 폭력을 행사하는 분위기가 만연했다. 그런 가운데 하나님을 인정하는 사람들은 사라져가고 오직 힘의 논리만이 세상을 다스리고 있었다. 하나님이 처음에 세상을 창조하셨을 때는 "보시기에 좋았더라"(1:4, 10, 12, 18, 21, 25, 31)고 말씀하셨다. 그러나 이제는 이런 좋았던 것들이 하나님이 아담을 창조하신 이래 10대, 약 1600여 년 만에 모두 사라졌다. 죄악만이 가득했다.

이번 장의 본문에는 온 땅이 하나님 앞에 부패하였다는 말을 세 차례나 계속해서 반복하고 있다(11-12절). 땅이 부패했고 모든 혈육 있는 자의 행위가 부패했다. '썩었다'는 뜻이다. 음식이 상하면 어떻게 하는가? 음식이 어느 정도 상하면 상한 부분만 잘라낸다. 그런데 음식이 총체적으로 부패하면 이것은 더 이상 어떻게 할 도리가 없다. 전부 다 쓰레기통에 내다 버려야 한다. 온 인류의 상태가 이랬다. 이렇게 가다가는 정말 온 세상이 죄로 멸망할 것 같았다. 이런 분위기 가운데 하나님을 인정하고 산다는 것은 결코 쉽지 않다. 모두가 쾌락과 폭력을 기본적인 생존의 도구로 삼는 분위기에서 어떻게 하나님을 드러내어 인정하며 살 수 있겠는가?

그런데 이런 분위기 가운데 하나님을 향하여 변함없는 애정과 사랑을 보여주는 신실한 한 사람이 있었다. 세상이 아무리 험하고 타락해도 변함없이 하나님만 바라보는 사람이 있었다. 그의 이름은 바로 노아였다. 성경은 노아에 대해 이렇게 설명한다.

"노아는 의인이요 당대에 완전한 자라. 그는 하나님과 동행하였으며"(9절).

'의인'이란 하나님과 올바른 관계를 맺고 있고 그분 앞에 흠잡을 데 없이 서 있는 사람이란 뜻이다. 또 본문은 그를 '완전한 자'라고 말한다. 완전하다는 것은 완벽하다는 뜻이라기보다 생각과 행실에 있어서 온전하고 건강하다는 의미다. 노아가 이렇게 하나님 앞에 의인이며 완전한 자로 설 수 있는 비결이 있었다. 그것은 바로 그다음에 나오는 구절에서 찾을 수 있다. 바로 '하나님과 동행'했던 사람이었기 때문이다. 동행했다는 것은 모든 일에 하나님과 함께, 하나님을 모시고 상의하며 교제하며 그분을 신뢰하며 믿음의 길을 걸어갔다는 뜻이다. 성경에는 하나님과 동행했던 사람, 에녹이 있다. 하나님은 에녹과 동행하는 게 얼마나 행복하고 좋으셨는지 차라리 에녹을 중간에 천국으로 데려가실 정도였다.

노아는 에녹 이후로 거의 유일하게 하나님과 동행하며 하나님을 기쁘시게 했던 사람이다. 노아가 이렇게 하나님과 동행할 수 있었던 이유는 무엇일까? 성경에는 명시적으로 나오지 않지만 아마도 할아버지 므두셀라의 영향 때문이었을 것이다. 므두셀라는 노아에게 자신의 이름이 므두셀라인 이유를 설명하였고 정말 그 이름대로 자신의 생이 다하면 하나님의 거대한 심판이 올 것이라고 노아에게 말했을 것이다. 할아버지의 영향으로 노아는 자신의 삶을 믿음으로 지켜냈을 것이고 므두셀라의 아버지인 에녹이 하나님과 동행했던 그런 삶을 본받으려고 노력했을 것이다. 이런 노아가 하나님에게는 특별하게 보였을 것이다. 세상 사람 그 누구도 관심 두지 않았던 하나님을 변함없이 사랑하고 동행했던 노아는 정말 하나님께 소중한 존재였다. 하나님은 이런 노아를 특별하게 보시고 하나님의 구원계획에 초대하기에 이른다.

"하나님이 노아에게 이르시되 모든 혈육 있는 자의 포악함이 땅에 가득하므로 그 끝날이 내 앞에 이르렀으니 내가 그들을 땅과 함께 멸하리라"(13절).

이 세상의 죄악이 얼마나 극한 부패함에 이르렀는지 하나님께서 이 땅을 심판하시기로 결정하셨다. 전에 구제역 파동이 우리나라 전역을 휩쓸었을 때 많은 가축이 도살되었다. 그냥 살려둘 수 없었다. 그대로 두었다가는 다른 가축들도 전염시키기 때문이다. 마찬가지로 노아 당시에는 죄가 모든 사람을 전염시켜 모두를 심각한 죄의 질병으로 썩게 만들고 있었다. 더 이상 이 땅 위에 하나님의 창조원리가 작동하지 못할 정도였다. 하나님의 뜻이 이 땅 가운데 이루어지지 못하면 이 세상은 점점 부패해가는 생지옥과 같이 된다. 이 땅에 하나님이 다스리시는 하나님의 나라가 먼저 와야 하는데 생지옥이 먼저 오게 되었다. 이로 인해 모든 피조물도 신음하며 온 땅이 함께 부패하게 되었다. 이것은 오늘날에도 재현되고 있다. 인류의 탐욕과 죄악이 온 땅을 병들고 신음하게 만들고 있다.

몇 년 전 강원도 평창에서 열렸던 제12차 유엔 생물 다양성 협약 총회의 발표는 충격적이었다. 지구상의 생물 멸종속도는 과거에 비해 천 배나 빠르고, 하루에도 100종의 생물들이 멸종해가고 있다고 한다(김정수, "생물 멸종 속도 1000배 빨라져… '6번째 대멸종' 위험 직면"(《한겨레신문》, 2014. 6. 10.)). 15분에 한 종씩 사라지는 꼴이다. 여기에는 환경오염, 인구증가와 탐욕에 의한 남획이 큰 영향을 끼치고 있다. 이러다간 조만간 인류도 멸종의 위기에서 벗어나지 못할 것 같다. 인간의 탐욕과 죄성이 지구 전체를 위기에 빠뜨리고 있다.

노아시대에 하나님은 급속하게 부패해가는 인류와 이런 인류로 함께 신음하며 고통받는 땅을 도저히 그대로 보실 수 없었다. 이러다간 모든 피조물이 인간의 죄로 공멸할 정도였다. 하나님은 이 상황을 심각하게 보셨다. 그래서 이들을 심판하고 다시 새로운 출발을 하기로 작정하신다. 그렇다면 세상을 심판하시는 방법이 무엇인가?

> "내가 홍수를 땅에 일으켜 무릇 생명의 기운이 있는 모든 육체를 천하에서 멸절하리니 땅에 있는 것들이 다 죽으리라"(17절).

이 땅에 홍수를 일으키겠다는 것이다. 여기서 홍수는 우리가 아는 단순한 홍수가 아니다. 나중에 창세기 9장에 보면 하나님께서 인간에게 다시는 '홍수'를 일으켜서 세상을 심판하지 않겠다고 약속하신다. 어떤 분은 지금도 텔레비전에 보면 전 세계에 홍수가 있지 않느냐고 이의를 제기하기도 한다. 그런데 이런 국지적인 홍수가 아니다. 여기서 홍수는 히브리어로 '맙불'이다. 이것은 전 지구적인 대격변의 심판을 의미하는 단어이다. 다른 말로 하면 하나님께서 이 세상을 물로 모두 심판하시겠다는 뜻이다. 그래서 하나님은 노아를 준비시키신다. 심판을 잘 받도록 준비시키는 게 아니라 심판으로부터 구원하시기 위한 준비였다. 그 준비는 방주를 만드는 것이었다.

> "너는 고페르 나무로 너를 위하여 방주를 만들되 그 안에 칸들을 막고 역청을 그 안팎에 칠하라"(14절).

'고페르'라는 단어는 히브리어 그대로를 가져온 것이다. 정확하게 무엇을 말하는지가 분명하지 않은데 표준새번역에서는 잣나무로 번역하고 어떤 곳에서는 참나무라고도 한다. 영어성경에는 싸이프러스 나무라고도 한다(NIV, NRSV). 아마도 이와 비슷한 나무였을 것 같다. 고페르 나무로 방주를 만들고 그 안에 여러 칸을 만들고 역청을 안팎에 칠하라는 것이다. 역청은 보통 아스팔트와 유사한 물질로 석탄을 고온으로 가열하여 증류할 때 남겨지는 검은색의 끈적끈적한 액체로 방수제로 사용하는 물질이었다.

여기서 역청은 히브리어로 '코페르'다. '고페르' 나무와 발음이 비슷하지만 다른 단어다. 역청을 의미하는 '코페르'는 히브리 동사 '카파르'에서 왔다. 이는 '덮다' '칠하다'는 뜻이다. 주목할 점은 역청을 의미하는 '코페르'가 출애굽기 30장 12절에는 '생명의 속전' (히. 코페르 네페쉬)을 의미한다는 사실이다. 생명의 속전은 이스라엘 백성이 하나님의 심판에서 보호받기 위해 대가를 지불하는 대가를 뜻한다. 이런 의미에서 방주에 칠한 '코페르'는 홍수의 심판에서의 보호를 위한 것이라면 출애굽기에서의 '코페르'는 하나님의 심판으로부터 보호를 위한 것이다. 이러한 코페르는 장차 예수 그리스도의 대속(마 20:28, 막 10:45)을 예표적으로 보여준다.

노아의 방주와 관련해서 우리가 생각해보아야 할 두 가지가 있다. 먼저는 노아가 만든 방주의 존재이다.

"네가 만들 방주는 이러하니 그 길이는 삼백 규빗, 너비는 오십 규빗, 높이는 삼십 규빗이라"(15절).

이것을 오늘날의 규모로 말하자면 길이 135m, 폭 22m, 높이 13m 정도가 된다. 상당히 큰 규모인 것이다. 이것은 농구코트 10개를 일직선으로 연결하는 길이에, 코트 두 개를 나란히 놓는 폭 정도가 된다. 어마어마한 규모인 것이다. 배의 가로세로 비율로 하면 약 6대 1 정도가 된다. 왜 이런 비율일까? 전에 우리나라의 한 국가공인 선박기술연구소에서 이 비율로 노아의 방주 크기 50분의 1로 모형배를 만들어 여러 가지 선박안전실험을 했다(이경호, "노아의 방주는 어떻게 안전하였을까?", 한국창조과학회 홈페이지 참조. http://www.creation.or.kr/library.). 대형수조에서 다양한 높이와 강도와 속도의 파도를 실험하고 풍랑 바람을 만들어서 내구성을 테스트하였다. 그 결과 이 방주의 비율이 가장 최적의 복원안정성을 주는 것으로 판명되었다. 이 방주의 비율대로면 웬만해서는 전복되지 않을 정도로 안정성이 있다는 결과를 발표했다. 하나님께서 제시한 방주의 비율이 안전한 배를 건조할 수 있는 최적의 비율이었다.

그동안 많은 사람들이 방주의 존재를 기록해왔고 주장해왔다. 제일 유력한 지역으로는 터키 동부, 이란 경계 부근에 있는 해발 5,165m의 아라랏산이다. 주전 275년경에 베로수스가 지은 바빌로니아에 보면 이 방주의 존재를 언급하고 있다. 주변 마을 사람들이 이 배의 조각을 가지고 와서 부적처럼 사용한다는 것이다. 유대-로마 역사가인 요세푸스도 이 존재를 언급하고 있다. 13세기 말에 동방견문록을 기록해서 우리에게 잘 알려졌던 마르코 폴로도 이 지역을 여행하면서 이 산악지역에 노아의 방주가 실존한다고 기록하고 있다. 근대에 많은 탐험가가 이 산을 탐험했고 결과들을 발표하고 있다. 터키에 무더위가 찾아올 때 가끔 만년설이 녹으면서 묻혀 있던 방주의 모습 일부가 자꾸 드러나는데 이때 가서 방주의 잔해를 가져온 사람이 여럿 있다고 한다(이재만, "방주는 어디에? - 노아홍수(39)", 창조과학선교회 홈페이지 참조, http://www.hisark.com.).

가장 최근으로 지난 2009년에 홍콩과 터키의 과학자들로 탐사대가 구성되어 그해 10월에 아라랏산을 탐험했다. 그들은 해발 4,000m 지점에서 거대한 목재 구조물을 발견하고 그 안을 탐사했는데, 그 구조물은 여러 칸으로 되어 있고 그 안에 목재 기둥과 널빤지 기둥들을 발견했는데 그 칸들은 마치 동물 우리로 사용된 것처럼 보였다고 보도했다. 탐사대는 구조물 안에 있는 목재 일부를 수집해서 탄소연대를 측정했는데 약 4800년 전의 것으로 드러났다고 한다. 또 터키에 주재하는 미 공군이 이 지역을 비행하면서 찍어온 사진들도 일부 공개되었다. 공개된 자료를 가만히 살펴보면 상당히 설득력이 있다.

둘째는 문헌적인 증거들이다. 고대의 많은 문헌이 공통으로 기록하고 있는 것이 고대에 있었던 거대한 홍수이다. 수메르인의 문헌, 바빌론의 신화들, 그리고 전 세계의 많은 신화가 대부분 이 거대한 홍수를 기록하고 있다(제임스 몽고메리 보이스, 「창조와 타락: 창세기 I, 1-11장」(파주: 솔라피데, 2013), 494-495쪽). 히브리어로 물이란 말은 마임이다. 끝에 임은 복수형 어미고 '마'는 물이라는 뜻의 접두어이다.

인도 전설에 보면 고대에 거대한 홍수가 일어났는데 이 홍수의 영웅이 노아와 같은 역할을 하는데 이름이 '마누'이다. 쉽게 말하면 '물의 노아'라는 뜻을 담고 있다. '마'라는 접두어에서 라틴어 '마레', 스페인어 '마르', 프랑스어 '메르'가 왔다. 다 비슷하다. 영어로

해양의 바다의 라는 뜻이 '마린'(marine)이다. 영어의 '맨' 사람, 인류(mankind)라는 말, 모두 마누, 즉 홍수의 사람과 깊은 연관이 있다. 유럽어에서는 접두어 '마' 는 종종 '다' 의 어형을 취하는데, 잘 아는 다뉴브강, 도나우강이 여기서 왔다. 미국에서는 '마' 또는 '마누' 가 '미네' 라는 형태로 변형되었는데 예를 들어 도시 '미네아폴리스' 는 '물의 도시' 라는 의미가 있다. 또 일본어로 '마루' 라는 말은 배를 의미한다. 우리는 이 '마르' 를 어떻게 부르는가? '물' 이렇게 부른다. 이런 걸 보면 바벨탑 사건으로 전 세계의 언어가 갈라지기 전에 인류는 공통의 홍수 경험을 공유하고 있었다.

방주는 분명 존재했다. 우리는 성경의 기록을 신뢰해야 한다. 그런데 더 중요한 것이 있다. 이 방주가 노아와 오늘의 우리에게 어떤 의미가 있느냐 하는 것이다. 방주의 구조를 보면 특이한 점이 있다.

"거기에 창을 내되 위에서부터 한 규빗에 내고 그 문은 옆으로 내고 상 중 하 삼층으로 할지니라"(16절).

방주는 삼층으로 되어 있었는데 단 하나의 창이 위를 향해서 하나가 나 있었다. 창문이 옆으로 나 있지 않고 오직 위로만 나 있다. 만약 창이 옆으로 나 있었으면 어떻게 되었을까? 홍수 때 휩쓸려 죽는 아비규환의 현장을 보았을 것이다. 거대한 홍수의 규모에 압도되어 두려워하며 떨었을 것이다. 그런데 하나님은 이것을 보지 않고 오직 위만 바라보도록, 하늘만 바라보도록 창을 위에 내도록 하셨다. 이것은 우리가 창조된 본질적인 방향을 시사한다. 우리는 위의 것을 바라며 위의 것을 찾으며 살도록 지어진 존재라는 뜻이다. 그리고 방주는 특이하게도 동력이 없다. 엔진은 물론이거니와 그 흔한 노도 없다. 방주는 오직 하나님께서 동력이 되어 이끌어가시는 것이다. 어디로 갈지, 어디에 정착할지 염려할 필요가 없다. 오직 방주 안에 있어야 안전하다. 내일 일을 염려할 필요가 없다. 오직 하나님께서 이끄시는 대로 가면 된다.

방주는 히브리어로 '테바'라고 한다. 이것은 상자, 궤를 뜻한다. 흥미로운 것은 나중에 모세가 태어났을 때 모세의 어머니가 모세를 바구니에 넣어 역청을 바르고 나일강에 띄워 보내는 일이 기록되는데 이 바구니가 '테바'라는 단어로 사용되었다(출 2:3 참조). 이것이 나중에 출애굽기에 보면 하나님의 언약궤를 지칭하는 단어로 사용된다. 나중에 솔로몬이 성전을 지을 때 그 비율이 방주의 비율과 유사하다. 결국 이 방주는 단순한 배가 아니라 하나님의 보호와 언약과 구원을 상징하는 하나님의 언약궤와 같은 역할을 하는 것이다.

하나님께서 노아로 방주를 짓게 하시고 그 방주를 통해 구원하시며 노아는 방주에 있으면서 다른 세상을 보지 않고 오직 위만 바라보며 살아가야 했다는 사실은 매우 중요한 의미가 있다. 하나님께서 노아에게 세상 사람들과 다른 새로운 삶의 스타일을 요구하신 것이다. 그것은 세상에 휩쓸리지 않고 오직 하나님의 영광을 구하며 살아가는 삶이다.

오늘날 세상에 휩쓸리지 않고 하늘을 바라보며 사는 대표적인 스타일이 무엇인가? 바로 주일을 제대로 지키는 것이다. 최근 들어 주 5일제의 거센 레저와 캠핑 바람에도 불구하고 주일을 온전히 지키는 바람이 성도들 가운데 조용히 일어나고 있다(신상목, "[주일의 가치, 다시 생각한다] 내려놓고 누려라… 하나님 향한 고요한 간증"(《국민일보》, 2014. 10. 18.)). 전에 어느 프로바둑 9단의 기사가 한 대국에서 결승전에 진출하게 되었다. 대국 일정이 주일에 잡혀 있었다. 우리 같으면 어떻게 했겠는가? 이분은 주일 대회를 기권했다. 기대를 한 몸에 받던 신예였는데 기권한 것이다. 이분이 최근에 한 언론과 인터뷰를 했는데 이렇게 고백했다. "후회는 없다. 신앙에 어긋나게 주일 대국을 했다면 오히려 지금만큼의 실력도 발휘하지 못했을 것이다."

또 주일에도 사업이나 장사하는 분 중에도 '주일은 쉽니다'를 당당하게 내걸고 쉬는 분들이 점점 많아지고 있다. 강남 대치동에서 사업을 하는 어떤 분은 인터뷰에서 이렇게 고백한다. "매출을 올리려고 주일까지 일했다면 그만큼 피로가 가중되고 손님을 위한 서비스는 약할 수밖에 없을 것입니다. 주일에는 차분히 예배드리고 다음 날을 준비하는 것이 오히려 큰 힘이 됩니다." 이 가게는 연 지 2년밖에 되지 않았지만 주일을 쉼에도 불구하고 계속해서 매출이 오르고 있다고 한다. 이것이 어떤 라이프스타일이냐? 바로 방주 스타일이다. 주님의 날에 창조의 근원되시는 그분을 누리고 사는 삶이다. 오늘날 혼탁하고 강한 세속화의 바람이 강타하는 시대에 하나님은 여전히 노아와 같이 하나님과 동행하는 성도를 찾고 계신다. 방주 스타일을 지켜낼 수 있는 사람을 찾고 계신다. 그분의 부르심에 기쁘게 응답할 수 있겠는가? 기쁘고 담대하게 나아가기를 바란다.

노아의 홍수,
어떻게 볼 것인가
----

¹여호와께서 노아에게 이르시되 너와 네 온 집은 방주로 들어가라. 이 세대에서 네가 내 앞에 의로움을 내가 보았음이니라. ²너는 모든 정결한 짐승은 암수 일곱씩, 부정한 것은 암수 둘씩을 네게로 데려오며 ³공중의 새도 암수 일곱씩을 데려와 그 씨를 온 지면에 유전하게 하라. ⁴지금부터 칠 일이면 내가 사십 주야를 땅에 비를 내려 내가 지은 모든 생물을 지면에서 쓸어버리리라. ⁵노아가 여호와께서 자기에게 명하신 대로 다 준행하였더라. ⁶홍수가 땅에 있을 때에 노아가 육백 세라. ⁷노아는 아들들과 아내와 며느리들과 함께 홍수를 피하여 방주에 들어갔고 ⁸정결한 짐승과 부정한 짐승과 새와 땅에 기는 모든 것은 ⁹하나님이 노아에게 명하신 대로 암수 둘씩 노아에게 나아와 방

주로 들어갔으며 ¹⁰칠 일 후에 홍수가 땅에 덮이니 1¹노아가 육백 세 되던 해 둘째 달 곧 그 달 열이렛날이라. 그날에 큰 깊음의 샘들이 터지며 하늘의 창문들이 열려 ¹²사십 주야를 비가 땅에 쏟아졌더라. ¹³곧 그날에 노아와 그의 아들 셈, 함, 야벳과 노아의 아내와 세 며느리가 다 방주로 들어갔고 ¹⁴그들과 모든 들짐승이 그 종류대로, 모든 가축이 그 종류대로, 땅에 기는 모든 것이 그 종류대로, 모든 새가 그 종류대로 ¹⁵무릇 생명의 기운이 있는 육체가 둘씩 노아에게 나아와 방주로 들어갔으니 ¹⁶들어간 것들은 모든 것의 암수라. 하나님이 그에게 명하신 대로 들어가매 여호와께서 그를 들여보내고 문을 닫으시니라. ¹⁷홍수가 땅에 사십 일 동안 계속된지라 물이 많아져 방주가 땅에서 떠올랐고 ¹⁸물이 더 많아져 땅에 넘치매 방주가 물 위에 떠다녔으며 ¹⁹물이 땅에 더욱 넘치매 천하의 높은 산이 다 잠겼더니 ²⁰물이 불어서 십오 규빗이나 오르니 산들이 잠긴지라. ²¹땅 위에 움직이는 생물이 다 죽었으니 곧 새와 가축과 들짐승과 땅에 기는 모든 것과 모든 사람이라. ²²육지에 있어 그 코에 생명의 기운의 숨이 있는 것은 다 죽었더라. ²³지면의 모든 생물을 쓸어버리시니 곧 사람과 가축과 기는 것과 공중의 새까지라. 이들은 땅에서 쓸어버림을 당하였으되 오직 노아와 그와 함께 방주에 있던 자들만 남았더라. ²⁴물이 백오십 일을 땅에 넘쳤더라.

본문은 본격적인 노아의 홍수를 기록하고 있다. 진화론에 익숙한 이들에게는 노아의 홍수사건이 논리적으로 받아들여지지 않는 부분이 있을 것이다. 그러나 이 노아의 홍수를 좀 더 진지하게 파헤쳐 들어가 보면 그동안 신앙과 갈등했던 부분들이 이해되고 도리어 우리의 신앙을 공고하게 할 수 있다. 그러면 먼저 본문에서 말씀하는 홍수사건을 살펴보도록 하자. 노아가 방주에 들어간 지 7일 후 본격적으로 홍수가 시작되었다.

"칠 일 후에 홍수가 땅에 덮이니 노아가 육백 세 되던 해 둘째 달 곧 그달 열이렛날이라. 그날에 큰 깊음의 샘들이 터지며 하늘의 창문들이 열려 사십 주야를 비가 땅에 쏟아졌더라"(10-12절).

노아가 600세 되던 해 2월 17일에 홍수가 시작되었다. 하늘의 창문이 열려 사십 주야에 날마다 비가 쏟아졌고 큰 깊음의 샘들이 터졌다. 이 물들은 창세기 1장 6절에 하나님께서 천지를 창조하시며 궁창을 만드실 때 나누어 두셨던 물이다. 궁창 위 하늘에 물을 두시고 또 땅 아래에 물을 두셨다. 그랬던 게 이제 터지면서 땅으로 쏟아지기 시작하는데 궁창 위의 물은 비로, 궁창 아래 땅속에 있던 물은 깊은 샘들이 터지면서 땅 위에 물들이 가득 차기 시작한 것이다. 홍수의 심판은 결국 창조를 태초의 원상태로 되돌리는 일이다. 이것을 창조역사를 되돌리는 역창조(de-creation)라고 한다. 이 홍수는 땅에 40일 동안 계속되었다(17절). 18절에 보면 물은 점점 불어올라 방주가 마침내 물 위에 떠올랐다. 이 물은 더 많아져 온 세상의 높은 산들이 다 잠길 정도까지 되었다(19절). 이 기간에 땅 위에 있는 모든 생물은 다 죽었다(21절). 이후 온 땅을 채운 물은 150일간 땅에 넘쳐났다(24절).

보통 비가 그치면 물이 줄어들게 마련이다. 그러나 150일 동안 물이 계속 넘쳐났다는 것은 이 홍수가 단순한 '비'로 인한 홍수가 아님을 보여준다. 위에서는 그쳤지만 땅 아래의 샘들은 계속해서 물이 터져 나오고, 그 아래의 지각은 엄청난 충격과 변화가 있었던 것이다(이하의 지질학적 설명은 이재만, 「노아홍수 콘서트」(서울: 두란노, 2009)를 참조하라).

자, 온 세상이 물로 덮인 세상에서 땅 가장 아래서는 어떤 변화가 일어났을까? 상식적으로 생각할 수 있는 현상이 몇 가지가 있다. 첫째는 땅속에 있는 깊은 샘들이 터질 때 지표면이 갈라지고 깨어진다. 이런 현상을 지진이라고 한다. 둘째, 토양액화현상이다(앞의 책 43쪽). 토양액화는 말 그대로 흙이 액체처럼 되는 현상을 말한다. 원래 흙 안에는 끈기와 수분이 있어 서로 붙어 있다. 그런데 이것이 강한 진동과 충격 때문에 알갱이들이 서로 흩어져 끈기가 사라지고 흙이 느슨해진다. 거기에 홍수로 인한 물들이 만나면 걸쭉한 액체와 같이 되어 100km가 넘는 속도로 엄청난 양의 돌과 흙을 운반한다. 이렇게 흙이 물과 함께 액화되어 한꺼번에 이동하는 것을 저탁류라고 한다. 아래에서 흐르는 탁한 흐름이라는 뜻이다. 이런 현상들은 얼마 전 일본에서 큰 지진이 일어났을 때 관찰되기도 했다. 셋째, 해일이다. 지진과 화산폭발에 따른 용암분출과 같은 현상이 물 아래에서 일어나면 수면 위로는 그 충격파로 쓰나미와 같은 해일이 일어난다. 해일의 속도는 적어도 시속 수십 킬로에서 최대 1천 킬로까지 빠르게 이동한다. 지난 2011년 강도 8.8의 일본 대지진 때 발생한 쓰나미는 시속 800km로 이동해서 불과 몇 시간 만에 하와이에 도달했다. 에덴동산은 아마도 노아의 홍수 때 사라졌을 것이다.

노아의 홍수 때 일어났을 이상의 세 가지 현상, 즉 지진 및 토양 액화로 인해 형성된 저탁류, 빠른 속도의 해일 등을 서로 연결해보면 성경과 과학을 훨씬 더 합리적으로 연결할 수 있는 실마리를 얻을 수 있다. 그렇다면 이러한 현상들은 지구에 어떤 영향을 끼쳤을까?

먼저, 이러한 홍수로 인해 물 아래에서는 엄청난 운동에너지가 거대한 지층을 형성했다. 예전에 학교에서 배운 바에 따르면 서로 다른 지층을 형성하는 데 수백만 년에서 수억 년의 시간이 필요하다고 한다. 그러나 홍수 때 일어나는 현상들은 오늘날의 지층이 형성되는 데 훨씬 짧은 시간이 걸렸음을 보여주고 있다.

1994년 콜로라도 주립대학에서 행했던 지층형성 실험은 이것을 잘 보여준다(http://www.mrctv.org/videos/experiments-stratification을 보라.). 이 실험은 커다란 물탱크에 굵은 흙과 고운 흙을 골고루 섞어 넣고, 투명 유리 수로를 따라 흙과 물을 수평으로 빠르게 흘려보낸다. 그러면 흙이 이동하면서 지층을 만들어내는데 저탁류가 빠르게 흘러가면서 지층을 형성한다. 이때 굵은 흙들이 흘러가는 패턴과 작은 흙들이 흘러가는 패턴이 달라지는데, 이것은 크기마다 다른 패턴으로 움직이기 때문에 작은 흙은 작은 흙들끼리 모여 지층을 형성하고 큰 흙들은 큰 흙들끼리 지층을 형성한다. 이 실험을 통해 지층은 수평으로만 쌓이는 게 아니라 저탁류가 흘러가면서 사선을 이루며 싸여간다는 사실이 밝혀졌다. 그리고 지각변동이 시작된 곳에서 가까울수록 먼저 형성된다는 사실도 발견했다. 자, 생각해보자. 전 지구의 75%를 차지하는 게 퇴적암과 지층들이다. 이것은 전 지구에 강력한 변동이 일어났음을 암시한다.

또한 화석의 존재는 이러한 전 지구적인 대격변을 설명해준다. 지구상의 지층을 형성하는 퇴적암 속에는 수백억 개가 넘는 화석들이 존재한다. 그런데 화석마다 공통된 현상이 있다. 살아 있을 때의 생생한 모습을 그대로 지니고 있다는 사실이다. 심지어 배속에 들어 있던 음식물의 찌꺼기나 다른 생물들까지 볼 수 있을 정도다. 혹시 물고기를 키웠다면 어항에 물고기가 죽어 있는 것을 본 적이 있을 것이다. 물고기가 죽고 나면 며칠 지나지 않아 심하게 부패된다. 또 다른 물고기들이 오가며 그 부패한 것들을 먹어치운다. 무슨 말인가? 정상적인 상황에서라면 오늘날 우리가 보는 생생한 화석을 형성하기가 불가능하다. 다른 말로 하면 화석은 살아 있을 때 갑자기 이 생물들을 덮친 저탁류가 있어야 가능하다는 사실이다.

이탈리아 폼페이에 가면 화산폭발 때 죽은 사람들의 모습을 볼 수 있다. 그런데 이들의 모습을 생생하게 볼 수 있는 이유가 무엇인가? 살아 있을 때 갑자기 고열의 화산재가 이들을 순식간에 덮쳤기 때문이다. 화석들도 마찬가지다. 전 세계에서 발견되는 화석들, 심지어는 에베레스트산 꼭대기에서도 발견되는 생생한 모양의 화석들은 전 세계에 이러한 홍수현상이 급격하게 일어나서 온 땅을 덮지 않고는 설명할 수 없다. 더구나 이들의 모습을 생생하게 간직하기 위해서는 이들을 덮친 게 부드럽게 액화된 토양이 아니고서는 어렵다. 또 화석들이 발견되는 지층들을 발굴해보면 화석들이 하나같이 같은 방향으로 배열되어 있다. 무슨 뜻인가? 빠른 속도의 흐름이 이 화석들을 휩쓸고 갔음을 보여주는 현상이다.

가끔 큰 생물들의 화석도 나타나지만 전 세계에서 발견되는 화석의 95%는 조개, 물고기와 같은 해양 무척추동물들이다. 조개는 죽으면 입을 벌리고 또 모래와 물에 마모되어 그 무늬를 잃어버린다. 그러나 조개 화석들은 입을 다문 채로 무늬를 그대로 간직하고 있다. 노아의 홍수와 같은 상황이 아니고서는 불가능한 것이다. 거기에 더 놀라운 점은 이러한 화석 중에는 흔히 진화를 설명하는 데 꼭 필요한 중간화석을 발견할 수 없다는 점이다. 혹 시조새가 있지 않으냐고 문제를 제기할지 모르겠다. 그러나 시조새는 중간화석이 아니라 완전한 깃털이 있는 크기가 약 30㎝ 정도의 전형적인 작은 새로 결론이 났다. 많은 학자가 중간화석이 없어 난처해했다.

사실 진화론의 원조격인 다윈조차도 이 사실에 상당히 당황했다. 다윈은 「종의 기원」을 출판한 지 13년이 지난 뒤 여섯 번째 개정판을 내면서 이 사실에 대해 진술했다. 인용하면 다음과 같다. "왜 모든 지질층이 중간 고리로 가득 차 있지 않은 걸까? 지질학은 그러한 훌륭한 단계적인 고리를 제시하지 않는다. 그리고 이것은 이 진화론이 반박받을 수 있는 가장 분명하고 치명적인 반론이다"(Darwin C., (1872), Origin of Species, 6th edition, p.413, 이재만, 「창조과학 콘서트」, 81쪽에서 재인용).

진화론은 수많은 관찰과 증거에서 출발한 이론이 아니다. 진화론은 간단한 생물에서 복잡한 생물로 변해 왔으리라는 일종의 '믿음'에서 출발한 이론이다. 만약 이 이론대로라면 가장 아래에 있는 지층에 가장 오래된 생물의 화석이 있어야 하고 위로 갈수록 가장 고차원으로 진화된 생명체의 화석이 있어야 한다. 이것을 보여주는 게 바로 지질통계표다. 많이 들어봤을 것이다. 고생대, 중생대, 신생대로 나누고 가장 오래된 고생대의 지층인 캄브리아기, 또 중생대는 잘 알려진 쥐라기, 백악기와 같은 시기가 있다. 그러나 이 지질통계표와는 달리 현실의 지층들은 다른 통계를 보여준다. 지질통계표에서 제시하는 순서에 따라 가장 단순한 생물에서부터 가장 복잡한 척추동물 화석까지 보여주는 지층은 아직 발견된 사례가 단 한 번도 없다는 사실이다. 오히려 화석들은 시기와 상관없이 군락을 이루며 한꺼번에 대량으로 발견되는 경우가 많았다. 이론상으로는 오래된 화석이 아래에 있고 젊은 고등 진화생물의 화석은 위에서 발견되어야 한다. 그러나 역전되는 무질서 현상이 곳곳에서 나타났다.

최근에는 가장 오래된 원시 생물만 살 것으로 예상했던 캄브리아기 지층의 최하부에서 수백 마리의 물고기 화석이 발견되어 많은 학자를 당황하게 했다. J. 우드모라페라는 학자가 공식적으로 연구한 화석이 뒤바뀐 지역만 해도 500곳이 넘었다. 그렇다면 이것은 지층이 우리가 학교에서 배운 식으로 형성된 게 아님을 보여준다. 이것은 지층에서도 나타난다. 이론상으로 오래된 시대의 지층이 아래에 있어야 하고 젊은 시대의 지층이 위에 있어야 한다. 그러나 그랜드 캐니언 같은 곳에 가면 제일 오래된 고생대의 캄브리아기의 지층과 훨씬 이후의 미시시피기의 지층이 서로 혼합되어 겹쳐져 쌓이는 이상한 지층도 흔하게 발견된다. 무슨 말인가? 우리가 피상적으로 알고 있던 진화이론만으로는 지금 우리가 경험하는 지형과 현실을 제대로 설명하는 데 많은 어려움이 있다는 사실이다. 오히려 노아의 홍수가 이런 현상을 훨씬 더 합리적으로 설명한다는 뜻이기도 하다.

더 놀라운 사실이 있다. 지구상에 흩어져 있는 퇴적암층을 뚫고 내려가면 더는 화석이 발견되지 않는 훨씬 더 단단한 기반암에 도달한다. 이 기반암을 가리켜 '선캄브리아기(Precambrian) 지층'이라고 한다. '선'(先)이라는 말은 '이전'(pre)이라는 뜻이다. 즉 고생대의 가장 오래된 지층인 선캄브리아 이전에 형성된 땅이라는 의미다. 퇴적암과 이 선캄브리아기 지층은 그 경계가 너무나도 뚜렷하기 때문에 지질학자들은 이 경계를 가리켜 '대부정합'이라고 이름 지었다. 많은 진화론자가 선캄브리아기 지층에서 화석이 없다가 갑자기 캄브리아기 지층에서 엄청난 양의 화석이 나오는 것에 대해 당황하고 있다. 이 대부정합은 왜 생기는 것일까? 진화이론은 이것에 대해 충분한 대답을 하지 못한다.

그러나 하나님의 창조와 노아의 홍수사건을 인정한다면 이 땅이 바로 홍수 이전의 땅이었음을 이해할 수 있다. 이 땅은 하나님께서 태초에 혼돈과 공허 가운데 있던 지구를 새롭게 창조하시면서 만든 땅이었다. 노아의 홍수와 같은 대격변이 없어서 지층이 없는 것이다. 그래서 창조이론을 연구하는 학자들은 이 대부정합의 위아래를 홍수암석(flood rock), 홍수 이전암석(pre-flood rock)으로 나누어 부른다.

그런데 가만히 생각해보라. 창세기 1장에 보면 태초에 땅이 혼돈하고 공허한 가운데 하나님의 신은 수면 위에 운행했다고 말씀하고 있다(2절). 이 세상에 생물이 창조되기 이전에 또 한 번의 전 지구에 걸친 격변이 있었음을 알려주는 말씀이다. 놀라운 것은 선캄브리아기 지층인 기반암을 더 뚫고 제일 아래로 내려가면 아주 복잡한 암석으로 이루어진 기반암층이 나온다. 이 암석은 복잡해서 이름을 '선캄브리아기 복합체'라고 불렀다. 이렇게 복잡해도 놀라운 것은 이 선캄브리아기 복합체에는 화석이 나오지 않는다는 사실이다. 이것은 이 세상의 땅이 크게 세 가지로 나눌 수 있음을 보여준다. 첫째, 창조 이전의 혼돈과 공허의 땅, 둘째, 처음 창조의 땅, 셋째, 홍수 이후의 땅이다. 성경의 진술이 오늘날 우리가 이해하는 과학으로도 충분히 납득이 가는 것이다.

그런데 아직 우리를 좀 망설이게 하는 게 있다. 그것은 적어도 이런 지층들이 형성되고 또 이와 함께 화석이 형성되는데 적어도 수만 년에서 수십만 년, 심지어는 수억 년이 된 것으로 알고 있는데 이렇게 짧은 시간에 화석과 지층이 형성되었다니 당황스러운 일이다. 이를 잘 이해하도록 보여주는 것이 1980년 5월 18일 미국에서 일어난 세인트헬레나 화산의 폭발이다. 이 사건으로 주변에 강물과 호수가 형성되고 저탁류 현상이 일어나면서 여러 변화를 일으켰다. 이때 관찰한 많은 부분이 노아의 홍수를 이해하는 데 큰 도움을 주었다. 예를 들어 화산 아래쪽에 약 7.5m 높이의 거대한 지층이 형성되었다. 그런데 이 지층이 형성되는 데 얼마나 걸렸을까? 관찰에 의하면 단 5시간 만에 형성되었다. 보통 수억 년이 걸릴 거로 추측했던 지층이 단 5시간 만에 형성된 것이다. 이것은 우리가 막연히 생각했던 수억 년의 시간이 하나님의 창조 손길이 닿을 때 순식간에 일어날 수 있음을 보여준다.

이제는 홍수가 좀 더 합리적으로 납득이 가길 바란다. 그러나 더 중요한 것은 영적인 의미와 도전이다. 먼저, 이 세상은 자연법칙으로만 운행되지 않는다는 사실이다. 이 세상을 떠받치고 있는 더 근본적인 것은 하나님의 말씀이다. 하나님께서 하셨던 말씀을 거두어가시니 반(反) 창조적 역사가 일어난다. 우리에게 창조의 역사란 무엇인가? 무질서와 혼돈과 공허 가운데 하나님의 말씀을 붙들고 새로운 의미와 질서를 만들어가는 것이다. 우리의 삶에 새로운 창조와 의미로 가득 차기를 원하는가? 오직 주의 말씀을 붙들고 승리하는 백성이 되길 바란다.

둘째로 우리가 경험하는 천국과 지옥이 어디인가 하는 것이다. 홍수 이전에 세상 사람들은 하나님 없이 먹고 마시고 즐기며 쾌락과 죄악과 폭력에 취해서 살았다. 재미있고 멋진 인생이라 자부했을지 모르나 하나님 없이 사는 지옥을 미리 경험하다가, 결국 홍수라는 거대한 심판으로 정말 실현된 최후의 심판을 경험한다. 노아는 그와는 정반대를 경험한다. 물론 노아에게도 힘든 부분이 있었다. 120년간 홀로 가족들과 함께 방주를 만들었으니 얼마나 힘들고 외로웠겠는가? 세상의 조롱이 있지 않았겠는가? 그러나 노아는 범사에 주님과 동행하며 주님의 말씀을 순종하며 살았다. 노아는 여호와께서 자기에게 명하신 대로 다 준행하였던 사람이다(5절). 순종하니 노아의 힘으로 도저히 할 수 없는 것도 순탄하게 감당할 수 있었다. 무엇인가? 바로 흩어진 모든 짐승을 모아 방주에 들이는 일이다(2-3절). 하나님이 순탄하게 짐승들을 방주 안으로 인도해주셨다(8-9절). 노아는 이곳에서 천국을 경험하고, 결국 생지옥의 홍수심판 가운데 안전하게 구원을 받고 방주 안에서 천국을 경험한다.

셋째로 우리가 정말 진지하게 생각해야 할 것이 있다. 그것은 하나님은 우리가 하나님을 떠나 자기가 하고 싶은 대로 죄를 짓고 사는 일을 정말 싫어하고 안타까워하신다는 점이다. 노아의 홍수는 다른 말로 하면 하나님께서 죄를 그만큼 심각하게 보신다는 사실을 보여준다. 그래서 우리를 위해 보내신 분이 바로 하나님의 아들 예수 그리스도시다. 우리의 죄를 대신하여 그 아들로 죗값을 대신 받게 하시고 심판하여 십자가에 죽게 하셨다. 그리고 그 아들로 인해 우리 죄를 용서하시고 우리를 다시 그분의 자녀로 부르신다. 그러기에 이제는 거룩하게 매일매일 동행하며 그분과 천국을 맛보며 살아야 한다.

홍수, 패러다임을
바꾸라

¹하나님이 노아와 그와 함께 방주에 있는 모든 들짐승과 가축을 기억 하사 하나님이 바람을 땅 위에 불게 하시매 물이 줄어들었고 ²깊음의 샘과 하늘의 창문이 닫히고 하늘에서 비가 그치매 ³물이 땅에서 물러 가고 점점 물러가서 백오십 일 후에 줄어들고 ⁴일곱째 달 곧 그 달 열 이렛날에 방주가 아라랏 산에 머물렀으며 ⁵물이 점점 줄어들어 열째 달 곧 그 달 초하룻날에 산들의 봉우리가 보였더라. ⁶사십 일을 지나 서 노아가 그 방주에 낸 창문을 열고 ⁷까마귀를 내놓으매 까마귀가 물이 땅에서 마르기까지 날아 왕래하였더라. ⁸그가 또 비둘기를 내놓 아 지면에서 물이 줄어들었는지를 알고자 하매 ⁹온 지면에 물이 있으 므로 비둘기가 발 붙일 곳을 찾지 못하고 방주로 돌아와 그에게로 오

는지라. 그가 손을 내밀어 방주 안 자기에게로 받아들이고 ¹⁰또 칠 일을 기다려 다시 비둘기를 방주에서 내놓으매 ¹¹저녁 때에 비둘기가 그에게로 돌아왔는데 그 입에 감람나무 새 잎사귀가 있는지라. 이에 노아가 땅에 물이 줄어든 줄을 알았으며 ¹²또 칠 일을 기다려 비둘기를 내놓으매 다시는 그에게로 돌아오지 아니하였더라. ¹³육백일 년 첫째 달 곧 그 달 초하룻날에 땅 위에서 물이 걷힌지라. 노아가 방주 뚜껑을 제치고 본즉 지면에서 물이 걷혔더니 ¹⁴둘째 달 스무이렛날에 땅이 말랐더라. ¹⁵하나님이 노아에게 말씀하여 이르시되 ¹⁶너는 네 아내와 네 아들들과 네 며느리들과 함께 방주에서 나오고 ¹⁷너와 함께한 모든 혈육 있는 생물 곧 새와 가축과 땅에 기는 모든 것을 다 이끌어내라. 이것들이 땅에서 생육하고 땅에서 번성하리라 하시매 ¹⁸노아가 그 아들들과 그의 아내와 그 며느리들과 함께 나왔고 ¹⁹땅 위의 동물 곧 모든 짐승과 모든 기는 것과 모든 새도 그 종류대로 방주에서 나왔더라. ²⁰노아가 여호와께 제단을 쌓고 모든 정결한 짐승과 모든 정결한 새 중에서 제물을 취하여 번제로 제단에 드렸더니 ²¹여호와께서 그 향기를 받으시고 그 중심에 이르시되 내가 다시는 사람으로 말미암아 땅을 저주하지 아니하리니 이는 사람의 마음이 계획하는 바가 어려서부터 악함이라. 내가 전에 행한 것같이 모든 생물을 다시 멸하지 아니하리니 ²²땅이 있을 동안에는 심음과 거둠과 추위와 더위와 여름과 겨울과 낮과 밤이 쉬지 아니하리라.

패러다임이란 무엇인가? 이는 우리가 가지고 있는 고정된 생각의 틀을 말한다. 이것이 한 번 우리 안에 자리 잡으면 일종의 고정관념처럼 굳어져서 바꾸기가 참 쉽지 않다. 이런 고정관념을 깨려면 이것과 비슷한 틀이 아니라 이것을 압도하는 전혀 새로운 틀로 접근해야 한다.

이나모리 가즈오의 「남겨야 산다」(양준호 역, 한국경제신문, 2014)라는 책이 있다. 이나모리 씨는 일본의 유명한 반도체 기업인 '교세라'를 창립하고 일본에서 가장 존경받는 경영자이자 한국 사람들이 가장 좋아하는 일본기업인이다. 이분은 이 책에서 기업은 책의 제목 그대로 이익을, 그것도 높은 이익을 남겨야 한다고 주장한다. 고수익을 추구하되 수익률을 적어도 10% 이상으로 목표를 잡아야 한다고 한다. 그러나 현실을 보면 어떤가? 많은 기업이 수익률이 5% 미만에서 허덕이는 경우가 많다. 그렇다면 수익률을 높이는 데 필요한 것이 무엇인가? 크게 두 가지다. 첫째, 생산성을 높이는 일이다. 둘째, 비용을 줄이는 일이다. 이 두 가지는 별도의 영역일 때도 있지만 종종 두 가지가 함께 맞물려 있는 경우가 많다. 이 두 가지 영역에서 좋은 성과를 거둔다는 게 참 쉽지 않다. 이나모리는 혼다를 창업한 마쓰시타 고노스케의 사례를 소개한다.

마쓰시타가 아직 건강할 때 그가 운영하는 회사는 텔레비전의 브라운관을 생산하고 있었다. 그런데 텔레비전 가격이 이 당시에 점점 내려가고 있었다. 이것은 부품회사에 고스란히 가격 압박으로 다가왔다. 기술자들은 모여서 회의를 하고 있었다. 주제는 '어떻게 하면 생산원가를 10% 줄일 수 있을까'였다. 그런데 한참을 이야기하는데 결론이 나지 않았다. 이때 마쓰시타가 지나가다가 한마디 툭 던졌다.

"여러분, 10%를 줄이기 어렵다면 30%를 줄일 방법을 생각하는 게 어떻습니까?" 이 말을 듣자 다들 한대 띵 하니 얻어맞는 것 같았다. 10%를 줄이기 위해 오랜 시간을 회의했지만 결론을 도출하기가 쉽지 않았다. 왜? 여러 복잡한 공정과 설계 중에 무엇을 줄이고 포기할 것인가에 대해서 논의했기 때문이다. 그런데 30%를 줄인다고 생각하니 지금까지 고민했던 방식으로는 도저히 불가능했다. 그렇게 하려면 현재의 설계부터 시작해서 재료, 공정과정 등 모든 부분을 근본부터 다시 생각해야만 했다. 발상의 전면적인 전환이 필요했다. 전면적인 발상의 전환, 이것이 그동안 고정적으로 갇혀 있었던 패러다임을 바꾸는 동력이 될 수 있었다.

우리는 줄곧 창세기 7~8장을 중심으로 노아의 홍수사건을 묵상해왔다. 우리는 이 사건을 보면서 '홍수가 그저 단순히 일어났나 보다' 라고 생각해서는 안 된다. 이렇게 생각했다가는 기존에 우리가 학교에서 배웠던 지식이 정면으로 우리를 도전할 때 이 부분은 속에서 조화되지 못한 채 충돌을 일으키기 쉽다. 이 홍수사건은 그동안 우리가 학교에서 배웠던 제한된 지식의 패러다임으로는 이해하기 어렵고, 종종 충돌을 일으키는 부분이다. 그래서 이 말씀은 기존의 진화이론에 기초한 지식에서 이해하려고 할 것이 아니라 근본적인 발상의 전환이 이루어져야 온전히 이해하고 받아들일 수 있다. 그럴 때 우리는 이번 장의 본문을 통해 하나님을 더욱 깊이 신뢰할 수 있게 된다. 본문은 크게 두 가지 측면에서 우리에게 발상의 전환을 요청한다. 먼저는 우리가 기존에 가지고 있던 지식적인 세계관의 패러다임에 대한 도전이다. 둘째는 노아의 홍수사건을 일으키신 하나님에 대한 영적 패러다임의 전환이다.

먼저, 노아의 홍수가 갖는 세계관의 패러다임 전환에 대해서 생각해보도록 하자. 앞장의 본문을 통해 살펴보았듯이 노아의 홍수는 전 지구적인 격변을 초래하였다. 땅에서는 깊은 샘이 터지고 하늘에서는 비가 줄기차게 쏟아져 온 세상이 창조 이전의 상태, 즉 물로 가득히 덮인 상태로 되돌아가게 되었다. 땅속의 깊은 샘이 터지면서 온 세상은 급격한 지각변동이 일어났고 짧은 시간 안에 급격한 지층과 화석이 형성되었다. 이번 장의 본문은 이런 홍수 대 격변기의 후반기를 설명하고 있다.

"하나님이 노아와 그와 함께 방주에 있는 모든 들짐승과 가축을 기억하사 하나님이 바람을 땅 위에 불게 하시매 물이 줄어들었고 깊음의 샘과 하늘의 창문이 닫히고 하늘에서 비가 그치매 물이 땅에서 물러가고 점점 물러가서 백오십 일 후에 줄어들고"(1-3절).

여기 보면 하나님이 그동안 분출되었던 땅 아래의 샘들과 하늘의 비를 그치게 하시고 땅에 물이 줄어들게 하시는 장면이 설명되어 있다. 어떻게 땅에 물이 줄어들었을까? 본문 1절에서는 하나님이 땅 위에 바람을 불게 하셨다고 말씀하신다. 어떤 바람이기에 땅 위에 물을 줄어들게 할까? 여기 1절에 나오는 바람은 히브리어 '루아흐'라는 단어로 창세기 1장 2절에 나오는 '루아흐'와 같은 단어가 사용되었다. 그런데 1장 2절에서는 이 루아흐를 '영'으로 번역한다. 그래서

"하나님의 영은 수면 위에 운행하시니라"고 되어 있다. 이번 장의 본문은 처음부터 창세기 1장을 반영하고 있다. 1~2절에 나오는 '루아흐', '땅, 물, 깊음, 하늘'과 같은 단어, 또 3절에 '물이 물러가고 산봉우리가 보였다' '드러났다'는 표현들은 창세기 1장에서 일어난 하나님의 창조에 사용된 단어들이다. 이렇게 볼 때 하나님은 지금 이 세상을 새롭게 다시 창조하고 계신다. 이런 새 창조의 관점에서 볼 때 본문 8장 1절에 나오는 바람은 단순한 바람이 아니라 하나님의 영이 온 세상에 다시 운행하시면서 이 세상의 물이 줄어들게 하신 것이다. 그렇다면 이 세상의 물은 어떻게 줄어들까? 3절은 물이 줄어드는 과정을 잘 설명한다.

"물이 땅에서 물러가고 점점 물러가서 백오십 일 후에 줄어들고"
(3절).

물이 땅에서 물러가고 점점 물러가는 과정이 있고, 이 과정을 통해 물이 줄어들기 시작한다. 그렇다면 물은 땅에서 어떻게 물러갔을까?(이하의 설명은 이재만 「노아홍수 콘서트」 142쪽 이하를 참조했다). 물이 땅에서 물러가서 다시 바다로 돌아가려면 지표의 변화가 일어나야 한다. 바다 쪽은 낮아지고 육지 쪽은 높아져야 한다. 육지를 덮었던 물들이 지대가 낮아진 새로 형성된 바다로 모여야 한다. 지질학자들은 오늘날의 바다를 '대양분지'(oceanic basin)라고 부른다. 영어로 '분지'를 'basin'이라고 한다. 'basin'은 대야, 또는 양푼 그릇과 같이 넓고 오목하게 들어간 지형을 말한다. 하나님의 영이 능력으로 바다의 지표에 거대한 대양분지를 형성하셔서 이쪽으로 물이 물러가게 하신 것이다. 만약 육지의 높은 지표면을 모두 끌어내리고 또 바다의 바닥을 끌어올려서 모두 똑같은 고도로 평평하게 맞춘다면 어떻게 될까? 지질학자들은 만약 그렇게 된다면 바닷물이 2.6㎞ 높이로 지구를 덮게 된다고 한다. 노아의 홍수 당시 지표를 덮었던 물이 어느 정도인지는 정확하게 모르지만 엄청난 양의 물이 세상을 덮고 있었다. 창세기 7장 20절에 보면 온 땅이 가장 높은 산들보다 15규빗이나 더 높이 물에 잠겼다고 말씀한다. 오늘날의 단위로 환산하면 약 7m 정도가 더 깊이 물에 잠긴 것이다.

이렇게 온 세상을 가득 메웠던 물들이 거대한 지각변동으로 인해 물러가기 시작한다. 바다 아래에서는 대륙의 판들이 움직이고 확장되는 거대한 변동이 있었고 또 이때 물이 빠져나가면서 거대한 물줄기가 홍수 때 형성되었던 약하고 부드러운 물 아래 잠겼던 지층들을 파괴하였다. 그리고 이러한 변화는 육지에 깊이 파인 골짜기와 드러난 산들을 형성했다. 전 세계의 산과 골짜기들의 모양을 보면 각기 다른 것으로 보이지만 그 형태에 있어 모두 공통적인 특징을 하나 갖고 있다. 그것은 정상으로 갈수록 가파르고 하부로 갈수록 완만한 모습을 보인다는 점이다. 그래서 어느 산이든지 등산을 하러 가면 본격적으로 높은 산으로 올라가기 전에 완만한 분지 같은 골짜기를 상당 부분 지나가야 본격적인 등산이 시작된다.

이러한 공통된 형태는 산들이 오랜 세월 풍화와 침식으로 깎여 지금의 모습으로 형성된 게 아니라 짧은 시간에 엄청난 에너지의 영향으로 지표가 치솟는 동시에 물이 빠지면서 거대한 지류와 퇴적물들의 이동으로 침식이 일어난 결과이다. 지표는 유년기와 장년기, 그리고 노년기를 거친다. 이는 1889년 윌리엄 데이비스가 발표한 침식윤회(erosion cycle) 과정이다(W. M. Davis, "The Rivers and Valleys of Pennsylvania" National Geographic vol.1, pp.183-253, 앞의 책 144쪽에서 재인용). 그러나 이 침식윤회설은 발표 당시에도 많은 논란이 있었거니와 지금은 많은 이들이 지표의 변화가 초기의 강력한 에너지가 수반된 침식으로 형성된 이후 대부분은 이 모습이 거의 변하지 않고 있다는 것에 동의한다.

미국에 있는 그랜드 캐니언은 그 웅장함으로 많은 사람을 압도한다. 여기에는 다양한 지층들이 고스란히 나타나고 많은 학자는 이런 계곡이 형성되려면 적어도 2억 5천만 년 이상의 긴 시간이 필요했을 것이라고 주장해왔다. 그런데 1980년에 세인트헬레나산이 폭발하면서 그랜드 캐니언과 유사한 리틀 그랜드 캐니언을 세 개나 형성했다. 이 세 개의 큰 계곡이 형성되는 데 단 7일밖에 걸리지 않았다. 이 관찰로 학자들은 뒤통수를 얻어맞는 것 같은 충격을 받았다. 지형의 형성은 오랜 시간의 침식과 융기가 아니라 강력한 에너지가 작용한 순간적인 이벤트라는 패러다임의 전환을 하게 했다.

특히 노아 홍수의 후기에 물이 빠질 때 지형의 변화로 지표 위에 거대한 호수들이 형성되었다. 물이 다 빠져나가지 못하고 호수 안에 갇히는 경우들이 생긴 것이다. 이때 호수의 지표에 융기와 같은 지표작용과 화산작용이 일어나면서 호수가 터지고, 그러면서 물이 빠지고 노아의 홍수 때보다는 작은 퇴적작용이 일어났다. 이때 생성된 지층이 지질학자들이 흔히 말하는 중생대의 지층들과 같은 모습이다.

고생대 지층은 전 세계에 폭넓게 분포하고 있지만 오늘날 중생대의 지층은 규모도 작고 연속성이 종종 끊어지는 경우가 잦다. 그리고 화산활동이 많이 감지된다. 고생대 지층보다 훨씬 위로부터의 압력을 덜 받은 흔적이 감지된다. 그리고 여기에서 공룡을 비롯한 육지 동물의 화석과 나무화석들이 많이 발견된다. 나무화석은 규화석이라고 불리는데 이는 나무가 고열의 화산작용과 냉각작용을 통해 암석이 된 것이다. 이로써 우리는 노아의 홍수로 인해 물 위에 떠 밀려다니던 시체나 나무들이 이러한 지각변동으로 한꺼번에 매몰된 사실을 추론할 수 있다.

이렇게 볼 때 홍수는 단순한 성경에 나오는 이야기가 아니라 전 지구적인 거대한 사건이다. 우리가 땅을 디디고 사는 온 세상에 노아 홍수의 흔적이 곳곳에 남아 있다. 홍수사건은 하나님의 거대한 능력과 솜씨를 고스란히 드러낸다. 산과 계곡을 바라보며 거대한 홍수의 심판이 지나감을 알아챌 수 있다. 로마서 1장 20절에 보면 이렇게 말씀한다. "창세로부터 그의 보이지 아니하는 것들 곧 그의 영원하신 능력과 신성이 그가 만드신 만물에 분명히 보여 알려졌나니 그러므로 그들이 핑계하지 못할지니라."

그렇다. 온 세상에 하나님의 선명한 손길이 그대로 남아 있다. 이 거대한 사건으로 인류는 심판을 받은 동시에 죄로 물든 이 세상은 새롭게 다시 창조되었다. 이 과정을 통해 하나님은 이 세상을 새롭게 하셨다. 그런데 더 놀라운 사실이 있다. 그것은 이 홍수를 통해 정작 가장 많이 변하신 분은 하나님 자신이라는 사실이다.

"여호와께서 그 향기를 받으시고 그 중심에 이르시되 내가 다시는 사람으로 말미암아 땅을 저주하지 아니하리니 이는 사람의 마음이 계획하는 바가 어려서부터 악함이라. 내가 전에 행한 것같이 모든 생물을 다시 멸하지 아니하리니"(21절).

하나님은 홍수 후에 중대한 결심을 하신다. 그것은 하나님께서 앞으로 다시는 사람으로 말미암아 땅을 저주하지 않겠다는 것이다. 왜 이런 결심을 하셨을까? 사람이 홍수의 물리적인 심판으로 변화했기 때문인가? 아니다. 사람은 변하지 않는다. 지금 하나님이 말씀하시는 사람은 홍수 이전에 하나님이 보셨던 그 사람과 같은 사람이다.

"여호와께서 사람의 죄악이 세상에 가득함과 그의 마음으로 생각하는 모든 계획이 항상 악할 뿐임을 보시고"(6:5).

사람은 악하다. 그 중심에 하나님 두기를 싫어하고 항상 하나님 없이 사는 인생을 꿈꾼다. 이번 장의 본문 21절에도 이런 사람에 대한 하나님의 인식이 고스란히 드러나 있다. 21절에 보면 하나님께서 "내가 다시는 사람으로 말미암아 땅을 저주하지 아니하리니"라고 말씀하시고서, 그 뒤에 무엇이라고 하는가? "이는 사람의 마음이 계획하는 바가 어려서부터 악함이라." 여전히 홍수 이전과 이후가 변하지 않을 것을 알고 계셨다. 이것은 무엇을 의미하는가? 미래에 대한 희망은 결코 어떤 물리적인 제재와 폭력으로도, 긍정적인 기대나 사고방식으로도, 또 어떤 인간의 성공 가능성과 성취 능력으로도 가능하지 않다는 사실이다. 희망은 오직 하나님 자신이 되어야 한다는 것이다! 인류의 희망은 사람의 선함이 아니라 하나님의 선하심에 있다. 하나님은 인간의 악한, 매우 슬픈 현실 가운데서도 이 세상을 참고 보존하고 붙들기로 결심하신다. 하나님은 인류의 죄악과 반역이 땅을 더럽히고 힘들게 해도, 결코 피조물 전체를 향한 하나님의 위대한 꿈을 훼손하는 것을 허락하지 않으시기로 작정하신다. 이 내용이 잘 드러난 말씀이 호세아서다. "내가 나의 맹렬한 진노를 나타내지 아니하며 내가 다시는 에브라임을 멸하지 아니하리니 이는 내가 하나님이요 사람이 아님이라. 네 가운데 있는 거룩한 이니 진노함으로 네게 임하지 아니하리라"(호 11:9).

이제부터 하나님은 심판을 내리는 것보다 죄와 사망에 매인 피조물을 위해 새로운 일을 행하시는 것을 자기 일로 생각하신다. 결국 홍수는 인류의 내면에 아무런 변화도 일으키지 못했다. 그러나 그것은 하나님께로부터 돌이킬 수 없는 변화를 불러일으켰다. 이 결심은 하나님께서 이제부터 '상처 입은 치유자'가 되기로 결심하신다. 하나님은 인류의 배신으로 상처 입고 슬퍼하실 것이다. 앞으로 하나님과 인류의 관계는 슬픔을 당하고 상처를 입은 하나님과 이 하나님을 향하여 저항하는 세계 사이의 고통스러운 관계가 이루어질 것이다. 이것이 바로 하나님의 의로우심이다. 하나님의 의는 심판으로 나타나지 않고 우리가 이해할 수 없는 불가해한 엄청난 자비와 사랑으로 나타난다.

로마서 3장 25절은 이것을 잘 보여준다. "이 예수를 하나님이 그의 피로써 믿음으로 말미암는 화목제물로 세우셨으니 이는 하나님께서 길이 참으시는 중에 전에 지은 죄를 간과하심으로 자기의 의로우심을 나타내려 하심이니." 이러한 하나님의 결심으로 하나님은 사람에게 예측 가능한 자연의 법칙과 기후의 변화를 허락하신다.

"땅이 있을 동안에는 심음과 거둠과 추위와 더위와 여름과 겨울과 낮과 밤이 쉬지 아니하리라"(22절).

이제 인류는 안정적인 환경에서 생육하고 번성할 수 있는 기반이 마련되었다. 이러한 하나님의 놀라운 변화를 촉발하는 계기가 무엇인가? 본문에 따르면 의로운 한 사람이 하나님께 드리는 예배이다. 20절 말씀을 보자.

"노아가 여호와께 제단을 쌓고 모든 정결한 짐승과 모든 정결한 새 중에서 제물을 취하여 번제로 제단에 드렸더니"(20절).

홍수 이후 노아는 하나님 앞에 제단을 쌓고 번제를 드린다. 여기 번제는 제물을 모두 태워서 연기로 하나님께 올려드리는 제사이다. 이 번제는 레위기에 보면 제물의 피로 드리는 제사로 죄를 속죄하는 기능과 동시에 죄로 갈라졌던 하나님과의 관계를 다시 화목하게 하는 기능을 했다.

노아의 제사는 방주 안에서 혹여나 저질렀던 자녀들을 위한 죄악을 위한 제사의 의미도 있지만 그것보다는 온 인류의 죄에 대한 속죄와 하나님과의 화해를 촉구하는 제사였다. 이 제사는 하나님께 전적으로 태워드리는 제사였다. 이는 이제부터 새롭게 출발하는 노아와 그 가족의 전적인 헌신을 다짐하는 의미도 있다. 그러나 무엇보다 우리는 거대한 하나님의 새 창조와 새로운 하나님의 결단 사이에서 은혜로 살아가는 사람들이다. 길이 참으시고 끝까지 참고 간과하시는 하나님의 은혜 아래 살고 있다. 그러므로 우리는 그분의 선하심을 날마다 바라보며 우리의 희망을 그분께 두는 연습을 매일매일 하며 나아가야 한다.

언약공동체의
조건

¹하나님이 노아와 그 아들들에게 복을 주시며 그들에게 이르시되 생육하고 번성하여 땅에 충만하라. ²땅의 모든 짐승과 공중의 모든 새와 땅에 기는 모든 것과 바다의 모든 물고기가 너희를 두려워하며 너희를 무서워하리니 이것들은 너희의 손에 붙였음이니라. ³모든 산 동물은 너희의 먹을 것이 될지라. 채소같이 내가 이것을 다 너희에게 주노라. ⁴그러나 고기를 그 생명 되는 피째 먹지 말 것이니라. ⁵내가 반드시 너희의 피 곧 너희의 생명의 피를 찾으리니 짐승이면 그 짐승에게서, 사람이나 사람의 형제면 그에게서 그의 생명을 찾으리라. ⁶ 다른 사람의 피를 흘리면 그 사람의 피도 흘릴 것이니 이는 하나님이 자기 형상대로 사람을 지으셨음이니라. ⁷너희는 생육하고 번성하며

땅에 가득하여 그 중에서 번성하라 하셨더라. [8]하나님이 노아와 그와 함께한 아들들에게 말씀하여 이르시되 [9]내가 내 언약을 너희와 너희 후손과 [10]너희와 함께한 모든 생물 곧 너희와 함께 한 새와 가축과 땅의 모든 생물에게 세우리니 방주에서 나온 모든 것 곧 땅의 모든 짐승에게니라. [11]내가 너희와 언약을 세우리니 다시는 모든 생물을 홍수로 멸하지 아니할 것이라. 땅을 멸할 홍수가 다시 있지 아니하리라. [12]하나님이 이르시되 내가 나와 너희와 및 너희와 함께하는 모든 생물 사이에 대대로 영원히 세우는 언약의 증거는 이것이니라. [13]내가 내 무지개를 구름 속에 두었나니 이것이 나와 세상 사이의 언약의 증거니라. [14]내가 구름으로 땅을 덮을 때에 무지개가 구름 속에 나타나면 [15]내가 나와 너희와 및 육체를 가진 모든 생물 사이의 내 언약을 기억하리니 다시는 물이 모든 육체를 멸하는 홍수가 되지 아니할지라. [16]무지개가 구름 사이에 있으리니 내가 보고 나 하나님과 모든 육체를 가진 땅의 모든 생물 사이의 영원한 언약을 기억하리라. [17]하나님이 노아에게 또 이르시되 내가 나와 땅에 있는 모든 생물 사이에 세운 언약의 증거가 이것이라 하셨더라.

만약 교회가 주님께서 의도하셨던 그 본래의 모습을 제대로 구현하기만 한다면 어떤 일이 벌어질까? 에베소서 1장 23절은 교회에 대해 이렇게 말씀한다. "교회는 그의 몸이니 만물 안에서 만물을 충만하게 하시는 이의 충만함이니라." 교회는 예수님의 몸인데 이 몸을 통해 모든 만물이 그리스도의 충만을 경험하게 된다. 하나님이 창조 때 의도하셨던 그 온전한 충만의 복이 임한다는 것이다. 그래서 우리가 만약 바르고 건강한 교회를 제대로 이룬다면, 또 만난다면 이것이야말로 세상 그 무엇과도 바꿀 수 없는 큰 복이다.

오늘날의 시대, 즉 포스트모던 시대를 살아가는 세대를 가리켜 '미 제너레이션'(me-generation)이라고 한다. 모든 것이 나 중심으로 돌아가는 세대이다. 그래서 객관적인 진리를 인정하지 않고 저마다 진리로 느끼고 생각하는 것을 인정하는 상대적인 진리관을 갖는다. 그리고 자기와 관련된 이익 외에는 무관심하고 자신의 욕구를 충족하는데 충실하다. 미 제너레이션에 나타나는 3무(無) 현상이 있다. 무관심, 무책임, 무감동이다. 자기 일이 아니면 관심도 없고 책임질 일도 없고 감동받을 일도 없다. 영어에 흔히 하는 표현 중에 "I don't care"라는 말이 있다. "난 상관하지 않는다"는 뜻이다. 이 세대는 이 말을 입에 달고 산다. 극도의 이기적이고 냉소적인 태도를 견지하며 살아간다. 그래서 미 제너레이션에 붙은 또 다른 별명이 있다. 바로 '낫 미 제너레이션'(not-me-generaion)이다. 낫 미(not-me)란 '나는 아니다' 라는 뜻으로 마땅히 책임져야 할 일을 책임지지 않는 세대를 말한다. 이들은 무조건 책임을 전가한다. 조금만 불리하면, 또 조금의 책임이라도 져야 한다면 내가 아니라고 한다. 그리고 그곳에서 벗어나려 한다. 그래서 오늘날 우리 세대는 공동체의 책임을 지지 않고 균열이 가속화되는 세대이다.

책임지지 않는 사회의 특징이 있다. 바로 서로에 대한 신뢰가 없다는 점이다. 역사가이자 정치학자이며 미래학자이기도 한 존스홉킨스대학의 프랜시스 후쿠야마는 그의 책 「트러스트: 사회도덕과 번영의 창조」(구승희 역, 한국경제신문, 2002)에서 우리나라를 '저신뢰사회'로 규정했다. 저신뢰사회에서는 인간관계를 법에 의존하는 정도가 크다. 우리나라의 고소, 고발 건수는 인구 1만 명 당 73.2건으로 가까운 일본의 1.3건에 비해 무려 60배나 많다(양대근, "[2016 매너 대한민국 ①] '욱! 고소, 툭하면 法대로' 고소사건 6년만 최대"(〈헤럴드경제〉, 2016. 1. 3.)). 서로를 믿지 못하고 책임지지 않으려 하다 보니 결국 법으로 끝내자고 서로를 고소, 고발하며 법정으로 끌고간다. 서로를 믿지 못하니 소통하고 이해하려 하지 않는다. 불통사회가 된다. 말로 안 되면 주먹이 먼저 나간다. 아파트 간의 층간소음으로 목숨까지 앗아가는 일이 벌어지지 않는가?

이런 사회는 공동체 내의 예측 가능성이 낮다. 책임지지 않으려 하다 보니 조금 불리하면 태도를 바꾼다. 이렇게 한다고 했다가 단체로 나와 떼를 쓰고 실력행사를 하면 저렇게 바꾼다. 그러므로 늘 불안과 긴장이 도사리고 있다. 믿지 못하고 불안하니 어떻게 하는가? 이때 파생되는 게 온갖 규제와 커다란 사회비용이다. 이런 가운데 외로워지고 서로 간에 친밀감을 갈망하지만 서로를 믿지 못해 쉽게 다가가지 못하고 감정적으로 허약한 상태가 된다. 서로를 불신하고 누구도 나서려고 하지 않는다. 그러나 분명한 것은 누군가가 먼저 책임지고 믿어주고 상처받을 각오를 하며 먼저 다가서지 않으면 이러한 공동체의 균열이 회복되기는 점점 어려워진다는 사실이다.

본문은 하나님께서 홍수로 세상을 심판하시고 새롭게 이 세상을 재창조하시면서 노아와 그의 후손들을 통해 세우실 새로운 인류 공동체에 대한 비전을 제시하는 소중한 말씀이다. 본문은 크게 두 부분으로 나뉜다. 먼저는 하나님께서 새롭게 세우실 공동체에 대한 축복의 말씀이다(1-7절). 둘째는 하나님께서 세우시는 언약의 말씀이다(8-17절). 첫째 부분인 1~7절의 말씀을 보자. 먼저 1절 말씀이다.

> "하나님이 노아와 그 아들들에게 복을 주시며 그들에게 이르시되 생육하고 번성하여 땅에 충만하라"(1절).

어디서 많이 들어본 말씀 아닌가? 창세기 1장 28절에 하나님께서 온 세상을 다 창조하시고 나서 최초의 사람인 아담과 하와에게 주신 축복의 말씀이다. 하나님은 아담과 하와를 창조하시고 처음 인류 공동체를 향해 계획하셨던 하나님의 나라를 아직 포기하지 않으셨다. 비록 이전 세대가 죄로 인해 심판받았지만 아직 의인 노아와 그의 가족이 남아 있었다. 다시 의로운 노아 한 사람을 통하여 하나님의 나라를 시작하실 수 있다. 이런 면에서 하나님이 인류에게 처음 선포하신 축복의 말씀은 아직 철회되지 않았다.

하나님은 거대한 홍수로 세상을 창조 이전으로 되돌리신 후 세상을 다시 조성하시고 노아의 가족과 방주 안에 있는 모든 생물이 살 만한 환경으로 만드셨다. 이들이 새롭게 조성된 새 땅에 발을 딛자 하나님은 이들을 태초의 에덴동산에서의 아담과 하와 같이 새 창조의 피조물로 보고 축복하신다. 피조물을 향한 축복의 마음, 이것이 바로 아버지 하나님의 마음이다. 이 축복은 7절에 다시 한번 강조되며 1절과 함께 전체(1-7절)를 수미쌍괄식으로 감싸고 있다.

그런데 본문을 가만히 살펴보면 이 세상이 처음 창조한 세상에 비해서는 훨씬 불완전하고 연약한 모습임을 보여준다.

먼저, 모든 생물이 인류를 두려워한다.

"땅의 모든 짐승과 공중의 모든 새와 땅에 기는 모든 것과 바다의 모든 물고기가 너희를 두려워하며 너희를 무서워하리니 이것들은 너희의 손에 붙였음이니라"(2절).

하나님께서 아담에게는 모든 생물을 다스리라고 말씀하셨다. 그런데 여기서는 더 이상 이것들을 다스리라고 하지 않으신다. 오히려 이것들이 인류를 두려워할 것이라고 말씀하신다. 노아 이후의 세상은 확실히 변했다. 에덴동산에서 누렸던 그런 친밀하고 풍성한 관계가 아니다.

둘째, 하나님께서 인류에게 육식을 허용하신다.

"모든 산 동물은 너희의 먹을 것이 될지라. 채소같이 내가 이것을 다 너희에게 주노라. 그러나 고기를 그 생명 되는 피째 먹지 말 것이니라"(3-4절).

이전에는 채소만 먹었는데 이제는 동물의 생명을 희생해서 먹을거리로 삼는 시대가 왔다. 이것은 두 가지 가능성을 암시한다. 먼저는 홍수 이후 회복된 이 땅의 연약함이다. 이전에는 채소만으로도 충분한 영양분을 공급받을 정도로 땅이 소산을 내는 지력이 풍성했다.

그런데 인류의 타락과 죄악으로 땅이 오염되고 그 영향으로 충분한 소산을 내지 못하게 되었다. 다른 가능성은 인류가 노아의 홍수 이전에 동물을 마구 잡아서 죽이고 먹었을 가능성이다. 심지어는 살인도 서슴지 않았을 것이다. 이런 죄의 습성이 인류에게 있었기에 하나님은 이러한 살생을 어느 정도 허용하신다. 인류의 연약함을 인정하고 이들에게 잠재된 죄성을 어느 정도 허용하신 것이다.

셋째, 살인에 대해 언급하시며 살인을 금하신다.

"내가 반드시 너희의 피 곧 너희의 생명의 피를 찾으리니 짐승이면 그 짐승에게서, 사람이나 사람의 형제면 그에게서 그의 생명을 찾으리라. 다른 사람의 피를 흘리면 그 사람의 피도 흘릴 것이니 이는 하나님이 자기 형상대로 사람을 지으셨음이니라"(5-6절).

하나님은 인류에게 살인의 가능성이 더 커진 것을 아시고 살인에는 살인으로 심판하실 것이라고 공언하신다. 이전에 가인이 살인을 저질렀을 때는 가인의 죄를 책망하셨지만 그를 살해의 위협에서부터 보호해주셨다. 그런데 이제부터는 이 죄에 대해 공동체적인 처벌을 경고하신다.

자, 이런 모습으로 알 수 있는 게 무엇인가? 홍수 이후의 세상은 처음 창조된 세상에 비해 죄로 오염되고 연약해진 이전보다 훨씬 불안정한 세상이라는 사실이다. 저신뢰사회의 특징이 그대로 나타난다. 그런 면에서 1~7절은 축복이기는 하지만 불안하고 다소 절망적인 축복이다. 그런데 이 축복을 정말 축복되게 하는 말씀이 등장한다. 바로 8~17절까지 등장하는 하나님의 언약선포이다. 이 언약이야 말로 연약한 인류 공동체를 정말 살맛 나는 괜찮은 세상으로 이루고 자 하시는 하나님의 놀라운 선언이시다.

"내가 너희와 언약을 세우리니 다시는 모든 생물을 홍수로 멸하지 아니할 것이라. 땅을 멸할 홍수가 다시 있지 아니하리라"(11절).

여기서 하나님은 친히 노아와 그의 후손과 언약을 맺으실 것을 거듭 강조하고 계신다. 하나님은 언약을 너희와 너희 후손과 모든 생 물에게 세우겠다고 말씀하신다(10절). 이것이 바로 노아언약이다. 그 러고는 또다시 내가 나와 너희와 및 너희와 함께하는 모든 생물 사이 에 영원한 언약을 세우겠다고 말씀하신다(12절 참조). 그러면서 내가 나와 너희 사이의 언약을 기억하겠다고 하신다(15절). 그리고 이 맺 은 영원한 언약을 기억하겠다고 하신다(16절). 하나님이 친히 세우신 언약의 증거도 말씀하신다(17절). 거의 매 절마다 하나님께서 그의 백성들을 위해 친히 언약을 세우신다는 사실을 강조하고 있다. 왜 이 렇게 강조하실까? 그것은 바로 언약이 갖는 특성 때문이다.

언약은 계약이 아니다. 계약은 서로 합의해서 약속했다가 다른 한쪽이 계약을 성실하게 이행하지 않으면 언제든지 파기할 수 있다. 그러나 언약은 그렇지 않다. 한 번 약속하면 다른 한쪽이 약속에 불 성실하고 그 약속을 이행하지 않아도 끝까지 그 약속을 지켜주어야 한다. 다른 한쪽의 무한한 신뢰와 사랑과 소망을 전제하는 것이다. 이런 면에서 홍수 이후 하나님이 노아와 맺으신 노아언약은 하나님께서 이 세상을 물로 심판하지 않고 안전하게 보호하고 유지하는 것이 인간의 불성실함과 불순종에 좌우되지 않고 하나님의 신실하심에 달려 있음을 명확하게 보여준다. 이는 인간의 순종을 조건으로 하는 것이 아니라 하나님의 신실함에 기초한 은혜의 언약인 것이다.

앞으로 하나님께서 노아의 후손을 통해 세우실 믿음의 공동체 특징이 여기 잘 드러난다. 그것은 하나님이 자신의 성실함과 그 큰 사랑과 자비로 자기 백성들을 향하여 끝까지 붙들고 복 주시는 언약공동체를 세우신다. 이 공동체에는 하나님의 신실하심이 전제되어 있다. 변치 않는 하나님의 사랑이 전제된 것이다. 하나님을 믿는 그의 백성들은 그분의 신실하심을 반영해야 한다. 신실함(faithfulness)은 믿음(faith)이 있는 상태에서 나오는 것이다. 믿음(faith)이 충만(full)한 상태(ness)가 신실함이다. 이 하나님의 성실하심은 예수 그리스도를 이 땅에 보내심에서 그 절정에 이른다. 우리의 완악함과 이기적인 모습에도 불구하고 하나님 자신이 친히 우리 가운데 오셔서 우리의 연약함을 담당하시고 십자가에 못 박혀 죽으신다. 그리고 예수 그리스도의 죽으심과 부활을 통해 하나님께서 결국 언약에 성실하셨음이 드러나고 이것을 통해 바로 교회가 탄생한다. 교회는 하나님의 신실한 언약에 기초해서 세워진 그리스도의 몸인 것이다.

그러나 이 교회에 모인 우리는 어떠한가? 신실한가? 그렇지 않다. 상황이 바뀌면 언제나 우리의 약속과 신실함을 저버린다. 세상 가운데 하나님의 나라를 경험할 수 있도록 그분의 일하심을 드러내도록 부름받은 교회임에도 불구하고 그 교회를 이루는 우리는 연약하다. 세상의 문화와 풍조에 익숙하므로 교회 안에서도 세상의 방식으로 공동체를 이루어가려는 유혹에 직면한다. 그런데도 분명한 것은 하나님의 신실하심이 이 교회를 붙들어주신다는 사실이다. 그래서 교회에서 우리는 늘 두 가지 현실에 직면한다. 첫째로 우리의 연약함이고, 둘째로 우리를 붙들어주시는 하나님의 은혜이다. 이때 우리가 보여야 할 합당한 반응은 무엇인가? 신실하게, 성실하게 반응해야 한다는 것이다. 마더 테레사가 생전에 이런 말을 남긴 적이 있다.

"하나님은 우리를 성공하라고 부르지 않았습니다.
하나님은 우리를 신실하라고 부르셨습니다."
(God did not call us to be successful, but to be faithful).

교회는 하나님의 성실하심이 전제된 언약공동체다. 따라서 우리는 그분의 부르심에 신실하게 응답해야 한다. 그래서 좋은 공동체, 생명력 있는 교회는 하나님의 성실하신 은혜와 인간의 성실한 노력이 만날 때 빚어진다.

세상에서 사람들이 원하는 공동체의 모습은 어떠한가? 드나들기 쉽고 선택권이 많고 무엇인가 도움이 되고 책임질 일이 없는 곳이다. 그러나 이런 조건들을 다 합쳐 놓으면 그 안에 강하고 영속적인 공동체를 형성하는 것은 불가능하다. 영속적인 천국 공동체는 시간이 흘러도 쇠하지 않고 서로에게 충실하며 같은 부르심, 같은 비전에 헌신한 사람들에 의해 만들어진다. 이런 공동체에는 때로 강렬한 감동의 순간도 있지만 많은 경우 우리의 일상을 통해 함께 나눈 평범한 시간, 의무, 약속, 헌신과 같은 것들로 채워져 있다. 이런 것들이 공동체 안에 은혜와 충실함과 진실함을 가능하게 하는 영양분이다.

오늘날의 포스트모던적인 세상풍조는 이런 공동체의 실천을 어렵게 한다. 구체적으로 어떤 것들인가? 첫째, 우리 사회가 저신뢰사회이다 보니 언약적인 사고방식보다는 계약적인 사고방식에 익숙해 있다. 계약이란 나와 상대방의 이해관계가 충족되지 않으면 얼마든지 파기할 수 있다. 교회도 계약적으로 접근하기 쉽다. 이 교회는 나의 이해관계에 맞는가? 이 교회는 내가 손해 보는 곳은 아닌가? 실리적으로 접근하는 것이다. 예배가 좋고 찬양이 좋고 아이들을 위한 시설이 좋아야 한다. 물론 이런 것들도 필요하다. 그런데 이와 함께 필요한 고민은 내가 어떻게 이 언약적 공동체인 교회 안에서 그리스도의 몸을 이룰 것인가 하는 점이다. 이것이 함께 가야 한다.

둘째, 계약적인 사고방식은 우리에게 소비자적 태도를 형성한다. 소비자적 태도란 무엇인가? 공동체를 드나드는 게 개인의 필요를 채우는 방향으로만 제한되어 있다는 점이다. 소비자는 이런 태도를 보인다. '나는 돈을 낸다. 고로 나는 얻을 권리가 있고, 무엇을 얻을지는 돈을 내는 내가 결정한다.' 그래서 소비자는 소중한 관계를 종종 실리적인 거래로 축소시킨다. 학교나 학원, 심지어는 대학을 다닐 때도 이런 사고방식이 있다. 학원을 보내는데 왜 돈 내는 만큼 가르쳐주지 않는가? 왜 성적이 잘 오르지 않는가? 답을 찾지 못하면 중간고사 끝나고 학원을 옮긴다. 서비스가 불충분하다고 느끼기 때문이다. 쇼핑몰에서 구매한 게 마음에 들지 않으면 환불하지 않는가?

이런 사고를 교회까지 가져오려는 경향이 있다. 교회의 서비스가 불충분하다. 서운하다. 나 개인의 언약적인 헌신과 책임은 옆으로 제쳐두고 오직 소비자적인 태도로 요구하는 것이다. 교회학교 교사는 부족해서 진땀을 흘리며 최선을 다해 헌신하는데 학부모 처지에서는 왜 아이에게 소홀하냐고 마치 유치원이나 어린이집에 따지고 호소하듯 요구한다. 그러면서 교회 안에 서로 섬길 수 있는 헌신과 봉사의 기회는 애써 외면한다. 왜? 내 안에 언약적 공동체의 지체적인 태도보다는 소비자적 태도가 배어 있기 때문이다. 이 태도가 거룩한 언약적인 신실함으로 바뀌지 않으면 어떻게 되는가? 기분이 나빠 교회 출석을 중단한다. 불쾌해하면서 교회를 옮겨버린다. 내가 요구하는 대로 교회가 들어주지 않으면 소리를 치고 얼굴을 붉힌다.

그러기에 우리는 교회 안에서 계약적인 관계가 아닌 언약적인 관계를 형성해 나가야 한다. 진리 안에서 어떤 어려움과 시련도 함께 이겨내며 서로 인내하고, 슬픈 일에 서로 울며 기쁜 일에 함께 기뻐하며 함께 그리스도의 형상을 이루어가는 그런 관계를 형성해가야 한다. 우리가 얼마나 이곳에 머무를지 모르지만 우리는 머무는 동안 그분의 언약공동체를 이루도록 부름받았고 이 부르심에 신실해야 한다. 혹시 또다시 실패할까, 성공에 대한 두려움이 있는가? 아직 멀리서 방관하며 관찰하고만 있지는 않은가? 기억하라. 하나님은 우리를 성공하라고 부르지 않으셨다. 신실하라고 부르셨다. 그분의 신실하심으로 세우신 그리스도의 몸을 우리도 신실하게 세워가도록 하자.

가까운 사이일수록
덮어주어야 한다
----

¹⁸방주에서 나온 노아의 아들들은 셈과 함과 야벳이며 함은 가나안의 아버지라. ¹⁹노아의 이 세 아들로부터 사람들이 온 땅에 퍼지니라. ²⁰노아가 농사를 시작하여 포도나무를 심었더니 ²¹포도주를 마시고 취하여 그 장막 안에서 벌거벗은지라. ²²가나안의 아버지 함이 그의 아버지의 하체를 보고 밖으로 나가서 그의 두 형제에게 알리매 ²³셈과 야벳이 옷을 가져다가 자기들의 어깨에 메고 뒷걸음쳐 들어가서 그들의 아버지의 하체를 덮었으며 그들이 얼굴을 돌이키고 그들의 아버지의 하체를 보지 아니하였더라. ²⁴노아가 술이 깨어 그의 작은 아들이 자기에게 행한 일을 알고 ²⁵이에 이르되 가나안은 저주를 받아 그의 형제의 종들의 종이 되기를 원하노라 하고 ²⁶또 이르되 셈의 하

*나님 여호와를 찬송하리로다. 가나안은 셈의 종이 되고 27하나님이
야벳을 창대하게 하사 셈의 장막에 거하게 하시고 가나안은 그의 종
이 되게 하시기를 원하노라 하였더라. 28홍수 후에 노아가 삼백오십
년을 살았고 29그의 나이가 구백오십 세가 되어 죽었더라.*

전에 〈허핑턴포스트〉에 재미있는 기사와 동영상이 하나
올라왔다(Ed Mazza, "17마리 사자와 홀로 싸우는 호저의 결투(동영상)"(〈허핑턴
포스트〉, 2014. 11. 6.)). 그것은 아프리카 남아공의 한 야생동물 보호지
역에서 사자 17마리가 작은 동물 한 마리를 공격한 것이다. 정글의
왕이라고 불리는 사자가, 그것도 무려 17마리가 떼를 지어서 공격했
으니 어떻게 됐겠는가? 보통 동물 같으면 이미 흔적도 남지 않고 사
자의 간식거리가 되었을 것이다. 그런데 이 동물은 사자들을 쩔쩔매
게 하고 결국은 도망가게 만들고 말았다. 이 동물은 '호저'라고 불
리는데 순우리말로는 산미치광이라고 한다. 일종의 고슴도치인데
특이한 것은 그 몸에 달린 가시비늘이 다른 동물을 찌르면 몸에서
자동으로 분리되어 나간다는 점이다. 미사일 같다. 분리돼서 박히게
되면 그 짐승은 엄청난 고통 가운데 스스로 가시비늘을 빼내야 한
다. 작고 귀여워 보이지만 그 가시는 다른 모든 동물에게 아픔과 공
포의 대상이 된다.

우리 주변에도 보면 의외로 이런 고슴도치 같은 사람들이 있다.
떨어져 있을 때는 아무렇지도 않은 것처럼 있다가도, 가까이 다가가
면 말 한마디를 건네기가 무섭게 갑자기 인상이 싸늘하게 변하면서

뾰족한 가시를 세우고 거침없는 욕설과 상처를 준다. 사실 정도의 차이일 뿐 사람에게는 누구나 마음 깊은 곳에 이런 고슴도치의 비늘 같은 것들이 자리 잡고 있다. 일찍이 독일의 철학자 쇼펜하우어는 이런 인간의 내면을 고슴도치의 우화를 들어 설명했다.

추운 겨울 어느 날, 몇 마리의 고슴도치가 온기를 유지하기 위해 모여 있었다. 날이 워낙 추워 고슴도치들은 더 모여들었고 서로의 체온을 힘입어 온기를 유지하기 위해 점점 가까이 붙어 있게 되었다. 그런데 고슴도치들이 서로 가까이하려고 할수록 이들의 몸에 붙어 있던 가시 비늘이 서로를 찌르기 시작하였다. 고슴도치들은 할 수 없이 떨어졌다. 그러나 날씨가 워낙 추워 다시 모여들었고 점점 가까이 모여들수록 다시 서로를 찔렀다. 결국 수 없는 시행착오를 반복한 결과 고슴도치들은 다른 고슴도치와 최소한의 어느 정도 간격을 두는 게 제일 나은 방법이라는 사실을 깨달았다.

그러면서 쇼펜하우어는 말한다. "인간 사회 역시 수많은 고슴도치들이 모여 있는 사회이다. 각자의 내면에는 날카로운 가시투성이의 본성이 있고, 가까이하다 보면 서로에게 상처를 입힌다." 이런 인간의 심리를 프로이드는 '고슴도치 딜레마'라고 이름을 붙였다. 사람은 사이가 가까워질수록 미움과 상처도 크게 입는다는 것이다.

인간의 죄성은 자기중심적으로 흐르기에 다른 이들과 함께하는 과정 가운데 많은 상처와 아픔을 주고받는다. 특히 가까운 사이일수록 더 그렇다. 가까우면 서로가 다르다는 것을 인정하고 존중하기보다는 상대가 마땅히 내 생각에 동의하고 따라주어야 한다고 여긴다.

관계 가운데 가장 가까운 관계는 가정에서의 관계이다. 가정은 창세기 1장에 따르면 서로가 벌거벗을 수 있는 곳이다. 서로가 벌거 벗었어도 부끄러워하지 않을 수 있다. 벌거벗는다는 것은 육체적인 벌거벗음 뿐 아니라 내면의 벌거벗음, 즉 자신의 연약함과 결점을 있는 모습 그대로 드러낸다는 뜻이다. 가정은 서로의 허물을 부끄럽게 여기지 않고 인정하고 받아주며 더 나아가 따뜻하게 덮어주고 보완해주는 곳이다.

그러나 죄성이 들어오자, 우리 속에 서로를 향한 이기적인 가시비늘을 날카롭게 드러내고 찌르기 시작했다. 서로를 비난하고 정죄하며 서로의 벌거벗음을 수치스럽게 여기고 깊은 상처를 주었다. 서로의 모습을 인정하고 덮어주기보다는 내가 원하는 모습으로 변화되어야 한다고 강요하며 윽박지르기 시작했다. 수많은 부부가 이것으로 아파하고 신음한다. 이것은 부부뿐만 아니다. 부모와 자녀 관계에서도 마찬가지다. 부모의 가시비늘에 찔려 신음하는 자녀들이 참 많다. 우울증을 앓거나 분노조절장애를 겪는 자녀들의 연령대가 점점 내려가고 있다. 엄마 아빠가 짠 스케줄에 따라 꼭두각시처럼 꼼짝 못 하고 움직인다. 이런 부모를 가정문제전문가인 수잔 포워드 박사는 '독이 되는 부모'(Toxic Parents, 독친)라고 명명했다(수잔 포워드 저, 김형섭 외 공역, 「독이 되는 부모」(서울: 푸른육아, 2008)). 최근 통계청 조사에 따르면 5년간 초중고 학생이 사흘에 한 명꼴로 자살하는 상황인데 자살원인 1위가 가정문제인 것으로 나타났다(최재훈, 최경운, "내가 모르는 내 아이[1] '毒親 (독친·toxic parents: 자녀 인생에 독이 되는 부모)' 이 된 부모… 당신은 아닙니까"(〈조선일보〉, 2014. 11. 20.)). 가장 이해받고 인정받아야 할 관계가 가시에 찔려 피 흘리며 신음하는 관계로 변질된 것이다.

이런 관계의 독은 자신이 그토록 싫어하던 대상을 닮도록 하는 무서운 힘이 있다. 주변에 보면 아버지와 아들 사이에 관계가 틀어진 가정이 참 많다. 아들은 그런 아버지의 모습과 실수에 대해 자신은 결코 저지르지 않겠다고 다짐한다. 하지만 어느덧 자기 안에 자신이 그토록 싫어하던 모습이 고스란히 들어 있는 것을 발견하고 소스라치게 놀란다. 그러고는 그것으로 자신의 자녀를 힘들게 하며 가시를 찌른다. 며느리도 마찬가지다. 지독한 시어머니 밑에서 고생하면서 자신도 모르게 그런 모습을 닮아간다. 나는 절대 내 시어머니처럼 하지 말아야지 하고 다짐했지만 어느덧 그 시어머니의 모습이 내 안에 들어와 있다.

본문에는 노아의 치명적인 실수가 기록되어 있다. 노아가 누구인가? 성경의 평가에 따르면 그는 당대에 완전한 자고 하나님과 동행했던 인물이다(6:9). 하나님이 말씀하신 것은 빠짐없이 준행했던 사람이다(6:22). 아마도 자녀들은 이런 아버지를 존경했을 것이다. 그러나 그랬던 노아가 벌건 대낮에 포도주에 거나하게 취해서 그만 부끄럽게도 하체를 드러낸 채로 깊은 잠에 빠져들었다. 밖에서 볼 때 아무리 완벽해 보여도, 멋져 보이는 부모라도 가까운 자녀에게는 자신도 모르게 이런 치부를 드러낼 때가 많다. 할 수 있다면 줄여야 하고 보여주지 말아야 하겠지만 자신도 모르게 이런 실수를 드러낸다. 결국은 자녀에게 치명적인 영향을 끼친다. 하나님과 동행하며 온전한 의인으로 평가받던 노아가 그랬을 정도면 우리는 말할 것도 없다.

그렇다면 노아는 어떻게 이런 큰 실수를 저지르게 되었을까? 크게 두 가지를 생각해 볼 수 있다. 첫째, 강력한 긴장 이후에 찾아오는 영적인 해이함이다. 수십 년간 거대한 방주를 준비하고 홍수가 세상을 휩쓸고 다시 땅에 물이 빠지기까지 얼마나 긴장했겠는가? 이제 모든 위기가 끝났다. 하나님께서 다시는 물로 멸망시키지 않겠다고 약속하셨으니 이런 거대한 위기는 다시 찾아오지 않을 것이다. 홍수 심판이라는 극도의 긴장이 사라지자 이전처럼 거룩하게 살려고 몸부림치던 것이 흐트러지게 되었다. 그렇게 애쓰고 긴장하지 않아도 심판은 오지 않을 것이다. 결국 이것이 영적 방심으로 이어졌다. 농사를 짓고 포도를 수확하고 포도주를 만들었다. 노아는 마음속으로 이렇게 생각했을지도 모른다. '이제 뭐 큰일 날 일도 없고 포도주쯤이야….' 조금만 마시고 그만두려고 했는데 한두 잔 들어가다 보니 이제는 노아 안에 시작된 취기가 포도주를 불러들이기 시작한다. 결국 인사불성이 되어 벌거벗는 과정까지 나아간다.

둘째, 홍수는 끝났지만 그렇다고 사람 속에 있는 죄성이 사라진 것은 아니라는 사실이다. 여전히 노아는 그 속에 죄성이 있었고 이 죄성은 끊임없이 영적으로 깨어 긴장하며 다스려야 할 부분이었다. 우리 신앙생활에는 방학이 없다. 안식년이 없다. 가끔 보면 스스로 안식년을 선포하는 분이 있다. "결혼했으니 안식년입니다." "아기 낳았으니 안식년입니다." "손자 봐야 하니 안식년입니다." "이사했으니 안식년입니다." 이런저런 이유로 안식년을 선포하고 조용히 어디론가 사라진다. 우리는 내 마음이 지금 어디를 향하고 있는지를 예민하게 관찰할 수 있어야 한다. 그렇지 않으면 순식간에 미혹의 덫에 걸려 넘어진다. "근신하라. 깨어라. 너희 대적 마귀가 우는 사자같이 두루 다니며 삼킬 자를 찾나니"(벧전 5:8). 마귀는 두루두루 삼킬 자를 찾는데 우리는 영적인 긴장이 풀려 쿨쿨 잠을 잔다.

본문을 묵상하다 보면 한 가지 특이한 점이 발견된다. 본문에 등장하는 표현들이 창세기 2~3장의 에덴동산 이야기를 상당 부분 반영한다는 사실이다. 노아가 농사를 시작한다는 표현(20절)은 아담이 에덴동산을 경작한다는 표현(2:15)과 비슷하다. 또 21절에 노아가 포도주를 마시고 취해서 장막 안에 벌거벗었다는 표현(21절)은 아담과 하와 두 사람이 에덴동산 안에서 벌거벗었으나 부끄러워하지 아니하니라는 말씀과 같다(2:25). 아담과 하와가 선악과를 먹고 자신들이 벌거벗었다는 것을 알게 된 것처럼 노아는 자기 아들 함이 자기에게 한 일을 알게 되었다(24절). 그리고 하나님의 축복과 저주가 양쪽에 모두 등장한다. 무슨 말인가? 노아가 아담을 잇는 제2의 아담으로 등장하는 것이다. 새로운 인류의 대표 노아는 홍수심판이 지나갔어도 죄 없이 완전하지 않았다. 여전히 연약했고 죄 가운데 자신의 수치를 발견하고 몸부림치는 사람이었다. 이처럼 우리는 하나님의 은혜가 아니고는 우리의 삶과 마음을 지켜낼 수 없다. 아무리 괜찮은 척해도 금세 우리의 부끄러운 치부들이 드러나 넘어진다.

한편 아버지의 치부를 발견한 노아의 아들들은 두 가지 다른 양상으로 반응을 보인다. 부모로부터 죄의 독성을 접한 자녀라 하더라도 각기 다르게 반응한 것이다. 이것은 중요한 영적 의미를 지닌다. 당황스러운 상황에서도 자기 마음을 어떻게 관리하느냐에 따라 각기 다른 반응을 선택할 힘이 있다. 노아의 아들들은 어떻게 반응하는가?

먼저, 함이다.

"가나안의 아버지 함이 그의 아버지의 하체를 보고 밖으로 나가서 그의 두 형제에게 알리매"(22절).

여기 함이 아버지의 벌거벗은 하체를 보았다. 여기 '보다'는 단어는 히브리어로 '라아'다. 이 단어가 사용될 때는 그냥 잠깐 보는 게 아니라 오랫동안 주목하여 보고 감상하는 것을 의미한다. 즉 죄의 욕심에 끌려 흥미를 갖고 주목하고 감상하며 죄의 욕심을 키웠다는 의미가 있다. 창세기 3장 6절에 에덴동산에서 하와가 선악과를 "본즉"이라는 표현이 히브리어로 '라아'다. 그런데 그다음 이어지는 말씀을 보면 보는 행위가 단순히 보여서 보는 게 아님을 알 수 있다. "여자가 그 나무를 본즉 먹음직도 하고 보암직도 하고 지혜롭게 할 만큼 탐스럽기도 한 나무인지라." 결국 속에서 죄성이 일어나 그 유혹에 굴복하여 선악과를 따먹었다. 6장 2절에도 보면 "하나님의 아들들이 사람의 딸들의 아름다움을 보고(라아)", 그다음에는 무차별적으로 이들을 모두 아내로 삼았다고 말씀한다. 이렇게 볼 때 함이 그의 아버지의 하체를 보고 밖으로 나가 형제들에게 알린 것은 아버지의 하체를 보자마자 깜짝 놀라서 후다닥 뛰어나간 게 아니다. 함은 노아의 모습을 죄의 욕심을 품고 의미심장하게 씩 웃으면서 본 것이다.

일부 성서학자들은 이 정도면 함이 좀 더 적극적인 범죄를 저질렀지 않겠느냐고 추측하기도 한다(송병현, 「엑스포지멘터리: 창세기」(서울: 국제제자훈련원, 2010), 204쪽). 노아가 술이 깨어 작은아들 함이 자기에게 행한 일을 알자 저주를 퍼붓는다(24절). 왜 저주를 퍼부을까? 이것은 단순히 본 것 이상의 더 심각한 성적 죄악의 가능성이 있기 때문이다. 25절에 보면 저주가 함 자신이 아니라 함의 막내아들인 가나안에게 향한다. 이것은 함 자신이 이런 범죄를 행할 때 막내 가나안을 무엇인가로 연루시켰을 가능성을 암시한다. 함께 보았던지, 아니면 더 나아가 홍수 이전의 성적 타락의 영향을 받아 동성애의 가능성이 있던지, 아니면 심지어는 방탕한 노아 때문에 또다시 심판이 오면 어쩌나 하는 불안감으로 인해, 프로이드 심리용어로 말하면 거세 불안증후군이 있어 노아를 거세했다고까지 해석하기도 한다.

그러나 성경이 이것을 명시하지 않기 때문에 우리는 단지 추측할 뿐이다. 분명한 것은 함은 가장 가까이에 있는 사람의 실수와 수치를 덮어주기는커녕 즐겼다는 점이다. 우리는 종종 가까운 사람이 넘어지거나 실수했다는 말을 들으면 걱정하거나 같이 염려하기보다는 웃고 즐거워할 때가 많다. 그들의 실수를 마치 오징어 땅콩 씹듯 질겅질겅 씹는다. 그러다 보면 필연적으로 이어지는 행동이 있다. 이들의 실수를 동네방네 소문을 내며 다닌다는 것이다. 본문은 이런 행동을 바로 "알린다"(22절)고 표현하고 있다. 형제들에게 아버지의 실수와 수치를 떠들고 다닌 것이다. 이런 행동은 사실을 알리는 효과만 있는 게 아니다. 가장의 권위를 무너뜨리고 공동체를 허무는 힘이 있다.

전에 어떤 기독교 언론에서 한국교회의 부끄러운 일들을 매주 특종으로 계속 보도했다. 한두 번이 아니라 계속 보도했다. 그리고 어떤 경우는 심각한 문제가 아닌 것을 이상하게 심각하게 만들어서 부풀리고 과장하고 비판여론을 억지로라도 형성하는 느낌이 들었다. 이상하다 싶어서 나중에 알아보니 한 이단이 기독교를 무너뜨리기 위해 세운 언론사였다. 심지어는 여기서 만든 신문을 한국 교단의 여러 신학교에 무차별적으로 배포하기도 했다. 이단들의 주특기가 무엇인지 아는가? 교회를 험담하는 일이다. 이단들이 각 교회에 몰래 침투하여 미혹할 대상을 포섭하려 할 때 이들의 주무기는 험담과 비판이다. 이들은 조용히 주변을 돌아다니면서 목사님과 사이가 좋지 않은 사람, 시험 든 사람, 또 불평하는 사람을 찾는다. 어떻게 찾는 줄 아는가? 질문을 통해 찾는다.

"요즘 한국교회가 썩어가는데, 우리 교회도 그런 것 같지 않아요?"

"목사님이라고 그 말을 다 믿으면 안 돼요!"

"우리 목사님이 인격적으로 하자가 많다고 하던데요?"

자꾸 부정적인 반응을 유도하는 질문을 한다. 그런데 이런 질문을 할 때 어떤 분은 "어머머 정말 그래요? 세상에 어쩐지 우리 교회가 좀 이상하더라 했어", "우리 목사님 겉으로는 멀쩡해 보였는데 속으로는 그런 분이었네요" 하면서 그냥 그들의 궤계에 휘말려 들어간다. 그러다 보면 설교 말씀이 안 들린다. 예배시간이 졸리다. 그러다 다른 곳에 말씀 좋은 곳이 있는데 함께 공부해보자고 하면, 그만 이단들의 성경공부에 미혹되어 넘어간다. 우리는 이런 잘못된 반응이나 질문에 절대 쉽게 동요하거나 그들과 함께 말을 섞으면서 같이 험담하고 떠들고 다녀서는 안 된다.

노아가 축복했던 셈과 야벳을 보라. 함으로부터 아버지의 수치스러운 사건을 듣고 두 아들은 어떻게 반응했는가?

"셈과 야벳이 옷을 가져다가 자기들의 어깨에 메고 뒷걸음쳐 들어가서 그들의 아버지의 하체를 덮었으며 그들이 얼굴을 돌이키고 그들의 아버지의 하체를 보지 아니하였더라"(23절).

여기 보면 이들의 행동 특징이 몇 가지로 나타난다.

첫째, 말을 하지 않는다. 절대 그 일에 대해 이러쿵저러쿵 말하지 않는다. 입을 묵묵히 닫고 있다.

둘째, 보지 않는다. 여기 보면 두 형제가 옷을 어깨에 메고 어떻게 하는가? 뒷걸음쳐 들어가 아버지의 하체를 덮고 이 와중에 얼굴을 돌이켜 일부러 아버지의 하체를 보지 않았다. 아예 눈을 감고 들어간 것이 아니다. 눈 뜨고 대충 아버지의 위치를 확인하고 덮어준 것이다. 이렇게 하려면 100% 보지 않는 것은 어려울 수 있다. 대충이라도 위치라도 보아야 잘 덮어줄 수 있다. 무슨 말인가? 가능한 보지 않고 또 보여도 못 본 척했다는 뜻이다. 두 형제는 '어깨에 옷을 메고' 뒷걸음질 쳐서 들어갔다(23절). 여기 어깨에 메는 행위는 구약에서 겸손히 섬기는 전형적인 행동을 나타낸다. 레위인들이 광야에서 법궤를 옮길 때 어깨에 멨다. 이것은 하나님을 바르게 섬기는 태도이다. 아버지의 실수와 수치가 드러난 가운데서도 셈과 야벳은 아버지를 바르게 섬기려고 했다. 아버지의 실수에도 불구하고 아버지에 대한 섬김과 존경의 태도가 조금도 변하지 않았다. 여전히 아버지의 권위를 인정했고 그랬기에 아버지의 수치를 보지 않으려고 했다. 그러고는 노아의 수치를 조용히 덮어주었다. "만물의 마지막이 가까이 왔으니 그러므로 너희는 정신을 차리고 근신하여 기도하라. 무엇보다도 뜨겁게 서로 사랑할지니 사랑은 허다한 죄를 덮느니라"(벧전 4:7-8).

만물의 마지막이 가까웠다. 그럴수록 우리는 정신 차리고 깨어

기도해야 한다. 무엇보다 뜨겁게 사랑해야 하는데 이는 서로의 죄와 허물을 덮어주는 구체적인 행동으로 나타나야 한다. 우리에게 주님의 사랑이 있다면 우리는 서로 덮어주어야 한다. 부모님은 자녀의 연약함을 덮어주어야 한다. 자녀 역시 부모의 연약함을 덮어주어야 한다. 이웃에게도 마찬가지다. 공동체 안에서도 마찬가지다. 이웃의 연약함과 수치를 동네방네 험담하며 소문내고 다니는 사람은 사랑이 없을 뿐 아니라 이단에 빠져들 가능성이 농후하다. 조심하길 바란다. 배우자를 사랑하는가? 허물을 덮어주길 바란다. 어떤 분은 자녀 앞에서 다 까발려버린다. "야, 너희 아빠는 도대체 왜 그런다니?" "너희 엄마는 도대체 왜 그런다니?" 이제는 자녀 앞에서 서로를 폭로하는 것을 자제해야 한다.

아내의 눈에는 시간이 갈수록 남편의 실수가 더 크게 보이고 존경할 구석은 사라진다. 왜? 가까이 있다 보니 온갖 허물과 실수가 다 드러나기 때문이다. 그러나 누가 뭐래도 남편은 하나님이 세우신 한 가정의 리더이고 권위자이다. 남편이 무너지면 가정이 무너진다. 남편이 실수하고 망가져도 여전히 가정은 지켜야 할 가치 있는 소중한 삶의 보금자리다. 가정을 위해서라도 남편의 죄와 허물을 덮길 바란다. 부모님을 사랑하는가? 허물을 덮어드릴 수 있기를 바란다. 사랑하기에 덮어야 한다. 그럴 때 우리는 가정공동체를, 교회공동체를 사랑과 용서의 공동체로 이루어 갈 수 있다.

교회공동체 안에서도 부지런히 덮어주고 용서해주어야 한다. 입으로 떠벌리며 험담하고 고발하는 사람이 되지 말아야 한다. 어떤 이들은 맘에 들지 않으면 그 자리에서 다 폭로해버리고 인간관계를 끊어버린다. 이런 분들을 보면 자기 안에 더 많은 허물과 상처가 있다. 고발자가 되는 일을 조심해야 한다. 우리는 사랑하는 자, 덮어주는 자, 끝까지 서로를 끌어안는 자로 부름받았다.

하나님은 덮어주는 자를 귀하게 여기신다. 덮어주었던 셈과 야벳은 어떻게 되었는가? 노아는 이렇게 행동했던 셈의 하나님을 찬양했다(26-27절). 그리고 하나님은 이런 셈의 행동을 통해 영광을 받으셨다. 그리고 셈과 야벳을 창대하게 하셨다(27절). 이처럼 덮어주는 행위는 후대에까지 영향을 끼친다. 또한 덮어줄 때 우리는 상대의 독성 있는 모습을 닮으려는 유혹을 이겨낼 수 있다. 사랑은 독을 녹인다.

우리에게 영적 긴장이 느슨해질 때가 언제인가? 깨어 있어야 한다. 그리고 넘어지는 사람들의 허물을 즐거워하며 비난할 게 아니라 덮어줄 수 있어야 한다. 특히 가까운 사이일수록 주님의 은혜에 힘입어 더 포근하게 덮어줄 수 있어야 한다.

다르게
-- 살라

¹노아의 아들 셈과 함과 야벳의 족보는 이러하니라. 홍수 후에 그들
이 아들들을 낳았으니 ²야벳의 아들은 고멜과 마곡과 마대와 야완과
두발과 메섹과 디라스요 ³고멜의 아들은 아스그나스와 리밧과 도갈
마요 ⁴야완의 아들은 엘리사와 달시스와 깃딤과 도다님이라. ⁵이들로
부터 여러 나라 백성으로 나뉘어서 각기 언어와 종족과 나라대로 바
닷가의 땅에 머물렀더라. ⁶함의 아들은 구스와 미스라임과 붓과 가나
안이요 ⁷구스의 아들은 스바와 하윌라와 삽다와 라아마와 삽드가요
라아마의 아들은 스바와 드단이며 ⁸구스가 또 니므롯을 낳았으니 그
는 세상에 첫 용사라. ⁹그가 여호와 앞에서 용감한 사냥꾼이 되었으
므로 속담에 이르기를 아무는 여호와 앞에 니므롯 같이 용감한 사냥

꾼이로다 하더라. ¹⁰그의 나라는 시날 땅의 바벨과 에렉과 악갓과 갈레에서 시작되었으며 ¹¹그가 그 땅에서 앗수르로 나아가 니느웨와 르호보딜과 갈라와 ¹²및 니느웨와 갈라 사이의 레센을 건설하였으니 이는 큰 성읍이라. ¹³미스라임은 루딤과 아나밈과 르하빔과 납두힘과 ¹⁴바드루심과 가슬루힘과 갑도림을 낳았더라(가슬루힘에게서 블레셋이 나왔더라). ¹⁵가나안은 장자 시돈과 헷을 낳고 ¹⁶또 여부스 족속과 아모리 족속과 기르가스 족속과 ¹⁷히위 족속과 알가 족속과 신 족속과 ¹⁸아르왓 족속과 스말 족속과 하맛 족속을 낳았더니 이 후로 가나안 자손의 족속이 흩어져 나아갔더라. ¹⁹가나안의 경계는 시돈에서부터 그랄을 지나 가사까지와 소돔과 고모라와 아드마와 스보임을 지나 라사까지였더라. ²⁰이들은 함의 자손이라 각기 족속과 언어와 지방과 나라대로였더라. ²¹셈은 에벨 온 자손의 조상이요 야벳의 형이라 그에게도 자녀가 출생하였으니 ²²셈의 아들은 엘람과 앗수르와 아르박삿과 룻과 아람이요 ²³아람의 아들은 우스와 훌과 게델과 마스며 ²⁴아르박삿은 셀라를 낳고 셀라는 에벨을 낳았으며 ²⁵에벨은 두 아들을 낳고 하나의 이름을 벨렉이라 하였으니 그때에 세상이 나뉘었음이요 벨렉의 아우의 이름은 욕단이며 ²⁶욕단은 알모닷과 셀렙과 하살마웻과 예라와 ²⁷하도람과 우살과 디글라와 ²⁸오발과 아비마엘과 스바와 ²⁹오빌과 하윌라와 요밥을 낳았으니 이들은 다 욕단의 아들이며 ³⁰그들이 거주하는 곳은 메사에서부터 스발로 가는 길의 동쪽 산이었더라. ³¹이들은 셈의 자손이니 그 족속과 언어와 지방과 나라대로였더라. ³²이들은 그 백성들의 족보에 따르면 노아 자손의 족속들이요 홍수 후에 이들에게서 그 땅의 백성들이 나뉘었더라.

2014년 10월 20일 전 세계 언론은 29세의 윌리엄 풀리라는 이름의 영국인 남자간호사 이야기를 대서특필했다. 이 청년 간호사는 아프리카 시에라리온에서 의료봉사 도중 지난 8월, 에볼라 바이러스에 감염되어 본국으로 긴급 호송됐다. 에볼라 바이러스는 아프리카 기니에서 발생해서 1년도 안 돼 5천7백여 명이 죽어 나간 끔찍한 열병이다. 풀리는 마땅한 치료약이 없던 차에 실험단계에 있는 '지맵'이라는 에볼라 치료제를 투여받았다. 그리고 감사하게도 다시 살아나서 지난 10월 3일 퇴원했다. 그런데 놀라운 것은 자신이 봉사했던 아프리카의 시에라리온의 병원으로 다시 돌아간 것이다. 무엇 때문에 돌아갔을까? 그는 한 인터뷰에서 이렇게 말했다.

"진짜 긴급 상황이 그 나라에 있습니다. 저는 다시 열악한 환경에 처한 에볼라 환자들을 도와야 합니다. 전 간호사에 불과하지만 간호사로서 특별한 능력이 없는 나 같은 사람의 도움조차 절실히 필요한 곳이기에 그곳으로 돌아갑니다. 에볼라 바이러스의 최전방에 되돌아갈 수 있어 기쁩니다"(이성훈, 이순흥, "에볼라 완치 英간호사, 다시 죽음의 땅으로"(〈조선일보〉, 2014. 10. 21.)).

더 놀라운 것은 그의 부모가 아들의 결정에 기꺼이 따라주었다는 사실이다. 우리 같으면 어떻게 하겠는가? "야, 너 죽으려고 가냐? 안 된다. 절대 안 된다. 돈 버는 것도 아니고 의료 봉사활동인데 돈도 못 벌고 죽으려고 가냐? 그렇게 하라고 너 키우지 않았다. 내 눈에 흙이 들어올 때까지는 안 된다." 아마 이렇게 대답할 분들이 꽤 있을 것이다. 그런데 이런 아들을 보내는 윌리암 풀리 부모님의 대답은 어떠했는지 아는가?

"아들이 의료봉사를 할 때 행복해하는 영상을 보았는데 그때 그 아이의 표정이 너무나도 행복해 보였습니다. 그 장면이 떠올라 반대할 수 없었습니다. 우리는 지금까지 이 아이를 키울 때 스스로 원하고 진정으로 행복을 느끼는 일을 하도록 지켜봐 주었습니다."

우리는 자신도 모르게 자본주의 경쟁시스템 안에서 많은 것을 잃어버리고 산다. 자녀들이 수능점수와 내신으로 경쟁하며 공부하다 보니 학교 안에서나 전국에서 서로 간에 등수로 내신 등급으로 순위 매기고 줄 서는 데 익숙해졌다. 상대에 대한 순수한 관심과 호의보다는 서로를 등수와 등급에만 관심을 두고 비교하며 평가한다. 반에서 상대방의 등수가 몇 등인가로 서로 낮게 여기기도 하고 열등감에 사로잡히기도 한다. 이렇게 자란 학생들의 특징이 있다. 대부분 자기가 하고 싶은 게 무엇인지 모른다는 사실이다. 대학생들에게 너희들이 꿈꾸는 삶은 어떤 것이니? 하고 물어보면 거의 하나같이 행복한 삶이라고 답한다. 행복한 삶이 무엇이냐고 하면 대부분이 돈 많이 벌고 안정적인 삶이라고 한다. 결국 돈 많이 벌어 안정적인 삶을 영위하는 게 자신의 최종 목적인 셈이다.

미국 보스턴대학의 사회학자 줄리엣 쇼어가 수행한 연구에 따르면, 1990년대에 태어난 자녀들은 평균적으로 교회에 가는 시간의 두 배, 밖에서 노는 시간의 다섯 배만큼 쇼핑하는 것으로 나타났다(줄리엣 쇼어 저, 정준희 역, 「쇼핑하기 위해 태어났다: 텔레토비에서 해피밀까지, 키즈 산업은 어떻게 아이들을 지배하게 되었나」(서울: 해냄, 2005), 44-47쪽). 인터넷 쇼핑, 홈쇼핑, 중고장터 쇼핑 등 쇼핑에 몰두했던 자녀들의 내면에는 신념과 가치관의 변화가 일어나는데 절반 이상이 성인이 되면 '돈이 많을수록 더 행복할 것'이라고 믿는 것으로 나타났다. 그런데 동시에 이들이 대학생이 되었을 때 나타나는 현상이 있는데 그것은 이들의 성품에 공감능력이 현저하게 낮아지는 것이다. 내 입장만 생각하지 친구들의 처지를 생각하지 못한다. 나보다 힘들고 어려운 사람에 대한 긍휼한 마음, 나만을 위한 게 아니라 타인을 위해 나누는 삶에 인색하다. 상대를 위해 절대 자발적으로 나서지 않는다. 내가 해야만 하는 것을 하면 그것으로 끝이라고 생각한다.

연구결과 오늘날 대학생들이 2~30년 전의 대학생들에 비해 공감능력이 약 40% 정도나 떨어진다. 자녀들을 좋은 대학에 가서 안정적인 직장에 가고 성공해서 돈 많이 벌라고 몰아갈수록 역설적으로 이들은 타인과의 관계가 원만하지 못하고 이기적인 사람으로 바뀌어 간다. 그리고 이럴수록 성인이 되면 공격적으로 되고 다른 사람들에게 냉담하게 대하며 세상을 등진 외톨이가 되어간다. 그러면서 사람들과 관계 맺는 것을 힘들어하고 그것을 물질로 대체하려 한다. 이런 상황에서는 절대 윌리엄 풀리 같은 행복한 남자간호사는 나올 수 없다.

본문은 다소 길고 지루하게 느껴지는 노아의 후손에 대한 기록이다. 겉으로 볼 때는 의미 없는 이름들의 반복일 수 있다. 하지만 자세히 보면 우리로 어떤 삶을 선택할 것인가를 진지하게 도전하며 묻고 있는 말씀이다. 본문의 족보는 노아의 세 아들인 셈과 함과 야벳이 홍수 이후 전 세계에 어떻게 펴져 나갔는지를 설명하고 있다.

"노아의 아들 셈과 함과 야벳의 족보는 이러하니라. 홍수 후에 그들이 아들들을 낳았으니"(1절).

이렇게 낳은 아들들은 크게 세 부류로 나눠지는데 야벳의 후손들(2–5절), 함의 아들들(6–20절), 그리고 셈의 자손들(21–31절)이다.

구체적으로 살펴보면 야벳의 후손들은 모두 14명, 함의 자손이 30명, 그리고 셈의 자손이 26명이다. 모두 합치면 70명이다. 이 70명이 흩어져 각기 다른 민족과 나라들을 이룬 것이다. 원래는 여기에 더 많은 후손이 들어가야 한다. 5절에 보면 야벳의 자손을 설명하는 끝에 이렇게 말씀한다.

"이들로부터 여러 나라 백성으로 나뉘어서 각기 언어와 종족과 나라대로 바닷가의 땅에 머물렀더라"(5절).

2~4절에서부터 나뉜 자손들을 통해 더 많은 종족과 언어와 나라가 나뉘었다. 여기 보면 언어도 나뉘었다고 말씀한다. 함의 자손에 대해서도 이와 비슷하게 말씀한다.

"이들은 함의 자손이라. 각기 족속과 언어와 지방과 나라대로였더라"(20절).

또 셈의 자손을 설명하는 31절 끝에도 이와 비슷한 표현이 있다.

"이들은 셈의 자손이니 그 족속과 언어와 지방과 나라대로였더라" (31절).

이런 것을 보면 여기에 나오는 족보는 다음 장에 나오는 11장의 바벨탑 사건이 있고 난 뒤에 전 세계에 퍼진 노아 자손들의 상태를 종합적으로 보여주는 것이다. 언어가 나뉘어져 노아의 후손들이 전 세계로 흩어지는 것은 바벨탑 사건 이후이기 때문이다. 시간 순서로는 11장이 먼저 와야 하지만 서술의 중요성으로 인해 10장이 먼저 왔다. 노아의 후손들이 이룬 나라와 민족은 5절, 20절, 31절을 볼 때 70명이 넘는다. 70이란 숫자는 상징적인 의미가 들어 있다. 70은 온 인류를 총체적으로 포괄하는 '열방'이란 의미를 갖는다. 창세기 46장에 보면 이집트로 내려간 야곱의 자손들이 70명으로 나오고 또 출애굽하여 광야에서 이스라엘을 대표하는 장로들도 70명을 세운다. 예수님이 제자들을 전도하러 사방으로 보낼 때도 70명의 제자를 보내신다. 이는 온 열방을 구원할 제자들의 상징적인 숫자를 의미한다.

이런 관점에서 70명의 노아의 후손이 온 열방에 퍼져 여러 나라와 민족들을 이룬 것은 하나님이 명령하신 생육하고 번성하라는 명령을 이루게 된 상태를 보여준다. 그러나 이것은 온전한 번성이 아니다. 여전히 죄의 영향력 아래 있는 번성함이었다.

이번 장의 본문에 보면 가장 힘 있게 번성한 족속이 있다. 가운데 있는 함의 족속이다(6-20절). 세상의 관점에서는 제일 성공가도를 달렸던 족속이다. 함께 살펴보자.

"함의 아들은 구스와 미스라임과 붓과 가나안이요"(6절).

여기 구스는 이집트 남쪽 가까이에 있는 에티오피아를 말한다. 미스라임은 이집트를 말한다. 훗날 대제국을 형성하지 않는가? 붓은 리비아 지역이다. 가나안은 나중에 이스라엘 백성들이 출애굽해서 들어가는 가나안 땅 지역을 말한다. 이스라엘에게 가시가 되는 민족들이 형성되는 것이다. 여기 함의 장손 중에 주목할 만한 자손이 등장한다.

"구스가 또 니므롯을 낳았으니 그는 세상에 첫 용사라"(8절).

니므롯이라는 걸출한 전사가 나왔는데 그는 세상에 첫 용사이다. 무슨 의미일까? 세상을 폭력으로 다스리고 정복하는, 폭력을 남용하는 시대를 가져온 인물이었다. 그는 자신에게 있는 부족함을 폭력을 통해 해결하는 사람이었다. 니므롯은 폭력을 통해 사람들을 모으고 거대한 프로젝트를 시작했다.

"그의 나라는 시날 땅의 바벨과 에렉과 악갓과 갈레에서 시작되었으며"(10절).

니므롯은 시날 땅에 있는 바벨을 비롯한 몇몇 도시에 근거지를 세웠는데 바벨은 바로 그 유명한 바벨탑을 쌓았던 곳이다. 바벨탑 건설에는 거대한 인적, 물질적, 사회적 자원들이 들어간다. 그러나 결국 하나님의 심판을 받아 뿔뿔이 흩어진다. 또 19절에 보면 함의 후손 중에 소돔과 고모라가 등장한다. 외모지상주의, 성적 탐닉, 각종 중독과 우상 숭배 등으로 인해 타락하여 유황불로 심판을 받은 곳이다.

이렇게 볼 때 함의 족속은 강력한 폭력적인 힘과 물질적인 부와 번성함, 그리고 우상 숭배와 성적 쾌락을 추구했던 족속이었다. 그만큼 강력한 힘으로 많은 지역을 정복했고 번성했다. 노아의 아들 중 가장 많은 민족을 형성하고 이름을 떨쳤다. 세상의 관점에서 가장 큰 성공과 번영을 구가했던 족속이었다. 그러나 이렇게 번성한 가나안 족속들은 어떻게 되는가? 하나님이 허락하신 가나안 땅을 온갖 죄악으로 물들게 하고 더럽혔다. 세 족속 중에 가장 먼저 짐승처럼 변했다. 그러다 나중에 이스라엘 백성들에 의해 하나님의 심판을 받고 궤멸되기에 이른다. 더 많은 소유를 추구하고 더 많은 쾌락을 추구했지만 그것이 끝까지 가지 못했다. 너무 물질적이고 세상에서의 성공만을 추구한 것이다. 이렇게 하면 당대에는 좋을 수 있지만 그것은 아주 잠깐뿐이다. 이것으로 다음세대에 하나님을 경외하는 신앙을 전수되지 못하고 망할 가능성이 높다.

한편 함 족속의 빛나는 성장에 가려 가장 위축된 자손이 있다. 바로 야벳의 자손들이다. 함의 자손이 30명이라면 야벳의 자손들은 14명밖에 되지 않는다. 이들은 함으로부터 가장 멀리 떠난다. 바다를 건너 섬과 오늘의 유럽 반도를 거쳐 대륙에 정착하기 시작한다. 어찌 보면 함 자손들의 등쌀에 떠밀려 갔을 수도 있다. 약해 보인다. 그러나 나중에 이 야벳의 자손들로 유럽의 문명과 제국이 일어나고 이 유럽을 통해 복음이 전 세계에 전파되는 특별한 역할을 감당하게 된다.

2절에 등장하는 야완은 나중에 헬라문명을 만든 그리스인들의 선조가 된다. 고멜은 나중에 게르만 족속(오늘의 독일)의 선조가 된다. 함의 기준으로 보면 야벳은 별 볼 일 없는 족속이다. 그러나 야벳은 그곳에서 나름대로 멋지게 쓰임받는 민족으로 성장한다.

21절부터 등장하는 셈의 자손들에 대한 진술을 살펴보면 한 가지 특이한 점이 있다.

"에벨은 두 아들을 낳고 하나의 이름을 벨렉이라 하였으니 그때에 세상이 나뉘었음이요 벨렉의 아우의 이름은 욕단이며"(25절).

자, 여기 보면 벨렉의 때에 세상이 나뉘어졌다고 말씀한다. 벨렉이라는 이름은 난하주에도 나오는 것처럼 '나눔'이라는 뜻이다. 벨렉의 시대에 세상이 나누어졌다. 무슨 의미일까? 바로 바벨탑 사건으로 인해 세상이 나누어진 것을 의미한다. 사실 세상을 나뉘게 하는 주도적인 역할을 하는 것은 시날 땅에 살았던 니므롯 족속들이다. 그럼에도 세상이 나뉨을 상징적인 하나님의 역사로 받아들이고 기억한 것은 셈 자손의 벨렉에 와서다. 무슨 말인가? 인류의 역사를 바라보는 기준은 가장 강력하고 번성했던 함의 자손이 아니라 바로 하나님을 경외했던 셈의 자손이었다. 함의 하나님이 아니라 셈의 하나님을 중심으로 세상이 이어져가고 있었다. 하나님을 성공과 야망을 위해 내 편으로 끌어들이는 게 아니라 내가 하나님 편에 서서 믿음의 관점으로 바라보는 게 중요하다. 이런 중심이 있었기에 나중에 벨렉의 후손을 통해 믿음의 조상 아브라함이 나온다.

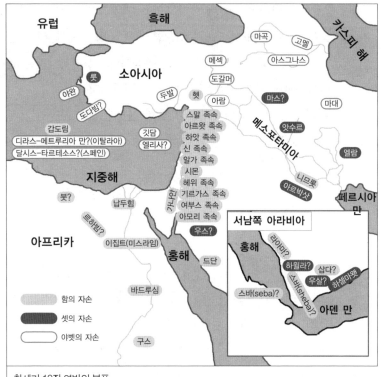

유럽　흑해　카스피 해

소아시아

마곡　고멜

메섹　아스그나스

도갈머

롯

야완

두발　헷　아람　마스?　마대

도다빔?

갑도림　깃담　스말 족속　앗수르

디라스-메트루리아 만?(이탈리아)　엘리사?　아르왓 족속　메소포타미아

달시스-타르테소스?(스페인)　하앗 족속

지중해　신 족속　엘람

알가 족속

붓?　납두힘　시몬　니므롯

르하빔?　헤위 족속　아르박삿

기르가스 족속　페르시아 만

아프리카　여부스 족속

이집트(미스라임)　아모리 족속　우스?

홍해　드단

바드루심

구스

함의 자손

셋의 자손

야벳의 자손

서남쪽 아라비아

홍해　라아마?

하윌라?　삽다?

스바(sheba)?　우살?　하셀마웻

스바(seba)?　아덴 만

창세기 10장 열방의 분포

　이상으로 살펴본 노아 후손들의 역사를 보면 지금의 번영과 성공이 훗날의 실패가 될 수 있고 또 현재의 연약함과 부족함이 훗날 번영의 토대가 될 수도 있음이 드러난다. 중요한 것은 이 세상을 힘 있는 자의 관점이 아니라 세상을 경영하시는 하나님을 기준으로 바라보며 살아가는 것이다. 우리가 살아가는 세상은 앞으로 거대한 변화의 흐름이 시작될 것이다. 그동안 경쟁 속에 앞서가는 것을 최고의 미덕으로 알았던 자본주의의 체제만으로는 더 이상 통하지 않는 거대한 흐름이 시작될 것이다. 함이 추구했던 성공의 방식이 더 이상 잘 먹히지 않는 시대가 올 것이다.

시대마다 굵직한 사회의 변화를 예측한 미래학자인 제러미 리프킨은 「한계비용 제로사회: 사물인터넷과 공유경제의 부상」(안진환 역, 믿음사, 2014)이라는 책을 통해 앞으로 우리가 살아가는 시대는 과학기술의 발달로 인해 점점 에너지와 재화를 생산하는 비용이 제로에 가깝게 줄어들 것이라고 주장했다. 핵심내용은 태양열이나 수소 에너지의 시대에는 초기 설비비용이 들어가지만 점점 이것으로 에너지를 만들어내는 비용이 줄어들고 사물인터넷이나 3D프린터, 인공지능 등의 등장으로 생산에 들어가는 비용이 획기적으로 줄어들 것이다. 예전에는 자본과 노동이 대립적인 관계였다면 이제는 자본이 곧 기계화된 노동이 되는 시대가 되고 생산성이 높아질수록 고용을 배제하는 시대가 온다. 결국 이런 시대에 우리에게 필요한 것은 소유를 향한 추구가 아니라 접속을 향한 추구가 되고 다른 사람들과의 경쟁에서 이기고 비교우위에 서는 게 아니라 서로 협업하고 함께 재미있게 놀 수 있는 사회적 자본, 유희적 자본을 확보하는 일이다.

전에 한 동요제에 여덟 살 초등학생이 참가해서 '여덟 살의 꿈'이라는 노래를 불러 화제가 된 적이 있다. 가사를 보면 다음과 같다.

나는 영훈초등학교를 나와서 국제중학교를 나와서
민사고를 나와서 하버드대를 갈 거다.
그래 그래서 내가 하고 싶은, 정말 하고 싶은 미용사가 될 거다.

리프킨의 관점에서 볼 때 이 아이는 오늘날 자본주의 시스템의 폐해를 정확하게 이해하고 새로운 시대의 대안 패러다임으로 이동하겠다고 선언한다. 얼마나 높이 올라가고 얼마나 많이 소유하느냐가 중요한 시대가 아니다. 얼마나 함께하고 얼마나 많이 접촉할 수 있느냐가 중요한 시대이다.

우리 자녀들에게 많은 것을 소유하라고 하는 시대의 풍조는 함의 자녀의 길로 초대하는 것과 같다. 이런 길을 걷다 보면 결국 어려움을 초래한다. 이런 시대에 필요한 것은 많은 것을 소유하는 게 아니라 전능하신 하나님께 접속하는 것, 연결하는 것, 거대한 경쟁시스템 가운데서도 흔들리지 않고 나를 지키고 보호하시는 하나님을 기준으로 삼는 것이다. 살아계신 하나님께 접속하고 그분을 기뻐하고 즐거워하며 그분을 위해 재미있고 행복하게 노는 것이다. 그럴 때 하나님께서 우리를 위해 놀라운 일들을 행하신다. 그리고 이를 영적 유산으로 다음세대에 남겨주어야 한다. 이것이 바로 셈이 걸어갔던 길이다. 이 길을 통해 믿음의 명문가문이 이루어진다.

모이는 바벨,
흩어지는 바벨

¹온 땅의 언어가 하나요 말이 하나였더라. ²이에 그들이 동방으로 옮기다가 시날 평지를 만나 거기 거류하며 ³서로 말하되 자 벽돌을 만들어 견고히 굽자 하고 이에 벽돌로 돌을 대신하며 역청으로 진흙을 대신하고 ⁴또 말하되 자 성읍과 탑을 건설하여 그 탑 꼭대기를 하늘에 닿게 하여 우리 이름을 내고 온 지면에 흩어짐을 면하자 하였더니 ⁵여호와께서 사람들이 건설하는 그 성읍과 탑을 보려고 내려오셨더라. ⁶여호와께서 이르시되 이 무리가 한 족속이요 언어도 하나이므로 이같이 시작하였으니 이 후로는 그 하고자 하는 일을 막을 수 없으리로다. ⁷자 우리가 내려가서 거기서 그들의 언어를 혼잡하게 하여 그들이 서로 알아듣지 못하게 하자 하시고 ⁸여호와께서 거기서 그들을

온 지면에 흩으셨으므로 그들이 그 도시를 건설하기를 그쳤더라. [9] 그러므로 그 이름을 바벨이라 하니 이는 여호와께서 거기서 온 땅의 언어를 혼잡하게 하셨음이니라. 여호와께서 거기서 그들을 온 지면에 흩으셨더라.

몇 년 전 건강보험심사평가원이 집계한 통계에 따르면 우리나라 남성들에게 우울증이 점점 퍼져가고 있다(채윤경, "[뉴스 속으로] 4050 마음의 병, 우울증"(《중앙일보》, 2013. 6. 8.)). 특히 40~50대 중장년 남성 환자들이 눈에 띄게 증가하고 있다. 살아가는 즐거움을 잃어버리고, 잠 못 자는 남성들이 점점 많아지는 가운데 극단적인 선택을 하는 비율도 높아지고 있다. 이런 마음의 병은 특히 모범적인 남성일수록 많이 찾아온다. 성실한 바른생활 사나이일수록 많아진다. 왜 이렇게 마음에 병을 얻는 남성들이 많아지는가? 중요한 이유 중 하나는 직장생활 스트레스가 과거보다 더 심해졌기 때문이다. 회사 상황이 어렵고 그런 가운데 더 치열하게 경쟁해야 하고 경쟁에서 밀리면 조기 퇴직의 압박을 받으면서 스트레스를 더 많이 받는 것이다. 나는 바르게 성실하게 살지만 이것 너머에 우리를 가만두지 않는 조직적, 구조적인 힘이 도사리고 있다. 현대 사회는 한 개인이 너무나도 다치기 쉬운 구조적인 힘을 갖고 있다.

본문 이야기는 하나님을 떠나 세속적인 가치를 추구하는 조직의 구조적 힘과 언어의 특징과 그 언어가 갖는 영성적 특성에 대한 많은 통찰을 준다. 이들이 내건 목표는 다음과 같다.

"또 말하되 자 성읍과 탑을 건설하여 그 탑 꼭대기를 하늘에 닿게
하여 우리 이름을 내고 온 지면에 흩어짐을 면하자"(4절).

여기서 나타나는 목표는 크게 두 가지다. 첫째, 그 탑 꼭대기를
하늘에 닿게 하여 우리 이름을 내자! 우리의 명예를 드높이자. 둘째,
온 지면에 흩어짐을 면하자!

이들의 목표는 하나님이 처음 계획하셨던 것과 다른 방향으로 흘
러가고 있다. 먼저 이들은 자신들의 이름에 집착했다. 재미있게도 여
기 나오는 '이름'이란 단어는 히브리어로 '쉠'이다. 이 쉠은 노아의
자녀인 '셈'과 같은 단어다. 이번 장의 본문에 있는 바벨탑 이야기는
앞뒤로 족보로 둘러싸여 있는데, 바로 앞인 10장 21~32절은 셈 자손
의 족보이고 그 뒤인 11장 10~26절까지 역시 셈의 족보이다. 다른
말로 하면 앞뒤가 온통 셈의 족보에 관한 이야기를 하고 있다. 이것
은 하나님의 관심이 이제부터 서서히 셈 족속에게 집중되어 있다는
사실을 의미한다. 그런데 셈 족속의 속마음은 어떤가? 이제부터는
우리 이름을 내자는 것이다. 그러나 성경은 이름을 남기고 명예를 남
기는 것은 우리의 몫이 아니라 하나님께서 주시는 것임을 재차 강조
한다. 하나님께서 셈 자손의 후손인 아브라함을 축복하실 때 무엇이
라고 하시는가? "내가 네게 복을 주어 네 이름을 창대하게 하리니"
(12:2). 이름을 창대하게 하시는 분은 하나님이시다.

둘째, 이들은 온 지면에 흩어짐을 면하자고 한다. 이것은 하나님

의 통치를 온 세상에 확장하라는 창조명령에 역행하는 짓이다(1:28). 하나님은 아담뿐만 아니라 노아에게도 생육하고 번성하여 땅에 충만하라고 말씀하셨다(9:7). 왜 흩어져 번성하기를 원하시는가? 온 땅에 하나님을 경외하는 사람들이 가득하여 하나님의 통치가 이 땅에 충만한 하나님의 나라가 이루어지길 원하셨기 때문이다. 하나님의 비전은 시날 땅뿐 아니라 아시아와 유럽과 아프리카, 그리고 온 땅에 하나님의 다스림으로 가득하길 원하셨다. 하나님의 통치가 온 땅에 가득한 것, 이것이 바로 하나님 나라의 비전이었다. 그런데 사람들은 이와 정반대다. 흩어지지 말자. 뭉치면 살고 흩어지면 죽는다. 흩어지는 것을 하나님의 징계처럼 생각했다.

흩어짐은 하나님의 명령이고 하나님의 뜻이다. 하나님은 종종 그의 백성들을 흩으셨다. 초대 예루살렘교회에 성령이 임하고 이들이 뜨겁게 하나 되어 놀라운 천국공동체를 이루자 이들은 더 이상 흩어지지 않고 뭉쳐 살았다. 그러자 하나님은 예루살렘교회에 스데반의 죽음을 시작으로 핍박을 보내어 성도들을 온 사방으로 흩으셨다. 그리스도인들은 핍박을 피하여 소아시아와 유럽과 근동지방으로 흩어졌다. 이들은 흩어진 그곳에서 복음을 전하고 증인의 삶을 살았다. 그 결과 각처에서 복음이 퍼지고 하나님의 통치가 임하기 시작했다.

예수님이 승천하시며 제자들에게 부탁하신 말씀이 있다. "너희는 예루살렘과 온 유대와 사마리아와 땅끝까지 이르러 내 증인이 되라"는 말씀이다. 한마디로 '흩어지라'고 하셨다. 여기서의 '흩어짐'은 생존의 위협으로 인한 두려움을 전제하는 흩어짐이 아니다. 이는 하나님의 나라와 영광이 임하고 온 세상이 그리스도 안에 하나 되어 통일되도록 하기 위한 흩어짐이다. 에베소서 1장 10절은 다음과 같이 말씀한다. "하늘에 있는 것이나 땅에 있는 것이 다 그리스도 안에서 통일되게 하려 하심이라." 이는 그의 백성들에게 더 큰 비전을 갖고 나아가는 흩어짐을 명령하셨음을 보여준다. 하나님 백성의 흩어짐은 절대 징벌이 아니다. 흩어짐으로 퍼져가는 복음으로 인한 통일을 경험한다. 성도들은 흩어짐을 두려워하지 말아야 한다.

교회에서도 흩어짐을 두려워하는 이들이 있다. 어떤 이들은 하소연한다. 다른 부서로, 기관으로 이동하면 큰일 나는 줄 안다. 그러나 그렇지 않다. 자꾸 교회 여기저기로 흩어져야 한다. 기쁨으로 흩어질 수 있어야 한다. 흩어짐을 두려워하는 것은 우리에게 바벨탑을 쌓으려는 기질이 있음을 보여줄 뿐이다. 흩어지지 않으면 그 자리가 철옹성이 되어 아주 단단하게 굳어진다. 누구도 그 안에 들어올 수 없고 그곳에서 기득권을 휘두르며 높임받고 인정받으려 한다. 죄성으로 인한 바벨탑을 쌓는 기질이 형성되는 것이다.

그렇다면 노아의 자손들은 왜 흩어짐을 두려워했을까? 성경은 정확하게 그 이유를 명시하지 않지만, 그 이유를 이해할 만한 암시가 있다. 바로 2절의 "동방으로 옮기다가"란 구절이다. 이들은 '동방으로 옮기다가' 시날 평지를 보고 여기서 흩어짐을 면하기 위해 바벨탑을 쌓기로 결정한다. 창세기에서 동쪽은 죄를 짓고 쫓겨 가거나 죄를 저지르기 위해 가는 곳이다. 아담이 범죄하고 에덴동산에서 쫓겨날 때 동쪽으로 쫓겨난다(3:24). 하나님은 에덴 동쪽에 천사들을 두어 지키신다. 가인은 아벨을 살인하고 에덴 동쪽 놋 땅으로 도망간다(4:16). 후에 아브라함의 조카 롯이 가축이 많아지자 아브라함과 헤어지고 동쪽으로 가다가 소돔과 고모라 성에 정착한다. 이처럼 동쪽은 죄의 영향력이 있는 지역을 나타낸다. 그러다 나중에 이스라엘이 멸망하고 아예 동쪽에 있는 바벨론 제국으로 모두 포로로 끌려가지 않는가? 이렇게 볼 때 노아의 자손들이 동방으로 옮겨가다가 시날 평지를 만났다는 것은 이들이 하나님의 임재와 축복을 떠나 점점 죄의 영향력으로 들어가고 있는 상태임을 보여준다. 바벨탑을 쌓은 시날 평지는 유프라테스강과 티그리스강 주변의 비옥한 메소포타미아 지역으로 훗날 바벨론으로 불린다. 성경에서 바벨론은 이스라엘이 패망하여 끌려갔던 도성이자 마지막 때 하나님의 백성들을 핍박하던 죄악의 성읍으로 등장한다(계 18:2).

죄의 본질이 무엇인가? 하나님 없이 '나'를 추구하는 행위다. 노아의 후손이 시날 땅에 모인 것은 하나님을 배제한 채 스스로 삶의 안정과 자원을 추구하고 확보하려는 목적 때문이다. 게다가 이들은 하나님이 주신 지혜로 벽돌을 만들고 역청으로 구조물을 단단하게 고정하는 건축기술까지 확보한 상태였다(3절). 시날 지역은 지금도 석유가 많이 나는 지역이다. 역청은 이곳에서 쉽게 확보할 수 있는 자원이었다.

하나님의 임재가 머무는 인생의 특징이 있다. 그것은 나의 이해를 초월하는 하늘의 평강을 맛보는 삶이다. 그래서 잠도 잘 잔다. 이는 하나님의 임재가 있는 공동체에도 마찬가지다. 이런 공동체에 하늘의 평화가 임한다. 반면 하나님을 배제한 공동체는 불안과 두려움이 특징적으로 드러난다. 그래서 이런 공동체의 지도자는 두려움을 이용하여 사람들을 조작하고 강제한다. 파괴적인 리더십을 발휘한다. 시날 땅에 모인 노아의 후손들에게는 이런 두려움이 있었다. 이 것을 엿볼 수 있는 표현이 있다.

"자 견고히 굽자"(3절)라는 표현과 "흩어짐을 면하자"(4절)라는 표현이다. 여기 '자' 라는 말은 히브리어로 '하바' 에 해당한다. 영어 로는 'come' 정도로 번역할 수 있다. 이것은 부드럽게 초대하는 것 이 아니라 명령형으로 사용된다. 사람들을 강제적으로 동원하는 표 현이다. 게다가 '~하자' 는 영어로 'let us' 에 해당한다. 이 말은 함 께해야만 하는 필연 또는 의무를 표현하는데 이것은 사람들이 강제 하는 명령에 따르는 사회 분위기가 형성되었음을 알 수 있다. 노아의 자손들, 특히 용감한 전사였던 함의 자손 니므롯이 중심이 되어 사회 를 강력하게 규합하였다. 이렇게 해서 이들은 자기 나름의 '신성한 덮개' 를 만들어 이들을 바벨이라는 새로운 공동체시스템 안에 가두 고자 했다. 보스턴대학의 사회학자 피터 버거 박사가 주장한 '신성 한 덮개'(sacred canopy)는 언뜻 볼 때 아무것도 없는 것같이 숨어 있지만 세상을 투과하며 보는 견고한 유리다. 이는 사람들의 삶에 의 미와 질서를 부여하는 공동의 전제, 공동의 관점을 말한다. 니므롯을 중심으로 한 노아의 자손들은 하나님을 떠나 자신만의 신성한 덮개 로 사람들을 덮어 그들을 그 안에 가두려고 했다.

4절에 보면 무엇이라고 하는가? "자, 성읍과 탑을 건설하여 그 탑 꼭대기를 하늘에 닿게 하여"라고 한다. 탑 꼭대기를 하늘에 닿게 하 자고 한다. 지금도 시날 평야가 있는 메소포타미아를 가보면 거대한 '지구라트' 라고 하는 신전이 발견된다. 높은 것은 90m에 이른다. 지 구라트 꼭대기에는 종종 파란색으로 칠해졌던 흔적이 남아 있다. 이 꼭대기가 하늘과 맞닿아 있는 곳임을 나타내기 위해 12궁 별자리를 그려놓았다. 하늘과 소통하는 장소인 것이다. 이들은 하나님을 배제하고 새로운 신성한 덮개, 즉 새로운 통치체제를 세워놓으려 했다. 노아의 후손들은 이러한 목적을 위해 하나가 되었다. 이런 하나 됨은 하나님이 원하시는 하나 됨이 아니다. 사람들을 결국 병들게 하고 무너뜨리는 하나 됨인 셈이다. 이대로 두다가는 결국 사람들은 거짓 안전과 거짓 평안에 속아 황폐하고 스스로 무너지고 만다. 따라서 이들의 잘못된 하나 됨은 어떻게든 다시 흩어짐으로 바뀌어야 했다. 하나님은 어떻게 하시는가?

"자 우리가 내려가서 거기서 그들의 언어를 혼잡하게 하여 그들이 서로 알아듣지 못하게 하자"(7절).

사람들이 사용했던 표현을 그대로 사용하셔서 삼위일체 하나님께서 하늘의 천군 천사들과 함께 이들 가운데 내려오신다. 그리고 이들의 언어를 혼잡하게 하신다. 언어가 혼잡해지자 이들에게 나타난 현상이 무엇인가? 서로의 말을 알아듣지 못하게 되었다. 이는 매우 중요한 표현이다. 언어가 갈라지는 기원을 알려주는 표현이지만 여기에는 더 깊은 차원이 있다. 여기 '알아듣다'는 말은 히브리어로 '쉐마'다. 이는 마음을 다하여 상대방을 신뢰하고 그에게 집중하여 경청하는 태도를 의미한다. 따라서 언어가 혼잡하게 되었다는 것은 단순히 외국어가 되었다는 차원을 넘어선다. 서로의 말을 들으려면 어떻게 해야 하는가? 서로를 신뢰해야 한다. 서로에게 신실해야 한다. 그런데 더 이상 상대를 믿지 않고 시기하고 미워하기 시작했다. 이렇게 되면 상대방의 말이 들리지 않는다.

창세기 42장 21절을 보라. "그들이 서로 말하되 우리가 아우의 일로 말미암아 범죄하였도다. 그가 우리에게 애걸할 때에 그 마음의 괴로움을 보고도 듣지 아니하였으므로…" 형들이 열일곱 살의 요셉을 구덩이에 가두었다가 노예로 팔아넘겼다. 그때 요셉은 형제들에게 살려달라고 간절히 부탁했다. 애걸했다. 그런데 이것을 보고도 이 형제들은 어떻게 하는가? 듣지 아니하였다. 여기 듣지 아니했다는 표현이 히브리어로 '로 샤마예누'이다. 여기에 '쉐마'라는 표현이 사용되었다. 형제들 안에 미움과 증오와 두려움과 분노가 있으니 요셉이 간절히 호소해도 듣지 못했다. 듣지 못했다는 것은 관계 상실과 직결된다.

몇 년 전 삼성생명 은퇴연구소에서 은퇴를 앞둔 이들을 대상으로 설문조사를 했다(김신영, "'은퇴 前에 준비해 놓을걸…' 가장 후회하는 세 가지는?"(〈조선일보〉, 2014. 12. 3.)). 지난 시간을 돌아볼 때 무엇을 가장 후회하는가? 가장 많이 꼽은 것이 가정과 인간관계에 대한 부분이었다. 예를 들어 자녀와 대화가 부족했던 것, 자녀 양육을 잘하지 못한 것, 부부간에 제대로 대화하지 못한 것 등을 후회했다. 무슨 말인가? 은퇴 전까지는 직장에서 열심히 일하면서 바벨탑의 언어에는 익숙해 있지만 정말 지켜야 할 가정의 언어, 공동체의 언어로 소통하는 것에는 실패한 것이다. 이제는 서로 잘 알아듣지 못하며 또 아예 서로의 말을 알아듣기를 포기하며 살고 있다. 가장은 직장에서의 언어를 가정에 그대로 가져와 가정에 야심만만한 바벨의 문화를 강요한다. 아내와 자녀에게 회사의 언어, 군대의 언어를 사용한다. 그러니 가정이 늘 불안하고 피폐해진다. 대화가 사라진다. 이런 곳에서는 함께 성을 쌓을 수 없다.

바벨탑의 언어는 멋져 보이지만 매우 위험한 언어다. 만약 바벨탑의 언어로 인류가 지금까지 탑을 쌓았으면 수많은 사람이 지금보다 훨씬 더한 극심한 스트레스와 상처 속에 살고 있었을 것이다. 하나님은 이 언어를 흩으셨다. 하나님은 하나님 나라의 비전을 품고 공동체의 언어를 변화시키길 원하신다. 본문을 따라가면 12장에 이르러 하나님은 바벨의 언어를 흩으시고 하늘의 언어를 들을 수 있는 한 사람을 선택하신다. 바로 믿음의 조상 아브라함이다. 천국언어를 잃어버린 세대 가운데 아브라함을 통해 하늘의 언어가 들리는 역사가 일어나기 시작한다. 그리고 새롭게 하나님 나라가 싹트기 시작한다.

바벨탑에서 흩어졌던 언어들은 이후 수천 년의 시간을 거쳐 신약시대에 이르러 온전히 통일되는 놀라운 역사가 마침내 이루어진다. 그 역사의 현장이 바로 사도행전 2장에 나타나는 바로 오순절 성령 강림 사건이다. 성령이 임하자 사람들이 방언을 말하기 시작했다. 이것은 흩어졌던 언어가 성령의 능력으로 통일되는 역사를 보여주는 사건이다. 우리는 방언을 말하는 것에 관심을 기울이지만 성경을 가만히 들여다보면 사도행전 2장의 관심은 방언을 말하는 게 아니라 이 방언을 알아듣는 데 있다. 사도행전 2장을 보면 성령이 임하시자 성도들이 다른 언어로 말하기 시작한다. 그런데 방언을 말하는 것을 보도한 4절 딱 한 구절뿐이고 나머지는 다 방언을 알아듣는 것에 대해 말씀한다. "큰 무리가 모여 각각 자기의 방언으로 제자들이 말하

는 것을 듣고"(행 2:6)

여기서 자기의 방언이란 자기가 태어난 지역의 언어를 말한다. "우리가 우리 각 사람이 난 곳 방언으로 듣게 되는 것이 어찌 됨이냐"(행 2:8). "우리가 다 우리의 각 언어로 하나님의 큰일을 말함을 듣는도다"(행 2:11). 여기서 강조하는 것은 말하는 능력보다 듣는 능력이다. 듣는 능력이 회복되기 시작하면 그다음에는 이 언어를 통해 생명이 소통되기 시작한다.

나의 언어를 가만히 살펴보라. 생명의 언어, 희망의 언어인가? 우리는 너무나도 비관적인 언어, 부정적인 언어, 흠집 내기 좋아하는 언어에 익숙해져 있다. 바벨 언어의 폭력성에 이 사회가 뒤흔들고 있다. 이젠 성령의 능력으로 이 언어가 바뀌어야 한다. 요셉처럼 두려움을 생명과 희망으로 바꿀 수 있어야 한다. 이 언어를 가지고 세상으로 흩어져야 한다. 주님께서 이곳에 세우신 교회는 모이기 위한 교회가 아니다. 생명의 언어를 갖고 흩어지기 위해 모이는 교회이다. 성령의 능력과 생명의 말씀을 붙들고 우리가 있는 삶의 현장 곳곳에서 놀라운 변화의 능력을 경험하자.

생명의 언어를
이어가는 사람들

¹⁰셈의 족보는 이러하니라. 셈은 백 세 곧 홍수 후 이 년에 아르박삿을 낳았고 ¹¹아르박삿을 낳은 후에 오백 년을 지내며 자녀를 낳았으며 ¹² 아르박삿은 삼십오 세에 셀라를 낳았고 ¹³셀라를 낳은 후에 사백삼 년을 지내며 자녀를 낳았으며 ¹⁴셀라는 삼십 세에 에벨을 낳았고 ¹⁵에 벨을 낳은 후에 사백삼 년을 지내며 자녀를 낳았으며 ¹⁶에벨은 삼십 사 세에 벨렉을 낳았고 ¹⁷벨렉을 낳은 후에 사백삼십 년을 지내며 자 녀를 낳았으며 ¹⁸벨렉은 삼십 세에 르우를 낳았고 ¹⁹르우를 낳은 후에 이백구 년을 지내며 자녀를 낳았으며 ²⁰르우는 삼십이 세에 스룩을 낳았고 ²¹스룩을 낳은 후에 이백칠 년을 지내며 자녀를 낳았으며 ²²스 룩은 삼십 세에 나홀을 낳았고 ²³나홀을 낳은 후에 이백 년을 지내며

자녀를 낳았으며 ²⁴나홀은 이십구 세에 데라를 낳았고 ²⁵데라를 낳은 후에 백십구 년을 지내며 자녀를 낳았으며 ²⁶데라는 칠십 세에 아브람과 나홀과 하란을 낳았더라. ²⁷데라의 족보는 이러하니라. 데라는 아브람과 나홀과 하란을 낳고 하란은 롯을 낳았으며 ²⁸하란은 그 아비 데라보다 먼저 고향 갈대아인의 우르에서 죽었더라. ²⁹아브람과 나홀이 장가 들었으니 아브람의 아내의 이름은 사래며 나홀의 아내의 이름은 밀가니 하란의 딸이요 하란은 밀가의 아버지이며 또 이스가의 아버지더라. ³⁰사래는 임신하지 못하므로 자식이 없었더라. ³¹데라가 그 아들 아브람과 하란의 아들인 그의 손자 롯과 그의 며느리 아브람의 아내 사래를 데리고 갈대아인의 우르를 떠나 가나안 땅으로 가고자 하더니 하란에 이르러 거기 거류하였으며 ³²데라는 나이가 이백오 세가 되어 하란에서 죽었더라.

본문은 어떻게 보면 지루하게 이어지는 의미 없는 족보 이름의 나열일 수 있지만 이는 언어의 혼란과 위기의 시대에 하나님의 구원역사를 새롭게 준비하여 새로운 출발을 가르는 분수령이 된다. 분수령이 무엇인가? 높은 산등성이로부터 물이 좌우로 갈라서 흘러가는 경계를 뜻한다. 분수령을 영어로 'divide'라고 한다. 나뉨이라는 의미다. 이는 이번 장의 본문이 자리한 위치를 보면 이점이 선명하게 드러난다. 본문은 이렇게 시작한다.

"셈의 족보는 이러하니라"(10절).

여기 '족보'라는 말은 히브리어로 '톨레도트'라고 한다. 이 톨레도트는 창세기에 모두 11회 등장한다. 처음 등장하는 곳은 2장 4절이다. "이것이 천지가 창조될 때에 하늘과 땅의 내력이니"라고 할 때 여기서 '내력'이 바로 족보를 의미하는 톨레도트이다. 그 이후 두 번째로 아담의 계보(5:1)에 톨레도트가 등장하고, 세 번째로 노아의 톨레도트(6:9), 네 번째로 노아 후손의 톨레도트(10:1), 다섯 번째는 본문의 톨레도트(11:10), 그리고 여섯 번째로 데라 후손 아브라함의 톨레도트(11:27)가 등장한다. 여섯 번째 톨레도트를 중심으로 이전 톨레도트가 다섯, 이후 톨레도트가 다섯(25:12, 25:19, 36:1, 36:9, 37:2)이다. 즉 아브라함을 중심으로 이전 톨레도트와 이후 톨레도트가 나뉜다. 이를 보여주는 27절 이하의 톨레도트는 이렇게 시작한다.

"데라의 족보는 이러하니라"(27절).

위치적으로 볼 때 본문에 등장하는 족보는 확실히 이전 시대와 구별되는, 즉 분수령이 되는 톨레도트의 역할을 한다.

이번 장의 본문에 등장하는 족보는 그동안의 톨레도트(족보)와 구분되는 특징이 있다. 이전 족보의 경우, 생육하고 번성하는 데 초점이 맞추어져 있었다. 10장에 나오는 노아 후손들의 족보만 해도 그렇다. 여기에는 노아의 세 아들인 셈과 함과 야벳의 자손들이 어떻게 온 땅에 퍼져 생육하고 번성하게 되었는가를 다룬다. 그러나 본문 10절 이하에 등장하는 족보는 단순히 셈의 족속이 퍼져나가는 것을 다룬 게 아니라 셈의 족보 가운데 하나님의 음성을 들을 수 있는 자손들이 어떻게 그 명맥을 이어가는가에 더 큰 관심을 둔다.

본문 10절에서 17절까지 나오는 셈의 후손들의 명단은 10장 21절 이하에 등장하는 명단과 비교하면 아르박삿, 셀라, 에벨, 벨렉까지는 같다(10:21-25 비교). 그런데 10장의 족보는 25절에 보면 벨렉의 후손이 아니라 벨렉의 아우인 욕단의 후손으로 족보가 이어지면서 끝난다. 반면 이번 장의 본문은 벨렉의 아우 욕단의 후손이 아니라 벨렉의 후손 르우의 족보를 직접 잇는다. 여기서 벨렉의 후손이 족보를 직접 잇는 게 중요한 이유가 있다. 벨렉은 10장 25절에 나오는 난하주에 보면 나눔이라는 뜻이다. 무슨 말인가? 벨렉의 때로부터 세상이 나누어지게 되었다는 뜻이다. 이름에서 알 수 있듯이 벨렉은 세상이 나누어질 때 세상의 풍조를 따라 하나님으로부터 돌아서는 데 상당한 책임이 있었던 모양이다.

반면 본문이 주목하는 벨렉의 아들 르우를 보라(18절). 르우란 이름은 르우엘과 같은 의미를 지니고 있다. '르우엘'은 '하나님의 친구'라는 뜻이다. 친구는 일단 서로 말이 통해야 한다. 이렇게 볼 때 르우엘은 어떤 사람인가? 하나님의 말씀을 경청하고 듣는 사람이었다. 세상은 점점 혼탁해지지만 그중에 하나님의 음성에 귀 기울여 듣는 한 사람이었다. 세상이 나누어진 벨렉의 아버지 에벨에부터 7대손이 바로 아브람이다. 창세기의 족보에 보면 7대손은 중요한 사람이고, 성경이 주목하는 사람이다. 예를 들어 창세기 5장에 나오는 아담의 톨레도트(족보)를 보면 7대손이 바로 에녹이다. 그는 죽음을 보지 않고 하나님과 동행하다가 하나님 곁으로 간 인물이다. 이렇게 볼 때 이번 장 본문의 최종적인 관심은 세상이 나누어진 에벨의 시대부터

아담의 족보

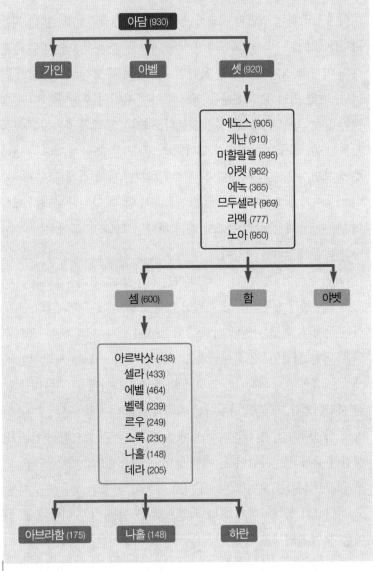

아담 (930)

가인　　　아벨　　　셋 (920)

에노스 (905)
게난 (910)
마할랄렐 (895)
야렛 (962)
에녹 (365)
므두셀라 (969)
라멕 (777)
노아 (950)

셈 (600)　　　함　　　야벳

아르박삿 (438)
셀라 (433)
에벨 (464)
벨렉 (239)
르우 (249)
스룩 (230)
나홀 (148)
데라 (205)

아브라함 (175)　　　나홀 (148)　　　하란

( ) 산 햇수

7대손인 아브라함에 큰 관심을 집중시키고 있음을 알 수 있다.

본문의 족보를 보면 이 세상이 점차 혼탁해지고 죄의 영향력이 강해지고 있음을 알 수 있는 증거가 있다. 그것은 셈으로부터 후대로 갈수록 점점 수명이 짧아지는 현상이다. 셈이 600세에 죽었지만 아르박삿은 438세, 셀라는 433세, 벨렉은 239세, 스룩은 230세, 그러다가 나홀에 와서는 148세가 된다. 홍수로 인해 하늘의 유해광선이 지구로 그대로 들어와서 그런지는 모르지만, 세월이 갈수록 하나님과 서로 간에 말이 통하지 않는 사람들이 끼리끼리 나뉘면서 온 지구에 죄의 영향력이 점점 커지게 되었고, 급기야 이것이 인간의 생명에 영향을 끼치게 되었다. 이것은 인간의 수명만이 아니다. 후대로 갈수록 자녀를 낳는 나이가 많아졌다. 벨렉은 30세 때 자녀를 낳았다. 르우는 32세다. 그런데 데라에 이르러서는 70세에 아브람을 낳는다. 후에 아브람은 어떻게 되는가? 100세까지 불임으로 있다가 100세가 되어서야 자녀를 낳는다. 본문은 이런 상황을 다음과 같이 진술한다.

"사래는 임신하지 못하므로 자식이 없었더라"(30절).

온 세상에 만연한 인류의 죄악으로 점점 생존의 환경, 특히 생육하고 번성하는 일이 힘들고 어려워졌다. 그러나 그런 와중에서도 셈의 후손, 특히 벨렉의 후손들은 하나님의 음성을 듣고 주님께 순종하기에 힘썼다. 그것을 알 수 있는 것이 31절이다.

"데라가 그 아들 아브람과 하란의 아들인 그의 손자 롯과 그의 며

느리 아브람의 아내 사래를 데리고 갈대아인의 우르를 떠나 가나
안 땅으로 가고자 하더니 하란에 이르러 거기 거류하였으며."

여기를 보면 좀 특이한 점이 있다. 원래 셈의 후손들은 메소포타
미아 평원이 펼쳐진 비옥한 갈대아 우르, 바벨론 남쪽 지역에 정착해
살고 있었다. 우르는 고대 수메르 제국 때 아주 번성한 도시였다. 그
런데 데라가 갈대아 우르 지역을 떠나 가나안 땅으로 가려고 했다.
당시 가나안 땅은 주로 함의 후손들이 살고 있었는데 그중에서 함의
넷째 아들인 가나안의 후손들이 많이 살고 있던 곳이었다. 어찌 보면
갈대아 우르에 정착해서 사는 게 안정적인 삶을 영위하는 데 더 좋았
다. 우르는 오늘날 이라크 남쪽 지역에 해당한다. 그런데 아브람의
아버지 데라는 어떻게든 가나안 땅으로 가려고 애썼다. 성경에는 분
명한 이유를 명시하지는 않는다. 그러나 우리가 분명히 알 수 있는
것은 데라가 결코 한 지역에 머물러 모여 살기로 하지 않고 생육하고
번성하여 흩어져 하나님의 통치하시는 영역을 확장하며 살기로 결단
했다는 사실이다(1:28 참조). 그래서 그는 가나안으로 향했다.

우르에서 가나안까지 약 1,800㎞ 정도 된다. 지금도 멀거니와 옛
날에는 더 그랬다. 데라는 결국 가나안에 도달하지 못하고 중간지점
인 하란에 머무르게 된다. 하란은 우르에서 약 800~1,000㎞ 정도가
된다. 지금도 터키 동남부에 가면 시리아 국경에서 15㎞만 더 가면
하란이란 도시가 그대로 있다. 가다가 힘들어서 멈추었는지, 잠시 쉬
려고 하다가 계속 머물었는지, 아니면 가보니 하란이 번성하고 무역
하기 여건이 좋아 그곳에 있었는지는 모른다. 그러나 하란의 정주 여

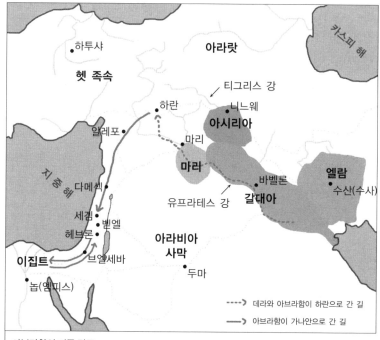

아브라함의 이동 경로

건을 보면 거주하기에 참 매력적인 곳임을 알 수 있다. 예부터 이곳
은 아모리 족속의 중심지였고 상업이 발달했으며 달신을 숭배하던
'신'의 신전이 있던 곳이었다. 우상이 자리하던 곳이었다. 분명한 것
은 믿음의 여정이 하란에서 멈추었다는 사실이다.

31절 말씀 끝에 "거기 거류하였으며"라는 표현은 노아의 후손들
이 동방으로 옮겨 다니다가 시날 평지를 보고 "거기 거류하며"(11:2)
라고 한 표현과 같은 표현이다. 이것은 흩어짐의 명령이 여기서 멈추
고 하나님이 꺼리시는 이기적인 정착이 시작되었음을 알리는 신호이

다. 어쩌면 데라가 이렇게 하란으로 간 것은 하나님께서 아브라함 이전에 데라를 통하여 하나님의 새로운 구원역사를 시작하시려 했기 때문인지도 모른다. 그러나 성경은 이것에 대해 구체적으로 말씀하지 않는다. 다만 우리가 알 수 있는 것은 데라가 편안한 환경에 안주하지 않고 흩어지라는 믿음의 여정을 향해 담대한 발걸음을 내딛다가 현실적인 이유와 문제로 정착하게 되었다는 사실이다. 데라에게는 세 아들이 있었다. 이 아들들을 분별하면 이후에 펼쳐지는 창세기 이야기를 이해하는 데 도움이 된다.

막내인 하란은 아들 롯과 딸 밀가를 낳았지만 일찍이 갈대아 우르에서 죽었다. 그래서 아브람이 나중에 조카인 롯을 데리고 약속의 땅을 향해 같이 가고 롯은 거기서 따로 독립해서 소돔과 고모라 성까지 간다. 한편 아브람의 둘째 동생인 나홀은 막냇동생의 딸 밀가를 아내로 취한다. 나중에 아브람이 종을 보내 아들 이삭의 아내를 구하게 할 때 바로 이 하란으로 와서 둘째 동생 나홀과 밀가 사이에서 난 리브가를 데려와 며느리를 삼는다.

하나님의 창조명령인 "흩어지고 생육하고 번성하라"는 명령은 수많은 후손 가운데서 다 잊혔다. 그 결과 이들은 빠르게 영적으로 쇠퇴했다. 이런 상태를 로마서 1장은 함축적으로 요약한다. "하나님을 알되 하나님을 영화롭게도 아니하며 감사하지도 아니하고 오히려 그 생각이 허망하여지며 미련한 마음이 어두워졌나니 스스로 지혜 있다 하나 어리석게 되어 썩어지지 아니하는 하나님의 영광을 썩어질 사람과 새와 짐승과 기어 다니는 동물 모양의 우상으로 바꾸었느니라"(21-23). "또한 그들이 마음에 하나님 두기를 싫어하매 하나님께서 그들

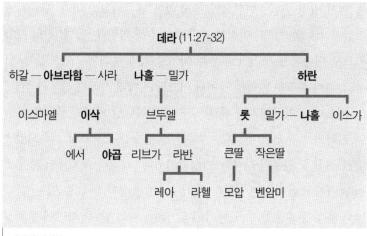

| 데라의 가계도

을 그 상실한 마음대로 내버려 두사 합당하지 못한 일을 하게 하셨으니 곧 모든 불의, 추악, 탐욕, 악의가 가득한 자요. 시기, 살인, 분쟁, 사기, 악독이 가득한 자요. 수군수군하는 자요. 비방하는 자요. 하나님께서 미워하시는 자요. 능욕하는 자요. 교만한 자요. 자랑하는 자요. 악을 도모하는 자요. 부모를 거역하는 자요. 우매한 자요. 배약하는 자요. 무정한 자요. 무자비한 자라. 그들이 이같은 일을 행하는 자는 사형에 해당한다고 하나님께서 정하심을 알고도 자기들만 행할 뿐 아니라 또한 그런 일을 행하는 자들을 옳다 하느니라"(28-32).

이제 원래 하나님의 창조역사는 다 무너진 가운데 오직 데라의 후손들을 통해서만 아브라함까지 이어져왔다. 이들은 하나님의 생명 말씀을 붙들고 여기까지 온 것이다. 그러나 이제 이런 아름다운 영적 믿음의 유산은 아브라함 당대에 이르러 끊어질 위기에 처한다. 첫째, 이들 역시 안정이라는 현실적인 문제 앞에 흔들리고 있었다. 담대하게 떠났던 가나안으로의 여정이 중간에 멈추어 버린다. 둘째, 죄의 영향력으로 이들에게 경건한 후손을 이어갈 힘과 능력이 사라져갔다. 11장 30절이 분명히 밝히는 것처럼 아브람의 아내 사라는 불임이었다.

처음에도 언급했지만 바로 이 지점이 하나님 역사의 새로운 차원이 시작되는 분수령이 된다. 그동안 창세기 1~11장까지 계속되었던 주된 관심은 인류의 생육과 번성함이었다. 그러나 이제부터는 무조건 많아지고 흩어지는 것보다는 하나님의 음성을 들을 수 있는, 하나님의 음성에 순종할 수 있는 소수의 사람, 아니 단 한 사람에게 관심을 집중하기 시작한다. 하나님의 음성이 들린다는 것은 하나님과 인격적인 관계를 이어간다는 뜻이고 그 음성에 순종한다는 것은 자신의 정체성을 확신한다는 의미다. 하나님은 비록 소수이지만 하나님과의 관계에서 분명한 정체성을 가진 한 사람을 들어 그분의 역사를 시작하셨다.

성도의 정체성은 하나님의 음성을 듣는 것으로부터 시작된다. 무엇보다 말씀이 들려야 한다. 선명한 정체성은 환경에 쉽게 지배당하지 않는다. 반면 내 정체성이 분명하지 않으면 늘 불안하고 환경에 쉽게 흔들린다.

요즘 40~50대에 많은 불안감이 있다. 그것은 은퇴 이후의 고민 때문이다. 많은 분이 은퇴 이후 '어떻게 먹고살 것인가?'로 고민한다. 은퇴 이후 자금을 어떻게 마련할 것이며, 연금을 어떻게 마련할 것인가? 중요한 고민이다. 많은 언론이 은퇴 이후에 관한 심층기사를 보도하는데 기사들을 보면 그 관심이 대부분 이런 문제에 집중되어 있다. 그러나 이것보다 더 중요한 문제가 있는데 그것은 정체성의 문제이다. 그동안 우리는 나의 정체성을 직장에서 직위가 주는 것으로 규정해왔다. 그리고 그 직위의 언어를, 직장의 언어를, 바벨문화의 언어를 서슴없이 사용해왔다. 그러나 은퇴하고 나면 그동안 자신을 지탱해주었던 직장이 사라진다. 더는 거기서 사용했던 언어를 사용할 수 없게 된다.

철학자 하이데거에 따르면 언어는 곧 존재의 집이다. 내가 사용하는 언어가 나를 구성하고 나의 정체성을 형성한다. 직장을 떠나 그런 언어를 더 이상 사용할 수 없는 상황이 되면 어떻게 되는가? 내가 누군가 하는 생각이 들면서 정체성이 흔들린다. 불안해진다. 불안하면 우리에게 나타나는 증상이 있다. 시야가 좁아진다. 시야가 좁아지면 당장 눈앞에 있는 문제가 가장 크게 보인다. 그러다 보면 더 심원하고 깊은 차원의 문제를 고민하지 않는다. 사소한 것으로 큰 고민을 하며 불안해한다. 그러니 집에서 사소한 문제로 아내와 다투고 가족과 다툰다. 다툴 때 보면 대부분 내면이 매우 불안한 상태이다. 불안하니 눈에 있는 별것 아닌 것도 크게 보이고 화가 나고 짜증이 난다. 사소한 게 크게 보일 때는 그만큼 내가 불안하다는 증거이다. 숲 전체를 보지 못하고 나무 한 그루만 보인다.

미국의 사회 심리학자인 토리 히긴스는 인간 행동의 이유를 크게 두 가지로 분류했다(김정운, 「가끔은 격하게 외로워야 한다: 내 삶의 주인이 되는 문화심리학」(서울: 21세기북스, 2015), ebook 42쪽). 접근동기와 회피동기다. 접근동기는 대상에게 긍정적인 시각을 갖고 가까이 접근하려는 적극적인 동기다. 반면 회피동기는 대상을 부정적으로 보고 어떻게든 대상으로부터 회피하려는 동기다. 예배를 마치고 성도들과 인사할 때면 확연히 느껴진다. 어떤 분은 인사하며 나갈 때 접근동기로 인사한다. 반갑게 "안녕하세요" "감사합니다"라고 인사한다. 상담도 신청하고 고민도 털어놓으며 이야기를 나눈다. 반면 어떤 분은 회피동기로 인사한다. 슬금슬금 눈치 보고 뒷걸음질 치며 나간다. 말도 안 한다. 눈빛이 다르다. 불안해하지 않아도 된다. 괜찮다. 그런데 사람이 회피동기를 갖고 접근하게 되면 시야가 좁아져서 지혜로운 판단을 하지 못하게 된다. 왜? 숲을 보지 못하고 나무만 보기 때문이다. 반면 접근동기로 나아가면 전체를 보며 나아가기에 지혜롭고 슬기로운 판단을 할 수 있다.

하나님의 말씀은 우리의 정체성을 붙들어준다. 우리를 평강으로 지켜주고 불안하고 힘든 상황에서도 늘 하나님의 전체 계획을 신뢰하며 넓은 시각으로 현장을 버텨나갈 힘을 준다. 하나님의 관심은 비록 힘과 능력이 없고 연약해도 그분의 음성을 온전히 듣고 따를 수 있는 한 사람을 찾으신다. 이번 장의 말씀은 그 한 사람이 바로 셈을 통해 이어진 10대손 아브람임을 미리 보여주고 있다. 이제 이 한 사람을 통해 아름다운 믿음의 새로운 창조의 역사가 시작된다. 하나님의 말씀은 새로운 현실을 창조하는 능력이다. 이 능력의 말씀이 우리에게 들려져야 한다. 이 말씀에 순종할 수 있어야 한다. 이 생명의 말씀을 아름답게 다음세대로, 주변의 이웃에게로 이어지도록 소명을 감당해야 한다.

아브라함, 보이지 않는

부르심을

살아내다

보이지 않는
부르심 살아내기

¹여호와께서 아브람에게 이르시되 너는 너의 고향과 친척과 아버지의 집을 떠나 내가 네게 보여줄 땅으로 가라. ²내가 너로 큰 민족을 이루고 네게 복을 주어 네 이름을 창대하게 하리니 너는 복이 될지라. ³너를 축복하는 자에게는 내가 복을 내리고 너를 저주하는 자에게는 내가 저주하리니 땅의 모든 족속이 너로 말미암아 복을 얻을 것이라 하신지라. ⁴이에 아브람이 여호와의 말씀을 따라갔고 롯도 그와 함께 갔으며 아브람이 하란을 떠날 때에 칠십오 세였더라. ⁵아브람이 그의 아내 사래와 조카 롯과 하란에서 모은 모든 소유와 얻은 사람들을 이끌고 가나안 땅으로 가려고 떠나서 마침내 가나안 땅에 들어갔더라. ⁶아브람이 그 땅을 지나 세겜 땅 모레 상수리나무에 이르니 그때에

가나안 사람이 그 땅에 거주하였더라. ⁷여호와께서 아브람에게 나타나 이르시되 내가 이 땅을 네 자손에게 주리라 하신지라. 자기에게 나타나신 여호와께 그가 그곳에서 제단을 쌓고 ⁸거기서 벧엘 동쪽 산으로 옮겨 장막을 치니 서쪽은 벧엘이요 동쪽은 아이라. 그가 그곳에서 여호와께 제단을 쌓고 여호와의 이름을 부르더니 ⁹점점 남방으로 옮겨갔더라.

12장부터는 창세기의 새로운 차원이 펼쳐진다. 그것은 원역사(1-11장)를 배경으로 하나님을 거부하는 세상 풍조 속에서, 하나님이 구체적으로 한 사람을 택하고 부르셔서 인류를 구원하기 위한 본격적인 족장역사(12-50장)를 시작하는 것이다. 이는 한 사람을 부르셔서 하나님의 다스리심을 온 세상에 충만하게 하시려는 하나님 나라 건설계획의 또 다른 출발점이다. 그동안 하나님은 아담을 통하여, 셋을 통하여, 노아를 통하여 하나님 나라를 건설하려 하셨다. 그러나 그때마다 불순종과 죄악이 인류를 뒤흔들어 하나님의 나라가 온전히 세워지는 데 많은 어려움이 있었다. 이제는 세상이 하나님의 통치가 아니라 죄와 쾌락에 젖어 뱀의 후손으로 살아가고 있었다.

그러나 하나님은 결코 포기하지 않으셨고 자신의 약속에 신실하셨다. 다시 한 사람을 선택하셔서 처음 창조 때부터 선포하셨던 하나님 나라를 시작하신다. 족장사에는 믿음의 조상 아브라함부터 시작하여 이삭, 야곱으로 이어지는 하나님 나라의 태동과정을 다룬다. 그리고 끝부분(37-50장)에는 야곱의 아들 요셉을 통해 이스라엘이 애굽으로 이주하게 되는 신비하고도 기이한 역사가 펼쳐진다. 이스라엘의 의로움이 아니라 하나님의 주권과 신실하심으로 요셉을 먼저 애굽으로 부르시고 이후 이스라엘 자손을 거대한 뱀의 후손이 다스리는 제국으로 인도하여 보호하신다. 하나님의 의로움과 신실하심이 새롭게 출발하는 하나님의 나라를 지키고 보호하시는 것이다.

본문은 그 첫 출발이야기로 보이는 것을 중시하는 바벨탑 문화 속에 보이지 않는 하나님의 부르심에 응답한 아브라함을 소개하고 있다. 11장에 나타난 바벨탑 세대의 특징이 무엇인가? 더 이상 하나님의 음성에 귀 기울이지 않고 눈에 보이는 것만을 추구한다는 점이다. 자기 힘으로 이루는 성취를 최고의 가치로 알고 자기 욕심을 추구한다. 그런 가운데 죄의 영향력은 만연해가고 더는 하나님의 말씀에 순종하는 세대가 사라지고 있었다.

이런 암울한 흐름 속에 창세기는 셈의 후손에 주목한다. 세상이 '나뉨'을 뜻하는 셈의 5대손 벨렉, 그리고 '하나님의 친구'라는 뜻을 가진 르우(6대손) 등 이들 셈의 후손이 인류의 마지막 희망이었다. 이 후손의 정점에 바로 아브람이 있었다(11:26). 하지만 아내 사래는 안타깝게도 불임이었고 자식이 없었다. 이들에게는 생육하고 번성하라는 하나님의 말씀이 더는 현실이 아니었다. 이런 와중에 인류는 온 세상에 흩어져 하나님과 상관없이 점점 죄악을 더해갔다. 바로 이런 때 하나님의 음성은 아브람을 일깨운다.

"여호와께서 아브람에게 이르시되 너는 너의 고향과 친척과 아버지의 집을 떠나 내가 네게 보여줄 땅으로 가라"(1절).

이 음성은 아브람이 처음 들었던 음성이 아니었다. 신약성경 사도행전에 따르면 하나님께서 아브람이 메소포타미아 지역 갈대아 우르에 살고 있을 때 그를 이미 부르셨다(행 7:2-3). 일찍이 그곳을 떠나 하나님이 보여줄 땅으로 가라고 말씀하셨다. 아마도 아브람은 상당히 당황했을 것이다. 생의 모든 터전을 옮겨야 했기 때문이다. 토지와 삶의 안전망 역할을 했던 동족의 보호를 내려놓아야 했다. 이는 상당한 모험이었다. 이때 아브람은 기꺼이 순종한다. 그런데 하나님의 부르심을 따라나섰다가 그곳에서 한 800㎞ 정도 떨어진 중간지점인 하란에서 멈칫하고 주저앉는다(행 7:4).

왜 아브람은 하란에서 멈추었을까? 아마도 아버지의 강력한 요청이 있었던 모양이다. 그래서 아브람은 일종의 타협을 한다. 아브람은 아마도 이렇게 기도했을지 모른다. "하나님, 저는 순종하려고 여기까지 왔는데 아버지께서 붙잡으시네요. 할 수 없습니다. 여기 당분간 머물 테니 이해해주시길 바랍니다." 그러고는 당시 무역의 요충지였던 하란에 정착해 살게 된다. 아브람은 이곳에 살면서도 상당한 생의 기반을 마련했을 것이다. 그런데 아버지 데라가 205세로 죽자(32절), 예전에 자신을 찾아왔던 그 부르심이 다시 아브람을 찾아와 일깨운다.

"너는 너의 고향과 친척과 아버지의 집을 떠나 내가 네게 보여줄 땅으로 가라"(1절).

삶의 기반을 마련하는 데 한 세대의 희생이 필요하다. 만약 아버지 데라가 삶의 기반을 마련하느라 희생했다면 아브람의 삶은 이후로 훨씬 수월해진다. 그런데 하나님은 이런 모든 것을 내려놓고 떠나라고 하신다. 하나님은 하나님의 말씀 듣기를 거부하는 세대 가운데 거의 마지막으로 남은 한 사람 아브람을 부르셔서 바벨의 나라를 버리고 새롭게 하나님께서 시작하는 나라로 오라고 초대하신다. 그런데 이 나라로 가려면 포기하고 내려놓고 가야 할 것이 많다.

보통 이 정도의 강력한 요청이면 우리는 하나님께서 우리 눈에 보이는 확실한 증표나 증거를 제시하기 원한다. 그런데 하나님은 떠날 것을 말씀하시면서 그 땅이 어떤 땅인지 구체적으로 말씀하지 않으신다. 다만 "내가 네게 보여 줄 땅"으로 가라고만 하신다. '보여 줄 땅'은 이미 보여준 땅, 지시한 땅이 아니다. 영어 성경(NRSV, NIV)은 이 표현을 "the land that I will show you"라고 표현한다. 이것은 미래형 표현이다. 아직 보여준 게 아니다. 사도행전 7장 3절도 이 점을 분명히 하고 있다. "내가 네게 보일 땅으로 가라!" 히브리서 11장도 이 부분을 강조하며 말씀한다. "믿음으로 아브라함은 부르심을 받았을 때에 순종하여 장래의 유업으로 받을 땅에 나아갈새 갈 바를 알지 못하고 나아갔으며"(히 11:8). 아브람은 부르심을 받고 나아갈 때 갈 바를 '알고' 간 것이 아니라 '알지 못하고' 나아갔다.

우리는 보통 하나님께서 부르시면 청사진을 요구한다. "하나님, 저를 이곳으로 부르신다면 어디에 어떻게 쓰실지 계획을 말씀해주세요." 그리고 그림이 잘 그려지지 않으면 움직이려 하지 않는다. 그러나 하나님은 그저 가라고 말씀하신다. "가라!" 그러면 우리의 반응은 어떠한가? "네? 그럼 갈 곳을 보여주셔야죠." 하나님이 대답하신다.

"가면 보일 것이다." 그러면 우린 또다시 "네? 그래도 뭐 좀 보이는 게 있어야 가죠. 좀 보여주세요"라고 대답한다. 하지만 하나님은 또다시 "그러려면 일단 가라"고 하신다. 우리는 "에이 하나님, 아무것도 보이는 게 없는데 어떻게 가요. 못가요"라고 대답한다. 자, 이것이 보통 우리의 반응이다. 그러나 하나님께서 네게 보여줄 땅으로 가라고 하시는 말씀은 그 땅이 가기 전에 보일 것이라고 말씀하시는 게 아니라 가다 보면 보일 것이라는 의미로 말씀하신다. 이 부분을 혼동하면 안 된다.

우리는 하나님께 청사진을 달라고 요구한다. 선명한 비전, Full-HD도 모자라 UHD급의 비전을 달라고 요구한다. 그런데 하나님은 우리에게 청사진 대신 나침반을 주신다. 청사진은 발걸음을 내딛지 않아도 한눈에 어디로 갈지를 파악할 수 있다. 그러나 나침반은 앞으로 걸음을 내디뎌야 방향을 잡을 수 있다. 나침반은 내가 발걸음을 떼야 제대로 쓸 수 있다.

하지만 우리 대부분은 움직여야 할 때 멈칫한다. 청사진이 선명하지 않아 불안하기 때문이다. 우리 대부분은 어릴 때부터 대부분 선명한 청사진을 바라보며 자라왔다. 어린이집 다니던 어린이가 내 미래가 어떻게 될까, 나는 어떤 선택을 할까 두려워하고 고민하는가? 아니다. 나이가 차면 유치원에 가야 한다. 유치원에 가던 아이는 주저함 없이 초등학교에 가고, 중·고등학교를 간다. 그리고 대학을 간다. 이때까지 우리는 상당히 선명한 청사진을 갖고 달려간다. 그러나 대학을 졸업하고 이제 사회로 나가면 당황한다. 왜? 이제부터는 그동안 가져왔던 청사진이 서서히 흐려지기 때문이다.

「사막을 건너는 여섯 가지 방법」(스티브 도나휴 저, 고상숙 역, 서울: 김영사, 2005)이라는 책이 있다. 이 책은 스티브 도나휴가 사하라 사막을 횡단하며 느낀 점을 기록한 책이다. 도나휴는 인생을 보는 방식을 크게 두 가지로 나눈다. 하나는 인생을 '산'으로 바라보는 것이고, 다른 하나는 인생을 '사막'으로 바라보는 것이다. 산을 오르는 자에게는 분명한 목표가 있다. 바로 정상이다. 정상이라는 목표가 있으므로 거기에 도달하는 코스를 예측할 수 있다. 또 각 코스에 따른 소요시간과 등정방법도 예측할 수 있다. 산 입구에 준비된 코스지도는 정확하게 우리로 정상으로 가는 길을 안내해준다. 가다 보면 이정표도 있다. 정상까지 몇 킬로미터, 이것을 보면 불안해하지 않고 안심하고 올라갈 수 있다.

반면 사막은 산과 전혀 다르다. 사막은 어디로 가야 할지 모를 정도로 드넓고, 모든 게 불확실하다. 사막에는 분명한 지도가 없다. 사막에 모래바람이 불어 닥치면 순식간에 모든 지형이 뒤바뀐다. 그래서 때로는 길을 잃기도 하고 때로는 신기루를 좇아가기도 한다. 사막에는 끝이 보이지 않는다. 또 사막이라는 대자연 앞에 인간의 경험이나 준비는 성공을 보장하지 못한다. 아무리 보호장치를 하고 몸을 사리고 가려도 일단 모래폭풍이 몰아치면 구멍이란 구멍은 모두 파고들어와서 우리를 괴롭힌다. 그래서 거대한 사막 앞에 인간은 무력함을 경험한다. 그래서 많은 사람이 불확실한 사막보다는 분명한 정상이 있는 산을 오르려고 한다. 재미있는 것은 사막을 건너다보면 사막에도 산이 있다는 사실이다. 사막 한가운데 큰 돌들이 모여 산을 형성하고 또 이 산들이 모여 산맥을 형성하기도 한다. 그래서 사하라 사막 같은 곳에는 아하가르산맥과 같은 멋진 산맥이 있다.

이것은 우리의 인생에도 그대로 적용된다. 많은 사람이 고등학교, 대학교까지는 인생에 정복할 산을 바라보며 산다(양형주, 「내 인생에 비전이 보인다」(서울: 홍성사, 2007), 64-65쪽). 고등학교 때까지만 하더라도 학생 대부분에게는 분명한 인생의 목적이 있다. 상급학교 진학이다. 그런데 대학교를 졸업할 때가 되면 많은 젊은이가 이전과는 다른 또 다른 차원의 고민을 시작한다. 이들이 붙잡고 나아가야 할 분명한 목적지에 관한 고민이다. 대학교 때까지는 정답이 있었다. 그러나 대학을 졸업하면서 드넓게 펼쳐진 인생의 사막 앞에 당황한다. 어떤 길을 어떻게 가야 할지 도무지 몰라 헤맨다. 나름대로 준비하고 생각했던 것이 일단 광야로 들어서면 좌충우돌하고 때로는 무용지물이 되는 경험을 한다. 우리의 인생은 이런 사막과 너무나도 닮은 구석이 많다. 이런 사막을 건널 때 어떤 명확한 지도가, 어떤 명확한 청사진이 우리의 인생을 끝까지 붙들어주겠는가? 사막을 건널 때는 나침반을 사용해야 한다.

우리는 사막을 건너면서 나침반을 사용하는 것을 두려워한다. 왜? 눈에 보이고 눈에 그려지는 것에 소망을 너무나도 많이 두었기 때문이다. 그래서 보이는 것 없이 나침반만 의지해서 앞으로 나아가는 것을 두려워한다. 우리는 이것을 현실적이라고 한다. 그러나 하나님은 현실적으로 보이는 것에 소망을 두지 말고 믿음의 눈을 들어 하나님께 소망을 두길 원하신다.

아브람의 현재 환경을 보라. 나이는 75세, 노년기로 접어들었다. 아내는 불임이다. 아버지는 돌아가셨고 이제 아버지가 남기신 생의 터전을 이어받아 계속해서 생업을 이어가야 한다. 이런 노인이 새로운 곳으로 여행을, 그것도 아주 이주할 생각을 하고 기존에 일군 모든 생의 터전을 포기하고 새로운 여행을 떠난다는 것은 상당한 모험이다. 현실적으로 어리석은 일이다. 어떻게 해야 하겠는가? 그래서 우리는 다음 구절을 주의 깊게 살펴보아야 한다.

> "내가 너로 큰 민족을 이루고 네게 복을 주어 네 이름을 창대하게 하리니 너는 복이 될지라. 너를 축복하는 자에게는 내가 복을 내리고 너를 저주하는 자에게는 내가 저주하리니 땅의 모든 족속이 너로 말미암아 복을 얻을 것이라 하신지라"(2-3절).

자, 여기 보면 하나님의 어마어마한 축복의 약속이 들어 있다. 큰 민족을 이룰 축복이 선언된다. 아브람의 이름이 높여질 뿐 아니라 아브람을 통해 복과 저주가 임하는 복의 근원이 될 것이라는 일방적인 은혜의 선포이다. 얼마나 어마어마한 복인가! 이 복은 하나님이 아담에게 약속하셨던 복이고(창 1:28) 노아에게 계승되었던 복이다(창 9:1). 그랬던 것이 이제는 아브람에게 이어져온다. 이는 단순한 복의 선포가 아니다. 이는 하나님께서 아브라함을 통해 반드시 성취하겠다고 선언하시는 언약의 선포이다. 이를 아브라함 언약이라 한다. 아브라함 언약은 이후에 더 구체화되어 주어진다(창 15:1-21, 17:1-14). 이 언약은 하나님 나라의 생생한 비전이다. 나라를 이루는 데 필요한 3가지 요소가 있다. 영토, 국민, 주권이다. 지금 하나님은 이 세 가지 요소를 아브람에게 다 약속하신다. 아브람에게 땅을 주시고 큰 민족을 이루게 하시며 나라를 이루어 모든 민족이 이 나라를 통해 복을 얻을 것이다(2-3절).

그런데 놀라운 점은 이 모든 걸 성취하고 이루는 주체가 아브람이 아니라 하나님이라는 사실이다. 여기에는 '나', 곧 하나님께서 친히 이루실 것이라는 표현이 계속 강조되고 있다. 원문으로 보면 1인칭 주어가 다섯 번이나 등장한다. '내'가 너로 큰 민족을 이루고, '내'가 네게 복을 주어, '내'가 네 이름을 창대하게 할 것이다. 너를 축복하는 자에게 '내'가 복을 내리고, '너'를 저주하는 자에게 내가 저주하겠다. 모두 다섯 번이다. 이것은 무슨 뜻인가? 이제부터 가는 길은 아브람의 능력과 신실함에 의지하는 게 아니라 하나님의 전능하심과 신실하심에 달려 있다는 의미다. 아브라함이 개척하는 길이 아니라 하나님이 개척하시는 길이다. 하나님이 주도하시는 이 나라를 위해 부름받은 아브람은 이제부터 자신의 계획과 성취를 위해 사는 게 아니라 하나님의 뜻과 나라를 위해 사는 생으로 바뀌어야 했다.

바벨의 문화가 우리에게 제공하는 우상이 무엇인가? 나의 뜻을 이루어 줄 수 있는 신이다. 그러나 하나님의 부르심이 아브람과 우리에게 요청하는 게 무엇인가? 내 뜻을 이루어주시는 하나님이 아니라 하나님의 뜻을 이루어 드리는 내가 되는 것이다.

하나님이 나의 뜻을 이루어주시는 분으로 다가오면 우리는 때로 우리의 기대와 다르게 인도하시는 하나님에 대해 분노와 실망을 한다. 하나님 편에서 이는 그릇된 신앙의 출발점이다. 그렇다면 참된 신앙의 출발점은 무엇인가? 내가 아니라 하나님 편에 서는 믿음이다. 신앙의 목적도 하나님이다. 나의 나라, 세상의 나라가 아니라 하나님의 나라를 추구하는 삶이다. 그분의 뜻을 위해 살아야 한다. 그래서 전도서의 결론 부분을 보면 청년들에게 현실을 보고 한숨 쉬며 탄식하지 말고 선명한 비전을 찾느라 헤매지 말라고 한다. 대신 너의 생각을 너의 창조주에 대한 기억으로 가득 채우라고 말씀한다(전 12:1). 그렇지 않으면 자기 나름대로 기대하는 엉뚱한 하나님을 그려놓고 그 하나님께 실망과 원망을 쏟아놓게 된다.

아브람은 오직 말씀하시는 하나님, 부르시는 하나님, 약속하시는 하나님에게 의지하여 대담한 모험을 출발한다. 이렇게 출발해서 그가 머문 곳이 어딘가? 6절에 보면 세겜 땅이다. 이곳에 오자, 드디어 이곳이 하나님께서 말씀하신 그 땅임을 확증하며 말씀해주신다.

"여호와께서 아브람에게 나타나 이르시되 내가 이 땅을 네 자손에게 주리라 하신지라"(7절).

하나님께서 이 말씀을 하실 때 아브람에게는 자녀가 없었다. 그의 나이는 75세였다. 인간적인 불가능에도 불구하고 아브람은 이렇게 말씀하시는 하나님을 믿고 예배를 드린다(7절). 그리고 아브람은 하나님의 인도로 이곳에서 벧엘과 아이 사이의 지역으로 가서 다시 예배를 드린다(8절). 그리고 아브람은 '남방'으로 간다(9절). 남방은 히브리어로 '네게브'다. 네게브는 헤브론 남쪽 지역에 있는데, 후에 아브람은 이 지역의 땅을 사서 묘지로 삼는다(23장). 그런데 이 장소들은 나중에 여호수아가 가나안 땅을 정복할 때 지휘의 거점지역으로 삼은 곳들이다. 자기도 모르게 가나안 정복을 미리 준비하는 순례를 했다. 믿고 순종했더니 가나안 정복의 상징적인 발걸음을 내디딘 것이다.

전에 어거스틴은 이런 말을 했다. "하나님은 앞으로 다가올 일을 미리 알려주시지 않는다. 만일 자신의 성공을 미리 안다면 나태하게 될 것이고, 반대로 자신의 불행을 미리 안다면 실망하고 좌절할 것이기 때문이다." 그래서 하나님은 매 순간 우리가 꼭 알아야 할 작은 퍼즐만 보여주신다. 비록 퍼즐 조각이 마음에 들지 않아도 이 순간의 퍼즐이 잘 맞추어진다면 하나님께서 계획하신 전체 그림이 아름답게 맞추어질 것을 믿어야 한다.

우리가 반드시 기억해야 할 게 있다. 성도는 매력적으로 보이는 바벨문화의 흐름에 따라 사는 사람이 아니다. 우리는 믿음으로 하나님을 위하여, 그분의 나라를 위하여, 하나님의 뜻을 위하여 살도록 부름받은 사람들이다. 내 뜻, 내 소원, 내 소망이 아니다. 매 순간 그분의 뜻에 초점을 맞출 때 우리의 삶에 예기치 못한 그분의 놀라운 섭리와 계획이 펼쳐진다. 하나님이 부르실 때 내 욕심, 야망, 꿈과 희망 등 모든 것을 내려놓고 주님께 순종할 수 있겠는가? 그럴 수 있기를 바란다.

약속의 땅에
기근이 찾아올 때

----

¹⁰그 땅에 기근이 들었으므로 아브람이 애굽에 거류하려고 그리로 내려갔으니 이는 그 땅에 기근이 심하였음이라. ¹¹그가 애굽에 가까이 이르렀을 때에 그의 아내 사래에게 말하되 내가 알기에 그대는 아리따운 여인이라. ¹²애굽 사람이 그대를 볼 때에 이르기를 이는 그의 아내라 하여 나는 죽이고 그대는 살리리니 ¹³원하건대 그대는 나의 누이라 하라. 그러면 내가 그대로 말미암아 안전하고 내 목숨이 그대로 말미암아 보존되리라 하니라. ¹⁴아브람이 애굽에 이르렀을 때에 애굽 사람들이 그 여인이 심히 아리따움을 보았고 ¹⁵바로의 고관들도 그를 보고 바로 앞에서 칭찬하므로 그 여인을 바로의 궁으로 이끌어들인지라. ¹⁶이에 바로가 그로 말미암아 아브람을 후대하므로 아브람이

양과 소와 노비와 암수 나귀와 낙타를 얻었더라. ¹⁷여호와께서 아브람의 아내 사래의 일로 바로와 그 집에 큰 재앙을 내리신지라. ¹⁸바로가 아브람을 불러서 이르되 네가 어찌하여 나에게 이렇게 행하였느냐. 네가 어찌하여 그를 네 아내라고 내게 말하지 아니하였느냐. ¹⁹네가 어찌 그를 누이라 하여 내가 그를 데려다가 아내를 삼게 하였느냐. 네 아내가 여기 있으니 이제 데려가라 하고 ²⁰바로가 사람들에게 그의 일을 명하매 그들이 그와 함께 그의 아내와 그의 모든 소유를 보내었더라.

하나님의 약속은 우리를 설레게 한다. 하나님의 크고 놀라운 계획을 듣노라면 우리도 모르게 흥분된다. 그러나 그 약속을 붙들고 하나님의 인도하심으로 뛰어들면 전혀 기대하지 않았던 상황이 펼쳐진다. 그것은 놀라운 계획과는 전혀 상관없어 보이는 힘들고 어려운 상황에 직면하게 된다.

아브람을 보라. 그는 가슴 뛰는 설렘으로 하나님의 약속만을 신뢰하여 800㎞나 되는 먼 길을 여행했다. 먼 길을 오는 내내 아브람의 가슴속에는 "내가 너로 큰 민족을 이루고 네게 복을 주어 네 이름을 창대하게 하리니 너는 복이 될지라. 너를 축복하는 자에게는 내가 복을 내리고 너를 저주하는 자에게는 내가 저주하리니 땅의 모든 족속이 너로 말미암아 복을 얻을 것이라"(12:2-3)는 하나님의 약속이 메아리쳤을 것이다. 그는 식솔들을 모두 데리고 위험천만한 긴 여행길에 나서 마침내 고생 끝에 도착했다. 오면서 얼마나 많은 기대와 설렘이 있었겠는가? 그런데 막상 와서 보니 하나님이 약속하신 땅의 상황은 충격적이었다. 그 땅에 젖과 꿀이 흐르는 게 아니라 기근으로 땅이 쩍쩍 갈라져 있었다.

"그 땅에 기근이 들었으므로 아브람이 애굽에 거류하려고 그리로 내려갔으니 이는 그 땅에 기근이 심하였음이라"(10절).

기근이 들어도 아주 심하게 들어 있었다. 특히 아브람이 머물러 있던 남방 땅 네게브는 조금만 비가 오지 않아도 금방 땅이 메마르는 지역이었다. 기근이 심해 약속의 땅이 광야와 같은 불모지로 변해 있었다. 생존의 조건이 매우 열악한 땅으로 변했다. 아니 고향, 친척, 아버지 집의 모든 것을 다 포기하고 오직 하나님 한 분의 말씀만 신뢰하고 여기까지 왔는데 복은커녕 땅이 황량해지다니 아브람의 걸음이 복된 걸음이 아니라 저주의 걸음이 된 것은 아닌가? 이럴 때 우리 같으면 어떻게 반응했을까? 분노다. 하란에서 보장하던 안정과 생의 기반, 그곳에 있던 친척과 친구들, 그리고 그곳에서 인정받던 자신의 명예와 재산을 다 포기하고 이곳까지 왔다. 그런데 그곳이 기근이 들어 열악한 환경이 펼쳐진다면 속았다는 느낌과 함께 강한 분노가 올라왔을 것이다. 자신의 예상과 기대가 완전히 뒤집혔다. 이럴 때 우리는 삶의 통제권을 완전히 잃어버린 느낌을 가지며 불안과 분노를 느낀다.

사회심리전문가들의 연구에 따르면 지난날 우리 사회의 국민정서를 한마디로 표현하는 키워드가 '분노'였다. 그래서 우리 사회를 흔히 '분노공화국'이라고 한다. 돌아보면 나라에 분노할 사건들이 끊임없이 터졌다. 세월호 참사부터 시작해서 군 폭행사건, 온갖 성추행 사건과 같은 일들이 연달아 일어나면서 엄청난 국민적인 에너지를 소모했다. 이런 사건들을 막아주고 보호해야 할 국가와 기관들이 허둥지둥하자 국민은 더 이상 신뢰하지 못하고 불안에 떨며 분노하기 시작했다. 감정 중에 가장 빨리 퍼지는 감정이 분노이다. 전염성이 강하다. 그래서 요즘에는 예전 같으면 지나갈 일도 툭 건들기만 하면 폭발한다.

그렇다면 왜 분노하는가? 내가 기대했던 정상적인 관계, 신뢰했던 약속, 든든하게 생각했던 안전망이 무너지고 더는 상대방을 신뢰할 수 없기 때문이다. 안 그래도 불안하고 두려운데 툭 건드려 이 불안을 자극하면 그야말로 강렬한 에너지를 내뿜으며 폭발한다. 이런 사회를 독일의 사회학자 울리히 벡은 그의 책에서 '위험사회'라고 정의했다(홍성태 역, 「위험사회」(새물결, 1997)). 울리히 벡이 정의하는 위험이란 무엇인가? 그것은 자기 자신을 통제할 수 없다는 데서 비롯되는 감정이다. 그래서 이런 어려움이 반복적으로 일어날 수 있다고 느끼기 시작할 때 그 사회는 위험사회가 되어간다. 울리히 벡에 따르면 우리나라는 아주 특별한 고위험사회에 속한다. 국가가 이런 위험을 막아주어야 하는데 더는 국가가 통제할 수 없는 상황까지 가자 위험을 느끼면서 그에 따른 스트레스와 분노, 두려움이 극에 달하는 것이다.

성도들이 불안하고 두려움을 느끼면 하나님께 나아가 기도하고 호소할 수 있다. 하나님은 우리의 많은 기도에 응답하고 역사해주신다. 그런데 이렇게 기도하고 신뢰했던 하나님이 내 기대를 깨고 도리어 기근을 주실 때가 있다. 하나님의 인도로 확신하고 나아갔는데 그곳에 기다리는 게 형통과 풍요가 아니라 기근으로 쩍쩍 갈라진 땅뿐이다. 그러면 우리 대부분은 당황하며 하나님께 실망하고 분노한다. 신앙생활이 스트레스다. 우리 마음 깊은 곳에 하나님을 향한 불신과 원망이 상처로 자리 잡는다.

아마도 아브람은 엄청난 실망과 충격을 경험했을 것이다. 그동안 그는 신뢰와 설렘으로 여기까지 왔다. 이를 반영하듯 아브람은 도착하자마자 하나님께서 약속하신 땅 곳곳을 돌아다니며 단을 쌓고 예배를 드렸다(7-9절). 여기까지 인도하신 하나님을 인정하고 앞으로 주실 복을 믿음으로 바라보며 감사드린 것이다. 그런데 그 와중에 기근이, 그것도 심한 기근이 찾아왔다. 우리 같으면 어떻게 하겠는가? 실족하여 신앙생활을 멈춘다. 교회에 발걸음을 끊는다. 아브람도 그런 감정을 느꼈던 모양이다. 이번 장의 본문에는 놀라우리만치 아브람이 하나님을 찾거나 그분의 음성을 듣기 위해 기도하는 장면이 나오지 않는다. 아마도 아브람이 하나님께 실망하여 나아가지 않은 것 같다. 그런데 하나님을 멀리하면 자연스럽게 나타나는 현상이 있다. 그것은 어떻게든 자기 힘으로 눈앞에 당면한 어려움을 벗어나려고 애쓴다는 점이다.

하나님의 인도함을 받은 곳에 예상하지 못한 기근이 기다리고 있을 때 우리는 그동안의 인도하심을 잊어버리고 나 혼자의 힘으로 그 문제를 해결하려고 할 때가 참 많다. 그러나 사실 이럴 때일수록 필요한 게 기도이다. 아브람은 더 적극적으로 기도했어야 했다. "하나님, 여기까지 왔는데 어떻게 할까요?" "이곳에 버티고 있을까요. 아니면 다른 곳으로 갈까요?" 지금까지 그의 길을 한 치의 실수도 없이 인도하신 하나님이다. 그렇다면 그 하나님께 눈앞에 당면한 어려움을 아뢴다면 분명 그 속에서도 인도해주신다. 그런데 눈앞에 기근이 닥치자 약속의 땅까지는 하나님의 인도함을 받고선 이제부터 하나님을 마음 저 구석으로 밀어버린다. 이제부터는 자신이 알아서 헤쳐나가 보겠다고, 스스로 결정하겠다고 생각한다.

그러고 보니 가까운 이웃나라 애굽으로 피신하는 게 가장 현실적이고 합리적인 대안 같아 보였다. 결국 하나님과 아무 상의 없이 애굽으로 내려간다. 10절에 따르면 그는 "거류하려고" 내려갔다. 여기 '거류하다'라는 단어에 사용된 히브리어 '구르'는 룻기 1장에도 사용되었다. 나오미와 그의 가족이 모압 땅에 가서 거류했는데(룻 1:1), 거기서 10년을 거류했다고 한다(룻 1:4). 이렇게 볼 때 아브람은 상당 기간 하나님과의 약속을 잊은 채 애굽 땅에서 살아가기로 결심한다. 아브람은 굳이 이 약속의 땅이 아니더라도 이웃 나라 애굽에 가면 이 땅보다 훨씬 안정된 삶의 기반을 마련할 수 있다고 생각한 모양이다. 애굽은 당시 강력한 제국을 형성하고 있었다. 애굽에는 길고 거대한 나일강이 흐르고 있었고 또 강 하구에 기름진 삼각주가 있어 풍요롭고 살 만한 여건이 가나안보다 훨씬 좋았다. 애굽 제국이 제공하는 안정과 평안이 기근 가운데 버려진 땅에서 하나님만 바라보고 있는 것보다 훨씬 현실적인 대안 같아 보였다.

현실이 내가 기대한 것과 다르게 펼쳐질 때 우리가 간과하는 게 하나 있다. 지금 내가 직면한 광야와 같은 현실 또한 오랫동안 기도하고 응답받은 결과라는 사실이다. 하나님의 섭리와 인도하심의 결과가 바로 지금 내가 직면한 현실이다. 그렇다면 우리는 현실을 회피할 게 아니라 현실을 직시해야 한다. 만약 기근이 하나님 인도하심의 결과라면 우리가 집중해야 할 것은 무엇인가? 좀 더 침착하게 기다리고 버티면서 기근 가운데 감추어진 하나님의 섭리가 무엇인지를 묻고 그 안에 감추어진 은혜를 발견하는 일이다. 신앙생활은 보물찾기하는 것과 비슷하다. 초등학교 때 소풍 가서 보물찾기를 해보았는가? 겉으로 보기에는 아무것도 없는 것 같다. 그러나 보기에 없다고 다른 곳으로 옮겨가면 절대 보물을 찾을 수 없다. 여기저기 돌덩이를 들어내고 수풀 속을 헤쳐야 보물을 찾을 수 있다. 그래서 보물을 한번 발견해본 사람은 겉으로 볼 때 아무것도 없는 것 같은 황량한 들판을 호기심과 기대로 들쑤시며 다닌다. 그러나 보물찾기를 처음 해보는 사람에게 현장은 막막하게 느껴진다. 그래서 조금 돌아다니다가 그냥 포기한다.

아브람은 기근이 찾아온 그 땅이 하나님의 축복이 감추어져 있는 곳이라 생각하지 못했다. 하나님을 신뢰하며 지금까지 따라왔지만 그곳에 더 이상 하나님의 함께하심을 발견할 수 없을 정도로 낙담했다. 그럴 때 우리는 현실을 바라보며 타협한다. 그런데 현실과 한두 번 타협하다 보면 더 큰 타협의 조건들이 찾아온다. 그리고 뒤이어 감당할 수 없는 시험과 환난의 불씨가 되어 자신을 삼키려 한다.

아브람이 약속의 땅을 뒤로하고 일단 애굽 제국이 제공하는 풍요로움과 타협하려 하자, 더 큰 타협 조건이 찾아온다. 그것은 바로 아내 사례였다.

"그가 애굽에 가까이 이르렀을 때에 그의 아내 사래에게 말하되 내가 알기에 그대는 아리따운 여인이라. 애굽 사람이 그대를 볼 때에 이르기를 이는 그의 아내라 하여 나는 죽이고 그대는 살리리니"(11-12절).

아브람의 걱정이 무엇인가? 애굽에 가는 것은 좋은데 애굽 사람들이 아내의 미모를 보고 자신을 가만두지 않을 것을 염려했다. 당시 애굽에는 이방인이 들어왔을 때 그의 아내가 마음에 들면 아내를 차지하기 위해 남편을 밤에 몰래 살해하는 풍습이 있었다. 우리가 약속의 땅을 피해 새로운 현실로 타협하려 할 때 그동안은 감추어져 있던 위협들이 새롭게 나타나는 경우가 많다.

"원하건대 그대는 나의 누이라 하라. 그러면 내가 그대로 말미암아 안전하고 내 목숨이 그대로 말미암아 보존되리라 하니라"(13절).

아브람 자신의 힘과 지혜로 안전을 확보하려 하니 정직하게는 안 되겠고 거짓을 동원하자고 아내에게 제안한다. "내 여동생이라고 해! 그럼 당신 때문에 나는 죽지 않을 수 있을 거야." 사래는 아브람보다 열 살 연하다. 이때 아브람의 나이가 75세였으니 사래의 나이는 대략 65세 정도였다. 게다가 사래는 자기 아내인 동시에 이복누이였다. 이렇게 볼 때 아브람이 사래를 자기 누이라고 하는 것은 완전 거짓말은 아니다. 반쪽 거짓말이다. 정말 머리를 잘 쓴 것 같지 않은가? 하지만 이렇게 머리를 쓴 아브람은 더 큰 어려움에 직면한다.

한편 사래가 이 나이가 되도록 아름답다는 게 참 신기하다. 65세 할머니가 애굽의 모든 남자를 설레게 하는 미모를 가졌다. 놀랍지 않은가? 이 사래의 미모는 성경에서 해석하기 어려운 불가해한 신비 중 하나이다. 그런데도 그 이유를 몇 가지로 생각해 볼 수 있다.

첫째, 종족의 문제로 본다. 애굽 사람들은 대개가 함 족속이기에 피부가 까무잡잡하다. 그런데 사래는 셈족이라 피부가 하얗다. 다른 말로 하면 사래는 '피부미인'이었다. 피부 색깔이 다르면 종종 나이를 착각한다. 애굽 사람들에게 사래는 세월을 거꾸로 먹는 신비로운 여인으로 다가왔다.

둘째, 하나님의 특별한 은혜가 사래를 늙지 않게 지켜주셨다. 이 것은 장차 믿음의 후손을 약속하신 하나님의 언약을 이루기 위해 하나님께서 사래의 젊음을 유지시켜 준 것으로 볼 수 있다.

어쨌든 아브람은 자기 나름대로 머리를 짜서 대책을 마련하고 애굽으로 들어간다. 아니나 다를까, 아브람이 염려했던 일들이 일어나기 시작한다.

"아브람이 애굽에 이르렀을 때에 애굽 사람들이 그 여인이 심히 아리따움을 보았고"(14절).

애굽 사람들이 보기에 심하게 아름다웠다. 애굽 사람들이 사래를 보고 아브람에게 정말 아름답다고 말한다. 도대체 당신과 어떤 사이냐고 묻는다. 그러자 아브람은 누이라고 둘러댄다. 이러면 자신은 무사하게 넘어갈 줄 알았다. 그런데 문제는 여기에서 끝난 게 아니다.

"바로의 고관들도 그를 보고 바로 앞에서 칭찬하므로 그 여인을
바로의 궁으로 이끌어들인지라"(15절).

사래가 바로의 궁에 불려간 것이다. 아브람이 "내 동생이에요"라
고 둘러댄 말에 이들은 더욱 안심하고 사래를 데려갔다. 처음에는 자
기의 안전을 확보하려고 시작했던 거짓말이 알고 보니 애굽 사람들
에게 자신의 아내를 아무 부담 없이 빼앗아갈 수 있는 근거를 확보해
준 것이다. 그렇다고 그냥 도둑처럼 빼앗아가지 않았다. 그래도 제국
의 황제가 아닌가? 아브람에게 많은 양과 소, 그리고 나귀, 낙타와
함께 노예들을 보내주었다(16절). 사래를 데려간 것에 대한 답례였
다. 자, 이렇게 되면 아브람의 힘으로 더 이상 상황을 어떻게 할 수
없다. 사래를 합법적인 대의명분으로 빼앗기는 꼴이 되었다. 그러나
이것은 하나님의 구원경륜의 측면에서 볼 때 엄청나게 큰 위기였다.
만약 사래를 빼앗기면 하나님께서 아브람에게 주신 약속, 즉 내가 너
로 큰 민족을 이룰 것이라는 약속은 물거품이 되기 때문이다.

사실 그동안 인류가 급속도로 타락한 이유는 경건한 결혼의 부재
때문이기도 했다. 하나님의 경건한 아들들이 셋의 후손, 즉 타락한
사람들의 딸들과 결혼했기 때문이다(6:1-2). 믿음의 조상은 믿음의
아내를 잃어버리면 안 된다. 어떻게든 지켜야 한다. 하지만 상황을
모면하려는 아브람의 작은 거짓말은 돌이킬 수 없는 사태로 커졌다.
하나님의 언약은 취소될 위기에 처했다. 아브라함을 통해 세워가려
던 하나님의 나라가 존폐 위기에 처한 것이다. 바로 이때 그동안 이
모든 상황을 잠잠히 지켜보시던 하나님께서 개입하신다.

"여호와께서 아브람의 아내 사래의 일로 바로와 그 집에 큰 재앙을 내리신지라"(17절).

어떤 재앙인지는 모른다. 그러나 바로가 곧바로 눈치챌 수 있을 정도의 타격이 있는 재앙이었다. 당시 고대 근동의 사람들은 심각한 재앙은 신이 진노해서 그렇다고 생각했다. 바로도 마찬가지였다. 아마도 사래에게 솔직하게 말하라고 물어보지 않았겠는가? 알고 보니 사래가 아브람의 아내였다. 바로는 곧바로 아브람을 불러 말한다.

"네가 어찌하여 나에게 이렇게 행하였느냐. 네가 어찌하여 그를 네 아내라고 내게 말하지 아니하였느냐"(18절).

그러고서는 사래를 풀어준다. 사실 거대한 권력과 제도 앞에 타협을 시작했던 사람은 아브람이었고 거짓말을 했던 사람도 아브람이었다. 그런데 놀라운 사실은 하나님은 언약을 저버리고 거짓말을 한 신실하지 못한 아브람을 내치고 버린 게 아니라 오히려 그에게 은혜를 주셔서 구원을 베푸셨다. 이 사건은 아브람과 동시에 하나님께 모두 도전이 될 수 있는 사건이었다. 아브람에게는 과연 하나님의 언약이 현실의 위협 앞에서도 굳게 지킬 만한 것인가를 시험하는 사건이었다. 동시에 하나님의 편에서는 과연 아브함의 이런 불성실함에도 하나님은 그분의 약속을 신실하게 지키실 수 있는가를 도전하는 사건이었다.

아브람은 이번 장의 본문에서 신실하지 못했다. 기근의 현실 앞에서 현실과 타협하고, 또한 현실 앞에서 거짓말하는 야비한 행동을 했다. 그런데 기이하게도 하나님은 아브람의 이런 야비한 행동을 덮어주시고 하나님의 언약으로 부름받고 택함을 받은 그를 지켜주셨다.

하나님은 아브람을 부르실 때 다음과 같은 말씀을 하셨다.

"너를 축복하는 자에게는 내가 복을 내리고 너를 저주하는 자에게는 내가 저주하리니"(12:3).

본문의 사건에서 아브람은 자신이 언약 밖에 있는 사람들에게조차 하나님의 복과 저주를 전해 줄 힘을 가지고 있다는 사실을 경험했다. 아브람이 하나님 앞에 신실하지 못했을 때 자신만 난처한 상황에 빠지는 게 아니라 세상 속으로 저주가 침투함을 체험했다. 하나님의 백성이 신실하지 못한 것은 그들 자신에게만 문제되지 않는다. 그것은 주변의 다른 민족에게도 커다란 영향을 끼친다. 이와 같은 신비로운 방식으로 아브람은 많은 민족의 삶에 영향을 끼치는 힘이 있는 존재임을 깨닫게 된다. 성도의 삶도 이런 영향력이 있다. 하나님의 백성을 통해 주변에 거룩한 복이 신비롭게 흘러간다. 우리가 신실하지 못하면 나뿐만 아니라 주변사람과 가족들에게까지 그 영향력이 흘러간다.

하나님은 그분을 끝까지 신뢰하는 자들을 결코 놓지 않으신다. 우리에게 최후 승리를 주실 하나님을 신뢰하길 바란다. 하나님께서 우리를 그리스도 예수 안에서 왕 같은 제사장으로 그의 소유된 백성으로 삼으셨다(벧전 2:9). 이것은 우리로 그분의 기이한 영광의 아름다운 빛을 주변에 전하도록 하기 위한 것이다. 내가 신실해야 주변이 복을 받는다. 나의 신실하지 못함은 나 혼자만의 문제로 끝나지 않는다. 주변에 어려움과 저주를 초래한다. 삶의 자리를 너무 쉽게 옮기지 마라. 약속의 땅에 기근이 와도 두려워하지 마라. 기근이 찾아온 이 땅도 지금까지 기도하며 인도함을 받은 하나님의 응답이다. 아직 끝이 아니다. 그 땅에 감춰진 보물이 무엇인지 버티며 기도하며 찾아보라. 하나님이 나를 이곳으로 인도하신 이유가 반드시 있다. 당장에는 드러나지 않아도 하나님의 때에 아름답게 이루어지길 신뢰하며 담대하게 나아가라.

현실을
다르게 보라

¹아브람이 애굽에서 그와 그의 아내와 모든 소유와 롯과 함께 네게브로 올라가니 ²아브람에게 가축과 은과 금이 풍부하였더라. ³그가 네게브에서부터 길을 떠나 벧엘에 이르며 벧엘과 아이 사이 곧 전에 장막 쳤던 곳에 이르니 ⁴그가 처음으로 제단을 쌓은 곳이라 그가 거기서 여호와의 이름을 불렀더라. ⁵아브람의 일행 롯도 양과 소와 장막이 있으므로 ⁶그 땅이 그들이 동거하기에 넉넉하지 못하였으니 이는 그들의 소유가 많아서 동거할 수 없었음이니라. ⁷그러므로 아브람의 가축의 목자와 롯의 가축의 목자가 서로 다투고 또 가나안 사람과 브리스 사람도 그 땅에 거주하였는지라. ⁸아브람이 롯에게 이르되 우리는 한 친족이라. 나나 너나 내 목자나 네 목자나 서로 다투게 하지 말

자. ⁹네 앞에 온 땅이 있지 아니하냐. 나를 떠나가라. 네가 좌하면 나는 우하고 네가 우하면 나는 좌하리라. ¹⁰이에 롯이 눈을 들어 요단 지역을 바라본즉 소알까지 온 땅에 물이 넉넉하니 여호와께서 소돔과 고모라를 멸하시기 전이었으므로 여호와의 동산 같고 애굽 땅과 같았더라. ¹¹그러므로 롯이 요단 온 지역을 택하고 동으로 옮기니 그들이 서로 떠난지라. ¹²아브람은 가나안 땅에 거주하였고 롯은 그 지역의 도시들에 머무르며 그 장막을 옮겨 소돔까지 이르렀더라. ¹³소돔 사람은 여호와 앞에 악하며 큰 죄인이었더라. ¹⁴롯이 아브람을 떠난 후에 여호와께서 아브람에게 이르시되 너는 눈을 들어 너 있는 곳에서 북쪽과 남쪽 그리고 동쪽과 서쪽을 바라보라. ¹⁵보이는 땅을 내가 너와 네 자손에게 주리니 영원히 이르리라. ¹⁶내가 네 자손이 땅의 티끌 같게 하리니 사람이 땅의 티끌을 능히 셀 수 있을진대 네 자손도 세리라. ¹⁷너는 일어나 그 땅을 종과 횡으로 두루 다녀보라. 내가 그것을 네게 주리라. ¹⁸이에 아브람이 장막을 옮겨 헤브론에 있는 마므레 상수리 수풀에 이르러 거주하며 거기서 여호와를 위하여 제단을 쌓았더라.

오늘날 우리 사회는 수많은 선택지를 놓고 고민하는 선택의 사회이다. 선택할 수 있다는 것은 자유가 있음을 의미한다. 그러나 역설적으로 현대인들은 선택으로 인해 많은 스트레스를 받는다. 수많은 선택지 가운데 선택하다 보면 늘 주변과 비교하게 되고 이상적인 기대를 하게 된다. 결국 자신의 선택으로 하나를 자유롭게 결정하지만 만족도는 점점 떨어지는 게 현실이다. 그러다 보면 자나만 곁눈질하며 비교하게 되고 마음의 평안을 잃어버린다. 그래서 미국의 저명한 신학자인 라인홀드 니버는 평온을 비는 기도문에 다음과 같이 기도했다. "주여, 우리에게 우리가 바꿀 수 없는 것들을 평온하게 받아들이는 은혜와 바꿔야 할 것을 바꿀 수 있는 용기를 주시고, 또 이 둘을 분별하는 지혜를 주옵소서."

선택으로 인한 짐을 더는 방법이 있다. 그것은 선택사항을 선택으로 두지 말고 마땅한 규범으로 두는 것이다(배리 슈워츠 저, 형선호 역, 「선택의 심리학」(서울: 웅진씽크빅, 2005), 117쪽). 자동차에 탈 때 안전벨트를 매는 것은 당연한 규범이고 상식이다. 규범과 상식이란 이것을 의심하지 않고 당연하게 받아들여 마땅한 행동을 수반한다. 그런데 이따금 안전벨트를 선택사항으로 생각하는 이가 있다. 주변에 경찰이 있으면 메었다가 경찰이 지나가면 다시 풀어버린다. 이런 이들에게는 늘 마음이 불안하다. 언제 규범을 따르고 언제 선택사항으로 받아들여야 할지 선택을 고민해야 하기 때문이다. 선택의 짐을 줄이려면 안전벨트 착용 여부를 선택사항으로 두면 안 된다. 이는 마땅히 행할 일종의 규칙(rule)으로 알고 받아들여야 한다.

우리는 종종 하나님께서 우리에게 주신 것들을 갖고 왜 이런 것들을 주셨냐고 따진다. "왜 저런 사람을 붙여주셨습니까?" "왜 이런 상황을 허락하셨나요?" 여기에는 우리가 다른 것을 선택할 수 있고, 그러면 더 나은 결과를 얻을 수 있었을 것이라는 교만한 전제가 자리잡고 있다. 그러나 이것은 이미 주님께서 우리에게 주신 선물들이다. 아무리 원망스럽고 불평이 나와도 이것을 자신의 숙명처럼 마땅히 가야 할 길로 받아들여야 한다. 자꾸 원망하다 보면 이를 나의 선택 사항으로 만들고 싶은 유혹이 찾아온다. 결국 현실을 외면하고 이를 받아들이기를 거부한다. 우리는 이런 유혹의 함정에서 나와야 한다. 그렇다면 우리가 집중할 게 무엇인가? 그것은 바로 지금 내게 주신 은혜들을 갖고 어떤 변화를 일구어낼 수 있을까 하는 점이다.

아브람은 바로 이점을 애굽에서 뼈저리게 배웠다. 아브람은 하나님께서 허락하신 약속의 땅에 기근이 찾아오자 이를 선택지로 여겼다. 상황이 어려우면 선택을 철회할 수 있는 땅으로 생각했다. 그러나 자신이 대안으로 선택한 애굽 땅에서 아내를 빼앗길 뻔한 큰 위기를 겪고 이것은 참된 대안이 될 수 없음을 깨닫는다. 그는 약속의 땅 가나안으로 돌아오며 이 땅을 숙명과 같이 받아들이기로 작정한다. 약속의 땅이 왜 이러냐고 원망하며 포기하고 도망갈 것이 아니었다. 이 땅이 하나님께서 주시기로 작정하셨던 땅이라면 이제 아브람이 해야 할 선택은 어떻게 해야 지금까지 인도하신 하나님의 은혜를 이 땅에서 계속해서 경험하며 살 것인가에 집중하는 일이었다.

"아브람이 애굽에서 그와 그의 아내와 모든 소유와 롯과 함께 네게브로 올라가니"(1절).

여기 네게브는 12장 9절에 나온 헤브론 남쪽으로 난 광야에 연접한 땅이다. 아브람은 다시 애굽에서 가나안 최남단으로 옮겨가기 시작했다. 아마도 기근은 아직 그치지 않고 계속되었을 가능성이 크다.

그러나 이제 기근은 아브라함의 선택에 영향을 미칠 요소가 아니었다. 외적인 환경에 불과했다. 이전에는 환경이 어려우면 약속의 땅을 포기할 수도 있다고 생각했다. 그러나 이 땅은 절대 바꾸어선 안 되는 땅임을 깨달았다. 비록 기근이 있다 하더라도 그곳에서 버티며 은혜 주실 하나님을 기대하며 기다리는 게 훨씬 중요함을 깨달은 것이다. 중요한 점은 비록 모든 상황이 이해되지 않더라도 이런 환경을 허락하신 하나님을 신뢰하며 그분이 허락하신 것을 반드시 감당해야 할 사명의 길로 받아들이고 하나님께 집중하는 일이다.

> "그가 네게브에서부터 길을 떠나 벧엘에 이르며 벧엘과 아이 사이
> 곧 전에 장막 쳤던 곳에 이르니"(3절).

아브람은 네게브에 잠시 머물렀다가 계속해서 여행길을 떠나 마침내 벧엘과 아이 사이에 이른다. 이곳은 아브람이 가나안 땅에 와서 처음으로 장막을 쳤던 곳이다(12:8 참조). 3절 끝에 "장막 쳤던 곳에 이르니"라는 표현은 영어성경(NRSV)에 따르면 그가 여행 계획을 세우고 그 계획에 따라 한 단계 한 단계씩(by stages) 나아갔다고 한다. 애굽에서 네게브를 지나서 벧엘과 아이 사이까지의 거리는 대략 321㎞ 정도 된다. 우리로 말하면 부산 해운대에서부터 대구, 대전, 천안 톨게이트를 지나 천안 고속버스터미널까지 걸리는 상당히 먼 장거리 여행이다. 게다가 이번에는 하나님의 은혜로 애굽에서 얻은 가축과 재산과 노비들이 더 많이 있었다. 한꺼번에 움직이려면 시간이 오래 걸리고 더 많은 준비와 계획이 필요했다. 그런데 그 계획의

최종 목적지가 어디였는가? 바로 벧엘과 아이 사이, 아브람이 처음 장막을 쳤던 곳이다. 왜 이곳으로 오는가?

"그가 처음으로 제단을 쌓은 곳이라. 그가 거기서 여호와의 이름을 불렀더라"(4절).

이곳은 아브람이 하나님을 신뢰하고 그분을 처음으로 예배했던 곳이며 여호와의 이름을 불렀던 곳이다. 가나안에서의 삶을 처음 시작했던 곳이다. 아브람이 이곳으로 온 것은 기근이 든 이해하기 힘든 이 땅을 주신 하나님을 믿음으로 바라보며 새롭게 출발하려고 결단했기 때문이다. 그 첫 출발의 시작이 무엇인가? 바로 예배다. 예배는 우리의 열악한 현실을 하늘의 은혜와 능력으로 새롭게 볼 수 있게 한다. 이런 은혜가 우리에게 있어야 한다.

우리는 조금 힘들면 자꾸 바꾸려 한다. 요즘에는 자꾸 바꾸는 것을 권장하는 시대이다. 차도 조금 타다 바꾸고 집도 조금 낡으면 바꾸고 친구도 바꾸고 애인도 바꾸고 배우자도 바꾸려고 한다. 그러나 바꾼다고 문제가 해결되지 않는다. 왜? 그동안 문제의 원인이 바깥에 있는 것으로 생각하고 바꾸었는데, 알고 보니 그 문제의 원인이 바로 나였기 때문이다. 내가 새롭게 되어야 문제가 해결될 수 있다. 아브람은 이 은혜를 새롭게 발견하고 다시 기근이 있는 가나안에 왔다. 이번에는 흔들림 없이 새로운 감격과 소망으로 하나님의 언약을 붙들고 기근을 견뎌낼 수 있었다. 하나님은 이런 아브람에게 복을 더해 주셨다. 기근의 현실 속에서도 하나님의 은혜를 구하며 현실을 새롭게 하려는 아브람에게 목초지를 찾게 하셨고 기근의 환경 가운데서도 점점 그의 재산이 불어났다. 그런데 문제가 있었다. 바로 아브람의 조카 롯이었다.

"아브람의 일행 롯도 양과 소와 장막이 있으므로 그 땅이 그들이 동거하기에 넉넉하지 못하였으니 이는 그들의 소유가 많아서 동거할 수 없었음이니라"(5-6절).

롯은 그동안 아브람을 따라왔다. 아브람이 처음 고향이었던 하란을 떠날 때 롯에게 무엇이라고 했을까? "롯, 하나님께서 나에게 약속의 땅을 주신다고 한다. 함께 가지 않을래?" 아니 새로운 땅을 주신다고 하니 얼마나 좋은가? 얼씨구 좋다 하고 따라왔다. 그런데 와보니 기근이 닥쳤고 아브람을 따라 잠시 애굽에 가보니 세상에 애굽처럼 좋은 환경이 있나 싶을 정도로 비옥하고 좋았다. 그러다 다시 하나님이 돌아오게 하셔서 억지로 애굽에서 기근 있는 가나안 땅으로 왔다. 와서 보니 현실은 별로 바뀐 게 없고 기근으로 목초지는 제한되어 있는데 애굽에서 왕에게 받은 많은 가축은 더 많이 불어난 상황이었다. 그러니 속으로 불평불만이 차 있었다. 그러던 차에 아브람의 목자들과 롯의 목자들 사이에 목초지를 두고 시비와 다툼이 일어났다.

소유는 우리의 삶을 영위해 나가는 데 꼭 필요한 것이지만 정말 지혜롭게 다루어야 한다. 자칫하면 이 소유가 우리 삶에 중요한 가치를 투영하게 되고, 그러면 이 소유로 인해 정말 소중하게 지켜야 할 관계가 갈라지게 된다. 가난하게 화목하게 살다가도 부모님이 돌아가시면 유산문제로 싸우다가 나뉘는 형제관계를 우리는 주변에서 종종 보지 않았는가? 아브람에게 소유는 도구였다. 하나님의 약속을 이루어가는 도구이자 그분의 신실하심을 입증하는 사인에 불과했다. 그러나 롯에게 소유는 자신의 꿈을 이루어가는 가장 중요한 수단인 동시에 궁극적인 가치였다. 그랬기에 아브람의 목자들과 한 치의 양보도 없이 기를 쓰고 싸웠다. 상황을 보다 못한 아브람은 롯에게 제안한다.

"아브람이 롯에게 이르되 우리는 한 친족이라. 나나 너나 내 목자나 네 목자나 서로 다투게 하지 말자"(8절).

우리는 한 가족 아닌가? 가족이니, 다투지 말자! 한 가족 됨을 유지하는 게 더 중요하다. 그러면서 롯에게 평화로운 독립을 제안한다.

"네 앞에 온 땅이 있지 아니하냐. 나를 떠나가라. 네가 좌하면 나는 우하고 네가 우하면 나는 좌하리라"(9절).

아브람이 제안한다. "네 앞에 보이는 곳을 선택해 가라. 네가 먼저 선택하면 난 다른 곳으로 가겠다." 이 제안에 롯은 눈을 들어 어디를 보았는가? 요단강이 흐르는 지역이었다(10절). 이 지역에는 물이 넉넉하게 흘렀는데, 모습이 꼭 롯이 애굽에서 본 나일강의 비옥한 환경과 비슷했다.

"여호와의 동산 같고 애굽 땅과 같았더라"(10절).

여기 '여호와의 동산'이란 에덴동산을 의미한다. 이 지역의 비옥함이 애굽의 나일 지역을 넘어 말로만 듣던 상상 속의 에덴동산과 같이 아름다운 환경이었다.

"그러므로 롯이 요단 온 지역을 택하고 동으로 옮기니 그들이 서로 떠난지라"(11절).

롯이 어느 지역으로 옮기는가? 동으로 옮겼다. 성경에 '동쪽'은 그리 좋은 지역이 아니다. 여호와의 임재가 함께하지 않는 지역, 죄악과 어둠이 지배하는 곳이 동쪽이다. 이곳은 불로 멸망한 소돔과 고모라가 포함된 지역이다. 롯은 이런 영적인 위험을 보지 못하고 자신의 눈에 보기에 좋은 곳을 선택하여 옮겨갔다. 그는 삼촌 아브람이 애굽에서 고생한 것을 보고서도 하나님께 붙들려 있지 않을 때 자기 뜻대로 결정한 선택지가 얼마나 위험한 일인지를 아직 깨닫지 못하고 있었던 모양이다. 반면 아브람은 보이는 여건과 환경에 상관없이 에덴동산 같은 요단강 유역을 놔두고 하나님이 머물라 말씀하신 가나안 땅에 고집스럽게 머물러 있었다.

"아브람은 가나안 땅에 거주하였고 롯은 그 지역의 도시들에 머무르며 그 장막을 옮겨 소돔까지 이르렀더라"(12절).

여기서 이 두 사람을 움직이게 하는 그 내면의 동력이 뚜렷하게 대조된다. 아브람은 그 내면에 보이지 않는 하나님 약속의 힘이 있었다. 애굽에서 뼈저리게 경험한 하나님의 신실하심을 의지하는 믿음이 있었다. 그러나 롯은 그 상황을 아브람과 함께했어도 여전히 하나님의 약속보다는 눈에 보이는 애굽 제국이 제공하는 풍요로움에 더 매료되어 있었다. 그러나 분명 이 풍요로움 속에는 시한폭탄 같은 곧 폭발할 것 같은 위기가 감추어져 있었다.

"소돔 사람은 여호와 앞에 악하며 큰 죄인이었더라"(13절).

풍요로움을 선택한 롯은 소돔 사람들의 죄악의 영향력 가운데로 자신도 모르게 끌려 들어가고 있었다. 신학자 월터 브루그만에 따르면 롯을 움직이게 하는 힘은 결핍 이데올로기였다(강성열 역, 「창세기」(현대성서주석 1)(서울: 한국장로교출판사, 2000), 212쪽). 결핍이데올로기, 무슨 말인가? 현재 그 눈앞에 처한 결핍의 경제적인 현실에 따라 움직인다는 뜻이다. 오늘날 우리 사회를 움직이는 거대한 힘이 바로 이 결핍 이데올로기 아닌가? 소비주의를 뒤집어보면 결핍 이데올로기다. 결핍 이데올로기는 이 세대의 사람들에게 끊임없이 결핍을 세뇌시킨다. '당신에게는 이것이 부족해, 이것이 필요해, 이것이 있어야 안정된 삶, 행복한 삶을 누릴 수 있어.' 결핍 이데올로기에 젖어 있으면 삶의 모든 동력이 결핍을 해소하는 쪽으로 작동한다.

예수님도 이런 결핍 이데올로기의 위험성을 말씀하신 바 있다. 한 사람이 예수님께 찾아와 유산문제로 부탁을 한다. "무리 중에 한 사람이 이르되 선생님 내 형을 명하여 유산을 나와 나누게 하소서 하니"(눅 12:13). 그러자 예수님이 자신은 사람들의 소유를 재판하여 나누는 자가 아니라고 말씀하시며 탐심의 문제를 지적하신다. "그들에게 이르시되 삼가 모든 탐심을 물리치라. 사람의 생명이 그 소유의 넉넉한 데 있지 아니하니라 하시고"(눅 12:15).

예수님은 지금 이 사람이 부탁한 이유는 정의와 긍휼을 구하는 게 아니라 자기 탐욕을 위해 예수님을 이용하여 관철시키려 한다는 사실을 아셨다. 그리고 이를 지적하신 것이다. 이를 이해시키기 위해 예수님은 한 부자의 비유를 이어서 말씀하신다. 한 부자가 있었다. 이 부자는 지쳐 쓰러질 때까지 재산을 모았다. 더 이상 쌓아 둘 곳이 없을 정도로 모았다. 그의 고민은 자신의 재산을 더는 쌓아 둘 공간이 없어 이를 어떻게 확장할까 하는 것이었다(눅 12:18 참조). '더 많이, 더 크게'가 삶의 중심구호였다. 그러나 하나님은 이런 부자를 향해 "어리석은 자"(눅 12:20)라고 부르신다. 그러고는 "오늘 밤에 네 영혼을 도로 찾으리니"라고 말씀하신다. 이때 부자의 무지와 착각이 극적으로 드러나는데 그것은 자신의 소유라고 생각했던 물질적인 부요함이 자신의 것이 아니라는 점이다. 이것은 하나님께서 이 땅에 살면서 하나님의 뜻을 행하라고 잠시 맡겨두신 물질이었다. 맡겨진 부를 자기 것으로 생각하고 이것이 자신의 삶에 영구적인 안정과 평안을 가져다줄 것으로 착각했다. 결론이 무엇인가? 참된 부요함은 자신을 위해 쌓아둔 물질이 아니라 하나님을 향하여 부요할 때 얻어진다는 사실이다(눅 12:21).

그렇다면 우리는 어떻게 하나님을 향하여 부요할 수 있는가? 그분의 약속을 신뢰하는 것, 어떤 일이 있어도 그 약속을 신뢰하며 나를 부르신 삶의 자리에서 이 약속의 힘을 변동 가능한 변수(變數)가 아닌 변함없는 인생의 상수(常數)로 삼는 일이다. 이렇게 볼 때 비옥한 요단강 유역이나 기근있는 가나안 지역은 변수에 불과하다. 하나님께서 아브람을 여전이 가나안 땅으로 부르시는가가 유일한 상수일 뿐이다.

롯이 떠나자 아브람의 상수가 되시는 하나님은 그에게 놀라운 말씀으로 그의 부르심을 확증하여 주신다. "너는 눈을 들어 너 있는 곳에서 북쪽과 남쪽 그리고 동쪽과 서쪽을 바라보라. 보이는 땅을 내가 너와 네 자손에게 주리니 영원히 이르리라. 내가 네 자손이 땅의 티끌 같게 하리니 사람이 땅의 티끌을 능히 셀 수 있을진대 네 자손도 세리라. 너는 일어나 그 땅을 종과 횡으로 두루 다녀보라. 내가 그것을 네게 주리라"(창 13:14-17).

아브람이 눈에 보이지 않는 하나님의 부르심을 선택했기에 그는 놀라운 약속을 확증받는다. 그가 롯과 같이 보이는 것을 선택했다면 결코 일어날 수 없는 일이었다.

무엇이 더 중요한가? 눈에 보이는 현실을 다르게 볼 수 있어야 한다. 열악한 환경을 원망하지 말아야 한다. 눈에 보이는 환경은 변수에 불과하다. 지금은 비록 열악하지만, 또 언제고 다시 좋아질 수 있다. 중요한 것은 나를 부르신 하나님이다. 그분의 부르심과 그분과의 관계가 변함없는 선택의 기준이 되어야 한다. 지금 나에게 중요한 선택지는 무엇인가? 상수와 변수를 제대로 분별하고 있는가? 성도는 거룩할 뿐만 아니라 선택도 거룩해야 한다. 거룩한 선택의 기준을 갖고 변함없이 하나님이 부르신 곳을 인내하며 버텨내야 한다.

소중한 것을
지킬 수 있는 신앙

¹당시에 시날 왕 아므라벨과 엘라살 왕 아리옥과 엘람 왕 그돌라오멜과 고임 왕 디달이 ²소돔 왕 베라와 고모라 왕 비르사와 아드마 왕 시납과 스보임 왕 세메벨과 벨라 곧 소알 왕과 싸우니라. ³이들이 다 싯딤 골짜기 곧 지금의 염해에 모였더라. ⁴이들이 십이 년 동안 그돌라오멜을 섬기다가 제 십삼 년에 배반한지라. ⁵제십사년에 그돌라오멜과 그와 함께한 왕들이 나와서 아스드롯 가르나임에서 르바 족속을, 함에서 수스 족속을, 사웨 기랴다임에서 엠 족속을 치고 ⁶호리 족속을 그 산 세일에서 쳐서 광야 근방 엘바란까지 이르렀으며 ⁷그들이 돌이켜 엔미스밧 곧 가데스에 이르러 아말렉 족속의 온 땅과 하사손 다말에 사는 아모리 족속을 친지라. ⁸소돔 왕과 고모라 왕과 아드마

왕과 스보임 왕과 벨라 곧 소알 왕이 나와서 싯딤 골짜기에서 그들과 전쟁을 하기 위하여 진을 쳤더니 ⁹엘람 왕 그돌라오멜과 고임 왕 디달과 시날 왕 아므라벨과 엘라살 왕 아리옥 네 왕이 곧 그 다섯 왕과 맞서니라. ¹⁰싯딤 골짜기에는 역청 구덩이가 많은지라. 소돔 왕과 고모라 왕이 달아날 때에 그들이 거기 빠지고 그 나머지는 산으로 도망하매 ¹¹네 왕이 소돔과 고모라의 모든 재물과 양식을 빼앗아가고 ¹²소돔에 거주하는 아브람의 조카 롯도 사로잡고 그 재물까지 노략하여 갔더라. ¹³도망한 자가 와서 히브리 사람 아브람에게 알리니 그때에 아브람이 아모리 족속 마므레의 상수리 수풀 근처에 거주하였더라. 마므레는 에스골의 형제요 또 아넬의 형제라. 이들은 아브람과 동맹한 사람들이더라. ¹⁴아브람이 그의 조카가 사로잡혔음을 듣고 집에서 길리고 훈련된 자 삼백십팔 명을 거느리고 단까지 쫓아가서 ¹⁵그와 그의 가신들이 나뉘어 밤에 그들을 쳐부수고 다메섹 왼편 호바까지 쫓아가 ¹⁶모든 빼앗겼던 재물과 자기의 조카 롯과 그의 재물과 또 부녀와 친척을 다 찾아왔더라. ¹⁷아브람이 그돌라오멜과 그와 함께한 왕들을 쳐부수고 돌아올 때에 소돔 왕이 사웨 골짜기 곧 왕의 골짜기로 나와 그를 영접하였고 ¹⁸살렘 왕 멜기세덱이 떡과 포도주를 가지고 나왔으니 그는 지극히 높으신 하나님의 제사장이었더라. ¹⁹그가 아브람에게 축복하여 이르되 천지의 주재이시요 지극히 높으신 하나님이여 아브람에게 복을 주옵소서. ²⁰너희 대적을 네 손에 붙이신 지극히 높으신 하나님을 찬송할지로다 하매 아브람이 그 얻은 것에서 십분의 일을 멜기세덱에게 주었더라. ²¹소돔 왕이 아브람에게 이르되 사람은 내게 보내고 물품은 네가 가지라. ²²아브람이 소돔 왕에게 이

르되 천지의 주재이시요 지극히 높으신 하나님 여호와께 내가 손을
들어 맹세하노니 ²³네 말이 내가 아브람으로 치부하게 하였다 할까
하여 네게 속한 것은 실 한 오라기나 들메끈 한 가닥도 내가 가지지
아니하리라. ²⁴오직 젊은이들이 먹은 것과 나와 동행한 아넬과 에스
골과 마므레의 분깃을 제할지니 그들이 그 분깃을 가질 것이니라.

전에 서울대 소비자아동학부 김난도 교수가 발표한 한국
사회의 트렌드 중 하나가 '치고 빠지기'(Hit and Run)였다(김난도 외,
「트렌드 코리아 2015」(서울: 미래의 창, 2015), 329-350쪽). 이런 '치고 빠지는'
분위기는 어느덧 우리 사회 구석구석에 깊이 스며들고 있다. 인간관
계를 보자. 요즘은 깊이 있는 관계로 들어가는 것을 부담스러워하고
단회적인 관계로 끝내려고 한다. 긴 호흡이 아니라 짧은 호흡으로 잠
시 맛을 보고 끝낸다. 소비 트렌드도 그렇다. 잠시 쓰다 만다. 콘텐츠
도 짧고 강한 것만이 살아남는다.

얼마 전 인근 신학교의 학생이 교회성장학 수업과 관련하여 인터
뷰하러 온 적이 있다. 그런데 대화 중 깜짝 놀랐다. 요즘 신학교에서
전도사로 사역에 나가지 않으려는 사람들이 점점 늘어나고 있단다.
이유는 교회에 깊이 연관되어 교인들과 관계를 맺고 여러 사람 앞에
서 사역한다는 게 부담스럽게 느껴지기 때문이란다. 또 거기서 자신
의 사역에 대해 평가받는다고 생각하니 머뭇거려졌다고 한다. 요즘
우리 사회에 만연한 '치고 빠지기' 트렌드가 신학교까지 상륙한 듯
했다.

요즘 젊은이들은 연애는 안 하고 '썸탄다'고 한다. 연애하는 것은 아니지만 연애감정을 갖고 접근하며 만나는 상태이다. 이렇게 썸타는 젊은이들이 상대 이성에게 제일 많이 하는 문자메시지가 있다. 평균 밤 12시 45분에 "자니?"라고 보낸다(남은주, "썸타는 시대의 사랑법, 그린라이트입니까?"(〈한겨레〉, 2014. 6. 4.)). 조심스럽게 관심과 친밀감의 가능성을 두드리는 것이다. 이들이 책임감을 갖고 접근하기에는 아직 제한하는 요소들이 있다. 직장이 안정되지 않았다. 연애에 대해 책임질 마음의 준비도 되지 않았다. 그러니 자꾸 상대가 어떤지, 연애감정이 있는지 간만 보고 애매한 줄타기를 한다.

그런데 이런 썸타는 모습은 단순히 연애관계뿐 아니라 삶의 전반에서 나타나고 있다. 물건도 인터넷으로 주문해서 조금 써보다가 마음에 들지 않으면 쉽게 반품한다. 이것 말고도 내가 선택할 수 있는 다른 대안이 많이 있다고 생각한다. 그러니 이러지도 저러지도 못하고 간만 보다가 결정하지 못한다. 김난도 교수는 이런 요즘 시대를 'C'의 시대, 즉 "Can't make up my mind"(내 마음을 결정하지 못하겠어요)의 시대로 규정한다. 이것을 '햄릿 증후군'이라고도 한다. 셰익스피어의 햄릿에 나오는 유명한 대사가 있지 않은가? "사느냐 죽느냐 그것이 문제로다!" 그렇다. 쉽게 결정하지 못한다. 이것을 선택하자니 저것이 아쉽고 저것을 선택하자니 이것이 아쉽다. 사실 그래서 배우자도 잘 결정하지 못하고 직업도 잘 결정하지 못하며 물건도 사고서 반품하고 후회한다. 썸타는 모습은 오늘날만 있는 게 아니다. 우리는 이런 모습을 본문에 등장하는 롯에게서도 발견한다.

본문은 우리가 잘 아는 창세기에서도 다소 생소하고 익숙치 않은 이야기다. 아브람 당시 가나안 땅에는 여러 부족국가가 있었다. 그중에서 엘람이라는 국가가 있었다. 엘람은 셈의 자손들이 가나안 땅을 기준으로 동쪽 지역인 페르시아 지역에 세운 나라였다(창 10:22, 30 참고). 엘람 왕은 그돌라오멜이고 고대 근동지역의 가장 강력한 맹주 역할을 했다. 부근에 있던 여러 나라가 엘람과 평화로운 관계를 유지하기 위해 엘람 왕 그돌라오멜에게 조공을 바치고 있었다. 그런데 2절에 보면 그중에서 가나안 부근에 있는 소돔, 고모라, 아드마, 스보임, 벨라 이 다섯 왕이 연합하여 조공을 바친 지 12년 만에 그돌라오멜에게 반란을 일으킨다(4절). 그돌라오멜 왕의 요구가 가혹해서 그랬는지, 아니면 이 나라들이 부강해져서 독립을 선언한 것인지, 아니면 엘람이 약해져서 그 틈을 탄 것인지는 모르지만 여하튼 반기를 들고 조공 납부를 거부했다.

엘람 왕 그돌라오멜은 가만히 있지 않았다. 주변 나라들을 규합하여 동방연합군을 만들어 서쪽의 가나안 왕들과 전쟁을 벌인다. 5절 이하에 보면 그돌라오멜을 중심으로 한 동방연합군이 가나안 땅 곳곳에서 전쟁을 치른다. 이 경로를 보면 요단강 동편에 남북으로 뻗어 있던 이동로인 왕의 대로(King's highway)를 따라 북쪽에서 남쪽으로 진군하여 싸운다. 결과는 그돌라오멜의 동방연합군의 대승리였다. 가나안 연합군들은 뿔뿔이 흩어지고 소돔 왕과 고모라 왕은 도망가다가 그만 역청 구덩이에 빠져 갇히게 된다. 동방연합군은 자신들이 점령한 지역에 들어와서 모든 재물과 식량과 사람들을 전쟁노예로 잡아갔다. 그런데 이 와중에 아브람의 조카 롯을 포로로 잡고 그의 모든 재물과 처자식들까지 사로잡아 본국으로 돌아간다.

롯은 어떻게 잡힌 걸까? 소돔 가까이 가다가 그만 왕들의 눈에 띄어서 잡힌 것일까? 본문 12절은 이렇게 말씀한다. "소돔에 거주하는 아브람의 조카 롯!" 무슨 말인가? 이때쯤 이미 롯은 죄악의 도시 소돔에 얹혀살면서 그 문화에 물들어 있었음을 보여준다. 롯이 소돔 전쟁에 휘말린 이유가 무엇인가? 작게는 롯이 애굽과 같은 소돔의 풍요로운 환경에 매료되었기 때문이다. 창세기 13장 10절 말씀을 보면 롯이 눈을 들어 소돔이 위치한 요단 지역을 바라보니 온 땅에 물이 넉넉해서 마치 기근 가운데 피신했던 애굽과 같이 풍요로운 땅이었다고 말씀한다. 이처럼 롯은 시각적인 자극에 끌렸다. 그러나 단순히 시각적인 자극에 끌려 비극을 초래한 게 아니었다. 더 큰 관점에서 볼 때 소돔 땅은 롯이 보기에만 탐스러운 땅이 아니라 고대 근동의 맹주가 보기에도 탐스러운 땅이었다. 소돔 배후에 이 땅을 군침 흘리며 삼키려 노리는 더 크고 막강한 세력이 있었다. 롯은 이것을 미처 보지 못했다.

이는 선악과의 유혹과 비슷하다. 선악과가 보암직하고 먹음직하고 탐스러운데, 그 배후에 누가 있었는가? 뱀이 있었다. 낚시할 때도 보면 미끼를 던지지 않는가? 미끼가 낚싯바늘에 꽂혀 얼마나 아프겠는가? 온몸을 비틀거리고 있을 때 물고기들은 군침을 흘린다. 그러나 그 미끼가 맛있어 보인다고 한입에 덥석 물면 어떻게 되는가? 미끼 배후에 투명한 바늘로 연결된 낚싯대가 있고, 그 낚싯대를 붙잡고 있는 낚시꾼이 군침을 흘리며 기다리고 있다.

여기서 우리는 롯이 소돔에 휘말린 보다 근본적인 이유를 알 수 있다. 하나님의 언약에 머물러 있지 않아서 그런 것이다. 그는 아브람을 통해 주신 하나님의 언약 때문에 하란에서 여기까지 왔다. 그러나 재산이 많아지자 이제는 아브람의 언약 안에 머무르기보다 자기 힘으로 살아보고 싶은 욕심이 생겼다. 그래서 아브람의 재산과 자신의 소유에 선 긋기를 하고 떨어져 나온다. 혼자 힘으로 살아보려니 이왕이면 눈에 볼 때 좋은 입지조건을 선택해야 하지 않겠는가? 그래서 요단 동편에서 머물다가 점점 장막을 옮겨 소돔에 아예 이주하여 살기로 선택했다. 가서 보니 이 소돔은 하나님 앞에 큰 악을 행하는 죄악의 도시였다. 사실 그것을 알면 빨리 나와야 한다. 그런데 롯은 그 자리에 머물러 삶의 자리를 폈다. 안주했다. 왜? 눈에 볼 때 풍요로운 조건이 다른 어떤 것보다 삶에 우선순위로 다가왔기 때문이다.

다른 한편 기근의 땅을 지킨 아브람은 국제전쟁에 휩쓸리지 않았다. 왜? 그가 머물던 땅들은 이웃 맹주들이 보기에도 매력적인 땅이 아니었기 때문이다. 아브람도 머물기 힘든 땅인데, 어떻게 지역 맹주들이 욕심낼 수 있었겠는가? 아브람은 조카 롯마저도 포기했던 그 기근의 땅에서 하나님의 약속을 신뢰하며 머물러 있었기에 휩쓸리지 않았다. 하나님의 신비가 여기에 있다. 하나님이 약속의 땅에 보냈던 기근은 아브람 가문이 국제전쟁에 휩쓸리지 않고 안정적으로 하나님의 약속을 지켜낼 수 있는 최적의 환경을 조성했다. 모두가 선호하고 끌리는 풍요로운 땅보다는 비록 기근이 있더라도 하나님의 약속이 머물러 있는 땅이 훨씬 복 있는 땅이다.

더 나아가 아브람은 기근이 깃든 약속의 땅에 지속해서 머무르며 버텨냈기에 이전보다 더욱 강한 믿음과 담대함으로 조카 롯을 구하러 나설 수 있었다. 롯의 소식을 듣자 아브람은 자신이 집에서 양성한 개인 부대 318명을 거느리고 한밤중에 당대 최강의 동쪽연합군 기습을 감행한다(14절). 어찌 보면 무모한 싸움이다. 그러나 하나님의 언약 안에 머무르는 아브람에게는 하나님의 손길이 함께했다. 이는 아브람을 애굽의 위기 가운데 건져낸 손길이기도 했다.

아브람과 그의 가신들은 가나안 땅 최북단인 단까지 쫓아가서 그들을 쳐부수고 다메섹 북서쪽에 있는 호바까지 추격해서 모든 빼앗겼던 재물과 조카 롯과 롯의 가족, 그리고 롯의 모든 재산을 되찾아왔다(15-16절). 롯은 극적인 구원을 두 번째로 경험했다. 먼저는 아브람과 함께 애굽에 갔을 때 하나님의 직접적인 개입하심으로 구원을 경험했고 이번에는 하나님이 함께하시는 아브람의 작은 군대를 통해 경험했다. 만약 롯에게 영적 감각이 있다면 롯은 뉘우치고 다시 아브람 곁으로 돌아갔어야 했다. 눈에 보기에 번지르르 한 땅보다 투박하고 거칠어 보여도 하나님의 언약이 머무는 땅을 선택해야 했다. 그러나 롯은 이런 위기를 겪고 나서도 변하지 않았다. 롯은 다시 소돔 땅으로 들어가 산다. 결국 소돔과 함께 멸망하고 모든 재산을 잃고 두 딸과 함께 자기 몸 하나만 빠져나오는 비극을 맞이한다(17:30 참조).

우리의 마음은 지적인 부분, 감성적, 정서적인 부분, 그리고 의지적인 부분으로 나뉘어 있다. 지·정·의라고 한다. 우리의 마음은 은혜 가운데 있다가도 눈과 같은 감각기관을 통해 마음이 자극을 받고 죄의 가능성이 일어난다. 이렇게 자극을 받으면 하나님의 은혜에서 벗어나서 내 마음대로 살아보고 싶은 충동이 온다. 마치 롯과 같은 경우다.

롯은 눈에 보이는 땅의 풍요로움 앞에 그만 하나님의 언약과 은혜보다 내 힘으로 잘살아 보고 싶은 충동에 사로잡혔다. 시각적인 자극에 충동이 일어나고 지적인 계산으로도 승산이 있다고 그나마 버티던 자신의 의지를 허무한데 굴복시키기 시작한다. 처음에는 좋아 보인다. 재미있다. 시간 가는 줄 모른다. 그러나 갈수록 점점 나를 옥죈다. 하나님의 은혜가 사라지면서 내 안에 죄성이 살아나고 점점 심령이 부패한다. 속으로 '아, 이러면 안 되는데 나와야지, 나와야지' 하지만 잘되지 않는다. 이럴 때 하나님은 특별한 은혜로 아브람과 같은 특별한 사람을 통하여 그를 돕고 건져주고 나오게 하신다. 이때 우리는 애통하며 회개해야 한다. 그렇지 않고는 다시 소돔으로 돌아갈 수 있다. 따라서 우리는 시각적으로 매력적인 자극을 받고 마음이 동요될 때 기도해야 한다. 주님께 붙잡아 달라고 간구하며 나가야 한다. 그렇지 않으면 죄는 기회를 타고 들어와 우리 안에 집요하게 교두보를 마련하고 마침내 자리를 잡아 우리를 장악하고 지배하려 들 것이다.

마가복음 4장에 보면 네 종류의 땅에 떨어진 비유의 말씀이 나온다. 길가에 떨어진 씨앗, 흙이 얇게 덮인 돌짝밭에 떨어진 씨앗, 가시떨기밭에 떨어진 씨앗, 좋은 땅에 떨어져 30배, 60배, 100배의 결실을 맺는 씨앗이다. 여기서 관심을 가져야 할 종류는 세 번째와 네 번째 경우다. 왜? 첫 번째와 두 번째는 이런저런 이유로 생존하지 못한다. 새들이 와서 먹든지, 뿌리를 제대로 내리지 못해 말라죽는다. 그러나 세 번째와 네 번째는 어떻게든 생존에 성공한다. 그러나 열매의 유무가 갈린다. 가시덤불에 떨어진 씨앗을 생각해보자. 예수님은 이를 향하여 "세상의 염려와 재물의 유혹과 기타 욕심이 들어와 말씀을 막아 결실하지 못하게 되는 자"(막 4:19)라고 설명한다.

본문의 롯이 이런 경우다. 어느 정도까지는 아브람과 함께 하나님의 언약 안에서 잘 자랐다. 그러나 소돔이 제공하는 풍요로움과 재물의 욕심에 이끌려 하나님의 언약을 끝까지 붙들고 신뢰하지 못한다. 마가복음 10장 17~22절에 보면 한 젊은 청년이 예수님께 나아와 영생의 길을 묻는다. 예수께서 대답하자 이 청년은 근심하며 돌아간다. 왜? 22절은 이렇게 말씀한다. "그 사람은 재물이 많은 고로 이 말씀으로 인하여 슬픈 기색을 띠고 근심하며 가니라." 재물에 대한 욕심과 집착이 그 젊은이의 두 발을 꽉 잡아버렸다.

머리로는 이렇게 살면 안 되는 것을 안다. 빨리 하나님께 나아가야 하는 것도 안다. 그러나 이미 내 안에 자리 잡은 죄의 소욕이 나를 상당 부분 사로잡아 쉽게 놓아주지 않는다(롬 7:23). 결국 열매 맺지 못하고 어느 정도 자라기는 했어도 가시덤불의 기운에 꽉 막혀 열매 없이 시들시들하다 죄에 자꾸만 마음의 자리를 내어준다. 이를 오늘날의 트렌드로 치자면 'Hit and run', 즉 '치고 빠지는 신앙'이다. 매주 주님 앞에 나와도 간만 보고 간다. 주님을 신뢰하고 순종하고 헌신하는 관계가 아니라 주님과 썸타는 관계이다. 거룩을 타협한다. 열매를 타협한다. 열매가 없어도 그냥 만족한다. 그러고는 말한다. "열매가 없어도 감사해요." 이것은 감사할 일이 아니라 회개할 일이다. 만약 그대로 두면 결국 가시덤불이 점점 더 크고 강성하게 자라, 자랐던 식물을 점점 고사시켜 죽인다. 롯이 그랬다. 점점 소돔으로 옮겨가더니 나중엔 하나님의 은혜는 완전히 잊어버리고 소돔의 문화

안에 흠뻑 빠져들었다. 결국 불로 심판받기 직전 겨우 목숨만 건져 나온다.

교회에 이렇게 나오는 것은 감사할 일이다. 그러나 교회에 나오는 것만으로 그쳐서는 안 된다. 우리는 열매 맺는 자리까지 나아가야 한다. 하나님의 은혜에 사로잡혀 살아야 한다. 눈에 보이는 풍요와 즐거움보다 좁은 길, 하나님이 기뻐하시는 생명의 길을 붙들어야 한다. 이 은혜에 사로잡히면 그토록 우리를 염려하게 하고 고민하게 했던 문제들로부터 자유롭게 되는 역사가 일어난다.

아브람이 그랬다. 아브람은 비록 거칠고 메마른 땅이라 할지라도 보이지 않는 하나님의 약속을 선택했고 그 약속을 붙들었다. 그랬기에 그는 안전했고 또 위기 가운데 빠진 조카를 목숨 걸고 구출할 수 있었다. 더 놀라운 것은 롯이 그토록 사모하던 소돔의 부귀영화가 전쟁에서 승리한 아브람의 수중에 전부 들어오게 되었다는 사실이다! 아브람이 롯을 구할 때 소돔 왕도 구하면서 그의 모든 재산도 되찾았다. 아브람 덕에 목숨을 구한 소돔 왕은 아브람에게 제안한다.

"사람은 내게 보내고 물품은 네가 가지라"(21절).

이것이 웬 횡재인가? 요단 유역에서 가장 부유했던 소돔 왕의 어마어마한 전 재산이 아브람에게 굴러들었다. 그러나 아브람은 이 제안에 기뻐하지 않았다. 오히려 이 모든 달콤한 제안을 한마디로 거절한다. 이유가 무엇인가?

"네 말이 내가 아브람으로 치부하게 하였다 할까 하여 네게 속한 것은 실 한 오라기나 들메끈 한 가닥도 내가 가지지 아니하리라"(23절).

아브람은 소돔 왕이 후에 "아브람이 부자되고 복받은 것은 내 덕분이야"라고 하는 말을 듣기 싫었다. 아브람은 소돔 왕의 재산을 엿보거나 애매하게 썸타지 않겠다고 결단했다. 왜? 그는 오직 하나님만이 만복의 근원임을 확신했기 때문이다. 따라서 소돔 왕 앞에 분명한 선을 긋는다. 그러면서 하나님의 제사장이자 (예루)살렘의 왕인 멜기세덱에게 하나님의 축복을 선언받고 십일조를 드린다(20절). 성경에 나오는 최초의 십일조이다. 이 멜기세덱은 나중에 히브리서에 예수님의 반차를 좇는 예수님을 예표하는 인물로 등장한다(히 7:6).

당시 전쟁에서 승리하면 십일조를 드리라는 율법규정은 없었다. 레위기나 신명기와 같은 율법에 십일조를 명시하기 전에 아브람이 먼저 자원하는 마음으로 시작한 것이 십일조의 기원이다. 의무적으로 부과한 것도 아니었는데 왜 아브람은 자원하는 마음으로 드렸을까? 그것은 이 모든 일을 이룬 것은 내가 아니라 하나님이시고, 나는 단지 도구로 쓰임받았을 뿐이라는 은혜에 대한 인식이 강렬했기 때문이다. 우리는 종종 이렇게 말할 때가 있다. "내가 어떻게 번 돈인데?" 사실 이런 생각이 들면 십일조 못한다. 그러나 "내게 일할 수 있는 건강을 주신 분, 기회를 주신 분, 능력을 주신 분이 정말 주님이구나. 주님이 나를 사용하셔서 이렇게 열매를 거두게 하셨구나" 하는 고백에 진심과 믿음이 담겨 있으면 누가 시키지 않더라도 기쁨으로,

자원하는 마음으로 나아갈 수 있다. 그래서 십일조의 정신은 쓰임받게 해주신 주님에 대한 인정이자 신앙의 고백이다. 원래 구약에서 십은 완전한 수다. 우리도 어릴 때 가장 많은 숫자라고 하면 두 손을 쫙 펴고 손가락 열 개를 세지 않았던가? 그중 하나를 드린다는 것은 "이 것을 통해 이 모든 게 주님의 은혜로 된 것임을 인정하고 드립니다" 라는 상징적인 고백이다.

그러기에 우리는 하나님의 은혜 안에 머물러 있기를 힘써야 한다. 하나님과 썸타는 일은 이제 멈추라. 은혜를 간보는 일은 이제 그만두라. 살든지 죽든지 하라(빌 1:20). 이제는 우직하게 그분의 언약 안에 머물며 내 안의 죄를 날마다 죽이며, 나를 위해 큰일을 행하시는 하나님의 선하심을 맛보아 알아가기 바란다.

하나님의 약속과
우리의 현실

¹이후에 여호와의 말씀이 환상 중에 아브람에게 임하여 이르시되 아브람아 두려워하지 말라. 나는 네 방패요 너의 지극히 큰 상급이니라. ²아브람이 이르되 주 여호와여 무엇을 내게 주시려 하나이까. 나는 자식이 없사오니 나의 상속자는 이 다메섹 사람 엘리에셀이니이다. ³아브람이 또 이르되 주께서 내게 씨를 주지 아니하셨으니 내 집에서 길린 자가 내 상속자가 될 것이니이다. ⁴여호와의 말씀이 그에게 임하여 이르시되 그 사람이 네 상속자가 아니라 네 몸에서 날 자가 네 상속자가 되리라 하시고 ⁵그를 이끌고 밖으로 나가 이르시되 하늘을 우러러 뭇별을 셀 수 있나 보라. 또 그에게 이르시되 네 자손이 이와 같으리라. ⁶아브람이 여호와를 믿으니 여호와께서 이를 그의 의로 여기시고.

사람은 꿈을 꾸며 사는 존재이다. 그러나 단순히 꿈만 꾸는 존재가 아니다. 사람에게는 꿈과 현실의 간격을 줄일 수 있는 능력이 있다. 물론 정도의 차이는 있겠지만 사람은 꿈과 현실과의 간격을 좁혀가기 위해 노력하고 그 가운데 이 간격이 점점 줄어드는 것을 경험하며 성취감을 느끼고 삶의 의미와 보람을 느낀다.

그러나 최근 들어 대내외적인 위기와 침체로 많은 이들이 꿈과 현실의 간격을 좁히지 못하고 도리어 현실의 벽이 점점 높아짐을 절감하고 있다. 아무리 노력해도 바위에 계란 치기같이 꿈쩍하지 않는다. 결국 꿈과 멀어지는 현실 앞에 힘들어한다. 사람이 꿈을 좁힐 수 없다는 생각이 들면 어떻게 될까? 절망한다. 낙담한다. 우울해진다. 특히 이러한 절망과 낙담은 오늘날 소셜미디어의 발달로 더 증폭된다.

최근에 카페인 우울증을 겪는 사람이 점차 늘어나고 있다고 한다. 카페인 우울증, 무슨 말인가? 카페인을 많이 섭취해서 일어나는 것이 아니다. 이것은 카카오스토리, 페이스북, 인스타그램과 같은 소셜미디어(SNS)로 인해서 나타나는 심리적인 우울증을 말한다(박은현, "'카페인 우울증'에 시달리는 사람들"(《중앙일보》, 2015. 6. 4.)). 이런 곳에 사진이나 자기 근황을 올리는 사람들을 보면 다들 멋진 사진, 멋진 장면만을 올린다. 어떤 주부는 매일 밤 재미로 친구들 SNS를 보다가 눈이 확 뒤집혔다고 한다. 나름 열심히 근면하게 소소한 행복 가운데 산다고 생각했는데, 어느 날 친구가 사진을 올렸다. 푸른 바다를 배경으로 "결혼 5주년 기념으로 몰디브 다녀왔어요"라고 올렸는데 너무 부럽더라는 것이다. 게다가 그 친구가 가진 핸드백, 옷 하나하나가 자신이 가진 게 하나도 없었다. 누구보다 열심히 살아왔다고 생각했는데 자꾸 그런 것들을 보다 보니 자신의 삶이 한없이 초라하게 느껴졌다. 어떤 청년은 취업준비 중인데 가끔 SNS에 나오는 친구들이 출장 사진, 회식 사진 같은 것을 올리면 자신만 낙오자가 된 것 같아 무력감에 사로잡혔다. 자꾸 주변 친구들과 비교하다 보니 상대적 박탈감을 느끼고 우울해지며 자존감이 낮아진다고 했다.

최근 들어 불면증, 폭식증에 시달리거나 감정기복이 심해 정신과 상담을 받는 사람들이 늘어나고 있는데 이들은 공통으로 증상과 비례해서 SNS의 사용이 많았다. SNS가 우리에게 보여주는 게 무엇인가? 온라인을 통한 왜곡된 현실이다. 이런 곳에 사진을 올리려면 아무거나 평범한 것을 올리지 않는다. 가장 근사한 장면, 심지어는 냉동식품을 먹으면서도 최고급 요리를 먹는 것처럼 우아하게 연기하는 사진들이다. 사람들에게 '좋아요' 클릭 수가 많이 나올 만한 행복한 순간만을 멋지게 왜곡하여 보여준다. 자꾸 보다 보니 내 삶이 보잘것없는 것 같고 삶에 대한 의욕이 떨어진다. 꿈도 별 것 아닌 것 같고 내 현실도 보잘것없는 것 같다. 점점 무력증에 빠진다.

본문의 아브람이 바로 이런 상태에 직면했다. 아브람은 그동안 하나님의 꿈을 품고 지금까지 열심히 달려왔다. 눈에 잘 보이지 않는 땅을 오직 하나님의 말씀에 의지해서 순종했다. 비록 자녀가 없는 불임 상태였지만 앞으로 수많은 자손을 주실 것이라는 약속을 신뢰했다.

그러나 본문에서 아브람은 하나님의 꿈과 전혀 관계없이 펼쳐지는 것 같은 주변 현실을 바라보면서 두려움이 앞섰다. 아브람은 당시 엘람을 중심으로 한 초강력 동방연합군과 생명을 건 전쟁을 치르고

닌 직후였다. 전쟁의 패배는 종종 복수를 부르기 마련이다. 만약 동방연합국의 본국에서 그돌라오멜 왕의 패전 소식을 들으면 이들은 또다시 군대를 증파해서 아브람을 노리고 쳐들어올 수 있다. 하나님이 주신 약속의 땅이 위협받을 수 있었다. 게다가 결정적으로 아브람에게는 아직 자녀가 없었다. 전에는 하나님이 주신 약속에 대한 믿음과 소망이 있었지만(12:1-3), 점점 또렷해지는 불임의 현실 앞에 아브람은 흔들리고 있었다.

사실 이때가 중요하다. 하나님의 약속과 우리의 현실 사이의 괴리된 간극을 어떻게든 소화하고 이해하지 못하면 우리는 하나님을 신뢰하고 그분의 역사를 경험하는 자리로 나아갈 수 없다. 아브람이 믿음의 조상이 되기 위해서는 이 약속과 현실의 거리감을 어떻게 조정하고 나가느냐가 결정적으로 중요하다. 이런 고민 가운데 하나님의 말씀이 아브람에게 임했다.

"이후에 여호와의 말씀이 환상 중에 아브람에게 임하여 이르시되 아브람아 두려워하지 말라. 나는 네 방패요 너의 지극히 큰 상급이니라"(1절).

하나님의 말씀이 '환상 중에' 아브람에게 임했다. 환상이라는 것은 영어로 비전(vision)이지만 단순한 비전이 아니라 초월적인 역사를 통해 임하는 비전을 말한다. 즉 아브람이 가진 비전은 자신의 비전이 아니라 하나님이 주신 비전이라는 뜻이다. 그런데 이 비전은 단순히 생생한 그림만이 아니다. 하나님이 주시는 비전의 중심에는 하나님의 말씀이 감싸여 있다. 우리는 종종 '비전'이라고 하면 보는 것만을 생각한다. 그것도 생생하게 보아야 한다고 생각한다. 그래서 "생생하게 꿈꿔야 이루어진다." 이런 식으로 이야기를 많이 했다. 그러나 생생하게 볼수록 빗나가는 것도 의외로 많다. 그래서 성도에게는 생생하게 보는 것보다 그 가운데 임하는 주의 말씀을 듣는 게 더 중요하다(양형주, 「내 인생에 비전이 보인다」(서울: 홍성사, 2007), 73-103쪽).

말씀 가운데 임하신 하나님이 아브람에게 무엇이라고 하시는가? "두려워하지 말라!" 하나님은 아브람의 두려움을 아셨다. 하나님은 계속해서 "나는 네 방패요 너의 지극히 큰 상급이니라"고 말씀하신다. 방패라는 것은 군사용어다. 이것은 전쟁의 기억을 전제로 하고 있음을 암시한다. 하나님은 아브람이 염려하는 동방연합군의 침입 가능성을 알고 계셨다. 그래서 방패가 되어 보호해주실 것이라고 약속하신다. 또 하나님은 아브람의 "지극히 큰 상급"이라고 선언하신다. 아브람은 조금 전 그돌라오멜에게서 획득한 소돔의 전리품들을 다시 소돔 왕에게 돌려주었다. 왜? 자신의 부요함은 소돔의 전리품 때문이 아니라 하나님으로 인한 것임을 믿고 신뢰했기 때문이다. 아브람에게 임하는 하나님의 말씀은 이런 아브람의 마음을 헤아리며 말씀하시는 것 같다. "아브람아, 너의 참된 부요함의 근원, 네 삶의 안전이 바로 나란다. 내가 바로 너의 지극히 큰 상급이란다."

여기서 우리는 '상급'이라는 말을 잘 이해해야 한다. 상급을 의미하는 히브리어 '사카르'는 할 일을 하고 마땅히 받아야 하는 품삯과 같은 당연한 보답의 의미가 아니다. 여기서 상급은 위험을 무릅쓰고 자신의 사명을 수행한 신실한 종에게 왕이 주는 특별한 보답이자 표식이다. 따라서 상급을 받는 것은 사명을 위해 커다란 위험을 감수하며 혼란을 통과해야 함을 의미한다.

예수님께서 공생애를 시작하면서 처음 산에서 가르치신 팔복에도 이런 상급에 대한 말씀이 있다. "나로 말미암아 너희를 욕하고 박해하고 거짓으로 너희를 거슬러 모든 악한 말을 할 때에는 너희에게 복이 있나니 기뻐하고 즐거워하라. 하늘에서 너희의 상이 큼이라. 너희 전에 있던 선지자들도 이같이 박해하였느니라"(마 5:11-12).

여기 보면 하늘에서 주시는 '상'이 나온다. 이 상은 우리를 조롱하고 모함하고 음해하며 강제하는 상황에서도 흔들리지 않고 신실하게 하나님을 의지할 때 받는 상이다. 그냥 상이 아니다. 큰 상이다. 이러한 상은 세상에서 추구하는 상과는 다르다. 세상에서 추구하는 상은 어떤 특징이 있을까? 세상에서 받는 상은 사람들의 인정이 중요하다. 나를 알아줘야 한다. "사람에게 보이려고 그들 앞에서 너희 의를 행하지 않도록 주의하라. 그리하지 아니하면 하늘에 계신 너희 아버지께 상을 받지 못하느니라"(마 6:1).

하지만 사람들의 인정과 칭찬이 크게 느껴질 때 우리는 하늘의 큰 상을 받지 못한다. "그러므로 구제할 때에 외식하는 자가 사람에게서 영광을 받으려고 회당과 거리에서 하는 것같이 너희 앞에 나팔을 불지 말라. 진실로 너희에게 이르노니 그들은 자기 상을 이미 받았느니라"(마 6:2).

마태복음 6장 5절과 16절에도 사람들의 인정과 칭찬을 받은 사람들은 이미 자기 상을 받았다고 계속 강조한다. 하지만 성도는 사람이 아니라 하나님께서 주시는 상을 받아야 한다. 하나님은 어떻게 상을 주시는가? 4절 중반 이후에 보면 "은밀한 중에 보시는 너의 아버지께서 갚으시리라"고 말씀한다. 은밀한 중에 무엇을 보실까? 하나님을 향한 우리의 믿음과 신실함을 보신다! 이렇게 볼 때 하나님은 아브람의 신실함과 믿음을 보시고 인정하고 칭찬하신 것이다.

하지만 하나님의 이런 위로와 격려의 말씀이 임하자 아브람은 하나님께 감사하기도 전에 그동안 계속 속으로 묻어두었던 내면 깊은 곳의 고민을 아뢴다.

"아브람이 이르되 주 여호와여 무엇을 내게 주시려 하나이까. 나는 자식이 없사오니 나의 상속자는 이 다메섹 사람 엘리에셀이니이다"(2절).

"나는 자식이 없사오니!" 이것이 아브람이 여전히 직면하고 있는 고통스러운 현실이었다. 지금까지 아브람은 보이지 않는 가운데서 하나님의 약속을 신뢰하며 여기까지 나아왔었다. 그러나 지금 그는 흔들리고 있다.

「행복에 걸려 비틀거리다」라는 책을 쓴 하버드대학 심리학과 대니엘 길버트 교수는 자신이 수행한 실험을 통해 사람은 일단 돌이킬 수 없는 선택을 하면 더 행복해진다고 주장한다(서은국 외 역, 김영사, 2006, 216-275쪽). 할인마트에서 어떤 바지를 살까 고민하다가도 일단 환불되지 않는 바지를 사버리면 더 행복하다. 돌이킬 수 없기에 모든 것을 합리화시켜 자신을 더 정당화하기 때문이다. 부부도 그렇다. 환불할 수 있다고 생각하면 불행하다. 환불불가, 이렇게 받아들여야 행복이 찾아온다.

아브람이 이런 결정을 했다. 본토 친척을 떠나 돌이킬 수 없는 약속의 땅으로 갔다. 그런데 이런 결정이 흔들려 조급함이 찾아왔다. 보통 이럴 때는 주변 환경의 약 20% 정도가 자기에게 불리하게 돌아갈 때다. 5~15% 정도의 변화로는 큰 요동이 없다. 그러나 통계적으로 요동이 생기는 시점이 있는데 바로 20%의 한계선이 무너질 때다. 이 20%의 지점을 티핑포인트라고 한다. 아브람에게 이 티핑포인트는 바로 자녀가 생기지 않는 불임의 환경이었다. 이제 아브람의 나이는 16장에 가면 85세가 된다. 가나안 땅을 떠난 지 어느덧 10년이 지나가고 있었다. 팔십대 중반을 내다보는 할아버지가 되었다. 아내 사라는 75세로, 이제 자식을 생산할 가능성이 아예 사라졌다고 해도 과언이 아니다.

거의 10년을 기다렸지만 자신의 자녀를 통해 큰 민족을 이루겠다는 하나님의 말씀이 실현될 가능성은 여전히 보이지 않았다. 결국 아브람은 다메섹 출신의 엘리에셀이라 불리는 종을 대안으로 고려하기 시작한다. 당시 고대에는 자식이 없을 경우 다른 사람이나 종을 양자로 입양하여 상속자로 삼을 수 있었다. 이 경우에 상속자는 양부모를 공경하고 재산을 관리하며 장례의식을 수행하고 부모의 성을 이어가야 할 의무가 있었다. 그래서 아브람은 하나님께 단정적으로 아뢴다.

"아브람이 또 이르되 주께서 내게 씨를 주지 아니하셨으니 내 집에서 길린 자가 내 상속자가 될 것이니이다"(3절).

하나님께서 자신의 약속에 대해 더 이상 어떻게 하시지 않으니까 자신이 알아서 해결책을 모색하겠다는 뜻이다. 아브람은 하나님의 약속이 더는 자신의 현실과 상관없는 괴리감 있는 헛된 말로 느끼기 시작했다. 하나님의 약속에 대한 신뢰가 산산이 조각나기 시작했다. 그래서 하나님을 향한 솔직하고도 거침없는 항변을 이어간다. 이런 아브람의 항변에 대해 하나님은 어떻게 하시는가? 또렷한, 그러나 동시에 이해할 수 없는 장엄한 말씀을 들려주신다.

"그 사람이 네 상속자가 아니라 네 몸에서 날 자가 네 상속자가 되리라"(4절).

그러면서 이어지는 말씀은 아브람에게 크게 벌어진 현실과 약속의 간극을 오히려 더 크게 확장시킨다.

"그를 이끌고 밖으로 나가 이르시되 하늘을 우러러 뭇별을 셀 수 있나 보라. 또 그에게 이르시되 네 자손이 이와 같으리라"(5절).

자녀가 없는 불임의 현실에서 하나님은 아브람에게 수많은 별을 보여주시며 네 자손이 이처럼 많아질 것이라고 말씀하신다. 이는 앞서 아브라함에게 주셨던 아브라함 언약(12:1-3)의 더 구체적인 내용이다. 자, 이제 아브람은 선택의 순간에 직면했다. 지난 10여 년간 하나님의 부르심을 살아내면서 아브람이 그동안 경험했던 것은 무엇이었나? 현실과 약속 사이의 거리였다. 좁혀지지 않는 거리에서 아브람은 실망하고 낙담했다. 현실적인 대안을 고민했다. 그러나 다시 나타나신 하나님은 무엇이라고 말씀하는가? 네가 인간적인 조건으로 세운 대안은 나의 대안이 아니라는 말씀이다. 하나님의 약속만이 아브람 삶의 대안이란다. 여기에 핵심 사항이 있다. 그것은 약속과 현실 사이의 거리는 아브람이 좁히는 게 아니라 하나님이 친히 좁히신다는 점이다.

그렇다면 아브람이 할 수 있는 것은 하나로 좁혀진다. 이는 지식이나 설득력 있는 전략이 아니다. 오직 자신의 약속을 계시하고 그 약속을 성취하실 하나님의 권능과 신실함을 신뢰하는 것뿐이다. 이런 면에서 이 믿음은 인간의 노력과 경험으로 형성하는 믿음이 아니라 하나님께서 선물로 준비하신 것을 단순하게 받아들이는 믿음이다. 아브람은 다시 하나님의 약속을 믿기로 결단한다.

"아브람이 여호와를 믿으니 여호와께서 이를 그의 의로 여기시고"
(6절).

여기에 놀라운 선언이 등장한다. 아브람이 하나님을 믿자 하나님은 이런 아브람의 믿음을 의로 여기셨다! 아브람의 의는 행위와 노력이 아니라 하나님께서 언약을 이루실 것을 전적으로 신뢰하는 믿음에서 왔다. 기억하라! 순종이 아니라 믿음이다. 아브람의 순종은 때로 흔들렸지만(12:10), 그는 여전히 하나님의 언약을 신뢰했다. 하나님은 그의 불완전한 순종을 의롭게 보신 게 아니라 그의 믿음을 의롭게 보셨다. 아브람은 믿음으로 의롭다 하심을 얻은 최초 믿음의 조상이 되었다. 이것이 바로 신약의 중요한 구원 원리인 '이신칭의'의 원형이다. "그러므로 사람이 의롭다 하심을 얻는 것은 율법의 행위에 있지 않고 믿음으로 되는 줄 우리가 인정하노라"(롬 3:28).

로마서는 이신칭의의 원리가 아브람에게서 온 것임을 언급하면서 "아브라함이 하나님을 믿으매 그것이 그에게 의로 여겨진 바 되었느니라"(롬 4:3, 갈 3:6 참조)고 분명하게 선언한다. 아브람이 얻은 이 믿음으로 말미암는 의가 예수 그리스도에 의해 온전히 성취되어 우리에게 복음의 선물로 주어졌다. "복음에는 하나님의 의가 나타나서 믿음으로 믿음에 이르게 하나니 기록된 바 오직 의인은 믿음으로 말미암아 살리라 함과 같으니라"(롬 1:17).

여기 "믿음으로 말미암아 살리라"는 말씀은 하박국 2장 4절을 인용한 말씀이다. 하박국에 보면 '믿음'이 '그의 믿음'으로 되어 있다. 이는 자신의 믿음이 아니라 그분의 믿음, 즉 믿음을 주시는 하나님의 신실함을 의미한다. 즉 예수 그리스도께서 주시는 신실함으로 말미암아 산다는 의미다. 따라서 여기서 믿음은 예수 그리스도를 믿는 믿음도 되는 동시에 예수 그리스도의 신실함을 의미하기도 한다. 따라서 우리의 믿음은 내가 믿는 동시에, 믿도록 인도하고 붙들어주시는 주님의 신실함으로 말미암는 믿음이다.

이렇게 볼 때 아브람이 하나님을 믿는 것은 단순한 사건이 아니다. 첫째, 부르시고 말씀하신 하나님께서 그 말씀을 믿고 따를 수 있는 은혜까지도 주셨기에 믿을 수 있었다. 둘째, 믿을 수 있도록 은혜 주신 하나님께서 끝까지 신실하게 그 약속을 이루기로 작정하셨기에 믿을 수 있었다. 셋째, 자신의 무능함과 연약함을 절감하는 동시에 하나님의 열심, 하나님의 작정하심, 하나님의 전지전능하심을 바라보며 신뢰하는 믿음이었다. 이 믿음은 하나님의 미래를 신뢰하는 것이며 불임과 죽음 같은 현실에서조차 이 현실을 뛰어넘을 미래를 확신하며 사는 믿음이다.

우리는 살아가면서 종종 우리 신앙의 인내가 다해 가고 기다림에 지쳐갈 때가 있다. 이때가 위험하다. 이때 신앙을 저버리기 쉽다. 지쳐서 두 손 두 발을 다 든다. 혹 지금이 바로 그런 때 아닌가? 하나님에 대한 실망감이 가득하지 않은가? 그렇다면 이제 다시 눈을 들어 밤하늘의 별을 보아야 할 때다. 아브람이 하나님을 믿으니 하나님께서 이를 의로 여기셨다. 그렇다면 우리도 우리의 삶을 주관하고 인도하실 하나님을 믿고 바라보아야 한다. 그분의 신실하심이 마침내 우리를 향한 그분의 계획과 작정을 이룰 것이다.

하나님의 계획,
하나님의 열심

⁷또 그에게 이르시되 나는 이 땅을 네게 주어 소유를 삼게 하려고 너를 갈대아인의 우르에서 이끌어낸 여호와니라. ⁸그가 이르되 주 여호와여 내가 이 땅을 소유로 받을 것을 무엇으로 알리이까. ⁹여호와께서 그에게 이르시되 나를 위하여 삼 년 된 암소와 삼 년 된 암염소와 삼 년 된 숫양과 산비둘기와 집비둘기 새끼를 가져올지니라. ¹⁰아브람이 그 모든 것을 가져다가 그 중간을 쪼개고 그 쪼갠 것을 마주 대하여 놓고 그 새는 쪼개지 아니하였으며 ¹¹솔개가 그 사체 위에 내릴 때에는 아브람이 쫓았더라. ¹²해 질 때에 아브람에게 깊은 잠이 임하고 큰 흑암과 두려움이 그에게 임하였더니 ¹³여호와께서 아브람에게 이르시되 너는 반드시 알라. 네 자손이 이방에서 객이 되어 그들을

섬기겠고 그들은 사백 년 동안 네 자손을 괴롭히리니 ¹⁴그들이 섬기는 나라를 내가 징벌할지며 그 후에 네 자손이 큰 재물을 이끌고 나오리라. ¹⁵너는 장수하다가 평안히 조상에게로 돌아가 장사될 것이요 ¹⁶네 자손은 사대 만에 이 땅으로 돌아오리니 이는 아모리 족속의 죄악이 아직 가득 차지 아니함이니라 하시더니 ¹⁷해가 져서 어두울 때에 연기 나는 화로가 보이며 타는 횃불이 쪼갠 고기 사이로 지나더라. ¹⁸그날에 여호와께서 아브람과 더불어 언약을 세워 이르시되 내가 이 땅을 애굽 강에서부터 그 큰 강 유브라데까지 네 자손에게 주노니 ¹⁹곧 겐 족속과 그니스 족속과 갓몬 족속과 ²⁰헷 족속과 브리스 족속과 르바 족속과 ²¹아모리 족속과 가나안 족속과 기르가스 족속과 여부스 족속의 땅이니라 하셨더라.

전에 도요타 자동차에서 깜짝 놀랄 만한 선언을 했다. 자사가 그동안 수많은 돈을 들여 수십 년간 축적해온 수소연료 자동차에 대한 무려 5,680건의 관련기술 특허를 모두 무상으로 쓸 수 있도록 개방한다는 것이다(황형규, "도요타 水素車 특허 전격 무료공개"(《매일경제》, 2015. 1. 7.)). 일본은 배타적인 것으로 유명하다. 웬만해서는 자사의 기술로 독점하려 하지 함께 나누어 공생하려 하지 않는다. 그래서 전에 소니에서 나온 것이 베타 방식의 비디오 플레이어다. 하지만 베타 방식보다 떨어지는 VHS에 밀려 얼마 지나지 않아 사장되었다. 도요타가 이런 파격적인 조처를 한 것은 이제는 자사 홀로 만들어 파는 독점적인 지위보다 생태계의 비전을 품어야 한다는 교훈을 뼈저리게 경험했기 때문이다.

도요타는 1997년 '프리우스'라는 하이브리드카를 상용화했다. 첨단기술로 고효율의 연비를 내는 자동차였다. 그런데 도요타는 자사기술만 믿고 기술독점주의를 고집하고 특허를 개방하지 않았다. 결국 세계 자동차 시장에서 우군을 만드는 데 실패하고 말았다. 하이브리드 시장이 형성되고 생태계가 이루어져야 소비자들이 너도, 나도 하이브리드 차를 살 텐데 도요타만 만드니 잘 팔리지 않았다. 결국 하이브리드카는 많이 팔리지 않았고, 출시 이후 17년이 지났지만 세계 자동차 판매에 겨우 1~2% 수준에 머물고 말았다. 도요타가 확신한 게 무엇인가? 자사 혼자 잘되는 게 아니라 전체 시장, 수소자동차 생태계를 형성하는 게 훨씬 더 중요하다는 사실이다. 그래서 관련 기술을 공개해서 다른 회사들도 수소자동차를 만들어 팔도록 하고, 그래서 소비자들에게 더 많은 선택권을 주어 전체적으로 수소자동차 시장을 키우는 게 결국 자신이 승리하는 길이라고 생각한 것이다.

이처럼 전체 생태계의 큰 그림을 보면 이전에는 그토록 인색했던 나눔과 희생이 가능해진다. 우리의 삶도 마찬가지다. 얼마나 멀리 전체를 볼 수 있느냐에 따라 우리 마음의 조급함과 인색함을 다스릴 수 있다. 그러나 우리의 시선은 좁아서 종종 전체의 그림을 보지 못하고 다급해하고 힘들어한다.

하나님의 생각은 우리와 다르다. 하나님은 우리 마음보다 크고 모든 것을 아시는 분이다(요일 3:20). 그분의 생각은 깊고 그 수가 많아 우리가 감히 다 셀 수도 없다(시 139:17-18). 그래서 우리에게 필요한 것이 믿음이다. 믿음은 우리의 좁은 시선으로 다 볼 수 없더라도 크신 하나님을 신뢰하며 내맡기게 한다.

본문은 자녀가 없어 답답해하는 아브람의 현실 가운데 하나님이 찾아오셔서 아브람이 상상하지 못했던 하나님의 큰 그림이 계시되는 사건을 보여준다.

"또 그에게 이르시되 나는 이 땅을 네게 주어 소유를 삼게 하려고 너를 갈대아인의 우르에서 이끌어낸 여호와니라"(7절).

하나님은 지금까지 아브람의 발걸음을 인도하고 보호하고 지키신 분이 바로 하나님 자신이라고 선언한다. 아브람이 갈대아 우르에 있을 때 그를 가나안 땅으로 부르신 이가 누구인가? 하나님이다. 가나안 땅에 찾아온 기근을 믿음으로 버티지 못하고 애굽으로 도피하였다가 아내를 빼앗길 뻔한 위기 가운데 건져주신 분이 누구인가? 하나님이다. 또 조카 롯을 구하기 위하여 자신의 사병 318명을 데리고 엘람 왕 그돌라오멜이 이끄는 거대한 동방연합군과 싸워 승리하게 하신 분이 누구인가? 바로 하나님이다. 그러나 아브람에게는 이런 하나님을 경험한 것과 자신이 자식을 얻고 이 땅을 약속의 땅으로 얻는 것과는 별 상관이 없어 보였다. 하나님이 지금 나와 동행하고 도우시는 것은 알겠는데 이것이 하나님의 큰 그림과 연결되지 않았다. 그래서 묻는다.

"그가 이르되 주 여호와여 내가 이 땅을 소유로 받을 것을 무엇으로 알리이까"(8절).

지금 아브람은 증거를 요구하고 있다. 우리는 전체의 그림이 연결되고 이어져야 하나님을 신뢰하며 평안 가운데 나아갈 수 있다. 그러나 많은 경우 하나님의 인도하심이 내 현재의 어려운 처지와 잘 연결되지 않는다. 왜? 하나님의 인도하심은 상식적이거나 멋진 방법이 아니기 때문이다. 하나님은 종종 미련하고 어리석은 방법들을 제시하신다(고전 1:21 참조). 그래서 우리는 이런 인도하심 앞에 당황하고 머뭇거린다. 그러자 하나님은 말씀하신다.

"여호와께서 그에게 이르시되 나를 위하여 삼 년 된 암소와 삼 년 된 암염소와 삼 년 된 숫양과 산비둘기와 집비둘기 새끼를 가져 올지니라"(9절).

하나님을 위해 다섯 가지 제물, 즉 3년 된 암 소, 암염소, 숫양을 준비하고 또 산비둘기와 집비둘기 새끼를 준비하라고 말씀하신다. 이어 이 제물들을 쪼개고 마주 대하여 배치하라고 말씀하신다(10절). 비둘기는 작아 쪼개지 못하니 물채로 서로 마주 보게 배치하라 하신다. 이렇게 하는 것은 당시 고대 근동에서 군주와 봉신 사이에 거행하는 엄숙한 계약 체결의식을 반영한다. 아브람은 곧 무엇인가 엄숙하고 거대한 계약체결이 있을 것으로 직감하고 기다린다. 그날 해가 질 무렵 저녁 드디어 하나님께서 아브람에게 임재하셨다(12절). 순간 아브람은 큰 흑암과 두려움을 경험한다. 이것은 앞으로 아브람과 그의 후손들이 지나가야 할 영적 고난과 어려움을 상징적으로 미리 경험하게 하는 두려움이다. 그러면서 하나님은 그동안 아브람에게 말하지 않고 홀로 간직하셨던 거대한 하나님의 큰 그림을 말씀하신다. 여기에는 크게 네 가지가 들어 있다.

첫째, 13절이다.

"여호와께서 아브람에게 이르시되 너는 반드시 알라. 네 자손이 이방에서 객이 되어 그들을 섬기겠고 그들은 사백 년 동안 네 자손을 괴롭히리니."

여기에는 아브람이 고민하던 자신의 뒤를 이을 후사는 당연히 있는 것으로 전제하고 있다. 이 후사를 통해 나올 자손들이 이방나라에서 나그네가 되어 400년 동안 그 이방나라를 섬기고 이방나라는 이스라엘 자손을 괴롭힐 것이다.

여기에 하나님의 시선이 드러난다. 하나님은 아브람 당대만이 아니라 세대와 세대를 넘어 큰 민족의 개념에서 바라보고 계신다. 아브람의 현재 어려움만 보는 게 아니라 후손들이 겪고 지나가야 할 고난까지 바라보고 계신다. 우리는 당대를 살아가기도 벅차지만 하나님은 당대 너머 세대 전체를 향한 비전을 갖고 계신다. 마태복음 1장에 나오는 예수님의 족보를 보라. 하나님의 섭리와 역사가 어떻게 각 세대를 타고 오묘하게 진행됐는지를 알 수 있다. 따라서 우리는 세대와 세대를 넘어 다스리시는 하나님을 의지하고 신뢰해야 한다.

둘째, 14절이다.

"그들이 섬기는 나라를 내가 징벌할지며 그 후에 네 자손이 큰 재
물을 이끌고 나오리라."

후손의 고난은 반드시 끝이 나고, 이후에는 큰 재물을 이끌고 그
땅을 나올 것이라고 말씀하신다.
셋째, 15절이다.

"너는 장수하다가 평안히 조상에게로 돌아가 장사될 것이요."

이 후손의 고난에 아브람은 참여하지 않을 것이고 아브람은 평안
히 장수하다가 죽을 것이다. 하나님은 후손으로 이어지는 하나님의
구원역사에 아브람이 감당해야 할 역할에 대한 계획을 갖고 계신다.
아브람이 답답해해도 그런 아브람을 위해 하나님은 이미 계획이 있
다. 하나님은 아브람은 전체 계획의 일부일 뿐이고 이 약속이 온전히
성취되는 것을 보지 못하고 죽을 것이다. 후손들이 400년간 이방 땅
에서 고난받는 것을 보기 전에 그는 하나님 앞으로 불려갈 것이다.
넷째, 16절이다.

"네 자손은 사대 만에 이 땅으로 돌아오리니 이는 아모리 족속의
죄악이 아직 가득 차지 아니함이니라 하시더니."

이런 하나님의 계획은 단지 아브람만을 고려한 게 아니라 온 열
방의 역학관계와 또한 하나님과의 영적관계 전체를 고려한 계획이

다. 하나님께서 아브람에게 지금 당장 가나안 땅을 주지 않고 기다리게 하신 이유가 여기 드러난다. 그것은 가나안 사람들의 죄가 아직 차지 않았기 때문이다. 여기에 하나님의 공의와 공평이 드러난다. 하나님은 한 민족의 복을 위해 다른 민족에게 이유 없이 심판과 파괴하시는 분이 아니다. 모든 민족에게 공평한 기회를 주시는 통치자이다. 하나님께서 아브람을 인도하신 것은 이런 전체를 바라보는 하나님의 큰 그림 아래서 진행되었다.

하나님의 원대한 계획이 드러나고 보니 그 그림은 아브람의 기대와 상상을 뛰어넘는 너무나도 큰 그림이었다. 아브람의 역할은 정말 작은 일부에 지나지 않는다. 하나님과 아브람이 계약을 맺어도 아브람은 이런 하나님의 역사를 다 좇아가지 못한다. 이는 아브라함 쪽에서 계약의 당사자로 나서기에 망설이게 한다. 왜? 다급한 마음으로 증거를 보여달라고 했지만 보고 나니 감히 다 따라갈 수 없는 큰 그림이었기 때문이다. 바로 이 지점에서 하나님의 파격이 나타난다. 바로 17절이다.

"해가 져서 어두울 때에 연기 나는 화로가 보이며 타는 횃불이 쪼갠 고기 사이로 지나더라."

원래 계약체결식에는 서로 계약을 맺는 당사자 둘이 함께 쪼갠 고기 사이로 지나간다. 이렇게 지나가는 이유는 만약 이 계약을 지키지 못하면 그 사람은 이 쪼개진 짐승처럼 쪼개질 것이라는 처벌조항을 감수하도록 하기 위함이다. 즉 죽어도 이 약속만큼은 지키겠다는 의지와 각오를 드러내는 의식이다. 그런데 하나님께서 횃불처럼 나타나셔서 불로 쪼갠 고기 사이를 지나가셨다. 하나님께서 이렇게 지나가신 것은 하나님이 아브람에게 보여주고 약속하신 계획을 반드시 실행하고야 말 것이라는 강력한 의지를 보여주신다. "만약 이 약속을 지키지 않으면 자신에게 이런 저주를 내릴 것이다"라는 각오로 지나가신 것이다. 하나님의 모든 명예와 능력을 걸고 아브람이 후손을 얻을 뿐 아니라 반드시 이 땅을 차지할 것이라고 약속하신다. 이렇게 하나님께서 강력한 의지를 피력하셨으면 아브람은 어떻게 해야 하는가? 하나님이 하셨던 것같이 함께 쪼갠 고기 사이를 지나가야 하지 않겠는가? 그러나 이번 장의 본문을 보면 쪼갠 고기 사이로 지나가신 분은 하나님 한 분뿐이다. 아브람은 그 자리에 그저 가만히 서 있었다. 이것을 무엇이라고 하는가? '은혜'라고 한다. 그리고 이런 은혜의 계약을 바로 '언약'이라고 한다.

> "그날에 여호와께서 아브람과 더불어 언약을 세워 이르시되 내가 이 땅을 애굽 강에서부터 그 큰 강 유브라데까지 네 자손에게 주노니"(18절).

하나님께서 아브람과 맺으신 것을 '언약'이라고 말씀한다. 이는 은혜의 계약이다. 아브람의 불성실함과 상관없이 결국 하나님의 신실하심으로 반드시 이룰 '아브라함언약'을 체결하셨다. 이런 은혜의 언약 앞에 아브람이 해야 할 일이 무엇인가? 믿음으로 받아들이는 일이다. 믿으면 궁극적으로 성취된다. 그렇다면 순종하지 않아도 될까? 그렇지 않다. 순종하지 않는 사람은 하나님께서 이루시는 언약의 약속을 누리지 못할 것이기에 순종은 그 자체로 중요하다. 그러나 언약의 성취 여부는 전적인 하나님의 주권과 은혜로 성취된다.

여기 나오는 애굽 강은 나일강이 아니다. 애굽과 가나안 땅 경계 지역에 있는 샛강 시내를 말한다. 애굽 경계로부터 저 북쪽 유프라테 강 사이에 있는 땅을 주시겠다고 구체적인 경계를 말씀하신 것이다. 그리고 그 땅에 사는 가나안의 대표적인 열 족속이 언급된다(19-21절). 이들의 죄악이 더 이상 견디지 못하게 가득 찼을 때 하나님은 이들을 심판하시고 이 땅을 아브람의 후손에게 주겠다고 말씀하신다.

하나님의 언약은 예수 그리스도를 통한 복음에 이르러 최종적으로 완성된다. 우리에게 생명을 주는 복음을 보라. 우리가 구원받는 것은 우리가 무엇인가를 성취해서, 혹은 잘해서가 아니다. 하나님은 우리를 일방적으로 사랑하고 구원하셨다. 우리의 가득한 죄를 용서하시기 위해 먼저 십자가에 그 아들을 못 박아 죽게 하신 것은 우리에게 무엇을 요구하셨기 때문이 아니다. 오히려 우리가 알기도 전에 사랑하기로 작정하셨고(롬 5:8), 그 아들을 보내시고 십자가 위에서 대속의 역사를 이루시며 이제는 우리를 초대하신다. "수고하고 무거운 짐 진 자들아 다 내게로 오라. 내가 너희를 쉬게 하리라"(마 11:28). 우리는 이런 초대를 믿음으로 받아들이면 된다.

이미 하나님께서 모든 것을 다 이루고 준비하셨다. 우리에게 영생을 주시고 상급을 주시며 하늘의 소망을 주신다. 하늘에 속한 모든 신령한 것으로 우리에게 복을 주신다(엡 1:3). 하나님의 몸이 쪼개어지도 하나님 자신이 십자가에 달리는 한이 있어도 이 복이 우리에게 이루어지게 하신다.

이런 엄청난 하나님의 결단과 축복의 의지 앞에 우리가 반응할 수 있는 것이 무엇인가? 바로 믿음이다. 이런 하나님의 약속을 그대로 받아들이는 믿음이다. 이렇게 믿음으로 하나님의 약속을 받아들일 때 우리 인생의 지경이 확장된다. 이전에는 맛보지 못했던 더욱 풍성한 삶을 맛볼 수 있다.

우리는 종종 흔들리고 조급해하고 초조해한다. 왜? 하나님의 큰 그림을 보지 못하고 신뢰하지 못하기 때문이다. 우리는 이제 끝났다고 생각하지만 이는 우리가 스스로 믿음이 없어 절망해서 결론 내는 짓이다. 하나님이 보시기에는 아직 끝나지 않았다. 여전히 희망이 있다. 따라서 우리는 우리의 마음을 견고히 붙들어야 한다. "주께서 심지가 견고한 자를 평강하고 평강하도록 지키시리니 이는 그가 주를 신뢰함이니이다"(사 26:3).

하나님의 약속이 의심스러운가? 염려되는가? 나보다 큰 그림을 갖고 계시는 하나님을 바라보길 바란다. 우리를 사랑하사 우리를 위해 짐승들 사이를 지나가시고 또 온몸으로 저주를 받으시며 새 희망과 복으로 채우시는 하나님을 바라보아야 한다. 하나님은 우리에게 이미 복 주시려고 우리가 짐작하지 못하는 놀라운 복들을 하늘에 준비하고 계신다. 하나님께 더욱 가까이 나아가 그분의 뜻을 구하고 그분을 신뢰하는 귀한 믿음의 성도로 우뚝 서길 바란다.

삶이 통제를
벗어날 때

¹아브람의 아내 사래는 출산하지 못하였고 그에게 한 여종이 있으니 애굽 사람이요 이름은 하갈이라. ²사래가 아브람에게 이르되 여호와 께서 내 출산을 허락하지 아니하셨으니 원하건대 내 여종에게 들어 가라. 내가 혹 그로 말미암아 자녀를 얻을까 하노라 하매 아브람이 사래의 말을 들으니라. ³아브람의 아내 사래가 그 여종 애굽 사람 하 갈을 데려다가 그 남편 아브람에게 첩으로 준 때는 아브람이 가나안 땅에 거주한 지 십 년 후였더라. ⁴아브람이 하갈과 동침하였더니 하 갈이 임신하매 그가 자기의 임신함을 알고 그의 여주인을 멸시한지 라. ⁵사래가 아브람에게 이르되 내가 받는 모욕은 당신이 받아야 옳 도다. 내가 나의 여종을 당신의 품에 두었거늘 그가 자기의 임신함을

알고 나를 멸시하니 당신과 나 사이에 여호와께서 판단하시기를 원하노라. ⁶아브람이 사래에게 이르되 당신의 여종은 당신의 수중에 있으니 당신의 눈에 좋을 대로 그에게 행하라 하매 사래가 하갈을 학대하였더니 하갈이 사래 앞에서 도망하였더라. ⁷여호와의 사자가 광야의 샘물 곁 곧 술 길 샘 곁에서 그를 만나 ⁸이르되 사래의 여종 하갈아 네가 어디서 왔으며 어디로 가느냐. 그가 이르되 나는 내 여주인 사래를 피하여 도망하나이다. ⁹여호와의 사자가 그에게 이르되 네 여주인에게로 돌아가서 그 수하에 복종하라.

'쓰레기 트럭의 법칙'(the law of the garbage truck)을 아는가? 이는 데이비드 폴리가 쓴 책의 제목이기도 하다. 이 법칙은 폴리가 전에 뉴욕에서 택시를 탔던 경험에서 비롯됐다. 그가 택시를 타고 가는데 승용차 한 대가 갑자기 끼어들었다. 운전사는 급브레이크를 밟아 충돌사고를 가까스로 피할 수 있었다. 그런데 도리어 끼어든 상대편 차 운전자가 차 문을 내리고 고래고래 소리를 질러댔다. 우리 같으면 이럴 때 어떻게 하겠는가? 내가 잘못한 것도 아니고 상대방이 잘못해 놓고서 거기다 창문을 열고 소리까지 지르면, 당장에 차를 그 자리에 세우고 나와서 "너 나와!" 이렇게 할 사람도 있지 않은가? 그런데 그 택시 운전사는 놀랍게도 그런 상황 가운데서 웃고 있었다. 거기다 손까지 흔들어줬다. 그러면서 혼잣말로 "좋은 하루 보내세요~ 평안하세요~" 이렇게 상대방의 안부까지 기원했다.

폴리는 이 택시기사의 반응이 너무나도 놀라워서 어떻게 그럴 수 있느냐고 물었다. 그러자 이 택시기사가 대답하는 말이 걸작이었다.

"저는 많은 사람이 쓰레기 트럭 같다고 생각합니다. 좌절감, 분노, 실망, 이런 쓰레기들을 가득 채우고 돌아다니는 쓰레기차와 같죠. 쓰레기가 쌓이면 버릴 곳이 필요한데 그걸 당신에게 쏟아버릴 수도 있죠. 개인적인 감정으로 기분 나쁘게 받아들일 필요는 없습니다. 만약 당신이 그 쓰레기를 떠안아 그걸 또다시 길거리나, 집이나, 직장에 뿌려대면 사방이 온통 쓰레기 천지가 됩니다!"

이 말에 영감을 얻어 그는 '쓰레기 트럭의 법칙'을 만들었다. 지나가다가 누군가가 분노가 가득 차서, 고함과 욕설을 쏟아붓는다면 쓰레기 트럭이라고 생각하라. 쓰레기 트럭이 이런저런 쓰레기들을 쏟아붓더라도 그냥 지나치고 다른 데 가서 엉뚱한 사람에게 쏟아붓지 마라. 그러다 당신 인생이 쓰레기 트럭이 된다. 그렇다. 통제를 벗어난 상황에서 일어난 실망과 분노를 복수와 화풀이로 쏟아부으면 문제가 해결되지 않는다. 오히려 더 악화된다. 그러니 그 상황을 좀 더 거리를 두고 관찰하며 새로운 시각으로 볼 수 있는 믿음의 눈이 있어야 한다.

믿음의 조상 아브람과 사래는 자녀를 주시겠다는 하나님의 약속을 신뢰하며 온갖 위기를 헤쳐가며 약속의 땅에서 10년을 버텼다. 10년이면 강산도 변한다는데 아브람 가정 상황은 하나도 변한 게 없었다. 기대대로라면 벌써 가정에 유업을 이을 자녀가 생겨야 했다. 그런데 이 자녀문제는 어떻게 해도 뜻대로 되지 않았다. 시간이 갈수록 이 문제는 부부의 통제를 벗어나고 있었다. 이 상황에서 아브람과 사래는 점점 내면에 가득 찬 불만과 분노가 끓어오르고 있다가 마침내 서로에게 쓰레기 트럭처럼 쏟아붓는다.

그 발단을 보자.

> "아브람의 아내 사래는 출산하지 못하였고 그에게 한 여종이 있으니 애굽 사람이요 이름은 하갈이라"(1절).

아브람의 아내가 아직 불임상태였다. 하나님께서 분명히 약속하신 바 있다. "네 몸에서 날 자가 네 상속자가 되리라"(15:4). 아브람은 이렇게 말씀하신 하나님을 믿었고 하나님은 이런 아브람을 의롭게 여겨주셨다(15:6). 그러고는 삼 년 된 암소, 암염소, 숫양, 산비둘기와 집비둘기를 가져다가 반으로 쪼개어놓고 그 가운데를 일방적으로 불로 통과하면서 하나님께서 친히 이 일을 반드시 이루겠다고 서약까지 하셨다. 이렇게까지 확증하며 말씀하시면 분명하다고 생각했다. 그래서 믿음으로 기다리고 또 기다렸다. 정말 기다릴 만큼 기다렸다. 그런데도 사래는 여전히 임신하지 못했다.

본문을 보면 사래가 출산하지 못했다고 하고 나서 나란히 한 여종, 애굽 사람 하갈을 언급한다. 하갈은 아마도 아브람이 전에 기근을 피해 애굽에 갔다가 애굽 왕으로부터 받은 종 가운데 하나였을 것이다. 그런데 여기 이렇게 사래의 불임과 함께 언급한 이유가 무엇일까? 그것은 사래에게 인간적인 가능성이 다 사라졌음을 암시한다. 이것은 사래의 인간적인 출산 가능성, 곧 생리가 멈추었다는 사실을 의미한다. 이때가 아브람의 나이 85세였고 사래는 75세였다. 고대 사람들이 오래 살았다고 하지만 상식적으로도 이 정도면 임신할 수 없다. 사래도 자기 몸의 변화를 감지하였다. 그래서 2절에 단정적으로 말한다.

"사래가 아브람에게 이르되 여호와께서 내 출산을 허락하지 아니하셨으니 원하건대 내 여종에게 들어가라. 내가 혹 그로 말미암아 자녀를 얻을까 하노라 하매 아브람이 사래의 말을 들으니라"(2절).

여호와께서 내 출산을 허락하지 아니하셨다! 사래는 '난 이미 끝났다'고 단정 지었다. 그런데 표현이 재미있다. 여기 '허락하지 아니하셨다'는 단어 '아짜르'는 영어성경 ESV나 NRSV에 보면 'Prevent'라는 단어로 번역된다. 무슨 말인가? 여호와께서 사래의 출산을 '막으셨다'는 뜻이다. 임신이 되지 않자, 자신의 임신을 막으시는 하나님의 손길이 있음을 경험하고 깨달았다. 이 사건으로 인해 사래는 결론을 내린다. "난 끝났다!" 아브람과 함께 10년을 소망 중에 기다렸던 그녀에게 얼마나 큰 좌절과 분노, 실망감이 몰려왔겠는가? 사래는 내면에 가득한 쓰레기를 그냥 둘 수 없었다. 어떻게든 해소해야 했다. 그렇지 않으면 자신의 부끄러움과 수치, 그리고 불안함을 견딜 수 없었다. 그래서 그녀는 이것을 아브람에게 일방적으로 쏟아붓는다. "내 여종에게 들어가라!" 이것은 명령형이다. 아브람과 상의하는 게 아니다. 일방적으로 명령을 내린다.

왜 이렇게 일방적으로 명령하는가? 사래의 입장에서 다른 대안은 보이지 않기 때문이다. 일단은 무조건 여종에게로 들어가는 것 외에는 방법이 없어 보인다. 그러면서 말한다. "혹 그로 말미암아 자녀를 얻을까 하노라!" '혹 얻을까 하노라' 는 표현은 여종을 통해 출산하는 게 확실한 대안이라기보다 일종의 가능성으로 보았음을 의미한다. 가능성이라는 것은 사래 안에 여전히 불확실성과 불안이 있고 이 상황을 자기 뜻대로 통제하고 싶은 열망이 있음을 보여준다. 현재 자신의 불임상황을 인정하는 것은 너무나도 못 견딜 정도로 수치스럽다. 그래서 어떻게든 다시 이런 상황에 통제권을 되찾아야겠다고 생각한 것이다. 이것이 얼마나 화나는 일이었는지 사래의 말투에 그 분노가 뚝뚝 묻어나왔던 모양이다.

아브람이 아무런 대꾸도 못 한다. "여보, 좀 더 기다려 봅시다." "하나님이 분명히 말씀하셨으니 뜻이 있겠지." 이렇게 말할 수도 있었을 텐데, 그는 아무 말도 하지 못하고는 "여보! 하갈에게 들어가요!" 그러니까 아무 소리도 못 하고 들어갔다. 아브람도 사래 속의 분노와 좌절을 어느 정도 헤아린 것이다. 게다가 당시 고대 근동에서 임신하지 못하는 아내가 남편에게 첩이나 노예를 준비해주는 것은 흔한 풍습이었다. 남들 다 하는 일이었다.

그러나 이것은 하나님이 기뻐하시는 일이 아니었다. 하나님의 뜻을 이루는 일도 아니었다. 2~3절을 자세히 살펴보면 여기 있는 표현들이 창세기 3장을 떠오르게 한다. 하와가 뱀의 유혹을 받고 타락하는 장면의 표현과 상당히 유사하기 때문이다. 사래가 아브람에게 말했다(2절). 창세기 3장에서도 뱀이 하와에게 말했다. "들어가라!" 명령하니까 아브람이 사래의 말을 들었다(2절). 창세기에도 아담이 하와의 말을 들었다(3:17). 본문 3절에는 사래가 그 여종 하갈을 '데려다가' 라는 표현을 한다. 이는 '취했다' 는 표현과 같다. 창세기 3장 6절에도 하와가 선악과를 보니 먹음직도 하고 보암직도 하며 탐스럽기도 해서 그 열매를 '취했다' 고 말씀한다. 같은 '취했다' 는 히브리 동사 '라카흐' 가 나온다. 또 3절에는 사래가 하갈을 취해 남편에게 '주었다' 고 했는데, 3장 6절에도 하와가 선악과를 취해 남편에게 '주었다' 고 한다. 이것은 은연중에 지금 사래의 행동이 하와의 행동과 유사함을 드러내고 있다. 지금 사래의 행동은 하나님의 뜻을 거슬러 자기 힘으로 선악과를 취하는 비슷한 죄이다.

다른 이들이 볼 때 '이거야 다들 하는 풍습이니까 괜찮겠지' 라고 생각할 수 있다. 그러나 본문은 이렇게 하는 게 절대 괜찮지 않다고 은연중에 말씀한다. 왜? 사래에게는 여전히 하나님의 언약이 유효하기 때문이다. 사래가 하나님의 약속을 10년간 기다리면서 임신하지 못한 채 확신한 것 하나가 있었다. 그것은 하나님이 "내 출산을 허락하지 아니하셨으니"(2절)라는 확신이다. 그런데 그것은 지금까지 막으신 것이지 아예 출산을 못 하도록 끊으셨다는 의미는 아니다. 아직 하나님의 뜻을 이룰 때가 되지 않았을 뿐이다.

하나님의 뜻은 무엇인가? 이 아이가 사람의 힘과 능력이 아닌 성령의 능력으로 태어난 언약의 자손이어야 한다는 사실이다. 이렇게 하나님의 능력으로 잉태하여 태어난 아이어야, 그리고 그 아이의 후손이어야 장차 성령으로 잉태하여 이 땅에 오실 예수 그리스도를 예표할 수 있다. 더구나 아브람도 아직 기다리고 있었다. 그러나 몸의 변화를 느꼈는지 사래가 이 기다림의 상황을 더 이상 견디지 못하고 상황을 통제하기 시작한다.

"아브람의 아내 사래가 그 여종 애굽 사람 하갈을 데려다가 그 남편 아브람에게 첩으로 준 때는 아브람이 가나안 땅에 거주한 지 십 년 후였더라"(3절).

10년 동안 기다리다가 참지 못하고 분노와 좌절의 상황을 통제하기 시작한다. 하나님의 약속을 기다리다 생긴 좌절과 실망을 어떻게 해야 할까? 이것은 다시 믿음의 눈을 들어 하나님을 향해 쏟아놓아야 한다. 그렇게 하지 않고 사람에게 쏟아붓기 시작하면 그다음부터는 내 주변이 온통 쓰레기 천지로 변한다. 4절을 보라.

"아브람이 하갈과 동침하였더니 하갈이 임신하매 그가 자기의 임신함을 알고 그의 여주인을 멸시한지라"(4절).

사래에게 그토록 안 되던 임신이 곧바로 되었다. 이건 무슨 일인가? 이것이 하나님의 뜻인가? 아니다. 이것은 하나님의 뜻과 상관없이 그냥 아이를 가진 것이다. 하나님께서 이미 주신 자연의 법칙을 따라 임신한 것이다. 창세기 1장 28절에 보면 하나님께서 생육하고 번성하여 땅에 충만하라고 하시지 않았던가? 단, 그동안 임신이 되지 못했던 사래는 하나님의 특별한 계획과 때가 있었기에 태를 막으신 것이다. 믿음이 없이는 하나님을 기쁘시게 할 수 없다(히 11:6). 하나님이 아직 허락하지 않고 기다리게 하신 것을 '나에게는 아예 영원히 주지 않으실 것'이라고 단정해 버려서는 안 된다. 이것은 자기중심적인 해석이다. 하나님의 역사를 인간의 한계로 제한하지 말고 소망과 인내 가운데 그분의 때를 기다릴 수 있어야 한다.

성경을 보면 보통 우리가 정한 기한은 우리의 목표가 열매 맺는 시기가 아니라 우리가 희망을 걸었던 가능성이 끊어져가는 때다. 많은 경우 하나님의 역사는 우리가 정한 때가 지나가야 찾아온다. 그래서 하나님의 때에 하나님이 우리를 부르시면 우리는 기쁨과 순종으로 반응하기보다는 분노와 체념과 좌절로 부르심을 거부할 때가 많다.

"하나님, 이럴 것 같으면 진작 길을 열어주시죠. 왜 지금에 와서야 가라고 하시는 거예요."

"하나님, 지금 제 나이가 몇인데 가라고 하시는 거예요."

"하나님, 그거 할 수 있는 때는 이미 놓쳤습니다. 죄송합니다."

우리는 이미 결론짓고 이런 식으로 반응한다.

모세를 보라. 그가 애굽 왕자로 있을 때 애굽 사람을 죽였다. 바로가 그를 찾는다는 소식에 미디안 광야로 도망쳐 나와 40년을 지내면서 애굽어, 히브리어를 잊고 살았다. 40세 때 도망쳐 인간적인 가능성이 다 끊어진 상태였다. 바로 그때 하나님께서 모세를 부르신다.

"모세야, 가라!"

그러자 모세는 그러시면 안 된다고, 못 간다고 온갖 변명과 핑계로 버틴다. 그러나 하나님은 그를 찾던 사람들이 죽었고 하나님의 때가 되었으니 이제는 가라고 하신다. 하지만 이때 모세는 자신은 이미 모든 가능성이 다 끝났다고 결론 내린 상태였다. 하나님의 부르심에도 무려 다섯 번이나 완강하게 버틴다(출 3:11,13, 4:1,10,13). 다섯 번이나 버틴다는 것은 무엇을 말하는가? 자신의 가능성을 '절대로' 인정할 수 없다는 뜻이다.

그러나 하나님은 우리의 '절대로' 와 '결단코' 를 부수시는 하나님
이다. 우리의 '절대로' 는 '아직' 으로 바뀌어야 하고 우리의 '결단코'
는 '주님 말씀하시면' 으로 바뀌어야 한다. 하나님의 때는 모세처럼
자신의 가능성을 더 이상 신뢰하지 않고 자기를 부인할 때 찾아온다.
그런데 우리는 이때까지를 견디지 못한다. 자기가 죽는 과정이 얼마
나 힘들고 괴로운가? 그러니 분노하며 다시 상황을 자신의 통제 아
래 두려고 인위적인 수단을 쓴다. 그런데 바로 이때 예상치 못했던
돌발변수가 터져 나온다.

　　불임의 상황을 통제하려 했던 사래는 미처 예상치 못했던 상황을
맞이한다. 하갈이 자기가 임신한 것을 보고 그의 여주인을 멸시하기
시작했다(4절). 여기 나오는 '멸시' 는 '저주' 했다는 의미가 있다. 하
나님께서 아브람을 처음으로 부르시며 "너를 저주하는 자에게는 내
가 저주하리니"(12:3)라고 말씀하실 때 사용한 히브리어 '칼랄' 이란
단어가 사용되었다. 하갈이 사래를 멸시하고 저주하기까지 했다. 사
래는 불임으로 인한 수치를 만회하려고 종 하갈을 아브람에게 보냈
는데 이제는 자기 몸종에게 더한 수치와 굴욕을 당했다. 내면에 있던
쓰레기를 살짝 아브람에게 쏟아부었더니 이제는 하갈이 자기에게 트
럭으로 쓰레기 더미를 붓는다. 자신이 먼저 제시했던 대안이 문제로
돌변해 자신을 위협하기 시작한다. 이에 화가 치민 사래는 더한 쓰레
기 더미를 아브람에게 붓는다.

　　"사래가 아브람에게 이르되 내가 받는 모욕은 당신이 받아야 옳도
　다. 내가 나의 여종을 당신의 품에 두었거늘 그가 자기의 임신함

을 알고 나를 멸시하니 당신과 나 사이에 여호와께서 판단하시기를 원하노라"(5절).

사래는 모욕의 원인을 아브람으로 돌린다. 종을 당신 품에 주었으면 간수를 잘해야지 어떻게 했기에 이렇게 나를 멸시하느냐는 의미다. 그러면서 여기에 "여호와께서 판단하시기를 원하노라"고 말한다. 자기가 문제의 원인을 끌어들여 놓고 억울하다고 하나님이 판단하기를 원한다고 한다. 사래는 지금 자기중심적인 신앙으로 완전무장하고 있다. 스스로 돌아보며 회개할 생각을 하지 않고, 자기 뜻대로 되지 않고 자존심이 상하면, 무조건 주변의 가까운 사람에게 화를 쏟고 하나님께 억울하다고 호소한다.

사래의 분노에 놀란 아브람은 어떻게 하는가? 더 이상 어떻게 했다가는 큰일이 날 것 같다.

"아브람이 사래에게 이르되 당신의 여종은 당신의 수중에 있으니 당신의 눈에 좋을 대로 그에게 행하라 하매 사래가 하갈을 학대하였더니 하갈이 사래 앞에서 도망하였더라"(6절).

고대 근동의 '우르남무'라는 법을 보면 하갈처럼 방자한 종에게는 소금 1ℓ를 가져다가 종의 주둥이를 문지르라고 했다. 생각해보라. 당시의 관습처럼 사래가 굵은 소금 갖다가 하갈의 주둥이에 빡빡 문지른다. 얼마나 괴롭겠는가? 여주인이 작심하고 학대하는데 견디기가 쉽지 않았을 것이다. 그러자 하갈이 어떻게 하는가? 도망간다.

종을 통해 대리 상속자를 임신하고 낳으려고 했던 사래의 인위적인 대안이 순식간에 사라진다. 내가 하나님의 때와 방법을 통제하려 하자 오히려 상황이 더 복잡해져서 이제는 사래의 힘으로 더는 꼼작할 수 없는 상황이 되고 말았다. 내 힘으로 어떻게든 해보려고 하다가 두 손 두 발 다 들고 항복할 수밖에 없게 되었다.

바로 이때 이 모든 상황을 지켜보시던 하나님이 개입하신다. 하나님은 천사를 보내셔서 하갈을 찾아가신다.

"사래의 여종 하갈아 네가 어디서 왔으며 어디로 가느냐"(8절).

자, 하나님이 하갈을 무엇이라 부르시는가? '사래의 여종 하갈'이다. 하나님이 사래의 잃어버린 권위와 명예를 인정해주고 세워주신다. 네가 어디서 왔으며 어디로 가느냐는 질문은 지금 하갈이 도망가는 길은 가야 할 길이 아니라는 뜻이다. 너는 사래의 여종이기에 네가 있어야 할 길은 다시 사래에게로 돌아가야 한다는 의미다. 그리고 말씀하신다.

"네 여주인에게로 돌아가서 그 수하에 복종하라"(9절).

결국 하나님께서 이 모든 상황을 수습하고 붙들어주신다. 우리의 삶이 통제를 벗어나기 시작할 때 나 자신이 곤고해지고 기다림이 지쳐갈 때 우리는 어떻게 하는가? 첫째, 분노하고 좌절하고 비난하고 원망한다. 둘째, 하나님의 약속과 그분의 때를 기다리지 않고 인간적인 수단을 동원한다. 그러나 이러한 반응은 오히려 우리 주변의 모든 것을 엉망으로 만들어 놓는다. 따라서 하나님의 약속이 더뎌질 때 우리는 물어야 한다. 내가 누구인지, 무엇을 향해 달려가고 있는지, 이렇게 화를 내는 게 정당한 일인지, 정말 무엇 때문에 화를 내는 것인지, 이로 인해 성령을 소멸하지는 않는지? 만약 그렇다면 나는 하나님 나라를 세워가지 못하고 그 질서를 흔들기 쉬운 사람임을 깨닫고 회개해야 한다.

이번 장의 본문 말씀은 성도에게 언약을 붙들고 사는 삶이 때로 희망과 기쁨으로 가득 차 있기도 하지만, 때로 긴 기다림으로 지칠 때가 있다는 사실을 말해준다. 이때 믿음으로 붙들었던 언약을 인위적으로, 내 방법으로 어떻게 하려는 유혹이 크게 다가온다. 하지만 이때 우리가 여전히 하나님을 신뢰한다면 힘들어도 그 언약을 붙잡고 나아가야 한다. 그럴 때 하나님은 우리의 기다림을 통해 더 큰 은혜를 부어주신다.

버텨내야
성도이다

¹⁰여호와의 사자가 또 그에게 이르되 내가 네 씨를 크게 번성하여 그 수가 많아 셀 수 없게 하리라. ¹¹여호와의 사자가 또 그에게 이르되 네가 임신하였은즉 아들을 낳으리니 그 이름을 이스마엘이라 하라. 이는 여호와께서 네 고통을 들으셨음이니라. ¹²그가 사람 중에 들나귀같이 되리니 그의 손이 모든 사람을 치겠고 모든 사람의 손이 그를 칠지며 그가 모든 형제와 대항해서 살리라 하니라. ¹³하갈이 자기에게 이르신 여호와의 이름을 나를 살피시는 하나님이라 하였으니 이는 내가 어떻게 여기서 나를 살피시는 하나님을 뵈었는고 함이라. ¹⁴이러므로 그 샘을 브엘라해로이라 불렀으며 그것은 가데스와 베렛 사이에 있더라. ¹⁵하갈이 아브람의 아들을 낳으매 아브람이 하갈이

전에 아들러의 심리학을 다룬 책 「미움받을 용기」가 나온 이후 우리나라에서는 아들러 열풍이 불었다(기미시 이치로 공저, 전경아 역, 「미움받을 용기: 자유롭고 행복한 삶을 위한 아들러의 가르침」(서울: 인플루엔셜, 2014)). 이 책은 나온 지 꽤 시간이 지났지만 여전히 많은 이들에게 사랑받고 있다. 우리나라 독자들이 아들러에게 열광하는 이유가 무엇일까? 그것은 아들러의 심리학이 우리에게 버텨낼 힘과 용기를 주기 때문이다. 우리 사회에 인간관계의 갈등과 스트레스가 얼마나 많은가? 다른 사람들의 인정과 시선에 휘둘리고 자신답게 살아가는 법을 잊어버리는 경우가 참 많다. 아들러는 이런 우리에게 어떤 상황에 있든지 주변에 휘둘리지 말고 자신의 삶을 주체적으로 세워 당당히 미움받을 각오를 하고 버텨낼 수 있는 용기를 내라고 격려한다.

한국경영자총협회에서는 전국에 있는 405개 기업을 대상으로 신입사원 채용실태를 조사했다(김재형, "대졸 신입사원 4명 중 1명 1년 내 퇴사" (〈동아일보〉, 2014. 6. 30.)). 그 결과 대학을 졸업한 신입사원의 경우 1년 내 퇴사율이 25.2%에 이르는 것으로 나타났다. 25%면 4명 중 1명은 1년도 되지 않아 퇴사한다. 취업이 어려워 경쟁률도 센데 이런 경쟁률을 뚫고 취업을 해도 4명 중 1명은 직장을 그만둔다. 왜 이렇게 쉽게 그만둘까? 신입사원이 퇴사하는 가장 큰 이유는 조직과 직무에 적응하지 못해서다. 이것이 퇴사 이유의 47.6%, 거의 절반을 차지한다. 쉽게 말하면 입사하고 보니 조직 내의 관계도 버텨내기 힘들고 또 내가 기대한 일이 아니기에 억지로 하다가 결국 그만둔다. 버티는 힘도 없을 뿐 아니라 버티는 것에 대한 확신과 의미도 잃어버렸다.

문제는 도저히 버티지 못할 것 같은 상황에서 성도는 어떻게 해야 하느냐 하는 것이다. 여기에는 크게 두 가지 방법이 있다. 첫째, 상황을 변화시키는 방법이다. 둘째, 상황을 바라보는 나를 변화시키는 방법이다. 보통은 상황이 변화되길 원한다. 그러나 상황은 웬만해서는 잘 변하지 않는다. 변화시키려면 거센 저항이 많다. 그래서 상황을 변화시키려고 덤벼들다가 도저히 안 되면 버티지 못하고 뛰쳐나간다. 때려치우거나 도망간다. 그러면 속시원한 것 같다. 그러나 다른 곳으로 간다고 이 상황이 없어지는가? 그렇지 않다. 다른 곳으로 도망가도 조금 지나면 또 똑같은 상황이 찾아온다. 결국 버티지 못하면 계속 도망가야 하는 상황이 펼쳐진다. 이때 필요한 것은 상황을 바꾸는 게 아니라 그것을 바라보는 나의 관점을 변화시키는 일이다. 신기한 것은 내가 변하면 나를 그렇게 가로막던 환경들도 서서히 변한다.

본문에 나오는 하갈은 여주인 사래를 피해 도망가고 있었다. 여주인의 압제에 견디다 못해 도망갔다. 하갈이 도망간 이유를 가만히 살펴보면 하갈이 불쌍하다고 생각되지만은 않는다. 왜? 자신이 아브람의 아이를 배자 여주인 사래를 드러내놓고 무시하고 멸시했기 때문이다. 자기가 이렇게 임신해서 편안하게 있는 게 주인의 배려 때문임에도 마치 자신이 사래보다 능력 있고 우월한 여자인 양 교만하게 군림하다 결국 여주인에게 학대를 당했다. 점점 환경이 어려워지고 버티기 힘들어지자 하갈이 선택한 것은 무엇인가? 도망이다. 버틸 때 우리가 할 수 있는 방법의 하나가 환경을 바꾸는 일이라고 했다. 하지만 하갈은 여종이었기에 환경을 바꿀 힘이 없었다. 만약 그렇다면 하갈은 회개하고 자신을 변화시켜야 했다. 그러나 그녀는 자신의 변화를 거부하고 도망갔다. 현실 회피를 선택했다. 감사한 것은 하나님께서 이렇게 도망가는 하갈을 찾아오셨다는 사실이다.

> "여호와의 사자가 그에게 이르되 네 여주인에게로 돌아가서 그 수하에 복종하라"(9절).

자, 하나님께서 하시는 말씀이 무엇인가? 돌아가서 여주인의 지위 아래 복종하라. 쉽게 말하면 가서 버티라는 것이다. 하나님은 왜 하갈에게 돌아가서 버티라고 하셨을까? 두 가지 이유를 생각할 수 있다.

첫째, 버티지 못하고 도망가는 이 길은 하갈이 살 수 있는 길이 아니라 결국 죽는 길이기 때문이다. 광야에서 돌아다니다 보면 얼마 지나지 않아 물이 떨어진다. 또 곳곳에 독충과 맹수들의 습격이 빈번하다. 결국 생존 자체가 어려워진다. 살자고 도망갔지만 결국은 이 길이 하갈을 죽이는 길이다. 우리도 그렇다. 버티다가 못 견디겠다고 나가면 그것이 살길인 것 같은데 결국은 자신을 끌어내리는 길인 경우가 많다.

둘째, 하갈이 비록 언약의 백성이 아니었어도 하나님은 그녀에 대한 계획을 갖고 계셨기 때문이다. "여호와의 사자가 또 그에게 이르되 내가 네 씨를 크게 번성하여 그 수가 많아 셀 수 없게 하리라"(10절). 하나님은 하갈이 잉태한 자녀가 아브람의 언약과는 상관없는 육신의 자녀였지만 그런 하갈의 자녀에게도 은혜를 베풀기 원하셨고 또 계획을 갖고 계셨다. 그것도 평범한 게 아닌 놀라운 계획이셨다. 하갈의 자녀도 사래를 통해 나올 자녀처럼 씨를 크게 번성하게 하실 것이다. 게다가 그 자녀의 이름까지 준비하고 계셨다.

"여호와의 사자가 또 그에게 이르되 네가 임신하였은즉 아들을 낳으리니 그 이름을 이스마엘이라 하라. 이는 여호와께서 네 고통을 들으셨음이니라"(11절).

이스마엘은 하나님이 들으셨다는 뜻이다. 내 고통, 내 아픔을 하나님이 들으시고 아셨다. 그런데도 하나님이 하갈에게 하시는 말씀이 무엇인가? 돌아가서 버티라. 왜? 버팀의 과정이 하나님의 더 큰 은혜를 준비하는 과정이기 때문이다. 하나님이 우리에게 버티라고 보내신 삶의 자리에서 우리가 버티는 동안 하나님의 선물이 준비된다. 매미는 지상으로는 나오기 전 땅속에서 7년을 견뎌낸다. 이 7년이 아무 의미 없는 시간인가? 아니다. 7년이나 버텼기에 나무 위로 올라올 수 있다.

이 사실을 안다고 하더라도 여전히 버티기는 쉽지 않다. 이유가 무엇인가? 바로 12절에서 근거를 찾을 수 있다.

"그가 사람 중에 들나귀 같이 되리니 그의 손이 모든 사람을 치겠고 모든 사람의 손이 그를 칠지며 그가 모든 형제와 대항해서 살리라 하니라"(12절).

이스마엘이 장차 들나귀같이 될 것이다. 들나귀가 무엇인가? 야생 당나귀(wild donkey)다. 야생나귀의 특징이 있다. 길들지 않는다. 들나귀는 좀처럼 말을 듣지 않는다. 한번 고집 피우면 도저히 이 고집을 꺾을 수 없다. 그뿐만 아니다. 가는 곳마다 문제를 일으킨다. 그래서 12절 중반부에 보면 "그의 손이 모든 사람을 치겠고, 또 모든 사람의 손이 그를 칠 것이며, 그가 모든 형제와 대항해서 살리라"고 말씀한다. 형제와 화합하며 사는 삶이 아니다. 격하게 충돌하며 갈등 가운데 서로를 치며 살아가는 삶이다. 왜 이렇게 서로를 치려하는가? 그것은 그 안에 있는 기질이 스스로 절대적인 기준이 되고자 하기 때문이다. 우리는 그렇지도 못하면서 자신이 완전한 사람인 양 착각하고 교만하여 다른 사람들도 자기처럼 완전하길 바란다. 그래서 상대를 잘 믿지 못한다. 만약 부모가 자녀에게 완전한 것을 요구하면 자녀는 파괴적인 성격을 갖기 쉽다. 이런 사람은 누구와도 친구가 되지 못한다. 무조건 나를 받아주고 옳다고 인정해주고 아부하는 사람 말고는 친구가 없다. 그러다가 누군가가 정직하게 이야기하면 결국 분을 참지 못하고 폭발하고 치고받다가 헤어지곤 한다.

본문은 이스마엘이 이런 기질을 가질 것이라 말씀하고 있지만 사실 이 기질은 하갈 자신의 기질이기도 했다. 하갈은 종이었지만 그 누구에게도 길들지 않았고 오히려 교만하게 여주인을 멸시하며 자신이 여주인인 양 행사했다. 여주인인 사래가 이런 하갈에 분노하여 오만한 태도를 길들이려고 하니 견디지 못하고 도망쳐 나왔다. 이 기질을 이스마엘이 고스란히 물려받은 것이다.

사람 중에는 유난히 들나귀 기질이 강한 사람이 있다(이하 구체적인 설명은 김서택, 「약속의 땅에도 기근은 오는가: 창세기 강해설교 3」(서울: 홍성사, 1998), 246쪽 이하 참조). 그런 사람은 어떤 틀에 순응하고 따르는 것을 죽기보다 싫어한다. 자녀 중에도 매를 맞아가면서도 자기 하고 싶은 대로 다 하는 아이들이 있다. 엄마는 이런 자녀를 보면서 "내가 낳았지만 넌 도대체 왜 이러니? 정말이지 이해할 수 없구나" 한탄한다. 달래도 안 되고 돈을 줘도 안 되고 때려도 안 된다. 악쓰고 땀 흘리며 결국 자기가 하고 싶은 대로 다 하고야 만다. 이런 사람은 너무나도 길들이기 힘들다. 때로는 망할 때까지 길들지 않는다.

이런 들나귀 기질은 정도의 차이는 있어도 우리 모두에게 어느 정도는 다 있다. 성도 중에서도 이런 들나귀 성도들이 있다. 이들은 누구의 말도 듣지 않는다. 자신은 그다지 완벽하지 않지만 상대에게만은 완벽한 것을 바란다. 그러다 누군가가 있는 그대로의 정직한 이야기를 해주면 게거품을 물며 흥분한다. 마음에 들지 않으면 박차고 나가버린다. 그뿐만 아니다. 하나님의 말씀에도 잘 복종하지 않는다. 겉으로는 예의 바르고 신사적인 사람 같아도 하나님의 말씀에는 잘 길들지 않는다. 그래서 사회성이 좋은 것과 영적으로 하나님 앞에서 훈련되고 길드는 것은 근본적으로 다른 일이다.

또 누구에게도 잡히고 싶지 않고 누구에게도 소속되고 싶지 않다. 나는 그저 나만의 신앙생활을 내 방식대로 영위하고 싶다. 그래서 예배를 마치면 혹시 잡힐까 싶이 미처 다 끝나기도 전에 새빨리 빠져나간다. 그리스도의 몸을 이루어야 하는 소중한 부르심이 있음에도 엮이는 게 부담된다고 생각한다. 이렇게 볼 때 이 이스마엘의 이야기는 우리의 이야기다. 우리가 믿지만 사실 우리 안에는 야수의 기질이, 들나귀의 기질이 그대로 남아 있다. 많은 사람이 일종의 자기도취에 빠져 산다. 자기도취에 빠진 사람들의 눈에는 세상이 다 우습게 보인다. 하갈이 사래를 멸시했듯이 자기만 특별하게 생각한다.

그렇다면 이 착각에서, 자아도취의 망상에서 어떻게 벗어날 수 있을까? 분명한 것은 성령의 능력과 하나님의 말씀으로 나를 철저히 죽이기 전에는 좀처럼 사라지지 않는다는 사실이다. 내가 나를 철저히 부정하기까지 우리 속에 있는 들나귀 기질은 죽지 않는다. 하나님은 하갈 안에 있는 이 들나귀 기질을 생존의 조건이 없는 광야에서 그분의 말씀으로 다루신다. 다시 말씀으로 돌이켜서 종의 자리로, 겸손한 복종의 자리로 돌아가라고 하신다.

그러면서 앞으로 너를 통해 나올 이스마엘도 너와 같은 들나귀 같은 기질을 갖고 살아갈 것이라고 말씀하신다. 자손이 많아지는 것이면 축복이지만 이 자손들이 모두 들나귀 같은 자손들이라면 이것은 복이라기보다는 근심과 재앙에 가깝다. 이것으로 알 수 있는 게 무엇인가? 아무리 믿음 좋은 아브람의 자손이라 하더라도 자연적인 출생만으로는 하나님의 백성이 될 수 없다는 사실이다. 신앙 좋은 집에서 태어나도 그 자체로 하나님의 백성이 되는 게 아니다. 하나님의 백성이 되려면 하나님의 말씀으로, 복음의 능력으로 다시 태어나야 한다.

이렇게 볼 때 하나님께서 하갈을 만나서 말씀으로 그녀를 돌이키며 삶의 현장으로 돌아가 버티라고 하신 일은 이유가 있다. 그녀가 말씀 앞에 복종한 것처럼 이스마엘의 들나귀 기질도 하나님의 말씀 앞에 굴복시키는 권면이다. 결국 하갈은 하나님의 말씀에 순종하여 사래에게 돌아왔고 아들을 낳아 이름을 이스마엘이라 하였다. 이제 하갈에게 남은 과제는 이 이스마엘의 들나귀 기질을 어떻게 하나님의 말씀 앞에 복종시킬 것인가 하는 문제다.

혹 내 안의 들나귀 기질은 어떤가? 더 이상 버티기 어렵고 어디론가 뛰쳐나가고 싶은가? 하나님의 말씀에 길들길 구하라. 주님 앞에 나아와 기도하며 성령의 인도하심을 날마다 구하기를 바란다. 주님의 자비의 손길이 그 손을 강하게 붙들어주실 것이다.

(2권에서 계속)

■ 나의 신앙 고백 1

이 책을 읽고 가장 은혜가 되었던 것은 무엇이며,
나의 신앙생활에 도전이 되었던 점은 무엇입니까?

....

....

....

....

....

....

....

....

■ 나의 신앙 고백 2

이 책을 읽고 가장 은혜가 되었던 것은 무엇이며,
나의 신앙생활에 도전이 되었던 점은 무엇입니까?

....

....

....

....

....

....

....

....

■ 나의 신앙 고백 3

이 책을 읽고 가장 은혜가 되었던 것은 무엇이며,
나의 신앙생활에 도전이 되었던 점은 무엇입니까?

....

....

....

....

....

....

....